現代
金融資本市場の
総括的分析

証券経営研究会 編

公益財団法人 日本証券経済研究所

—

はしがき

　日本証券経済研究所の「証券経営研究会」は，1996年1月に東京研究所と大阪研究所による共同研究プロジェクトとして設置された。第一回目の研究会は，同年2月19日に「日米英の証券会社の経営組織の比較」をテーマとして開催されている。この研究プロジェクトは2年間で終了する予定であったが，内外からの継続を望む声に応えて常設化され，設置期間が24年間を超える弊所でも老舗の研究会となった。

　弊所の研究会は原則として定期的な成果の公表が求められており，証券経営研究会も3・4年ごとに研究会の成果を取り纏めて公表している。これまでに証券経営研究会は，本書を含めて下記の8冊の書籍を研究成果として出版し，6冊目の『資本市場の変貌と証券ビジネス』以降は，弊所のホームページにおいてほぼ全文を公開している。

　　1．『金融市場の変貌と証券経営』（1998年5月）
　　2．『証券会社の組織と戦略』（2001年2月）
　　3．『証券ビジネスの再構築』（2004年12月）
　　4．『金融システム改革と証券業』（2008年4月）
　　5．『金融規制の動向と証券業』（2011年5月）
　　6．『資本市場の変貌と証券ビジネス』（2015年3月）
　　7．『変貌する金融と証券業』（2018年4月）
　　8．『現代金融資本市場の総括的分析』（2021年1月）

　研究成果としてこれら書籍を出版し続けたことの意義は大きい。四半世紀近くにわたり，同一の研究会が金融市場や資本市場（証券市場）の変遷を分析し，市場の機能と市場参加者の役割についての考察を社会に発信し続けてきたことは，他に類を見ない貴重な研究活動であったと自負している。

　研究会が設置された当時を振り返ると，バブル経済の崩壊後の経済の低迷を

受けて，1992年に金融制度改革法が成立しており，1994年4月には大口取引（10億円超）の株式売買委託手数料の自由化が始まるなど（完全自由化は1999年10月から），金融や証券取引における大幅な制度改革が進められていた。証券経営研究会が設置された1996年は，11月に当時の橋本内閣の下で金融システム改革（日本版ビッグバン）が提唱された年でもある。まさしく国内の金融資本市場の分野で地殻変動が起きていた時代であった。

　最初の書籍である『金融市場の変貌と証券経営』では，このような環境変化が証券会社の経営にもたらす影響を踏まえ，伝統的な投資銀行業務の変化などに切り込んでいる。その3年後に出版された『証券会社の組織と戦略』は，①組織，②リテール戦略，③ホールセール戦略の3つのパートで，前作よりも更に踏み込んだ詳細な機能分析を行った。

　『証券ビジネスの再構築』は，日本版ビッグバンがもたらした新たな環境下での証券ビジネスを論じている。例えば，新興企業向け市場の創設による新興企業の株式公開の増加などを受けた公開引受業務の拡大など，規制緩和による証券ビジネスの変化が体感され始めた時代に証券ビジネスを捉えなおし，ビジネス・モデルの再構築を論じた価値は大きいだろう。この試みは，続く『金融システム改革と証券業』においても継続しており，リテール証券ビジネスの変化やインターネット証券会社の戦略，大手証券業者のプリンシパル・インベストメントやアセット・マネジメント業務の変化などが分析対象となっている。

　2008年のいわゆるリーマン・ショックは，世界恐慌になぞらえる混乱を引き起こすとともに，金融や資本市場の規制を根本的に見直すきっかけとなった。サブプライム層向けの住宅ローンの証券化やクレジット・デフォルト・スワップ（CDS）などの個別商品のみならず，短期金融市場の流動性，商業銀行の自己資本規制，米国の大手投資銀行の商業銀行への業態転換等々，金融資本市場分野の大混乱は研究会に多くの研究課題を与えた。『金融規制の動向と証券業』・『資本市場の変貌と証券ビジネス』・『変貌する金融と証券業』の3作は，まさにこの大混乱を踏まえた研究活動の成果であると言えよう。

　さて，本書『現代金融資本市場の総括的分析』は，リーマン・ショックから

10年を経過し平静さを取り戻した市場機能の再評価や，これからの10年を展望することを主な課題に置いた。本書を構成する13の章は，以下の観点からお読みいただきたい。

マクロ的な分析アプローチは，第1章（全体展望）・第2章（EU）・第8章（米国）を参照願いたい。第1章と第8章は，これからの金融資本市場を論じるにあたり，再度議論の対象となる歴史的観点をまとめている。また第2章は，EUで導入された破綻処理の事例を日本と比較しつつ，新たな市場へのストレスとなったCOVID-19下での評価も加えており，大変興味深い分析となっている。

現状の資本（証券）市場と市場参加者の分析は，第4章（証券業のビジネスモデル）・第5章（親子上場の評価）・第9章（機関投資家行動の変化とガバナンス）・第10章（米国の社債市場）・第11章（証券化市場および証券化ビジネス）・第13章（米国の投資アドバイスの変化）に含めた。第4章はわが国の証券業の将来を的確に分析しており，特に証券業務に従事する者にとって必読となろう。第5章が扱う親子上場の問題は，わが国の証券市場で長らく議論の対象となってきた。また第10章と第11章が扱う各市場は，第13章で扱う米国で重点となる投資アドバイスと同様に，本来はわが国市場の成長力の糧となるべき分野である。米国で議論されている最新の企業統治のあり方を考察した第9章と合わせて読むことで，より多くの示唆を与えてくれるであろう。

これからの金融資本市場を扱っているのは，第3章（金融新技術を活用する中国の最新事例）・第6章（株式投資型クラウドファンディングの展望）・第7章（技術的イノベーションに対応する日本の法制度）・第12章（デジタル・トークンを用いた調達）である。第6章のクラウドファンディングは，わが国でも様々な分野で活用が進んでいる。第7章は，最新の金融法制の動向を報告しているが，新しいイノベーションにわが国も法的な対応を進めていることは注目される。さらに，このような金融における新たな技術の応用は，第3章の中国の様々な試みが先行事例として大いに参考となろう。最後に，第12章は分散型台帳技術を活用した新たな資金・資本調達を扱っており，第6章のクラウ

ドファンディングと並んで，近い将来の金融資本市場のあり方を考えるうえで基盤となるかもしれない。

　本書の執筆が始まった2020年の年明けとともに新型感染症であるCOVID-19が蔓延し，原稿の取り纏めと編集を進めている12月現在でも収束の気配すらみられない。このような環境下で各章の執筆を分担していただいた研究会メンバーには心から御礼を申し上げる。

　個々の論文は執筆者個人の責任で執筆されており，日本証券経済研究所の見解を反映するものではない。研究会の主査を務める若園が表記や用語の統一を行ったが，内容については手を加えていない。

　最後に，多忙な中研究会の運営に参加されたメンバーやオブザーバーの方々に感謝する次第である。COVID-19で中断するまで，ほぼ月１回のペースで開催される研究会では，大学や民間の研究機関の研究者だけではなく，証券関連の実務担当者の方からも貴重なお話を伺うことができた。これらの方々にも心より感謝する次第である。

　2021年２月

公益財団法人　日本証券経済研究所

主席研究員　若園　智明

執筆分担

はしがき　若園　智明　当研究所主席研究員

第1章　渡部　亮　法政大学名誉教授

第2章　伊豆　久　福岡大学商学部教授・当研究所客員研究員

第3章　李　立栄　京都先端科学大学経済経営学部准教授・
　　　　　　　　　当研究所客員研究員

第4章　二上　季代司　当研究所主席研究員

第5章　岡村　秀夫　関西学院大学商学部教授・当研究所客員研究員

第6章　松尾　順介　桃山学院大学経営学部教授・当研究所客員研究員

第7章　横山　淳　大和総研金融調査部主任研究員

第8章　北原　徹　立教大学名誉教授

第9章　佐賀　卓雄　当研究所名誉研究員

第10章　小林　陽介　東北学院大学経済学部専任講師・当研究所客員研究員

第11章　掛下　達郎　福岡大学商学部教授・当研究所客員研究員

第12章　若園　智明　前出

第13章　沼田　優子　明治大学国際日本学部特任教授・当研究所客員研究員

目　次

第1章　2020年代の金融資本市場の展望[1]

渡部　亮

はじめに

　2020年代の国際金融および資本市場の動向を占うためには，2010年代に進行した二大変化を踏まえた議論が必要である。第一の変化は，世界経済が低経済成長，負債増大，所得格差拡大という三重苦に陥ったことである。第二の変化は，金融資本市場の変質であり，資金仲介の主役が従来の銀行（預金取扱金融機関）から投資ファンドに交替し，金融資本市場と実体経済のバランスが崩れたことである。この二つの変化は，1980年代中頃以降およそ30年間にわたって時代潮流となった米英流の市場自由主義ないしは経済自由主義の帰結と言える。そしてコロナウィルス感染症に伴う景気後退は第一の変化（三重苦）を激化させ，また第二の変化（金融資本市場の変質）を明確にした。

　経済自由主義は民間主導で分散型の経済システムを標榜し，規制緩和や自由化，国有企業の民営化などによって経済を活性化させた。その間政府の景気政策は，物価安定（2％程度の消費者物価上昇率）を目標とする金融政策だけで十分だとされ，欧米諸国では不況期を別とすると平常時には均衡財政が主張されて，財政政策は後方待機の位置に追いやられた。供給サイドの基盤強化は民間部門（民営化された公益事業を含む）の自主性に任された。また所得再分配も経済成長による一国全体の所得底上げによって実現できると考えられた。

　しかし2010年代後半になると，低金利政策の影響もあって負債が増大し，所得格差が拡大して経済成長が阻害され，貿易摩擦が激化した。三重苦が深刻化

し経済自由主義が行き詰まっていたところにコロナウィルス感染症に伴う景気後退が発生した。皮肉なことに，負債削減が課題となっていたにもかかわらず，拡張的な財政政策と中央銀行による負債支援策が打ち出され，国債発行残高だけでなく企業の負債もいっそう増大した。

　2020年代のいずれかの段階で負債削減が政策課題となり，その過程で資産課税や国債売却制限といった措置が検討されるであろう。しかしそれがむずかしいとすれば，最終的にはインフレによって負債の実質価値削減が始まるかもしれない。インフレは，債権者（金融資産保有者）から債務者（特に政府）への実質所得の移転を可能にする。一般的に「金融抑圧（financial repression）」と呼ばれるこうした政策対応は，金融資本市場にとって重石となるであろう[2]。

　また2020年代には，アメリカ経済の弱体化によって国際貿易や国際金融取引におけるドルの地位が低下する可能性もある。アメリカは国際通貨ドルの発行国として，これまでは自国の経常収支赤字を容易にファイナンスできたため，巨額の貨幣発行利益を得てきた。今後ユーロ圏諸国や中国は，国際通貨としてのドルの地位低下を視野に入れ，ドルに依存しない国際通貨制度の構築を模索するであろう。その場合，デジタルユーロ（e-Euro）やデジタル人民元（e-RMB）が導入されて，ドルに依存しない広域決済サービスが普及するかもしれない。コロナ危機はこうした大変革を生み出す可能性を秘めている。

　以上の諸点は，金融資本市場業務の変革を示唆している。それは自由な金融資本市場取引の見直しである。すでにコロナ危機以前から，脱グローバリゼーション（deglobalization）や内外分離（decoupling）の気運が強まり，自由で開放的な貿易取引やグローバルなサプライチェーン構築は峠に達していた。今後は国際資本移動も制約を受けるであろう。欧米の主要銀行は，コロナ危機に対処するため巨額の貸倒引当金を計上する一方で，店舗網削減を含めたコスト削減策に乗り出した。商業銀行業務は決済業務や保管管理業務に特化した公益事業の性格を強めるであろう。投資銀行業務や資産管理業務は引き続き収益追求を続けるが，米，英，ユーロ圏それぞれに異なった規制環境のもとで，運営されるようになるのではなかろうか。

Ⅰ．世界経済の三重苦

1．低成長，負債増大，所得格差拡大

　リーマン危機やユーロ圏債務危機が終了した後の世界経済は，景気後退を免れたものの低成長が続いた。IMF の推計によれば，先進諸国（約40ヵ国）の人口一人当たり実質 GDP 成長率は，1990年から2008年までの18年間に年平均1.8％であったものが，2009年から2019年までの10年間には年平均1.1％へとほぼ半減した[3]。

　「長期停滞論」が注目されるようになり，経済成長率の低下が単なる需要不足によるものか，それとも生産性低下や労働力人口の減少といった供給サイドの要因によるものか，あるいは需要と供給以外の別の問題が絡んでいるのか，そうした点を巡って議論が活発化した。ひとつの仮説は，所得格差の拡大や労働分配率の低下といった分配問題が需要不足を引き起こし，経済成長率の低下をもたらしたのではないかという推論である。高所得者層は，所得の増加分をすべて消費に回すわけではないので限界消費性向が低く，逆に蓄財意欲と貯蓄性向が高い。中低所得者層の消費性向は高いが，彼らの所得は増加しなかったので，経済全体としては家計消費が増加せず低成長の一因となった。中低所得者層は，所得が増加しなかったので，負債（借入れ）によって教育や医療への支出を含む消費を維持するしかなく，中低所得者層の負債が増加した。

　日本経済も低成長，政府の負債増大，所得格差拡大の三重苦に苦悩する点では欧米諸国と共通する。日本の場合には個人間の所得格差は欧米ほどではないが，高齢者世帯と現役労働者世帯の資産格差や，企業部門の貯蓄超過や豊富な手元現預金までも視野に入れると，分配問題が需要不足の背景に潜んでいる。労働分配率の低さや世代間格差が需要不足を引き起こし，経済成長率の足枷になったと考えられる。

　経済のグローバル化も所得格差拡大の一因となった。特にアメリカでは，一

部のIT系大企業の市場シェアが拡大し，市場支配力を強めたこれら大企業の利益率が上昇した。同時に新興国からの製造業製品の輸入や生産委託によって労働組合組織率が低下し，交渉力を失った労働者の賃金上昇率が低下した。経済のグローバル化や資本市場取引の活発化によって高所得者（株主や経営者）が低所得者（労働者）の購買力を吸い上げ，労働分配率の低下や所得格差の拡大が起きたのである。別な言い方をすれば，グローバリゼーションは世界的なスケールで所得移転を引き起こし，新興国の製造業と欧米諸国の金融業やIT系の大企業が，サプライチェーン構築による国際分業と国際金融資本取引によって利益を共有した[4]。新興国の製造業企業（国有企業を含む）は自国内の労働コストを抑制することによって欧米諸国向け輸出を拡大し，それによって獲得した余剰利益を欧米諸国へ還流させた。もちろん欧米金融業の利益がすべて国際資本移動を源泉とするものではないが，還流した資金を土台として政府や企業の負債を賄うことで利益を上げた。金融業者のなかには後述する投資ファンドのような非銀行金融仲介機関も含まれる。

2. 金融緩和政策と企業財務の悪化

　三重苦は金融緩和政策によっても助長された。ディスインフレを食い止めるための低金利政策が，資本市場取引の拡大を通じてかえって負債増加と所得格差拡大を深刻化させた。低金利政策は民間需要（家計消費や企業設備投資）の増加という所期の目的を果たさず，リスク資産（株式や不動産など）の価格高騰を引き起こした。そして株価や不動産価格の上昇は，資産保有者（高所得者層）と非保有者（中低所得者層）との間の所得格差を拡大させた。フローの給与所得だけでなく，ストックの資産所得が所得格差を拡大させたのである。

　特にアメリカ企業の場合には，企業が負債によって調達した資金で買収や自社株買いを行い，一株当たり利益の増加に努めた。それによって株価が上昇すれば，株主が利益を受けるからである。その株主のなかには，一般株主だけでなく，ストックオプション（一定価格での自社株買取り権）を報酬の一部として受給した企業経営者も含まれる。株価が一定価格を超えて上昇すると，経営

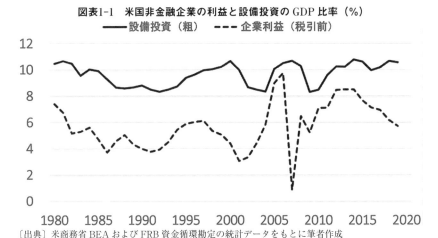

図表1-1　米国非金融企業の利益と設備投資の GDP 比率（%）
── 設備投資（粗）　--- 企業利益（税引前）

〔出典〕米商務省 BEA および FRB 資金循環勘定の統計データをもとに筆者作成

図表1-2　米国非金融企業の負債比率（%）
── 対GDP比　--- 対株主資本比

〔出典〕米商務省 BEA および FRB 資金循環勘定の統計データをもとに筆者作成

者はオプション行使によって現金所得を高めることができる。逆に株価が下落
した場合は，ストックオプションの価値がゼロになるだけで，あらたな損失が
発生するわけではない。そのため経営者は，中長期的な生産性向上を目的とす
る設備投資よりも，短期的な株価上昇を優先する財務戦略を打ち出した[5]。
　図表1-1に示すように，アメリカの民間設備投資の GDP 比率は2000年以降

10％前後の低水準であった。一方企業利益のGDP比率は2000年代に入って一度は上昇したが，リーマン危機によって低下し，2010年代に入っても趨勢的な上昇はみられなかった。それにもかかわらず，アメリカ企業は自社株買いと配当支払いによって高株価維持に努めた。非金融企業の営業キャッシュフローの多くは，設備投資には向けられず，株主還元（自社株買いと配当支払い）に配分された。営業キャッシュフローだけで不足する場合には，負債による資金調達でその不足分を補った。

　負債を活用した企業の業務拡大は，財務リスク（不況期に利払いや元本返済が滞る可能性）を高めるが，2010年代のように低成長とはいえ経済が安定している間は，業務リスク（営業利益率の変動）が抑制されたので財務リスクが表面化しないで済んだ。したがって民間企業は負債を活用した買収などによって業務拡大を図り株主利益が増加した。図表1-2に示すように，アメリカの非金融企業の負債残高は2019年末にはGDPの75％に相当する規模まで増大したが，幸いなことに株価上昇が続いたので，株主資本（時価で評価）に対する負債の比率は上昇せずに済んだ[6]。しかし第Ⅲ節で述べるように，負債の活用による財務政策や配当や自社株買いによる高株価政策は，コロナ危機を契機として曲がり角に直面した。

3.　現代貨幣理論[7]

　低成長とディスインフレを打開するための低金利政策がかえって所得格差拡大や負債増大を助長したこともあって，財政政策を前面に押し出す現代貨幣理論（Modern Monetary Theory，以下MMTと略す）が注目されるようになった。それは金融政策を重視する市場自由主義ないし経済自由主義のポリシーミックスに対するアンチテーゼと言える。

　MMTは新規の学説のようにみえるが，①政府による需要管理，②機能的財政，③貨幣国定説など，往年の有力な経済学説のリバイバルでもある。このうち①は，デフレ期には金融政策よりも財政政策を重視すべきだとするケインズ理論に通じる。また②は，1940年代にケインズ派の経済学者アバ・ラーナーが

提唱した考え方であり，財政政策は財政赤字の大小によって評価するのではな
く，実体経済にどのような影響を与えたかによって評価すべきだとした。もと
もと財政には自動安定機能（built-in stabilizer）があり，財政支出が引き金と
なって民間部門の需要や所得が回復すれば，税収の自然増によって財政赤字も
縮小する。したがって労働力や資本財などの資源供給に余力があり，需要不足
のほうが大きな問題の時には，政府は支出を増やして遊休資源を有効活用すべ
きである。ただし資源の供給に制約がある場合には，財政支出増はインフレを
引き起こす可能性がある。

　換言すれば，政府にとって資金調達（財政赤字）は制約ではなく，労働や資
本などの資源の利用可能性が制約である。MMT もこのインフレリスクを認識
しており，政府の国民に対する政策責任は，支出の結果として発生する財政赤
字や政府債務の大小ではなく，貨幣価値の安定（インフレ抑制）にあるとす
る。したがって資源供給に制約が存在する場合には，増税や年金給付の繰り延
べによって消費（現在時点の資源使用）を抑制すべきである。

　上記③の貨幣国定説は貨幣商品説の対極に位置する貨幣論である。貨幣商品
説は物々交換が不便なので金のような商品が交換手段として利用されるように
なったとするが，国定説は貨幣の起源を法制度に基づく政府発行貨幣（法定貨
幣）に求める。アメリカの場合，政府貨幣の根拠法は憲法第1章8節5項であ
る。同項は連邦議会が貨幣（コイン）の鋳造権を持つことを定めたが，紙幣発
行に関する憲法上の明確な規定はなかった。そこで1913年連邦準備法（Feder-
al Reserve Act of 1913）によって連邦準備銀行が紙幣の発行権を授権した。
ドル紙幣（Federal Reserve Note）は連邦準備銀行の負債であり，厳密には政
府貨幣ではないが，連邦政府の信用を基盤としている。

　MMT も国定説を援用し，政府が貨幣発行によって公共事業費や社会保障費
などの歳出を支弁し，政府から支払いを受けた民間企業や家計が納税や日常的
取引にその貨幣を利用すると論じる。民間企業や家計の場合には収入や借入れ
がなければ支出できないが，政府は収入（税収）や借入れ（国債発行）がなく
ても貨幣発行によって支出を賄うことができる。少なくとも独自の貨幣発行権

が確立しているアメリカや日本の場合にはそうである。

　政府貨幣の発行は，主要先進国で現在実施されている国債大量発行と中央銀行による大量購入の問題を解消できるかもしれない。その問題とは，第一に，中央銀行が巨額の国債保有残高を損失なしに処分できるか？そして第二に，議会決議に基づく財政政策に中央銀行が関与することは財政民主主義からの逸脱ではないか？第三に，現状では中央銀行がみずからの意思で国債を購入しているが，翻ってみればディスインフレ下の中央銀行には国債購入を続ける以外の選択肢がないのではないか？中央銀行がこうした立場に陥っているとすれば，国債の大量購入はいずれ限界に達するであろう。むしろ MMT が提唱するように，国民に直接責任を負う政府が貨幣を発行して財政支出の資金源とするほうが正当かもしれない。中央銀行が保有する国債も政府貨幣の発行によって買入償却できるので，巨額の国債保有残高をどう処分するかといった問題も解消する。政府貨幣は政府の負債というよりも，国家という公的制度を維持するためのエクイティ（永久資本）に近い性格を持つ。したがって民間企業の負債も政府が貨幣発行によって買い取れば，デットエクイティスワップ（debt equity swap）とみなせる。

　しかしながら果たしてそれでよいのであろうか？ MMT の大きな問題は，貨幣発行とその管理を政府に任せるのでは全体主義的な統制経済と同じことになって，民間部門の創意工夫や知恵が活かされないという点にある。歴史的にみても，1694年に創設されたイングランド銀行（発券銀行）は，政府（王権）の財政資金調達ニーズと民間業者の商取引決済ニーズ，この双方を充たすために官民が共同して貨幣を管理する中央銀行制度の始まりであった。同行は株式会社として創設され，民間商人が120万ポンドを出資して，その代表者が同行の取締役に就任した。出資金は永久に返還されなかったが，その代償としてイングランド銀行の経営統治権を手に入れたのであった。中央銀行の設立は，政府が貨幣を国家統治の道具として独占的に使用する時代から，民間人が現金通貨（中央銀行の負債）や預金通貨（民間銀行の負債）を使って商取引の決済を行う時代への移行を画した。これは，市場経済の発達を貨幣面から促し，18世

紀の産業革命を導いたという意味で，経済史上の記念碑的な一里塚であった。

　また MMT が含意するように政府貨幣をエクイティとみなしたとしても，他の資産（たとえば金）などへの交換性（換金性）がないので，政府貨幣には企業株式のような流動性はない。また政府がデットエクイティスワップによって民間企業の負債を買い入れ株主になったとしても，ガバナンス主体として企業経営の規律を維持できる保証はない。

　さらにアメリカの場合には，今まではドルが国際通貨として受容されたので，実質上の政府貨幣発行によって財政支出や国内需要を支弁することができたが，今後経済が弱体化し外交的にも孤立するなかで財政赤字が増大しすぎると，外国からの資本輸入によって財政赤字を賄い続けることが困難になる。ドルの信認低下が政府貨幣発行の大きな制約となるであろう。資産の裏付けを持たない政府貨幣が信用を維持するためには，一国内での貯蓄投資バランスが維持されることが前提条件である。

　以上のように考えれば，MMT が三重苦を一気に解決できると考えるのは即断に過ぎると言うべきであろう。ただし所得格差是正に関しては，税制改革を含めて財政政策が一定の役割を担うべきである（第Ⅲ章2項参照）。

Ⅱ．金融資本市場の変質

1．投資ファンドの台頭と社債発行の増大

　三重苦と並ぶ2010年代のもうひとつの変化は，金融資本市場の変質である。具体的に言えば，資金仲介の主役が従来の銀行（預金取扱金融機関）から投資ファンドに移行し，金融資本市場と実体経済のバランスが崩れたことである。俗にいう「不況の株高」だけでなく，アルゴリズム（電子自動計算システム）を駆使した派生商品取引（リスクパリティやベイシストレードを含む）などによって証券価格と取引量の変動が激化した。銀行のマーケットメーカーとしての役割が後退したことも証券価格の変動を激化させた。リーマン危機以前の証

券市場では，銀行がマーケットメーカー（値付け業者）として大きな役割を果たし，投資家の換金売りに対して自己勘定で買い向かうことによって市場に流動性を供給した。しかしリーマン危機後に，銀行は自己勘定での証券投資を制限されたり自己資本増強を求められたりするようになった。

　それと同時に，銀行を中心とする従来型の資金仲介が，資本市場（証券市場）を経由する資金仲介によってかなりの程度代替された。資本市場における主たる資金仲介手段となったのが社債やプライベートデット（後述）であり，主たる資金仲介役となったのは投資ファンドであった。

　まず社債発行額に関して言えば，アメリカの非金融企業の社債発行残高が2010年末の3.4兆ドルから2019年末には5.8兆ドルに増加した。この間，銀行の社債保有額はほとんど増加しなかった[8]。銀行に代わって ETF（上場投資信託）による社債投資が増加した。これはアメリカにおいて特に顕著であったが，そのほかの主要先進国でも同様の変化がみられた。OECD（経済開発協力機構）の調査によると，世界全体の非金融企業の社債発行額は2009～19年の10年間に年平均で1.8兆ドルであったが，これは2000～08年の年平均社債発行額の 2 倍に相当する[9]。その結果，社債発行残高は2019年末現在で13.5兆ドルに達した。しかも社債発行の大半は，信用リスクが大きく，財務制限条項が弱く，満期の長い低格付けの社債であった。実際に2017～19年の 3 年間に発行された社債全体のうち50％分が BBB 格（投資適格債の最低限），また25％分が BB 格以下（非投資適格）の社債であった。こうした社債はハイイールド債と呼ばれ，リスクプレミアムが大きい分だけ利回りも高いので，低金利下で資金運用難に陥った年金基金や保険会社といった機関投資家の投資対象となった。ただし「ハイイールド債」とはいっても，低金利下では利回りが 3 ％を上回る社債は発行残高全体の10％程度にすぎない。

　社債発行増加と並ぶもうひとつの変化は，投資ファンドのような非銀行金融仲介機関の台頭である。リーマン危機後に銀行は，自己勘定での証券投資を制限されたり自己資本増強を求められたりしたが，投資ファンドはそうした規制を免れたため，その間隙を縫って急成長した。その結果，銀行が資金仲介する

間接金融に代わって，資本市場を資金仲介の場とする直接金融が増加した。ただし直接金融とは言っても，それはかならずしも公開株式や公募社債を媒体とする在来型の直接金融ではなく，未公開株や私募社債，さらには投資ファンドによる貸出（プライベートデット）なども含まれた。借り手企業からみれば，銀行からの資金調達の一部を投資ファンドからの調達に切り替えたと言える。

　国際決済銀行傘下の金融安定理事会（Financial Stability Board）の報告書は，先進40ヵ国の全金融機関の金融資産を，銀行の資産と非銀行金融仲介機関の資産に分けて集計している[10]。それによると2018年末現在，非銀行資産は184兆ドル（全金融機関の金融資産総額に占める構成比49％）に達し，銀行資産148兆ドル（同比39％）を上回った。2008年末時点では両者の資産残高がともに約100兆ドルで拮抗していた。

　この非銀行金融仲介機関は，従来「シャドーバンク」と総称されていたが，最近同理事会は NBFI（Non-bank Financial Intermediaries）という呼称に変更している。この NBFI は，年金基金や保険会社など在来型の機関投資家と，それ以外の金融機関 OFIs（Other Financial Intermediaries）とに分かれる。この OFIs に分類されるのがプライベートエクイティファンドやヘッジファンド，政府系ファンドなどの投資ファンドである。OFIs には，その他にも MMF，REIT，リース会社，消費者金融，証券金融，証券化専業の SFV（Structured Financial Vehicles）などが含まれるが，投資ファンドはそれらとは分けて別個に扱われている。

2. プライベートエクイティファンド

　2010年代には，投資ファンドのなかでもプライベートエクイティファンド（以下 PE ファンドと略す）が資金調達と運用の両面で存在感を高めた。アポロ，ブラックストーン，カーライル，KKR などが PE ファンドを運営する代表的な投資会社である。これらの投資会社は，PE ファンドだけでなくヘッジファンドの運用，さらには商業用不動産投資や航空機リース向けの貸出など，広範な資金仲介業務を行う。

　PEファンドの元来のビジネスモデルは，主として消費関連企業を買収（バイアウト）し，非公開化ないし私企業化する。PEファンドによる買収は，ハイイールド債発行など負債による資金調達（レバレッジ）を活用するので，レバレッジドバイアウト（LBO）という。またPEファンドは別名「バイアウトファンド」とも呼ばれる。買収先企業の総資産利益率（投資リターン）が負債利子率を上回れば，両者の差分がPEファンド出資者の株主資本利益率に上乗せされる。もちろん総資産利益率が利子率を下回れば，その分株主資本利益率は低下する。

　消費関連業務とは，レストランやホテル，テーマパーク，レンタカーなどの遊興サービス業（ホスピタリティ産業），小売業，商業用不動産業（ショッピングモール）などである。消費関連業務は，日々の現金収入（消費者による料金の支払い）があるので，社債の利払いなどの負債費用を安定的に賄うことができる。最近ではPEファンドがハイテクやヘルスケア関連の未公開企業を買収するケースも多いが，少なくとも消費関連の業種では非正規従業者の割合が多く，買収後に人員整理や人件費削減によって利益率を高めることができる。つまり財務リストラと業務リストラの双方によって株主資本利益率を高めるのが，PEファンドのビジネスモデルである。そしてリストラによって買収先企業の利益率を高めた後に，新規株式公開（IPO）や第三者への転売によって投資資金を回収し，PEファンド出資者への利益還元や負債返済に充当する。

　このビジネスモデルの原点は，英国のマーチャントバンク業務に遡る。それが1990年代にプリンシパルファイナンスとかプリンシパルインベストメントといった名称で，投資銀行業務の一環として蘇った。投資銀行がプリンシパル（主体）となってパブチェーンやホテルチェーンの買収を行ったのである。しかし金融危機後に銀行の自己資本規制が厳しくなったため，投資銀行部門からスピンアウトする形で，独立のPEファンドを立ち上げて今日に至った。

　最近のPEファンドは単に株主資本（エクイティ）を用意するだけでなく，PEファンド自身が買収先企業に対して負債資金を提供することもある。これを株主貸付証書（shareholder loan note）と呼ぶが，より一般的に非銀行金融

仲介機関による未公開企業向け融資をプライベートデットと呼ぶこともある。

　PEファンドの運営業者およびその出資者は，税制上の恩恵も受けている。アメリカでは2017年末に成立した税制改革法（Tax Cuts and Jobs Act of 2017）によって，ファンドの運営業者および出資者の所得（carried interest）が通常の給与所得よりも優遇されるようになった。具体的には所得の20％分が所得控除を認められるようになり，実効最高税率が29.6％（最高所得税率37％×0.8）に低下したのである。要するにPEファンドは，減税や規制緩和，業務リストラなどを標榜する市場自由主義の象徴的存在であった。

　しかしPEファンドも今回のコロナ危機によって大打撃を受けた。都市封鎖（ロックダウン）などによって消費関連業務や商業用不動産からの収入が激減したからである。実際2020年3月には，代表的なPEファンド運営会社の株価が急落した。このことは，金融危機の形態がリーマン危機当時の銀行危機からコロナ危機では資本市場（証券市場）危機に変質したことを意味する。資本市場のなかでも低格付けの社債市場の混乱が顕著であった。

3. FRBの負債支援策

　リーマン危機以前の時代の銀行は，住宅ローンなどを証券化して資産担保証券やローン担保証券を組成し，それを投資家（他行傘下の投資目的会社を含む）に販売したりレポ取引の担保としたりするといったビジネスモデル（originate and distribute）を構築した。しかしこうした積極経営がリーマン危機においてシステミックリスクという大問題を引き起こした。システミックリスクとは，個別銀行の破綻が金融システム全体の倒壊に及ぶリスクである。特に預金を取り扱う銀行の場合には，特定の銀行に経営悪化の兆候が出始めると預金者が預金の引き出しに殺到することがある。そうなると危機的状況が群集心理的に拡散し，通常であれば支払い余力があるはずの銀行までが当座の資金不足に陥る。そこで政府や中央銀行が金融システムを保全するために銀行救済に乗り出さざるを得なくなった。

　こうした経験を踏まえて，巨大銀行は「グローバルなシステム上重要な銀行

G-SIB（global systemically important banks）」と呼ばれるようになり，自己資本増強など財務の健全性強化を求められた。投資ファンドの場合には，銀行と違って預金者による取付けが起きないので，システミックリスクとは無縁だと考えられた。しかしコロナ危機のような外生的ショックによって景気後退に陥ると，借り手の収益が悪化して利払いや元本返済が困難になる。そして債務不履行（デフォルト）のリスクが高まると，債権者や投資家は資金回収を急ぎ，株式市場や社債市場だけでなく，国債市場や商品市場でも資金確保のための換金売りに殺到する。実際にそうした事態がコロナ危機のさなかの2020年 3月10日前後に起きた。その矢面に立ったのが投資ファンドであった。

　そこで2020年 3 ～ 4 月に連邦準備銀行が，国債や住宅担保証券などの資産担保証券購入だけではなく，一般企業発行社債や中堅企業向け貸出債権の買い取りなど広範な負債支援策を打ち出した（図表1-3）。なおこの負債支援策は，連邦準備銀行の傘下に設立された特別目的会社（SPV）を通じて行われ，そのSPVには財務省が出資し，連銀が財務省出資分の10倍規模の融資枠を提供した。その結果，連邦準備銀行の総資産は2020年初の 4 兆ドル強が 6 月末には 7 兆ドル強に膨張した。

　連邦準備銀行が財務省と連携して資金供給することはリーマン危機時にも行われたが，今回の場合，複雑な救済計画が瞬時のうちに実施されたのは，投資ファンドの実務に精通したムニューシン財務長官とパウエルFRB議長の緊密な連携があったからであろう。連銀が社債市場のマーケットメーカー役を買って出たとも言える。実際この負債支援策実施後の 4 ～ 6 月には社債の市場価格が上昇し，新規発行額も再び増加した。またニューヨーク株式市場の株価が 4月以降に急反発したのも，この負債支援策を好感したためであろう。

　負債支援策の根拠法となったのは，1932年の連邦準備法改正によって導入された同法13条（3）項の特別融資条項である。この改正によって異例（unusual）かつ緊急（exigent）の状況においては，企業や個人向けの特別融資が可能になった。ただしこの13条（3）項は，緊急融資の直接的な相手方として連邦準備制度加盟銀行を念頭に置き，実際の商工業取引に裏付けられた約束手形

図表1-3　FRB の緊急負債支援策（2020年 7 月31日現在）

発表日	負債支援策の名称	残高 （100万ドル）
3 月17日	Commercial Paper Funding Facility（CPFF）	336
3 月17日	Primary Dealer Credit Facility（PDCF）	1188
3 月18日	Money Market Mutual Fund Liquidity Facility（MMMLF）	13688
3 月22日	Term-Asset-Backed Securities Loan Facility（TALF）	1620
3 月22日	Primary Market Corporate Credit Facility（PMCCF） Secondary Market Corporate Credit Facility（SMCCF）＊＊＊＊	12023
4 月 8 日	Municipal Liquidity Facility（MLF）＊	1200
4 月 8 日	Main Street Lending Program（MSLP）＊＊	88
4 月 8 日	Paycheck Protection Program Liquidity Facility（PPPLF）＊＊＊	70715

（注）　＊は地方債の購入，＊＊は中堅企業向け貸出債権の購入，＊＊＊は小企業による給与など各種
　　　支払いに関わる民間銀行融資の購入，＊＊＊＊は発行市場と流通市場の双方での社債（ETF も
　　　含む）購入計画である。
〔出典〕FRB の Web サイト Monetary Policy/Policy Tools/Periodic Report/Update on Outstanding
　　　Lending Facilities ＜https://www.federalreserve.gov/monetarypolicy/＞を参照して作成。

などを連銀が再割引することを想定した融資条項であった。しかし今回の負債
支援策は，連銀傘下の SPV を経由するとはいえ，加盟銀行だけでなく投資
ファンドなども取引相手とした。俗な言い方をすれば，中央銀行がシャドーバ
ンキングに関与するようになったとも言える。

4.　中央銀行の資本市場介入

　リーマン危機後に銀行は，自己勘定での証券投資制限や自己資本増強を求め
られたが，投資ファンドはそうした規制を免れたため，2010年代に資本市場を
通じた資金仲介業務で急成長した。ところが今回のコロナ危機では，その投資
ファンドが直接的打撃を受けた。そこで FRB が上記の負債支援策によって資
本市場の混乱収拾に乗り出した。このことは，従来「銀行の銀行」とか「最後
の貸し手」と呼ばれた中央銀行が，資本市場における「最後の買い手」に転じ
たことを意味する。

　資本市場には将来の経済動向を予見したり潜在的リスクに対して警鐘を発し

たりする情報発信機能があるが，中央銀行による国債価格や社債価格の安定化は，無リスク金利（国債利回り）を低位に固定化し社債のリスクプレミアムを圧縮して，資本市場の情報発信機能を阻害する。また資本市場には財政赤字や民間企業の負債増加を抑止する自警団ないし見張り番（vigilante）としての機能もあったが，財政赤字や民間企業の負債増加に歯止めが掛からなくなった。

　日本銀行がETF購入を通じて最大規模の株式保有者になったように，連邦準備銀行が最大規模の社債保有者になりつつある。こうした状況が続けば資本市場の機能が阻害されるだけでなく金融政策運営にも影響が及ぶ。従来の中央銀行は，民間銀行の資金コストや貸出量に影響を与えることによって物価上昇率や失業率を間接的にコントロールしてきた。しかし今や中央銀行が国債市場だけでなく社債市場や株式市場にも関与するようになり，中央銀行の証券取引の影響が金融資本市場に及ぶようになった。これは資金仲介の場が，銀行を主体とする金融市場から投資ファンドを主体とする資本市場（証券市場）に移行したからである。社債や株式のような通常の証券だけでなく，銀行貸出もローン担保証券といった形で証券化され，資本市場で取引されるようになった。しかし資本市場が中央銀行の守備範囲に入ったとしても，マクロ経済政策としての金融政策と金融機関経営の健全化政策を区別した，整合的な政策運営の方法論はまだ確立していない。巨額の負債や信用リスクを吸収できる機関が中央銀行だけになったとすれば，金融政策の自由度も制約されるであろう。

　結局のところ2010年代に起きたのは，金融緩和政策が民間部門の金融資産と負債の双方を膨張させ，金融資本市場と実体経済の乖離を助長したことであった。その結果，資本市場の不安定化などさまざまな弊害が発生し，そうした弊害を是正するために中央銀行が資本市場取引に直接関与せざるを得なくなった。リーマン危機以降の金融規制や監督は，銀行や公開の証券市場に対しては厳しかったが，投資ファンドや非公開のプライベート市場には緩かった。その結果，投資ファンドが仲介する資金調達額が急増した。したがって今後は，より包括的な規制監督が投資ファンドにも及ぶであろう。投資ファンドが利益を上げた時にはその出資者が儲かり，損失が発生すると政府や中央銀行が救済す

るというのでは，モラルハザード（規律の欠如）を引き起こすからである。こうした事態はアメリカに特有のようにみえるが，投資ファンドやその投資先に邦銀や本邦機関投資家が資金供給している可能性があり，今後の規制環境の変化が日本の金融機関の経営戦略にも大きな影響を及ぼすであろう。

Ⅲ．転換期としての2020年代の政策課題

1．効率性よりも強靭性を追求

2020年代は転換期（エイジ・オブ・トランスフォーメーション）と位置付けられる。転換期の経済政策の課題は，負債削減や所得格差是正など三重苦の克服と，金融資本市場と実体経済のバランスの修復である。もちろんその他にもデジタル技術への対応や地球温暖化対策など各国に共通した政策課題がある。

政策課題に取り組むうえでひとつの判断基準は，効率性（efficiency）と強靭性（resilience）のどちらを重視するかである。効率性は，リスクを勘案したうえで設定されるリターンの目標値を達成したかどうかで評価する。この場合のリスクとは，確率が低くても起きる可能性が事前に想定される事象だが，近年では気候異変や風水害，感染症の流行などあらかじめ想定できない事象が頻発するようになった。強靭性とは，こうした予期できない事態や突発的断絶（disruption）に対する備えである。強靭性が重視されるようになったのは，人間の活動には公衆衛生，安全保障，環境保全，プライバシーといった多様な要素が関わることが明らかになったためである。

民間企業の場合も，事業環境が一変し苦境に陥ったときにどん底から這い上がるための事前の備えが必要である。そして予測不可能な事態に対応するためには，多様性を容認し余剰を蓄える必要がある。予測できない事態がやはり発生しなかったという場合には，余剰は無駄な備えでしかなかったことになる。したがって強靭性は短期的な損益計算だけでは判断できない。銀行（預金取扱金融機関）はリーマン危機後に自己資本の増強を求められ，ストレステストな

どによって強靱性を試されたが，その分収益性は低下した。今後は投資ファンドや資本市場の強靱性が問われるであろう。投資先や融資先の企業が地球環境劣化によって損失を被った場合の減損処理への備えも必要になるであろう。

　企業財務面では，負債の活用による収益性（財務の効率性）よりも，株主資本の充実による強靱性ないし安定性が重視されるようになる。負債の活用が行き過ぎると財務リスクが高まり，景気が悪化した場合に債務不履行が多発する。そうなると政府や中央銀行が救済に駆り出され，最終的には納税者を含む広範な人々に費用負担が及ぶ。こうした事態の繰り返しを防止するには，民間部門の負債増大を抑止するように制度改革する必要がある。具体的には負債利子の損金算入を認める現行の法人税制を改正することだが，そのためには主要国政府の政治意思と多国間政策協調が不可欠である。

2.　政府の民間経済への関与

　政策課題に取り組むうえでもうひとつの判断基準は，政府による民間経済への関与をどこまで許容するかである。1980年代以降の民営化やグローバル化，規制緩和の流れのなかでは民間部門の利潤追求が重視された。利潤追求は市場の自動調整機能によって自由，安定，独立といった普遍的価値を実現すると考えられた。しかしコロナ危機によって予期せぬ事態への備えの欠如が明らかになり，環境問題への対応と相まって政府の役割が再認識された。特に EU 諸国では地球温暖化，個人情報保護，サイバーセキュリティ，デジタルトランスフォーメーション（DX）といった広範な問題に対処するために，規制改革を含めて政府の役割への期待が高まっている。

　一般的に言って，政府の役割は民間経済活動を助長するような制度設計，および不正行為を防止し摘発するための規制監督にある。単に市場の失敗を事後的に修復するのではなく，失敗を未然に防ぐような形で事前に制度設計するのも政府の役割である。さらに今後は市場対政府といった二分法に代わって市民社会の役割も高まるであろう。そこでは公平，連帯，信頼さらには持続性といった価値が重視される。構成員が相互に対等な関係を維持する市民社会を実

現するためには，所得格差の是正と中流階級の育成および市民各人の政治参加が必要である。所得格差是正に関しては，特に欧米諸国で資産課税など税制改革の気運が高まっている。

　市民社会との関連では，民間企業のコーポレートガバナンスが見直されるであろう。株主利益を最優先する会社経営が所得格差拡大の一因であったとすれば，広範な利害関係者の長期的利益を重視する会社経営への転換が進むであろう。コロナ危機時に財政金融面から政府の支援を受けた企業が，これまで同様に配当や自社株買いによって株主に報いることはむずかしくなるであろう。実際2020年4～6月期には配当や自社株買いが減少した。

　広範な利害関係者の長期的利益を重視する経営のほうが，危機に対する強靭性が高いともいえる。環境（E），社会（S），ガバナンス（G）の頭文字をとったESG投資も，そうした経営への転換を促す。特にESGのなかで概念が不明確であったS（ソーシャル）の意味が，コロナ危機によって従業員，顧客，供給業者，地域社会などへの配慮といった形で明確になった。たとえば対人対面サービスに携わる時間給労働者や非正規雇用従業者の福利厚生（健康保険や一時帰休手当など）の充実が叫ばれるようになった。アメリカでは，過去10年間以上も据え置かれていた連邦レベルの最低賃金（時給7.25ドル）の引き上げが課題となっている。

　ESGを重視する経営への転換は，経営者報酬の見直しが鍵となるであろう。報酬が会社の短期的利益と株価に連動する現在の仕組みを改め，中長期的に持続可能な社会の実現に向けて行動する企業と経営者が高く評価される仕組みの構築が必要であろう。そのためにはESG投資が相当の役割を担っている。

3.　デジタルマネーの可能性

　転換期の第二の経済政策課題（金融資本市場と実体経済のバランス修復）に関連して，政府によるデジタルマネーの発行が検討に値する。それは民間銀行の信用創造によって発行される預金通貨を用いた決済から，現金代替物としてのデジタルマネーを用いた決済への移行を意味する。

　従来のデジタルマネーは，ビットコインのような仮想通貨（暗号資産）や Facebook の Libra のようなステイブルコインなどであった。それらはいずれも技術を駆使して創出したという意味で，古代アステカ王国で貨幣として使用された綿布に似ている[11]。昔は綿布が最高級の工芸品であり簡単には作れなかったからである。同様にデジタルマネーも，特に仮想通貨の場合には暗号解読技術が国家や銀行の信用を代替するという意味で工芸品といえる。

　確かにデジタルプラットフォーマー（情報通信技術の基盤事業者）が Fin-Tech（フィンテック）を推進し，消費者の利便性を高める余地は大きいが，すでに圧倒的な市場支配力を行使して個人データ収集や新規参入阻止などさまざまな問題を引き起こしている。それに加えてデジタルプラットフォーマーが貨幣発行利益を独占することになれば，公共政策上の問題となるであろう。そこで以下では広域決済の高度化といった観点から政府発行デジタルマネーの論理と問題点を整理してみよう。

　デジタルマネーが誰でも使えてなおかつ安全で確実な決済手段となるためには，法貨として政府の信用をベースに発行する必要がある。また民間企業や個人相互間の決済を円滑に行うためには，政府（貨幣発行体）との結節点（node）として銀行の役割も欠かせない。ただしこの場合の銀行の役割は，決済機能の提供（支払人口座からの受取人口座への振替）および保管管理（カストディアン業務）に限定され，信用創造は行わないナローバンクの機能を想定する。

　このデジタルマネーを国際間の送金や決済に応用する仕組みも検討され始めている。個人相互間のオフラインの現金取引などと比較すると，むしろ国際間取引のほうが先行するかもしれない。現行の国際間の決済や送金は，勘定元となる世界中央銀行が存在しないし規制環境も異なるので，費用と時間がかかって煩雑である。ただしドルの場合には，現在でも米銀ネットワーク（CHIPSや FED Wire）と国際銀行間通信協会（SWIFT）を通じて，国際資金取引の決済および照合ができるとされる。テロ支援国の銀行を SWIFT から追い出して経済制裁を強化するなど安全保障戦略にも利用されている。アメリカによる

経済制裁の対象になれば，その国の企業や国民は米銀ネットワークやSWIFT
を利用できないので，外交関係が悪化した国の場合にはドルやSWIFT利用を
回避したいであろう。

　こうした事情もあって，まず中国が2022年末を目途にデジタル人民元（e-
RMB）の発足を目指している。一帯一路の広域経済圏構想への参加国を中心
に人民元の国際化とデジタル人民元の普及を目指しているようだ。これはドル
のヘゲモニーへの挑戦である。今から50年前の1971年にアメリカがドルと金の
交換性を停止したように，今度は中国がドルに依存しない国際金融システムを
構想するであろう。

　ユーロ圏では，欧州中央銀行制度が共通の発券銀行および金融政策の決定お
よび実行機関として存在するが，民間銀行は加盟各国別の銀行制度によって運
営されてきた。例えば預金保険制度は国別に異なり，ユーロ圏共通の預金保険
が存在しない。そのため民間銀行が発行する預金通貨の信用度は，その銀行の
本拠地所在国の信用度に影響される。同じユーロでも，現金通貨（中央銀行の
負債）と預金通貨（民間銀行の負債）とでは信用度が異なるので，民間銀行の
資金コストも国別に差がある。従来から通貨統合を深化させるために，預金保
険制度の統一やユーロ建て共同債の発行などが検討されてきたが，コロナ危機
を契機として，2020年央に欧州復興基金の構想が浮上した。これはEC（欧州
委員会）がユーロ建て債券の発行体となって財政資金（当初案では7500億ユー
ロ）を調達し，それを加盟国に配分する基金である。債券の利払いはEUの一
般予算の一環として，将来的には温暖化ガス排出に対する課税やハイテク企業
へのデジタル税などによって賄うのが一案である。

　このユーロ建て共同債券は，最上級の格付け（AAA格）を受けることが予
想される。安全資産としてのユーロ建て共同債券の発行が今後も継続的に行わ
れると，ユーロが外貨準備の運用対象としてより広範に利用されるようになる
であろう。この欧州復興基金の構想はデジタルユーロ（e-Euro）発行のきっ
かけともなろう。欧州復興基金からの支出もデジタルユーロで支払い，それを
地域開発や普遍的基礎所得（UBI）と組み合わせれば財政統合が進展するであ

ろう。また e-Euro によって決済制度や金融規制を一元化すれば，預金通貨の信用度格差も解消できる。財政と金融の両面で欧州通貨統合を強化するとともに，米ドルへの依存度を軽減するために e-Euro を発行するのである。

　ユーロ圏諸国や中国は，独自のデジタルマネーを発行して広域決済サービスの構築とドル本位制からの脱却を目指すであろう。しかしアメリカは，デジタル人民元やデジタルユーロが広範に流通するようになると，送金情報の独占が崩れ金融覇権が揺るぎかねないのでデジタルマネーには消極的となるであろう。そもそも政府信用をベースとするデジタルマネーには他の資産（たとえば金）への交換性がないので，国内の貯蓄投資がバランスしている国（経常収支黒字国）が先行して導入するであろう。

＜解決すべき問題点＞

　以上のように考えると，①金融資本市場と実体経済のバランス回復を意図する政府の関与，②ドルに依存しない国際金融システムの構築を目指すユーロ圏諸国や中国の意欲，③民間版デジタルマネーの発行抑制，④デジタル技術自体の発達，こうした複数の要因が公的なデジタルマネーを推進することになるであろう。

　しかし解決すべき問題も多い。第一に，デジタルマネーの発行ルールをどう設定するかである。特に経済成長に伴って増加する貨幣需要をどういったルールで賄うか，これは成長通貨の供給問題である。同時に政府の信用をベースとして発行し，しかも他の資産との換金性のないデジタルマネーの過剰発行をどうやって防ぐかも問題である。そのため独立性のある中央銀行が関与する形での貨幣管理が必要になるであろう。第二に，貨幣は社会制度のひとつであり，政府発行デジタルマネーも政府に対する信頼が制度基盤となる。しかし，その政府が民間取引への介入や個人行動の監視を強めれば信頼が失われる。第三に，アメリカ，ユーロ圏，中国など異なった通貨圏相互間での多角的決済をどうするかである。政府貨幣の過剰発行を防止するためには，国内の貯蓄投資バランスの維持が条件となるが，それだけでは多角的な貿易による経済成長のメ

リットが期待できない。これは第二次世界大戦直後の国際通貨体制（ブレトン
ウッズ体制）構築時に直面した問題と似ている。

おわりに

　コロナウィルス感染症によって世界経済は深刻な景気後退に直面した。それ
に伴って市場の役割を重視する時代から政府の役割を重視する時代に移行しつ
つある。財政政策や政府貨幣発行など政府の役割を前面に押し出す現代貨幣理
論（MMT）も，そうした時代潮流を反映するものであろう。従来は緊縮財政
を標榜してきたIMFも，最近では公共インフラの維持保全などで積極財政の
役割を容認しつつある[12]。

　それではなぜ政府の役割を重視する論調が高まったのであろうか？その答え
は，民間部門が主導する経済自由主義の行き過ぎに対する反省にある。経済の
自由化やグローバル化は，世界的に共通した法制度や経済環境のもとで，民間
企業が国境を越えて自由に市場取引を行う状況を示現した。「共通した法制度
や経済環境」のなかには，低い法人税率や低関税率，低インフレおよび低金利
なども含まれた。このうち低インフレは，労働コストの低い新興国が安価な物
財を生産し欧米諸国に輸出することによって，また低金利は，その新興国が物
財の輸出によって蓄えた貯蓄資金を欧米諸国に還流させることによって実現し
た。これは「世界的過剰貯蓄（global savings glut）」と呼ばれた現象である。

　1980年代以降の金利自由化や業際規制緩和のもとで，欧米の民間銀行は投融
資を拡大させ利益追求に邁進したが，それが行き過ぎてリーマン危機を始めと
する大金融危機を引き起こした。また世界的過剰貯蓄を活用した投融資は，株
式配当や譲渡益などの資産所得を増加させ，高所得者と中低所得者の間の所得
格差が拡大した。そして所得格差拡大がポピュリズムを助長し，欧米主要国で
も権威主義的政権が誕生した。国境を越えた人，物，金の移動制限が行われ
て，自国中心の内向きの政策運営が指向されるようになった。

　資本主義の歴史は「市場の失敗」と「政府の失敗」の繰り返しであった。経

済自由主義は民間主導で分散型の経済システムを標榜し，規制緩和や自由化，国有企業の民営化などによって経済を活性化させた。しかしその半面，グローバルな金融資本市場取引は，資産バブルとその崩壊，負債の増大，所得格差拡大といった市場の失敗（外部不経済）を引き起こした。特に格差問題は深刻で経済成長の阻害要因ともなっているが，自由市場には分配問題を自動的に解決するメカニズムは存在しないとも言える。しかしだからといって貨幣発行からその管理までのすべてを政府に任せるのでは，全体主義的な統制経済と同じことになって，民間部門の創意工夫や知恵が活かされない。

　このように考えれば，2020年代の課題は政府と民間の協調による市場経済再興と新機軸の実現，および「市場の失敗」の未然防止であり，政府の市場経済への全面的介入を意味するものではない。

＜注＞

1）　本稿のⅠ節とⅡ節は渡部［2020］を大幅に加筆修正したものである。
2）　金融抑圧に関しては Reinhart M.C., and Sbrancia M.B.［2011］を参照。
3）　IMF World Economic Outlook Database を使って筆者が計算。
4）　Kline M.C., and Pettis M.［2020］を参照。
5）　アメリカ企業の財務戦略に関しては Smithers, A.［2013］を参照。なお「設備投資」なかには研究開発投資のような無形資産投資が含まれるが，多くの無形資産投資は当期費用として処理される。近年のサービス産業化や IT 化で，資産計上されない無形資産投資が増加していることも設備投資比率が低くなった理由であろう。
6）　連邦準備理事会（FRB）作成の資金循環統計 Financial Account of the US Z1.のうち，民間非金融企業の資産負債残高表には「株主資本に対する時価評価ベースの株式資本の比率」という項目が掲載されている。その比率は2000年以降100％を超えており，内部留保の蓄積が少ないことを窺わせる。FRB 作成の資金循環統計で「株主資本に対する時価評価ベースの株式資本の比率」を検索する方法は次のとおり。Financial Account of the United States Z.1→ Statistical Release → Financial Accounts Guides → Search → Search for FL103164106→ B.103　Line45
7）　現代貨幣理論に関しては Wray,L.R.［2018］および Kelton,S.［2020］を参照。
8）　民間非金融企業の社債発行残高および銀行（預金取扱金融機関）の社債保有残高の長期統計は，FRB 作成の資金循環統計 Financial Account of the US Z1. による。コード番号は，民間非金融企業の資産負債が L103（A），銀行の資産負債が L111（A），民間非金融企業の社債保有残高が FL103163003，銀行の社債保有残高が LM763063095である。
9）　Çelik, S., Demirtaş,G., and Isaksson,M. (February 18, 2020) *"Corporate Bond Market Trends, Emerging Risks and Monetary Policy"*, OECD Capital Market Series, Paris による。
10）　Financial Stability Board (January 19, 2020) *"Global Monitoring Report on Non-Bank Financial Intermediation 2019"* Exhibit 2-1による。
11）　Birch, D.［2017］を参照。
12）　International Monetary Fund, *"Fiscal Monitor: October 2020"* を参照。

＜参考文献＞

渡部亮［2020］「アフターコロナの国際金融」，『金融財政ビジネス』（10921，10930，10937号），時事通信社

Beans, J., and Kumhoh, M.［2012］, *The Chicago Plan Revisited*, IMF Working Paper

Birch, D.［2017］, *Before Babylon Beyond Bitcoin*, London Publishing Partnership

Kelton, S.［2020］, *The Deficit Myth*, Public Affairs

Kline, M.C., and Pettis, M.［2020］, *Trade Wars Are Class Wars*, Yale University Press

Martin, F.［2013］, *Money: An Unauthorised Biography*, The Bodley Head

Milanovic, B.［2019］, *Capitalism, Alone*, The Belknap Press of Harvard University Press

Philippon, T.［2019］, *The Great Reversal*, The Belknap Press of Harvard University Press

Reinhart, M., and Sbrancia, M.B.［2011］"The Liquidation of Government Debt", *NBER Working Paper Series*, 16893.

Smithers, A.［2013］, *The Road to Recovery: How and Why Economic Policy Must Change*, Wiley

Turner, A.［2016］, *Between Debt and the Devil*, Princeton University Press

Wray, L.R.［2018］"Functional Finance: A Comparison of the Evolution of the Position of Hyman Minsky and Abba Lerner", Levy Economics Institute of Bard College, Working Paper No. 900

第2章　EUの銀行破綻処理における
ベイルインとベイルアウト

伊豆　久

はじめに

　リーマン・ショック後の国際的な金融規制改革の一つに，金融機関の破綻処理におけるベイルインの導入がある[1][2]。それは，Too Big To Fail 問題の解決を目的に，破綻金融機関の株主・債権者の損失負担によって，①公的資金を注入する（ベイルアウト）ことなく，②モラルハザードを回避しつつ，③金融システム上の必要な機能を維持しながら，破綻処理を行うというものである。日欧米では2010年代中頃までにベイルインのための法制度の整備が完了している。

　ところが，欧州におけるその後の実際の破綻処理を見てみると，原則通りにベイルインが実施されたケースもあれば，債権者による損失負担が実施されないまま公的資金が注入される例もあり，法制度との関係がわかりづらい。例えば，2017年6月のスペイン第7位のポプラール銀行の破綻処理においては，主な事業がサンタンデールに買収されると同時に同行の劣後債にはベイルインが実施され，原則が維持されているが，イタリア第3位のモンテパスキ銀行については，ほぼ同じ時期に，債権者による損失負担がないまま公的資金の注入を伴う再建が決定されている。ベイルアウトへの逆戻りのようにも見える。

　しかし，結論から言えば，当然ながらいずれの破綻処理も，EUの法律に則ったものであるが，では，それはどのような枠組みとなっているのだろうか。また，それは2020年3月からのコロナ危機のもとでどのように修正された

のか，日本との比較も念頭に整理することとする。

Ⅰ. 国際金融危機後の制度改革〜ベイルアウトからベイルインへ

　リーマン・ショック（2008年）をピークとする米国の金融危機，2010年からの欧州危機への対応の過程で，多くの金融機関（とその債権者）を救済するために，巨額の公的資金が投入された。公的資金には預金保険基金，中央銀行資金，財政資金などいくつかの種類があるが，いずれも，国民負担を伴うこと，モラルハザードを助長すること，規模の大きな金融機関が優遇されることなどの問題があり，厳しい批判が浴びせられた。「ウォール街を占拠せよ」運動はその象徴的な表れであった。

　そこで，金融機関が破綻した場合には，公的資金を注入するのではなく，株主のほか，一部の債権者にも損失を負担させることで，当該金融機関の重要な金融機能を維持しつつ破綻処理する手法（ベイルイン：Bail-in）が導入されることとなった。具体的には，巨大金融機関には，自己資本比率が一定水準以下になった時や金融当局に破綻認定された時に株式転換あるいは元本削減の義務を負う特約付きの劣後債（ベイルイン債，CoCo ボンド）の発行を義務付け，さらには（裁判所ではなく行政機関である）金融当局に，預金を含む一般債務（ただし預金保険の対象の預金や担保付債権等は除く）の元本を強制的に削減できる権限を与えるなどの制度改正が進められたのである。

　米国の2010年制定のドッド・フランク法，EU の BRRD（Bank Recovery and Resolution Directive：銀行再建破綻処理指令），SRM（Single Resolution Mechanism：単一破綻処理メカニズム），日本の2013年の預金保険法改正による「金融機関等の資産負債の秩序ある処理」がそれにあたる。

　ところが冒頭で触れたモンテパスキ銀行の破綻処理（再建策）で明らかになったように，ベイルインに最も積極的だと思われてきた欧州においても，その実施は簡単ではなかったのである。

II．EUにおけるベイルイン原則

　EUの金融機関破綻処理を定めたBRRDは，EU加盟国（非ユーロ圏を含む）を対象に，各国の破綻処理制度の「協調・均一化」を図ることを目的とし，SRMはユーロ圏を対象とし破綻処理制度の「単一化」を図ることを目的とするという違いがあるが[3]，その内容は，（意思決定機関等についての違いはあるものの）文言に至るまでほとんど同じである。

　まず，破綻処理の目的として，「（金融機関の）重要な機能の継続の確保」や「金融システムへの重大な悪影響の回避」などとならんで，「例外的な場合の公的金融支援への依存を最小化することによる公的資金の保護」が挙げられており（B31(2)；S14(2)。以下，BでBRRDの，SでSRMの条番号を示す），そのための手段がベイルインの実施である。

　具体的には，破綻処理に伴うコストは，①ベイルイン適格債務，②破綻処理基金の利用，③その他の公的資金，の順で負担されなければならない。

　まず，ベイルインでは，付保預金（10万ユーロまで）や担保付債務等の適用対象外として列挙された債務（B44(2)；S27(3)）を除くすべての債務が，元本削減あるいは株式転換の対象となる。次に，破綻処理当局は，必要な場合には事前に積み立てられた破綻処理基金を利用できるが，それは，破綻金融機関の総債務（自己資本を含む）の8％以上に相当する額までのベイルインの実施を前提条件とし，かつ，基金の利用は総債務の5％までに限定されている（B44(5)；S27(7)）。

　そして，特別な場合には（in extraordinary circumstances）公的資金の注入を含む他の資金を用いることができるが，それは基金の利用が総債務の5％に達しており，付保預金を除くすべての無担保・非優先債務のベイルインが実施された後にのみ可能なのである（B44(7)；S27(9)）。

　ところが，実際の破綻処理の事例を見ると，前述のようにこの基準を満たさないまま公的資金が注入されているケースが少なくないのである。BRRD・

SRMとの整合性はどうなっているのだろうか。

Ⅲ．EUにおけるベイルインとベイルアウト

1．実際の破綻処理事例

　図表2-1は，いくつかの特徴的なケースを整理したものであるが[4]，2017年のイタリアのモンテパスキ銀行の場合（図表2-1の①），約54億ユーロの公的資金が注入されたにもかかわらず，損失負担は機関投資家保有の劣後債に限定され，それ以外の，預金保険対象外を含むすべての預金，個人投資家保有の劣後債等は全額が保護されている。

　図表2-1の②のイタリアの中堅2行の場合は，再建されたモンテパスキ銀行と異なり，事業譲渡ののち清算されているが，ここでも公的資金が注入され，結果的に，預金者等は損失負担を免れている[5]。

　このように見ると，公的資金が注入された図表2-1の4件（①，②，④，⑤）においてベイルイン原則に従っている（＝無担保債権者や10万ユーロを超える預金者に負担を求めている）ケースは皆無である。（付保預金を超えた）預金者にまで損失負担が及んだのは⑥のキプロス銀行のケースだけである。もちろん，公的資金が注入されないのであれば，債権者の損失負担は必要最低限のところまででよいわけであり，その意味で③と⑥は原則に沿った対応がなされたと言える。

　こうしたまちまちの対応になった原因は，一言で言ってしまえば，一般債権者や預金者に負担を負わせることに伴う政治的経済的な混乱を政府が回避しようとしたことにある。ではそうした措置の場合の法的な位置づけはどうなっているのか，具体的に見てみよう。

2．「破綻等」の認定

　ベイルイン原則の適用は，当然ではあるが，当該金融機関が「破綻（is

図表2-1　欧州における銀行の破綻処理例

① 2017年7月4日　モンテパスキ銀行（イタリア第3位）
　　すべての劣後債を株式転換して再建
　　　損失負担：株主と劣後債権者（ただし個人劣後債投資家には補償）
　　　公的資金：約54億ユーロ
② 2017年6月23日　ポポラールヴィチェンツァ銀行（イタリア第10位）とベネト銀行（イタリア第11位）
　　インテーザサンパオロ（イタリア第2位）に事業譲渡し清算
　　　損失負担：株主と劣後債権者
　　　公的資金：約48億ユーロの金銭贈与と約120億の債務保証
③ 2017年6月7日　ポプラール銀行（スペイン第7位）
　　株式とその他Tier1資本をすべて消却し，Tier2資本は新株に転換しそれを1ユーロでサンタンデールに売却
　　　損失負担：株主と劣後債権者
　　　公的資金：なし
④ 2015年12月4日　ナショナル銀行（ギリシャ第1位）
　　シニア債を含むすべての債券を株式転換し再建
　　　損失負担：シニア債を含む債券保有者
　　　公的資金：約27億ユーロ
⑤ 2015年11月22日　中小4銀行（イタリア：4行合計で市場シェア約1％）
　　受け皿銀行に事業譲渡し清算
　　　損失負担：株主と劣後債権者
　　　公的資金：約36億ユーロ
⑥ 2013年3月29日　キプロス銀行（キプロス第1位）
　　シニア債を含む債券をすべて消却し，10万ユーロ超過分の預金の47.5%を株式転換し再建
　　　損失負担：シニア債を含む債券保有者と預金者
　　　公的資金：なし

（注）日付は以下の当局による破綻処理の発表日。
　①　European Commission, "State aid: Commission authorizes precautionary recapitalization of Italian bank Monte dei Paschi di Siena," July 4, 2017.
　②　ECB, "ECB deemed Veneto Banca and Banca Popolare di Vicenza failing or likely to fail," June 23, 2017.
　③　Single Resolution Board, "The Single Resolution Board adopts resolution decision for Banco Popular," June 7, 2017.
　④　European Commission, "State aid: Commission approves for National Bank of Greece on the basis of an amended restructuring plan," December 4, 2015.
　⑤　European Commission, "State aid: Commission approves resolution plans for small Italian banks Banca Marche,Banca Etruria, Carife and Carichieti," November 22, 2015.
　⑥　Central Bank of Cyprus, *Annual Report 2013*, p.31.

failing）またはそのおそれがある（is likely to fail）」（以下，破綻等）と認定
された場合に限定される（B32(1)：S18(1)）[6]。認定は，銀行監督当局でもあ
る ECB（European Central Bank：欧州中央銀行）が行う。

　したがって，そもそも ECB が当該銀行は「破綻等」にあたらないと見なせ
ば，破綻した金融機関の処理手法であるベイルイン原則は適用されないのであ
る。

　そして「破綻等」は以下の四つの場合として定義されている（B32 (4)：
S18(4)）。

　（a）　自己資本比率の規制水準以下への低下

　（b）　債務超過

　（c）　債務不履行

　（d）　特別な公的資金支援（extraordinary public financial support）の要請

　ただし，（d）に関しては，「加盟国経済の深刻な混乱の是正[7]」と金融の安
定維持を目的とした，資産超過である（solvent）金融機関に対する

　（i）　中央銀行による資金供給への政府の債務保証

　（ii）　新規発行債務への政府保証

　（iii）　市場ベースの価格・条件による公的資金の注入

の三つの場合は除く，と明記されている。

　すなわち，債務超過等に陥った場合だけでなく，公的支援の要請はそれだけ
で「破綻等」に該当するわけであるが，資産超過の場合には例外が設けられて
いるのである。例えば，ユーロ圏の中央銀行の「特融」にあたる ELA
（Emergency Liquidity Assistance：緊急流動性支援）には政府保証が必要で
あり，（d）に該当しかねないが，ELA の供給は資産超過先に限定されている
ため，「破綻等」にはあたらないのである（上記（i）に該当）[8]。したがっ
て，ECB によって債務超過ではなく「破綻等」に該当しないと認定された金
融機関に対しては，上記（iii）の「市場ベースの価格・条件」にもとづく公的
資金であれば，（d）の定義も免れ，結局，破綻処理の対象外となり，した
がってベイルイン実施の義務を課されないのである。この公的支援が「予防的

資本注入（precautionary recapitalisation）」と呼ばれるものである（ただし正確には，政府保証等を含み，資本注入（政府による出資）には限定されない）。

　そしてその際には，前述のとおりECBが「破綻等」にあたらず資産超過であると認定することのほかに，①公的支援が予防的かつ一時的なものであること，②欧州委員会の「政府支援ルール」にもとづく承認を得ること，③政府支援が過去または将来の損失の補填に用いられないこと，の三つの条件を満たす必要がある（B32(4)；S18(4)）。

　①の「予防的」とは，将来の経済状況が大幅に悪化した場合に備えたものであって現時点では資産超過であること，「一時的」とは公的支援は遠くない将来に終了可能（資本注入であれば回収可能）であることを意味し，受け入れ金融機関はそれらを満たす再建計画を立てることになる。ここで重要な意味をもつのが，EUに固有の②の「政府支援ルール」である。

3.「政府支援ルール」による損失負担

　前述のように，ECBが当該金融機関は「破綻等」にあたらないと認めれば，ベイルイン原則は適用されず「予防的資本注入」が可能であるが，その場合，別途「政府支援ルール」に従う必要がある。

　EUには，金融機関に限らず広く民間企業一般に対する政府の支援を原則として禁止する「政府支援ルール（State Aid Rule）」が存在し，金融機関への公的支援も，そのルールにもとづいて欧州委員会（競争政策総局）の承認が必要となる。

　まず，EUの基本法であるEU機能条約（Treaty on the Functioning of European Union）の第107条が，その第1項において「特定の事業や商品を優遇することによって，競争を歪めまたは歪めるおそれを生じさせる加盟国政府による支援は，いかなる形態のものであっても，それが加盟国間の貿易に影響を与える限りにおいて」EU単一市場の原則と両立しえない（したがって禁止される），と定めている。域内の関税を撤廃しても，特定の産業や企業への補助金が可能ならば，国境をまたいだEU域内レベルでの公正な競争を維持することはでき

ず，市場統合の原則が崩壊するからである。

　とはいえ，政府による各種補助金や支援を完全になくすことは不可能に近い[9]。そこで同条は，第2項（単一市場と両立すると見なすべき場合）と第3項（単一市場と両立すると見なしうる場合）で例外の範疇が列挙され，第3項のb号では「加盟国経済の深刻な混乱の是正」を目的とした支援が挙げられている。そして2008年の国際金融危機を受けて，同号を金融機関に適用する場合の指針が決定されており，それが，同年10月に欧州委員会が発出したBanking Communication 2008[10]を中心とする計六つの解釈通知であった。

　それから5年を経た2013年，危機のおよその収束を受けて（しかしまだ市場の緊張は続いているとの認識のもと），その六つの解釈通知は全面的に改訂され，一つのBanking Communication 2013に統合された[11]。その際の重要な改正事項の一つが，金融機関への政府支援を実施する，具体的には公的資金を注入する場合には，モラルハザードを防ぐために，株主と劣後債権者による損失負担（Burden Sharing）を実施しなければならないと明記した点であった（Banking Communication 2013第43条，第44条）。

　すなわち，Banking Communication 2008においても，競争条件の均等とモラルハザード防止のために，支援は必要最小限でなければならないとされていたものの（第25条，第31条など）[12]，そのための具体的な基準は示されていなかった。それを2013年改正において，株主と劣後債権者の損失負担と明記したのである。

　ただし，ここで重要なのは，「政府支援ルール」が求める損失負担は株主と劣後債権者に限定され，BRRDやSRMのベイルイン原則が定める無担保債権者や付保預金を超える大口預金者は含まれていないことである。すなわち，「破綻等」にあたらない場合は，「政府支援ルール」を満たすことで，すなわち株主と劣後債権者のみの損失負担で公的資金の注入が可能となるのであり，それが図表2-1の①のモンテパスキ銀行のケースなのである。

　ただし，モンテパスキ銀行の場合，劣後債権者のうち個人投資家は，劣後債をシニア債に交換することで実質的に保護されることになった。これは，個人

向けの販売において元本保証を示唆するなどの不適切な行為があったとして，破綻処理や「政府支援ルール」とは別に，その不適切な行為による損失を政府が補償するという形をとって行われた措置である。イタリアでは個人投資家向けの銀行劣後債の発行が大量に行われており[13]，そこにベイルインが実施されれば，政治問題化しかねないということが背景になったものと思われる。

4. 単一破綻処理メカニズムの適用

「破綻等」にあたらず，「予防的資本注入」を受ける場合について述べてきた[14]。

では，「破綻等」の認定を受けた場合の手続きは，その後どう進むのだろうか。

図表2-2に示している通り，ECBによる「破綻等」の認定がなされた場合，次に，SRB（Single Resolution Board：破綻処理委員会）が，SRM（Single Resolution Mechanism：単一破綻処理メカニズム）にもとづいて破綻処理を行うのか，それとも当該金融機関所在国の通常の倒産法制にもとづく倒産処理を行うのかを決定する。

図表2-2　EUにおける破綻処理制度

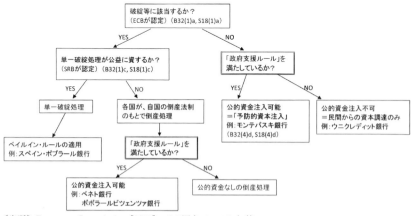

〔出所〕European Commission［2017］, p.3の図をベースに加筆。

　前者を適用するためには，単一破綻処理が「公益のために必要」（necessary in the public interest）と判断されること（B32⑴c；S18⑴c），すなわち，重要な（critical）金融機能の継続，金融システムへの重大な影響の回避，公的資金の保護等のためには，通常の倒産法にもとづく倒産処理では不適切と判断されること，が必要となる。その場合には，ベイルイン原則に則った破綻処理がなされることになる（図表2-1の③：ポプラール銀行の場合）。

　逆に，提供している金融機能が他の金融機関でも代替可能であり，その破綻が金融システムに重要なインパクトを与えるとは考えられない場合には，単一破綻処理を適用せず，当該国の倒産法制の下で処理することが認められる。例えば，図表2-1の②のイタリアの中堅2行の場合，①当該銀行の業務は，顧客数が限定的で，かつ妥当な方法と時間で代替可能なことから，重要とは言えないこと，②当該銀行は，他の金融機関との取引上の連関性が低いことなどから，倒産が金融システムに重大な影響を及ぼす可能性が小さいこと，③イタリアの通常の倒産手続きは，預金者，投資家その他の顧客の資金を保護する一定の手続きを備えており，単一破綻処理メカニズムの目的を同程度に達成できること，を理由に，単一破綻処理が公益のために必要とは言えないと判断されている[15]。

　つまり，単純化すれば，金融機関の規模の大きさや業務の複雑さ，市場間取引の連鎖性などから，EUレベルでの処理が必要な場合にはベイルインを伴う単一破綻処理メカニズムによる破綻処理が実施され，小規模でデリバティブ等の市場取引も活発でない金融機関の場合には，ベイルインの原則を離れてそれぞれの国の倒産法制にもとづく破綻処理に委ねられるのである。

　そして後者の場合，預金者等の債権者を保護するために，あるいは受け皿金融機関のコスト負担を抑えるために公的資金を注入することが認められている。ただし，その場合は，特定の企業に対する公的な支援であるため，破綻処理制度とは別に前述の「政府支援ルール」を満たす必要があり，具体的には株主と劣後債権者による損失負担が実施されなければならないのである。

　したがって，同じく，株主と劣後債権者による損失負担であっても，スペイ

ンのポプラール銀行の場合（図表2-1の③）とイタリアの中堅2行の場合（図表2-1の②）では，図表2-2が示すように，その法律上の意味は異なる。前者では，ECBによって「破綻等」の認定を受け，SRBによって「単一破綻処理」が適当とされて，公的資金を注入せずにサンタンデールへの売却が決定されたわけであるが，その際の損失負担がいわば偶然，株主と劣後債権者までとなったのに対して，後者の場合はECBによって「破綻等」にあたると認定されたところまでは同じであるが，SRBが単一破綻処理ではなくイタリアの倒産法制による倒産処理が適当と判断したため，その実施の過程で公的資金を注入することとなり，そこで「政府支援ルール」が求める株主と劣後債権者の損失負担を実施したのである。

5.　金融支援をテコにした損失負担

　以上のようなECBの「破綻等」の認定を起点とする破綻処理制度は，BRRD（の内容を盛り込んだ各国国内法）が完全発効した2016年1月に始まった。したがって，図表2-1に挙げた事例のうち，それ以前の④，⑤，⑥のケースはいずれも，BRRD（SRM）の破綻処理の適用外（＝図表2-2の範囲外）となる。にもかかわらず，それらはいずれも債権者等が損失を負担することになったが，その理由・根拠はどこにあったのだろうか。

　まず⑤のケースであるが，これは，BRRDの発効前に（発効すればベイルイン原則が適用され公的資金の注入にはより広範囲の債権者の損失負担が必要となる可能性があった），駆け込み的に，イタリア政府当局が中小四つの銀行を合わせて破綻処理したものである。ただしその際，約36億ユーロの公的資金を注入したため，「政府支援ルール」にもとづく欧州委員会の承認を得るべく，株主と劣後債権者に損失負担を求めたのである。

　④のギリシャのナショナル銀行への公的資金注入では，しかし，劣後債権者のみならず，シニア債を含めた債券投資家全体が損失を負担している。その範囲は，BRRDの発効前にもかかわらず「政府支援ルール」の枠を超えた厳しいものとなっている。

　ギリシャは，2010年春の債務危機以降，EU・ECB・IMF（いわゆるトロイカ）により，第1次（合意は同年5月），第2次（12年3月），第3次（15年8月。ただしIMFは不参加）の金融支援を受けているが，それらには厳しい財政改革・経済構造改革の融資条件が付されていた。15年12月のナショナル銀行の再建はその改革の一環として実行されたものである。そこでは公的資金の注入は容認されたものの，それに際しては，「政府支援ルール」よりも厳しい，シニア債投資家を含む損失負担が課せられたのである。つまりそれは，「政府支援ルール」でもBRRD・SRMでもない，トロイカの求めた損失負担であった。

　図表2-1の⑥の2013年3月のキプロス銀行における，預金カットを含む再建策の実施は，EUにおける破綻処理の事例の中でも特に厳しい措置となった。これも，ギリシャのケースと同じくトロイカによる支援に伴う融資条件の一つとして実施されたものである。

　ギリシャへの経済的依存度の高いキプロスはギリシャ危機の影響を大きく受け，EUに支援を求めることになった。ところが，EU側が融資条件の一つとして預金カットを含む大手銀行のリストラを要求していることが報道されると取り付けが発生し，2013年3月16日から銀行休業を余儀なくされた。同国は，トロイカの求める改革の受け入れを躊躇していたが，ECBが，受け入れない場合はそれまで供給していたELAを回収すると通告，そこでキプロス政府は25日にトロイカの融資条件（改革プログラム）の受託を決定したのである[16]。その結果が，図表2-1の⑥に記した，公的資金を注入せず必要なコストはすべて大口預金の株式転換（事実上の損失負担）によってまかなうという厳しい再建策の実施であった[17]。

6.　ベイルインへの批判

　このように見てくると，欧州におけるベイルインの原則は，多くの例外に囲まれていることがわかる。ベイルインの厳格な実施と見られたものも，それはBRRD・SRMにもとづくものではなく債務危機国に対するトロイカの金融支

援に伴う融資条件の一環であった。またイタリア等の大国で破綻処理が実際に始まると，例外を多用せざるをえず，原則が例外に，例外が原則となっているのである。

　こうした実例が重なると，ベイルイン原則に批判的な論調も多く見られるようになった。『ユーロマネー』誌は，「（一連の破綻処理で）明らかになったのは，欧州の「単一の」破綻処理メカニズムという目的は，達成にほど遠いということである。欧州の銀行は多様で一つの型に収めることは難しい。多種多様な銀行にBRRDを押し付けることは，常に混乱を引き起こす」と述べた[18]。また，BIS（Bank for International Settlements：国際決済銀行）のある幹部は，ベイルインの実施には経済的，政治的，実務的な様々な問題があり，とりわけ劣後債の発行が難しい中堅規模の銀行の扱いは困難であると指摘している[19]。劣後債というクッションがなければいきなり（付保預金を超えた）預金者に負担を求めることになるからである。

　では，ベイルインとベイルアウトの使い分けは，日本の場合はどうなっているのだろうか。

Ⅳ．日本との比較

　リーマン・ショックが発生した時点（2008年）で，すでに日本では，いわゆるペイオフが解禁されており，破綻した銀行の債務のうち銀行の残余財産に関係なく保護されるのは，（決済預金を除くと）一人あたり1000万円とその利息までとする原則——ベイルインにあたる——が発効していた。現在までに1件だけではあるが適用例がある（2010年9月の日本振興銀行の破綻処理）。

　しかしその一方で，ベイルアウトに相当する規定も設けられている。その一つは，2000年の預金保険法改正によるもので，内閣総理大臣による金融危機の認定を条件とし（ただし金融危機は特定の地域に限定されたものでも可），①債務超過に陥っていない銀行への資本注入（EUの「予防的資本注入」に相当），②債務超過等破綻した銀行の破綻処理における資金援助（債務は全額保

護），③破綻銀行の国有化（債務は全額保護）が可能である。②の発動例はないが，①は2003年5月のりそな銀行への1.9兆円の注入，③は2003年11月の足利銀行の国有化の例がある。

　もう一つは，2004年の金融機能強化法によるもので，地域経済の活性化を目的とした，地域金融機関を対象とした「予防的資本注入」を定めている。これは2005年4月のペイオフの全面解禁（普通預金もペイオフ対象に参入）を控えて導入されたもので，当初は，08年3月までの時限措置であった。しかしその後，①リーマン・ショックを受けて08年12月には経営責任に関する要件等の緩和とともに期限を12年3月まで延長，②さらに東日本大震災に対応すべく，要件を緩和した特例を設けるとともに17年3月まで延長，③その後，2016年にも2022年3月まで延長されており，現在までに37件6,840億円[20]の資本注入がなされている。

　つまり，ペイオフという形でのベイルインを原則としつつも，「金融危機対応」や「地域経済の活性化」という名目でのベイルアウトが完備されているのである。

　ところが，リーマン・ショック後，ベイルインの導入・拡充を求める国際的世論の高まりを受け，日本では2013年の預金保険法改正によってその対応がなされたが，それはやや特異な形をとった。

　具体的には，金融危機時の対応として，一つには，債務超過に陥っていない金融機関への「予防的資本注入」の対象を，証券会社や保険会社等，銀行以外にも拡大したことである。これはベイルインの導入とは正反対のベイルアウトの拡充ということになる。

　もう一つは，債務超過等破綻した金融機関の破綻処理においても，破綻金融機関の金融システム上重要な取引を引き取った受け皿金融機関への資本注入が定められ，（事前にベイルイン特約を付した劣後債のベイルインを除けば）資本注入の実施を前提とした構成となっていることである。ただし，重要な金融取引を譲渡したあとの金融機関は，裁判所のもとで倒産法にもとづく処理がなされ，そこで，株主や（元本一千万円超の預金者を含む）債権者は強制的な損

失負担が生じ，事実上のベイルインが実施されることになる[21]。

　とはいえ，この場合，金融当局によって決定される受け皿金融機関に譲渡される「重要な金融取引」の範囲が拡大すれば，ベイルインの対象となる債権は限定され，あるいはゼロになると思われる。

　以上のように，日本の場合，リーマン・ショック後も，法令上はベイルインの可能性が残されているものの，むしろベイルアウトの手法が拡充されてきたのであり，今後ベイルインが実施されるとしても，それは極めて例外的なケースに限定されるであろう。

おわりに～コロナ危機への対応

　EUの「政府支援ルール」については，2020年3月からのコロナ危機の発生によって，2020年12月末までの時限措置として，規制内容が緩和されている（「政府支援に関する一時的枠組み」[22]）。すなわち，コロナ危機による経済活動の縮小に対する，雇用の確保や企業の存続等を目的とした，直接的な補助金の支給，納税の免除・繰り延べ，銀行融資に対する政府保証の提供など様々な政府支援について，既存の政府支援ルール規制の対象外とすることが決定された。

　金融機関に対する公的支援に関しては，まず，銀行を通じて企業への支援がなされる場合，それは間接的に銀行への利益供与にもなりうるが，①企業への政府支援が銀行を通じてなされる場合，それは銀行への支援とは見なされない（「政府支援に関する一時的枠組み」第6条），②ただし，銀行はその間接的な利益が競争を歪めることがないよう一定のセーフガードを設けることが望ましく（第30条），かつその利益を，融資額の引き上げ，金利の引き下げ，担保要件の緩和等の方法で，最終的な借り手に還元していることを示さなければならない（第31条），とされた。

　次に，銀行への直接的な支援については，③銀行への直接的な支援は，それが，EU基本条約第107条第2項（b）の「自然災害などの例外的な場合への損

害への回復措置」と認定された場合には，BRRD・SRM における公的支援とは見なされない（第6条），④（それ以外の）銀行への支援については，（前述の）BRRD 第32条第4項（d）（または SRM 第18条第4項（d））の三つの条件のいずれかが満たされれば，破綻等に該当するとは見なされない（第7条），⑤そうした支援が，新型コロナウィルス感染症の拡大に起因するものである限り，Banking Communication 2013の第45条（株主と劣後債権者による損失負担を必要としないとする例外規定）に該当すると見なされる（第7条），とされている。

　つまり，2020年末までは，事実上，銀行に対する政府支援は従来の損失負担規制の適用外となったのである。

　この規制緩和措置を受け，事業会社に対しては，例えばルフトハンザ航空にドイツ政府が90億ユーロの支援を決めるなど，各国とも多くの企業に対して巨額の支援を行っているが，銀行に対しては，現在までに（2020年9月末），企業間信用への保証の提供がみられる程度で，銀行への直接的な支援（流動性，保証，資本等の供給）はなされていないようである[23]。

　日本でも，コロナ危機に対しては，家計や企業への現金給付，資金繰り支援などが行われているが，ここでは，6月12日に成立した金融機能強化法改正に注目したい。

　同法は，前述のように，2005年の制定以来，要件の緩和と期限の延長を繰り返してきたが，今回，「新型コロナウィルス感染症等の影響を受けた者への支援」を条件に，従来原則として求めていた経営責任，収益性・効率性に関する数値目標，15年以内の返済などを，（2011年改正による）震災特例と同様に免除したうえで，26年3月までの延長を決定した[24]。

　EU がコロナ危機への臨時措置を（今後延長の可能性があるものの20年9月末時点では）2020年末までとしているのに比べると，日本では早々に5年余りのほぼ無条件の公的資金の注入を可能としたことになる。

　こうした違いの背景には，それぞれの金融機関がリーマン・ショックから受けた影響の違いのほか，歴史的に形成されてきた，公的資金への納税者の意

識，モラルハザードへの危機感，行政と市場メカニズム双方への信頼度の違い
などがあるように思われるが，それらの検証は機会を改めて取り組むこととし
たい。

＜注＞

1 ）　本稿は，伊豆［2017］，［2018］をベースとし，それらに全面的に加筆したものである。
2 ）　以下，「破綻処理」は，債務の切捨て（株式転換）あるいは公的資金の注入を伴う「再建」を含
　　むものとする。
3 ）　EU において，Directive（指令）は，加盟国にその内容を踏まえた法律の制定を求めるもので
　　あり国内法の制定を必要とするのに対して，Regulation（規則）は国内法をまたず加盟国に直接
　　的な効力を有する。BRRD は前者，SRM は後者に該当する。
4 ）　欧州委員会が承認した金融機関への公的資金注入等の政府支援の一覧（2008年〜2018年）は，
　　European Commission［2018］で確認できる。
5 ）　この破綻処理は，事業譲渡——資産の側は不良債権を除いた健全な資産のみ，負債の側は劣後
　　債務を除いた債務のみを受け皿銀行（インテーザ）に譲渡——を実施し，不良債権と劣後債務
　　（と株式）だけが残った旧銀行を倒産法にもとづき清算するという方法である。
6 ）　以下は，主に European Commission［2017］と，図表2-1に挙げた各行の破綻処理決定文によ
　　る。
7 ）　この文言は，本章第 3 節の「政府支援ルール」で紹介する EU 機能条約第197条第 3 項（b）に
　　由来する。
8 ）　ELA については，伊豆［2016］（第 3 章「欧州危機とユーロシステム」）参照。
9 ）　政府支援の概況（産業別・国別等）については，European Commission［2019］で知ることが
　　できる。
10）　European Commission［2008］.
11）　European Commission［2013］.
12）　EU 委員会が政府支援を承認するためには，他に，当該金融機関が追加的な公的資金の注入を
　　受けることなく長期的に存続可能となる実効的な再建策を作成すること，公的な支援を受けたこ
　　とによる競争上の歪みが増大しないよう適切な手段を講じること，などの条件を満たす必要があ
　　る。競争上の歪みの防止策として，例えばモンテパスキ銀行の場合，政府支援を受けたことを広
　　告に用いることの禁止といった条件が付された。
13）　イタリアの銀行劣後債の保有構造については International Monetary Fund［2017］，p.25参照。
14）　当然ながら，破綻等の認定もされず，公的資金なしに民間から公募や第三者割当で資本を調達
　　できるなら，こうしたルールを満たす必要はない。図表2-2のウニクレディット銀行の場合がそれ
　　である。
15）　Single Resolution Board［2017a］，［2017b］.
16）　ELA をテコに改革案を受け入れさせる方法は，ギリシャの第 3 次支援の申請の際にも見られ
　　た。伊豆［2016］95-99頁参照。
17）　同時に，同国 2 位のライキ銀行はキプロス銀行に事業譲渡のうえ清算され，その際，預金保険
　　対象の10万ユーロまでの預金以外のすべての債務は切り捨てられている。キプロスへの支援にお
　　いて預金カットが強く求められた背景には，大口預金者の多くがロシア等の EU 域外の非居住者
　　であり，かつそれらにはマネーロンダリングの疑惑が指摘されていたという事情もあった。
18）　Bowman［2017］.
19）　Restoy［2018］.

20)　預金保険機構［2020］143-144頁。
21)　日本における強制的なベイルインの可能性をめぐる議論については，伊豆［2016］173-179頁参照。
22)　European Commission［2020］. この決定は，その後 3 度にわたり対象の拡大などの改訂がなされているが（ 4 月 3 日，5 月 8 日，6 月29日），本文で述べている点についての修正はなかった。
23)　欧州委員会のウェブサイト（https://ec.europa.eu/）から，各国の政府支援の個別ケースを検索することができる（European Commission>Competition>State Aid>Cases）。
24)　金融庁［2020］。

＜参考文献＞

伊豆久［2016］『金融危機と中央銀行』九州大学出版会。
───［2017］「モンテパスキ銀行の救済とベイルイン」『証研レポート』12月号。
───［2018］「EU におけるベイルインとベイルアウト」『証研レポート』年 4 月号。
金融庁［2020］「金融機能強化法の一部を改正する法律の施行に伴う政令や内閣府令案の公表について」 6 月29日。
預金保険機構［2020］『令和元年度預金保険機構年報』 8 月。
Bowman, L.［2017］"Banking: Throwing the bail-in out with the bath water," *Euromoney*, September.
European Commission［2008］, "Communication from the Commission – The application of State aid rules to measures taken in relation to financial institutions in the context of the current global financial crisis," *Official Journal of the European Union*, October 25.
────［2013］, "Communication from the Commission on the application, from 1 August 2013, of State aid rules to support measures in favour of banks in the context of the financial crisis ('Banking Communication'), *Official Journal of the European Union*, July 30.
────［2017］, "Fact Sheet, State aid: How the EU rules apply to banks with a capital fall," June 25.
────［2018］, "State aid: Overview of decisions and on-going in-depth investigations of Financial Institutions in Difficulty," MEMO/12/1018, December 31.
────［2019］, *State Aid Scoreboard 2019*.
────［2020］, "Communication from the Commission – Temporary Framework for State aid measures to support the economy in the current COVID-19 outbreak," March 19.
International Monetary Fund［2017］, "Italy: Staff Report for the 2016 Article IV Consultation," June 20.
Restoy, F.［2018］"Bail-in in the new bank resolution framework: is there an issue with the middle class?" Bank for International Settlements, March 23.
Single Resolution Board［2017a］, "Notice summarising the effects of the decision taken in respect of Banca Popolare di Vicenza Banca S.p.A.," June 23.
────［2017b］, "Notice summarising the effects of the decision taken in respect of Veneto Banca S.p.A.," June 23.

第3章　中国におけるデータ駆動型金融に関する研究

李　立栄

はじめに

　中国のフィンテックは，インターネット企業の電子商取引決済プラットフォームにおける金融商品販売から発展し，さまざまな分野をカバーしながら急速に拡大した。とりわけ，ビッグデータを活用してユーザーの信用リスク評価を低コストかつ迅速に行うことが可能になり，多様なサービスを有機的に展開できるようになった。これは，中国独自のフィンテック（FinTech）の発展形態として注目されている[1]。

　中国のフィンテックのパーソナルファイナンス分野における先進的なエコシステムは，電子決済情報のみならず，様々なデジタルフットプリントや取引履歴といった，物流や商流におけるパーソナルデータを取り込み，人工知能を活用してリアルタイムで信用評価を行い，そのスコアリングを貸出や様々な非金融サービスにまで活用できることに特徴がある。

　本研究では，中国のパーソナルファイナンス分野に焦点を当てて，そこでのビッグデータ活用事例をもとに考察を加える。中国を研究対象とするのは，フィンテック分野で同国が先進的なサービスをいち早く展開しているからである。急速に発展した理由としては，膨大なビッグデータの蓄積，複占のプラットフォームによるネットワーク効果，イノベーションが容易な規制環境，従来型金融サービスとの大きな利便性格差，などさまざまな要因が指摘されている。わが国とは政治体制が大きく異なるものの，情報通信技術が主導する中国

のフィンテックは，一つの金融サービスの将来像を示すものとして注目される。とりわけ，個人の信用情報をリアルタイムで更新して活用するデータ駆動型金融について，その課題を含めて将来の可能性を考察することは，わが国の金融サービスの将来像を考える上でも意義は大きいと考えられる。

　本章では，最初にビッグデータと人工知能の関係，および金融分野でのビッグデータ活用の先行研究について整理したうえで，金融サービスにおいて具体的にどのように活用されているのか，世界の先進事例を交えながら情報を整理する。さらに，中国のフィンテック業界をリードするアリババ・グループの多様な金融ビジネスの展開，とりわけ同グループがビッグデータを活用する先進事例を紹介する。アリペイが広範な業務との連携が可能であった背景について考察するとともに，このようなデータ駆動型金融の拡大から得られる未来の金融ビジネスの姿や日本の金融ビジネスへの示唆を論じる。加えて，コロナ禍による中国のパーソナルファイナンスにおける新しい変化についても言及したい。

Ⅰ．金融サービスとビッグデータ・人工知能の活用

1．ビッグデータの定義とその特徴

　ビッグデータについて確立された定義は存在しない。マッキンゼー・アンド・カンパニーによれば，「ビッグデータとは，従来のデータベース・ソフトウェア・ツールでは捕捉，保存，管理および解析しきれないサイズのデータを指す」とされる（McKinsey Global Institute〔2011〕）。一方，わが国の総務省は，「利用者が急拡大しているソーシャルメディア内のテキストデータ，スマートフォンのGPSから発生する位置情報，時々刻々と生成されるセンサーデータなど，膨大で構造が複雑なため従来技術では管理や処理が困難なデータ群」と定義している。

　このように，ビッグデータの定義は様々であるが，その特徴についてはデー

タ量（Volume），データ処理速度（Velocity），データ種類の多様性（Variety）
の3V の特徴を持つ（Laney〔2001〕）という理解が一般的になっている。2013
年には3V に加えて，さらに正確性（Veracity），変動制（Variability），可視
化（Visualization），価値（Value）という4つの特徴を付け加える解釈も登場
している（Rijmenam〔2013〕）。

　ここで，一般的に認知されたビッグデータの特徴である3V について説明を
加える。

　第1はデータ量（Volume）の膨張である。近年，インターネットアプリ
ケーションの爆発的増加に伴い，データの生成速度が急上昇し，その取扱規模
も急拡大した。IT 専門調査会社（IDC）の報告書によると[2]，2012年に生成・
複製されたデータ量は2.8ZB（ゼタバイト：ゼタは10の21乗）に達し，2005年
から2020年までに，0.13ZB から40ZB へと300倍に増加するとみられている。
2012年から2020年までにはデータの量は2年ごとに倍増しており，2020年には
40ZB（うち，中国は全体の21％を占める）に達する見込みである。

　第2はデータ処理速度（Velocity）の飛躍的な向上である。情報通信技術の
進歩によるハードウェア及びソフトウェアの機能の向上により，データ伝送と
処理速度が急上昇している。今日では，人々が，ソーシャルネットワークやモ
ノのインターネット（Internet of Things，IoT），クラウド演算などを活用す
ることで，より迅速に正確なデータを取得し，かつ発信することが可能となっ
た。

　第3はデータ種類（Variety）の多様化である。データ規模の急膨張に伴
い，データの種類も年々複雑になっている。とりわけ最近では，音声や文字，
写真や動画など，従来のデータ処理方法では対処できない非構造化データ
（Unstructured Data）が大量に出現し[3]，今日では，これらのデータが全体
の80％以上を占めるという[4]。

2.　人工知能と金融サービス業の活用

　人工知能（Artificial Intelligence，AI）とは，「人間並みの知的な処理をコ

図表3-1　ビッグデータと人工知能

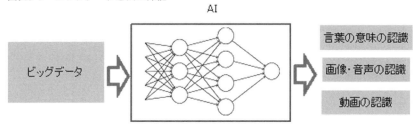

〔出所〕筆者作成

ンピューター上に実現したもの」である（山田〔2009〕）。すなわちAIとは，コンピューター上でプログラムとして作られたものを指している。社会に存在するビッグデータを「学習」させて「人工知能」を実現する試みが様々な分野で始まっている（図表3-1）。機械学習（Machine Learning）の普及により近年の人工知能の進化は目覚ましく，応用可能な領域が大きく拡大し，第3次ブームが生じている。例えばニューラルネットワーク（神経回路）[5]による深層学習（Deep Learning）を通じて[6]，言葉の意味や画像・音声・動画などを認識できるようになった。

　すでに理論の世界では，従来の数学や統計学をベースに機械学習や自然言語処理，SNS解析等のツールが採用されている。もっとも各種形式のビッグデータにおける高次元性や高ノイズが分析結果の正確性や予測可能性などに与える影響を十分に考慮する必要がある。一方で，ビッグデータによる新たなナレッジの形成や論理推論および因果分析については新たな方法論が導入されている。すなわち，非構造的データが増大する中で，これまで観測されていなかったメカニズムから重要な特徴を捉え，これを統計的モデルの中に反映させることでより正確性の高い結論を導くことが可能となっている。さらに，現実世界から複雑なデータの規則性と変動性を多面的に分析し，統計的モデルの確率変数に反映させることがモデルの精度を強化するうえで重要となる（図表3-2）。

　AIとビッグデータの活用は，金融サービス業においてもイノベーションを

図表3-2　ビッグデータと AI の活用(現実・理論の世界の比較)

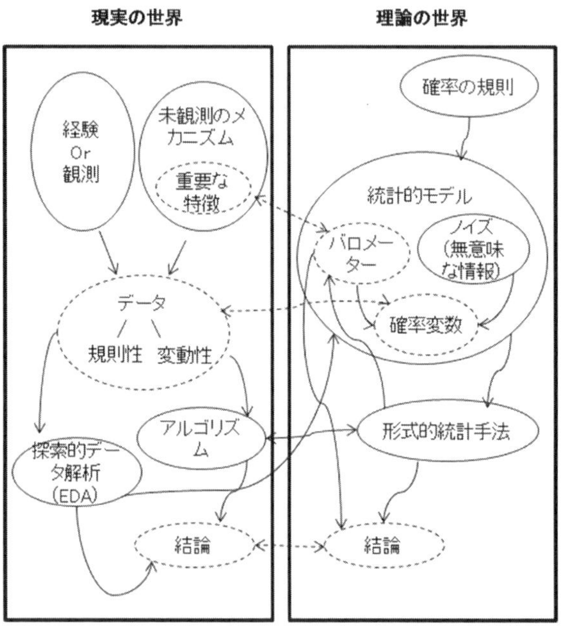

〔出所〕各種資料より筆者作成

もたらしている。例えば，ロボ・アドバイザー(以下，RA) による資産運用ア
ドバイスの支援サービスがある (関・佐藤〔2016〕)。従来，個人投資家向けの
資産運用アドバイスはファイナンシャル・アドバイザーにより顧客との対面で
行われてきたが，米国を中心にアドバイスの一部もしくは全てを自動化する試
みが広まっている。イギリス規制当局では RA を「人間の介在がなく (もしく
は限定的な介在で)，例えば金融商品の売買の推奨などの金融アドバイスを一
般投資家が受けることができる自動化されたツール (通常はウェブサイトで提
供)」と定義している[7]。Deloitte は将来の RA 市場の規模は2025年に 5 ～
7 兆ドルに成長すると予測している[8]。

　金融サービス業では顧客とのリレーションマネジメントが重要である。AI
やビッグデータを活用することで，効率化や自動化，分析の深化が進み，従来

以上に顧客ニーズに即したサービスを提供できる可能性がある。また，増加し
続ける市場データをリアルタイムに分析することにより，証券会社や銀行，資
産運用会社は投資や運用におけるリスクマネジメントを強化できる。このよう
に金融サービス業においては以前から，高度な金融工学技術を用いた取引デー
タの分析，予測や顧客管理システム情報に基づいたマーケティング戦略など，
ビッグデータ活用の発展に繋がるアプリケーションが多く導入されている。

3.　金融サービス業でのイノベーションと先進事例

　情報技術の飛躍的な発展に伴い，金融機関におけるデータの集約管理や業務
のデジタル化は急速に進展している。特に以下の2つ金融イノベーションが注
目される。

　第1は，SNS上のコンテンツを収集・解析することで市場心理を分析する
手法である。ツイッターの発信数は1日で5億を超え，1日に10億人以上が
フェイスブックを利用している。一部のヘッジファンドでは，2011年頃から
SNSから市場心理に関連する情報を収集し，これら情報を売買に繋げるアル
ゴリズムを開発している。例えば精神科専門医のRichard Lewis Peterson氏
は，2008年に米国でMarketPsy Capitalというヘッジファンドを立ちあげ，
チャット記録やブログへの投稿，Web上の内容などを追跡することで，異な
る企業に対する市場心理を解析し，ファンドの投資戦略に取り入れている。

　第2はリスク評価や管理の強化によって，より精細なリスクコントロールが
実現できるようになった。金融機関にとって，財務健全性の欠如や経営状況の
不透明さは中小企業への融資を阻む大きな障害である。中小企業に関する日常
的な取引データを収集・分析し，経営状況や信用状況，顧客の特徴や資金ニー
ズなどを把握して融資に役立てようとする事業者も出現している。例えば中国
の電子商取引最大手のアリババ・グループは，中小企業向けに少額かつ返済期
間が短い，随時返済可能な小口融資サービスである「阿里小貸」を2010年から
提供している。阿里小貸は，与信審査から貸出まですべてのプロセスをオンラ
インで完結させており，貸出前・貸出中・貸出後の3段階に分けてリスク評価

や管理を強化していた（後述）。

4. 金融分野でのビッグデータ・人工知能の活用の先行研究

　近年の情報通信技術（ICT）の発達を背景として，金融の分野においても
フィンテックをはじめ新たなビジネスモデルが登場しているほか，産業の構造
も大きく変わりつつある。とりわけビッグデータ，IoT，AIなどの進展に伴っ
て様々なイノベーションも生まれている。経済協力開発機構（OECD）は，こ
のような動きを「データ駆動型イノベーション（Data-Driven Innovation）」
と定義し，21世紀の重要な成長の源泉であると指摘している[9]。

　経済活動のインターネットへの移行が進むとともに，データの収集や保存，
処理のコストの低下と相俟って大量のデータの生成と活用も活発化している。
AIを用いたビッグデータ分析により，これらの大規模なデータセットは，新
しい産業，プロセス，製品を育成し，競争上の大きな利点を生み出し，経済の
中核的資産となっている。また機械学習の普及によって近年のAIの進化は目
覚ましく，金融サービス業においてもビッグデータをAIで分析し，データ駆
動型金融というべき新たな金融イノベーションを生み出している。

　わが国のサービス分野における人工知能の応用は，eコマースやSNS等に
とどまらず，金融サービス分野でも広がりを見せている。金融分野での人工知
能に関する研究は，方法論ごとに複数存在する。

　国内における研究例をみると，原田〔1999〕はニューラルネットワーク（神
経回路）を利用した長期金利予測のシミュレーションの例を示している。和泉
ら〔2011〕は，オンラインテキストマイニング技術を新たに開発し，経済市場
分析の説明力について検証している。また藤野〔2017〕は，AIを活用した中
小企業向けの融資の国内外の動向について概観している。安田・山田〔2020〕
は，フィンテックに関する近年の最新研究をサーベイし，フィンテックが伝統
的な銀行のビジネスモデルに対して与える影響について考察し，特にP2Pレ
ンディングと銀行貸出の関係に焦点を絞った論点整理を行っている。

　一方で海外の現状について，Nir Kshetri〔2016〕は，中国の金融サービス

へのアクセス拡大におけるビッグデータの役割を考察している。中国や他の新興経済国の低所得世帯や零細企業が金融サービスにアクセスできない主な理由は信用力に欠けているからではなく，銀行や金融機関がデータ収集や処理の能力を欠いている点を指摘する。また，Moberg & Olevall〔2018〕は，プライバシー保護の観点からAI活用の可能性について論じている。

　このように金融ビジネスにおけるAIの活用については，すでにいくつかの研究が存在するが，中国における状況についての日本語文献は見当たらない。本章は，中国における非金融機関による金融サービスを研究対象としており，この研究は今後のフィンテックの可能性や金融制度設計を考察するうえでも有益であると考える。データを活用したフィンテックの動きは金融環境を大きく変化させるとともに，新たな資金の流れや新しい市場を創出することも期待される。以下では，金融分野でのビッグデータ活用の先進例として，中国のパーソナルファイナンスにおけるビッグデータの活用に焦点を当てる。

Ⅱ．世界最大のフィンテック企業アリババ・グループとその拡大背景

　中国のフィンテックをリードしているのは，eコマースの取引の安全を図るために生まれたオンライン第三者決済サービスである。特に，アリババ・グループの金融サービスを担うアント・グループ（以下，ANT）は世界最大のフィンテック企業である[10]。ANTは「支付宝（アリペイ）」を中核プラットフォームとして，傘下の企業を通じて多様な金融ビジネスを展開している（図表3-3）。業界最大手であるAFSGが運営するアリペイ（支付宝）は，実名登録ベースで7億人以上のユーザーを擁する金融サービスのプラットフォームである[11]。そこではMMF商品である「余額宝」の販売も行われており，銀行預金より利便性や利回りが高いことから利用が急増した。2018年6月末の余額宝の利用者は5.59億人に達しており[12]，預かり資産残高が1.45兆元となる世界最大のファンドである[13]。余額宝の一人当りの預かり資産規模は1万元以下であ

図表3-3　アント・グループの主要事業

分　　野	代表企業と提供金融サービス名	出資比率	概　　要
オンライン第三者決済	支付宝（アリペイ）	100%	・2004年12月よりサービス提供開始，2018年9月末時点で実名登録者数7億人超。世界最大の第三者決済 ・提携金融機関数は200社超，約1,000万中小・零細企業向けの決済サービス提供。全国コンビニや，大手スーパー・デパート，タクシーなどでモバイルペイメント（アリペイウォレットの決済）可 ・2016年12月末に海外70ヵ国以上，100,000社以上の加盟店で同サービスの利用可，14の主要通貨での決済に対応。2019年1月時点でグローバル利用者数合計で10億人超
理財（ウェルスマネジメント）	余額宝	100%	・アリペイの利用者向けに開発したMMF投資理財商品，2013年6月よりサービス提供開始 ・2018年6月末時点で利用者数5.59億人，同預かり資産残高1.45兆元（世界最大のMMF） ・少額（1元）から投資可能で，1年物定期預金より高い年利を得られるうえ，即日換金可能
	蟻蟻聚宝	100%	・2015年8月よりサービス提供開始，モバイル向け理財商品販売プラットフォーム
	蟻蟻財富	100%	・2017年6月よりサービス提供開始，ワンストップ型の投資理財プラットフォーム，100社以上のファンド販売会社と提携，2,600強のファンド商品を取り扱う
オンラインP2Pレンディング	招財宝	100%	・2014年4月よりサービス提供開始，ビッグデータを活用したP2Pマーケットプレース・レンディング・プラットフォーム
オンライン・コンシューマー・ファイナンス	蟻蟻花唄	100%	・後払い・分割払いサービス，2014年12月よりトライアル，2015年4月より正式提供。2017年末の利用者数1億人超 ・消費者の購買・返済履歴のデータから算出されたクレジットスコアに応じて，利用限度額は異なる。1件当たりの利用限度額は500～50,000元 ・アリババ系のECサイト淘宝（C2C）と天猫（B2C）だけでなく，他社ECサイトでも利用可
	蟻蟻借唄	100%	・消費者ローンサービス，2015年4月より正式提供 ・芝麻信用スコア600以上のユーザが対象。借入限度額は1000～300,000元 ・借入期間は最長で12カ月，貸出金利は日利で0.045%
ネット専業銀行	浙江網商銀行	30%	・2015年6月に設立，オンラインサービスに特化した民営銀行 ・主に中小企業や創業者向けの小口融資サービスを提供。「網商貸」のほか，農民向けの「旺農貸」も提供
ネット小口融資	網商貸	100%	・網商貸の前身は，2010年，アリババによって設立された阿里小貸。2015年6月，民営ネットバンクである網商銀行（アント・グループ30%出資）の設立に伴い，同サービスは網商銀行に引き継がれた ・主にアリババのECサイト上で運営する中小店舗や個人を対象に無担保小口ローンを提供 ・2016年末，網商銀行は277万の中小・零細企業に対して融資を実施し，累計貸出残高は879億元超

ビッグデータの活用

ビッグデータの活用	信用格付け	芝麻信用	100%	・2015年1月，中国人民銀行より事業ライセンスを取得し，サービスを提供開始。2017年末の利用者数約3億人 ・アリババのECデータなどを活用して，独自の信用スコア（350～950点，5段階）を設定 ・600点以上は信用記録が良好とされ，ビザ申請やホテルチェックインなどで信用証明として利用可能
	クラウドファンディング	螞蟻達客	100%	・株式投資型クラウドファンディングサービス，2015年11月より提供開始 ・2019年2月末までに，同プラットフォームを通じて8つの融資案件から計1.84億元を調達。うち2件は株式売却により利益確定
	フィナンシャルクラウド	螞蟻金融雲	100%	・2015年10月よりサービス提供開始。金融機関向けのクラウドサービス
	オンライン金融資産取引センター	網金社	25%	・浙江互聯網金融資産取引中心股份有限公司（アント・グループ25%出資）が運営するオンライン金融資産取引プラットフォーム ・2015年6月よりサービス提供開始。2017年4月末時点，累計取扱高は191.38億元 ・利用者は，網金社のアカウントを新設することなく，既存のアリペイのアカウントで取引可能
	ネット専業保険	衆安保険	19.90%	・2013年11月，インスタントメッセンジャー最大手のテンセント（出資15.0%），保険大手の中国平安（同15.0%）などにより共同設立。中国最初かつ最大のネット専業保険会社。2017年9月28日に同社が香港証券取引所に上場 ・ビッグデータを活用して，ネットショップの返品送料損失保険，保証保険，傷害保険，銀行カード盗難保険，医療保険，自動車保険など様々な革新的な保険サービスを提供 ・2017年3月末に，利用者数累計5.82億人，保険証券発行数累計82.91億枚超
	資産運用（基金）	天弘基金	51%	・2013年5月に出資，「余額宝」の資産を運用 ・2016年9月末時点の基金資産管理規模は8,320億元で，業界トップ
		徳邦基金	30%	・2015年2月に出資，理財商品の開発を強化
		数米基金	61%	・2015年4月に出資，理財商品の開発を強化

〔出所〕アント・グループの各社公開資料より筆者作成

　り，例えば伝統的な銀行である中国工商銀行の2.3万元と比較して小さい。顧客層のすそ野が広いのが特徴と言えよう[14]。

　また，資金の貸し手と借り手をインターネット上でマッチングさせるP2Pレンディング（ANTの招財宝）などのオンライン・オルタナティブ・ファイナンスも，個人や中小企業などの資金調達ニーズや，より有利な運用先を求める投資家のニーズを背景に急速に市場が拡大し，中国だけでアジア太平洋地域[15] 全体の同市場の約99%を占めるに至った[16]。同グループはこれらのほか，

オンライン・コンシューマー・ファイナンス（蟻蟻花唄），中小企業向けネット小口融資（網商貸），ネット専業保険（衆安保険），クラウドファンディング（蟻蟻達客）などを展開し，中国のフィンテック業界をリードしている。

　このような急成長の背景には，ビッグデータを活用することで，迅速かつ安価に信用リスク評価を行うことが可能になったことがある。同社が豊富なデータ活用が利用可能なのは，アリババの電子商取引とそのプラットフォームにおいて膨大なビッグデータを収集・連携していることが大きく寄与している。中国はインターネット利用人口が世界最大であることに加え，スマートフォンを使用した個人向けサービスの利用が盛んであり，個人のデータ蓄積のスピードが他国に比べて圧倒的に速い。また巨大なプラットフォーム企業が存在するため，様々な分野のデータを組み合わせることが容易である。さらに，当局の規制が比較的緩やかなことで先進的な実験が可能であることも指摘できる。

Ⅲ．アリババ・ANT のデータ駆動型金融の多様なビジネス展開

1．アリペイがデータ取得のメガ・プラットフォームに

　ANT 傘下のアリペイは，世界最大のオンライン第三者決済プラットフォームである[17]。ユーザーは，まずアリペイに決済用の口座を開設し，銀行経由で資金を入金する。決済時にユーザーは決済事業者に指示を出す。2019年1月時点で，グローバル利用者数は合計で10億人を超えており[18]，200を超える金融機関と事業提携し，約1,000万社の中小・零細企業向けの決済サービスを提供している[19]。第三者決済におけるアリペイの中国国内シェアは42.7％である（2016年末）[20]。

　アリペイの決済用口座開設が急増した理由は，第1に中国における電子商取引の拡大である。第2はネットワーク効果であり，アリペイの利用者数が4億人を突破した頃から少額決済を現金や銀行送金からアリペイにスイッチする動

きが急速に進んだ。これは，アリペイのユーザー同士での個人間送金が無料か
つ容易に行えるためである。

　現在のアリペイのユーザーは，ANT のグループ各社のサービスにより，イ
ンターネット取引の決済にとどまらず，公共料金の支払い，クレジットカード
の返済，金融商品の購入も可能となっている。さらにアリペイの場合，スマー
トフォン用のアプリであるアリペイウォレットを通じて，モバイル決済サービ
スだけでなく，e チケット（長距離バスや列車，映画のチケットなど），価格
比較サービス，クレジットカード管理，リアルタイム株価情報などの機能を提
供している。本来の決済サービスでも，QR コードあるいは音声・指紋・顔に
よる認証を活用してオフラインでも利用できる場面が拡大しており，現在では
タクシー料金支払いやコンビニでの買い物にもアリペイが利用できる。中国国
内で，アリペイウォレットの決済に対応したタクシーは50万台を超えており，
全国展開のコンビニや大手スーパー・デパートなどの店舗は20万店超も存在す
る。海外では，70ヵ国10万社以上の加盟店で同サービスの利用が可能となって
おり，14の主要通貨での決済に対応している[21]。日本でも中国人観光客の利用
を見込んで対応する店舗が増えている。

　このように，アリペイは単なるオンライン決済口座ではなく，ANT の様々
なサービスのメガ・プラットフォームとなっていると言えよう。

2.　信用格付けデータの活用で広がる顕名経済

　中国では，個人信用情報システムの整備が遅れているために，個人や中小企
業経営者が金融機関から借り入れを行うことが困難であるといわれてきた。
元々中国は不信社会であり，日本の全国銀行個人信用情報センターや，（株）
日本信用情報機構（JICC），（株）帝国デ〴タバンクに該当するような信用情
報を扱う機関も存在しなかった。

　しかしながら現在では，2006年に中国人民銀行が個人信用情報調査センター
（征信中心）を設立している[22]。さらに2013年３月に「信用調査業管理条例」
が施行されたことにより[23]，中国人民銀行の信用調査業の監督部門としての位

置づけが明確になった。中国人民銀行は2015年 1 月に「個人信用調査業務の準
備作業の徹底に関する通知」を公布し[24]，芝麻信用，騰訊征信，前海征信など
民間 8 社に対して，個人信用調査業務の準備に着手するよう求めた（図表
3-4）。この背景には，後述するように中国では匿名経済から顕名経済への変化
が進んでおり（信用社会への移行，ビッグデータの活用），人々の繋がりが生
み出す新たな価値を重視するようになったことがあると考えられる。なお民間

図表3-4　中国の個人信用調査提供事業者の概観

事業者名	設立時期	主要株主	事業内容・特徴
中国人民銀行征信中心	2006年	中国人民銀行傘下	・全国個人信用基礎データベースの提供
上海資信	1999年	中国人民銀行征信中心，上海市信息投資股份有限公司，上海市信息中心	・全国ネット貸借，小額ローン，消費者金融，融資リースなどのインターネットファイナンス及び銀行以外の金融信用情報の収集 ・2017年 5 月末，約2922万人の個人信用データを収録
芝麻信用	2015年	アント・グループ（ANT）傘下	・アリババと ANT の持つ電子商取引及び決済に関するビッグデータ，クラウド演算技術などを利用して，独自の信用スコアリングシステムを導入 ・一定のスコアに達したユーザーが，ホテルのデポジット免除，ショッピングのクレジット払いなどのサービスを受けられる
騰訊征信	2015年	テンセント傘下	・テンセントは，チャットアプリの 9 億人超のユーザーのデータを利用して，独自のスコアリングシステムを導入 ・個人信用調査サービスを提供
前海征信	2013年	平安保険グループ傘下	・平安グループのリソースを利用して，個人や企業に関する信用調査サービスを提供
鵬元征信	2005年	天下宝資産管理有限公司	・深圳市政府の委託で深圳市個人信用調査システムを構築 ・個人及び企業向け信用調査サービスを提供
中誠信征信	2005年	中国誠信信用管理有限公司	・個人及び企業に関する信用調査サービスの提供 ・親会社の中国誠信信用管理有限公司は，1992年に設立。信用格付けのほか，金融証券コンサルティングなども提供
中智誠	2013年	盛希泰（董事長）	・個人信用調査サービスを提供
考拉征信	2014年	拉卡拉（筆頭株主）	・第三者決済事業者・拉卡拉を中心に設立。同社のリソースを利用して，個人に関する信用調査サービスを提供
華道征信	2013年	銀之杰（40%），北京創恒鼎盛（30%）	・個人信用調査サービスに特化したサービスを提供

（注）網掛けは民間信用情報機関
〔出所〕各社のホームページより筆者作成

8社は，2018年3月に政府系個人信用調査機関，百行征信有限公司に整理・統合された[25]。

　このうち芝麻信用（セサミクレジット）は，個人や企業のクレジットファイリングおよびスコアリングサービスを提供しており，AFSGのエコシステムの重要な要素を構成するものとして注目される。2015年1月に同社は中国人民銀行より事業ライセンスを取得し，サービス提供を開始している。

　ANTのクラウド演算やビッグデータの処理能力は，アマゾンに次いで世界でも高いレベルにある。芝麻信用は，クラウド演算技術や機械学習技術に基づきビッグデータの解析を行い，個人や企業の信用状況を分析・評価している。現在，同社はクレジットカードから消費者金融，リース，住宅ローン，ホテル宿泊，不動産賃貸，レンタカーに至るまで，様々な生活シーンにおいて消費者と企業に便利な信用情報を提供している。

　また芝麻信用は，アリババの電子商取引データなどを活用して米国のFICOスコアに類似した独自の信用スコアを付与している。芝麻信用スコア1件当たりの算出速度は0.001秒単位である。ユーザーが情報提供を許可している場合，基本情報，登録情報，アカウントのアクティビティ，支払い履歴及び資金状況，人間関係，ブラックリスト，外部アプリの利用状況などといった信用調査の対象となるデータを，①信用履歴，②行動傾向，③履行能力，④経歴の特性，⑤人間関係の5つの信用指標により代入する。各種のデータが芝麻信用スコアに占める比率はそれぞれ異なる。勿論具体的な比率は常に調整・改善されている。芝麻信用スコアの構成において最大の比率を占めるのは信用履歴であり，次いで行動傾向，履行能力，経歴の特性，人間関係と続く。芝麻信用スコアはユーザーによる許可，情報収集，データ加工，モデルに基づく演算のプロセスを経て生まれる。

　芝麻信用スコアは，350点から950点まで5段階（350〜550は不良，550〜600は一般，600〜650は良好，650〜700は優秀，700〜950は最優秀）に分類され，600点以上は信用良好とされる。芝麻信用スコアが600点に達したユーザーは，審査なしで同社の無担保消費者ローンサービスの螞蟻花唄（アント・チェッ

ク・レター）を利用できる。芝麻信用は，24時間稼働のオンライン演算能力をベースとして，機械学習のアルゴリズムやビッグデータのマイニング技術を駆使して芝麻信用スコアを算出し，信用レベルの高低を分かりやすく表している。芝麻信用のスコアリングは一定の範囲内だけでなく，広く適用できる汎用性の高いスコアである。

　現在，芝麻信用は様々な領域で活用されている。例えば，芝麻信用スコアが700点以上のユーザーであれば，シンガポールへのビザ申請が免除される。750点以上のユーザーは，ルクセンブルクのビザ申請が免除されるだけでなく，国内空港で優先搭乗口の利用も可能となる。ANTは，今後ホテルの宿泊，航空券の購入，マンションの賃貸などにも芝麻信用スコアを応用し，利用者に様々な特典サービスを提供していく計画である。

　信用格付けサービスの芝麻信用の利用者数は，2015年のサービス開始からわずか2年間で約3億人まで急増した。デジタル経済，とりわけシェアリングエコノミが急速に発展する中，芝麻信用は生活のあらゆる面で活用され，取引における信用の補完やデポジットの免除などを通じて，ビジネスにおける利便性と効率性を大幅に高めている。

　日本での「信用スコア」の活用状況をみてみると，日本で利用されている信用スコアは米国のクレジットスコアに近いが，中国のようにインフラサービスとして機能するほど普及していない。日本の信用スコアの算定は減点方式となっており，スコアの低い人には不利に働くケースが多くみられる。一方で中国の「信用スコア」は，基本的に「良いことをし続けると，メリットが返ってくる」という加点方式である（藤井・尾原〔2019〕）。中国では企業間の競争が厳しいため，「ユーザーにサービスを好きになってもらって，高頻度で利用してもらえないと消滅する」という感覚が共有されている。このため利用者が犯罪に近い行為を行わない限り，スコアを下げることはない。

3. データを活用したネット銀行の中小企業向け貸出

　上述の芝麻信用スコアを活用して，中国の民営ネット専業銀行には新たな貸

出審査とリスク管理のビジネスモデルが誕生している。2015年6月から営業を開始した浙江網商銀行（Mybank：以下マイバンク）は[26]，ANT が主要な発起人（出資比率30％）となり設立された中国の民営ネット専業銀行である。同行は，主に中小・零細企業や，起業者・個人事業主向けのネット小口融資関連商品を提供することで金融包摂の役割も果たしている。また同行は，預金の受け入れ限度額を設けており，小口預金や小口貸出の業務を行っている。マイバンクは代表的な商品である「網商貸」の他，農民向けの「旺農貸」も提供している。2016年末時点で，約277万社の中小・零細企業に対して融資を実施し，累計での貸出残高は879億元にのぼる[27]。

　マイバンクは，実店舗を持たずオンラインサービスに特化しており，同行の利用者は借入申請から与信審査，資金受取までを一貫してインターネット上で行うことができる。さらに，ビッグデータやクラウドの演算機能を活用することでコストの削減や効率の向上をはかることで，1件当たりの平均的な借入コスト（ユーザーが網商銀行から資金を借りる時に銀行側が負担するコスト）は2元（約32円）以下であると言われている[28]。

　マイバンクの与信審査は，後述の芝麻信用のスコアを活用した独自の信用評価システムを使用しており，その審査時間はわずか1分程度に過ぎない。審査が通れば即時に，借り手の口座に借入金が同行から振り込まれる。利用者の融資申請から与信審査，資金振込まで，最短5分以内で実行される。同行は，こうした高い利便性と効率性によって伝統的な銀行業務と徹底的に差別化を図っている。

　アリババの電子商取引プラットフォーム（マイバンクの借り手はアリババのEC サイト出店者）の統計データによると，同行の中小企業顧客の76％は借入額が50万元（約800万円）以下であった。従来は，こうした中小企業の約88％は融資を受けられずにいた。2016年末時点で，「阿里小貸」（2010年からアリババ・グループより提供），および「網商貸」（2015年から浙江網商銀行より提供）の両社合計で500万超の中小企業に，8,000億元（13兆円相当）以上の貸出を実施している[29]。こうしたビッグデータの分析を通じ，マイバンクは顧客の

信用度と資金需要を正確に把握でき，顧客ごとにカスタマイズした貸出プラン
を提供できる。

4．データを活用した個人向け貸出

「螞蟻花唄」（Ant Check Later，以下アント・チェック・レター）は，2014
年12月に試験的に導入された後，2015年4月より本格的に後払い・分割払いの
与信（800元以上）を消費者に提供を始めている[30]。

　2017年4月時点で，同サービスの1回当たりの貸出限度額は500〜50,000元
（約8千円〜80万円）となっている[31]。返済方法は，一括払いで当初41日間無
利息と，800元以上利用の分割払いで3，6，9，12ヵ月のそれぞれの利息は
2.5％，4.5％，6.5％，8.8％，の2種類がある[32]。また，アント・チェック・レ
ターは，アリペイウォレットの決済機能で返済可能であり，アリババの運営す
る淘宝（C2C）と天猫（B2C），および他社ECサイトで利用可能である。さ
らに，同サービスは，ビッグデータを活用して個々消費者の購買・返済履歴の
データから算出されたクレジットスコアに応じて，利用の限度額を個々に決め
ている。

　アント・チェック・レターは，商業銀行のクレジットカードと対比すると，
若年層を中心に利用者層が広がっている。2017年末時点での同サービスの利用
者は1億人を超えており，株式制商業銀行大手の招商銀行のクレジットカード
発行枚数6,246万枚を上回る[33]。また，ユーザーの利用枠にも違いがある。従
来のクレジットカードは主に高所得者層を対象にしていたこともあり，一人当
たりの年間利用枠は2.1万元であった。一方でアント・チェック・レターの年
間平均利用枠は1,000〜2,000元前後である。今後，モバイルペイメントの更な
る浸透に伴い，アント・チェック・レターの利用が一段と拡大する見込みであ
る。

　一方で螞蟻借唄は，芝麻信用スコア600以上のユーザーを対象に消費者ロー
ンサービスを2015年4月より提供している。借入限度額は1,000〜300,000元（約
1.6〜480万円）で，借入期間は最長で12ヵ月，貸出金利は日利0.045％で，随時

返済後再度借り入れが可能である。

5. AI を活用した資産運用サービス

　資産運用側では，「螞蟻聚宝」（以下アント・フォーチュン）が，ANT が開発した投資理財商品をワンストップで提供できる理財（ウェルスマネジメント）アプリケーションのサービス提供を2015年8月から開始した。

　インターネットの利用チャネルがパソコンからモバイルへと変化する中，ANT は投資理財商品（余額宝など）をアント・フォーチュン・アプリに集約した。同アプリを通じてモバイルでの利用者は，余額宝，投資理財関連のオンライン・マーケットプレース・レンディングの招財宝（後述）やファンドを含む各種投資商品の売買などの財務管理を1ヵ所で行うことが可能になった。その他，アント・フォーチュンの利用者は最新の金融情報，投資家コミュニティサービス，個人資産の分析や個人投資アドバイスなどのサービスも利用できる。モバイルインターネットが普及するなか，ANT は今後の重点的な戦略分野としてアント・フォーチュンの金融サービスの提供に注力している。

6. AI を活用したオンライン P2P レンディング

　招財宝は，AFSG 傘下の上海招財宝金融信息服務有限公司が運営する P2P レンディング・プラットフォームのサービスを2014年4月より提供している[34]。招財宝は，資金の借り手と貸し手をマッチングするオンライン P2P レンディングの商品であり，「余額宝」よりも高い利回りの投資商品（投資収益率約7％）として開発された。余額宝は，発売当初7％という分配金利回りによって短期間で多くのユーザーを獲得したが，利回りが低下するにつれて（直近では4％前後），一部の資金が流出している。招財宝は，上記を背景として生まれたサービスとも言われている。

　招財宝は，アリババが有する淘宝や天猫などの e コマースサイトにおける取引記録や ANT が有するアリペイ支払決済履歴などを活用して，借り手，投資家，理財商品の発行機関の間で，投融資のマッチングをサポートしている。招

財宝が提供するサービスにより，投資商品を事前に予約して購入することも可能である。具体的には，投資家が招財宝のサイト上で，投資収益率，投資期間，投資金額（利用金額は100元から）などの希望条件を入力し，商品購入を事前に予約しておくことができる。希望条件に満たした投資商品が現れた時，招財宝は，投資家の指示に従って自動的に決済を行う。ただし同サービスを利用する際には，投資家が招財宝と投資一任契約（ネット上で公開）を結ぶ必要がある[35]。なお，招財宝のシステムは余額宝のシステムと連携しており，招財宝プラットフォーム上で行われた取引は，利用者の余額宝の仮想口座で決済される。

　招財宝のサイト上で提供される投資商品は，主に企業によって発行される「企業貸」と個人によって発行される「個人貸」の2種類がある。いずれも，基本的には招財宝と業務提携している保険機関により元本と利息が保証される[36]。投資家は自身のリスク許容度に応じ，招財宝を通じて借り手に直接資金を貸し出すことができる。招財宝は，理財などの金融商品を自ら販売して資金を募集せず，取引双方に対しても担保を提供しない[37]。招財宝は，借り手からサービス料として借入総額の約0.2％を取得している[38]。

　2015年末時点で招財宝の利用者数はすでに1,000万人を超え，同プラットフォームを通じて行った取引額累計は4,000億元を突破し，投資家が計20億元以上のリターンを獲得した[39]。

7. クラウドファンディングでのビッグデータ活用

　螞蟻達客（アンツダック）は，ANT傘下の株式型クラウドファンディングのプラットフォームである。ベンチャー企業の育成によるイノベーション促進の一環として，ANTは，2015年5月からアンツダックを立ち上げた。

　アンツダックは，ビッグデータやインターネット技術を利用して中小・零細企業や起業家，投資家の間に投融資マッチングサービスを提供している。中小・零細企業や起業家は，アンツダックを通じて事業運営するための資金を獲得する一方，ハイリスクハイリターンを求める投資家は企業や起業家から発行

される株式を取得する。2019年 2 月末までに，中小・零細企業や起業家など
は，アンツダックを通じて 8 つの融資案件から計1.84億人民元規模の資金を調
達した[40]。

8.　ビッグデータを活用したネット専業保険

　衆安保険（正式名：衆安在線財産保険股份有限公司）は，2013年11月に
ANT（出資19.90％）やテンセント（同15.0％），中国平安（同15.0％）などに
よって設立された中国の最初かつ最大のネット専業保険会社である[41]。従来の
保険会社と異なり，同社は上海に本部を設置しているものの，支店や実店舗は
一切開設していない。保険に関わる申請，受理，賠償および支払などすべての
業務は，インターネットを通じて行われている。

　衆安保険の事業は，インターネット保険分野の先駆者として電子商取引
（EC）向けに開発された保険サービスから始まった。代表的な商品には，ネッ
トショッピング利用者（買い手）向けの返品送料を補償する「返品送料損失保
険」と，EC サイト上で店舗開設者（売り手）向けの「保証金保険」などがあ
る。同社は実店舗を持たない分，提供商品の価格を徹底的に抑え，すべての利
用者に手頃でかつ容易に購入できるようにした。

　衆安保険の利用者数は，2017年 3 月末時点で累計5.82億人，保険証券発行数
は累計約82.91億件を超えた[42]。これまでに同社は，百度，アリババ，テンセ
ントなど300社以上の大手 IT 企業や投資ファンド，保険会社などと事業提携
を結び，ビッグデータや人工知能（AI）の活用を通じて，EC 向けの商品だけ
でなく医療・傷害保険，銀行カード盗難保険，自動車保険，家財保険などの
様々な革新的な保険サービスを提供している。

　2015年 6 月に同社は，CDH や Keywise ZA Investment, Equine Forces
Limited Partnership, 中金（CICC Securities HK Limited）およびモルガンス
タンレーから，シリーズ A で約60億元の資金を調達した。企業価値は500億元
（8,000億円相当）と推定されている[43]。また同社は，2017年 9 月28日に香港
証券取引所に株式を上場し，IPO によって115億香港ドル（約1,700億円）を調

達している[44]。

9. データを活用した審査による自動車ローン

2015年後半に，アリババ・グループ傘下の自動車事業部は自動車メーカーおよび ANT と共同で，20万元を上限とする自動車ローンサービス「車秒貸」を開発した[45]。このサービスの利用者は，アリババの天猫や淘宝などの電子商取引サイトを通じて，購入予定車の見積価格の40％を限度に借り入れができる。「車秒貸」のリスク管理において，ビッグデータの解析技術を活用し，利用者のインターネットにおける行動データを総合的に分析することで購入する車のタイプに応じた貸出限度額を決めている。従来の自動車ローンと比較すると「車秒貸」は利用者にとってハードルが低く，便利で迅速に借入ができるといった特徴を持っている。利用者はインターネットを通じて申請を行い，審査基準（身分証明の確認，行動分析など）に達すれば即座に融資を受けることができる。資料申請から審査終了まで30分程度で完了する。従来の自動車ローンを利用する場合は，金融機関に所得証明や残高証明などの資料を提供した後，実際に融資を受けるまで5～6営業日がかかる。

Ⅳ．ANT が目指すエコシステムとビッグデータの活用

最近，多くの産業において今後のイノベーションの重要な鍵として AI に大きな期待が寄せられているが，AI の有効活用はビッグデータの利用可能性に左右される。中国はこの点において有利な環境にある。すなわち，インターネット利用人口が世界最大であることに加えてスマートフォンを使用した個人向けサービスの利用が盛んであり，データの蓄積が他国より圧倒的に速い。また，巨大なプラットフォーム企業 BAT（バイドゥ，アリババ，テンセント）が存在するため，様々な分野のデータを組み合わせることが容易である。中国では，ビッグデータの活用において先進的な取組みが先行している。上述したように，中国では既にビッグデータを活かしたオンライン・コンシューマー・

ファイナンスやネット小口融資など様々な分野で急成長する新たなサービスがみられる。

1.　ANT のビッグデータを活用するエコシステムの特徴

アリババ・グループが金融事業領域に参入する際の最大の優位性は，膨大な顧客基盤から生じるデータを所有していることと，クラウド演算を通じて顧客情報を徹底的に分析し，顧客の信用レベルと返済能力を的確かつリアルタイムに把握することが可能な点にある（図表3-5）。

ANT は，①アリババのような巨大な電子商取引とのメガ・プラットフォームの形成，②IT との親和性（巨大顧客を持つ IT 企業の金融ビジネスの展開），③様々なデータを蓄積したエコシステムとビッグデータの活用，④顧客体験（UX）を重視したサービスの開発，⑤レガシーシステムを持たない環境と規制裁定の機会，といった様々な「いいとこ取り」の結果，新たなビジネス

図表3-5　ビッグデータを活用するアリババ・グループの金融ビジネスへの参入

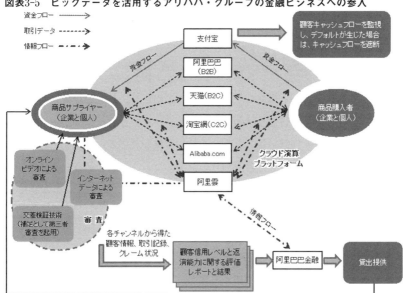

〔出所〕各種資料より筆者作成

図表3-6 ANT の金融エコシステム

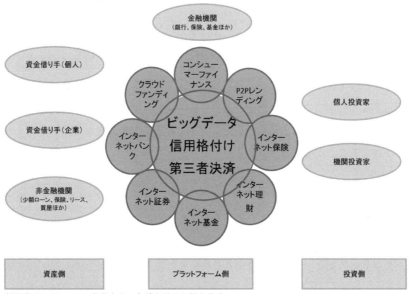

〔出所〕Ant Group の事業内容，各種資料より筆者作成

モデルを生み出し，フィンテックのコングロマリットを形成している。

　ANT はプラットフォームをベースに，コンシューマーファイナンス，P2P
レンディング，クラウドファンディング，ネット銀行，ネット証券，ネット保
険，ネット基金，ネット理財などの生活に密着したサービスを提供している。
その上，個人と企業の借り手，銀行や保険，ファンドなど従来の金融機関，少
額ローン会社や保険理財会社，リース会社，質屋などの非金融機関，さらには
個人と企業の投資家を取り込み，独自の金融エコシステムを形成して，資源の
統合と共有により価値創造を図っている（図表3-6）。

2. ビッグデータを活用する ANT のネット小口融資

　ネット小口融資とは，インターネット事業者が傘下の少額貸付会社を通じ，
自社の電子商取引サービスを利用する顧客に提供する小口融資サービスのこと
を指す。代表的な事業者（サービス）には，ANT 傘下にある浙江網商銀行の

「網商貸」（元の阿里小貸）がある。「網商貸」の前身は，2010年にアリババに
よって設立された「阿里小貸」である[46]。2015年6月に民営ネット専業銀行で
ある浙江網商銀行（ANT 30%出資）が設立されたのにともない，同サービス
は浙江網商銀行に引き継がれた。主にアリババのECサイト上で運営する中小
店舗や個人を対象に，無担保かつ簡単で利便性の高い小口融資（ECサイトの
会員向け）を提供している（前掲図表3-1）。

　「網商貸」のサービスには，阿里小貸が行っていたアリババ（B2B）法人会
員もしくは国内サプライヤー向け貸出サービスの「阿里信用貸出」（ネット小
口融資「網商貸」の2割，貸出上限は300万元まで），および淘宝（C2C）／天
猫（B2C）の店舗運営者（売手）向け貸出サービスの「淘宝／天猫信用貸出」
と「淘宝／天猫注文担保貸出」（同8割，貸出上限は100万元まで）に加えて，
アリペイ会員（個人経営者）向け貸出サービスの「網商貸」やアリババグロー
バルサイト（速売通）の法人会員向け貸出サービスがある。なお，個人顧客向
けには，無担保で貸出上限が5万元の後払いサービスANT傘下の「螞蟻花
唄」[47]，分割払いの「天猫帳単分期」などのネット小口融資のサービスもある
（図表3-7）。

　「網商貸」（元の阿里小貸）は，貸出前・貸出中・貸出後という三段階に分け
て，リスク管理を行っている。貸出前は，主に顧客情報の確認と信用調査を実
施している。この段階では，顧客に関する過去の取引や販売実績，銀行の預金
残高などの膨大な情報を審査する。貸出中は，一般的にキャッシュフローの動
向について監視を行っている。貸出後は，延滞のある顧客に対して資金回収の
催促や，ブラックリスト公開制度の利用による資金回収の安全性を強化してい
る。図表3-8は「網商貸」（元の阿里小貸）の貸出サービスの内容である[48]。

　ネット小口融資事業者は，電子商取引やネット決済で蓄積した取引記録や
キャッシュフローのデータを活用し，借入者の信用に対し評価を行った上で，
オンライン審査により便利で即時性の高い短期小口融資を提供する。これは，
インターネット事業者が自社の豊富な資金力と蓄積されたデータを活用し，低
コストで顧客の信用履歴や融資審査判断の分析を行うことで可能となったサー

図表3-7　ANT傘下の浙江網商銀行・網商貸が提供するサービス

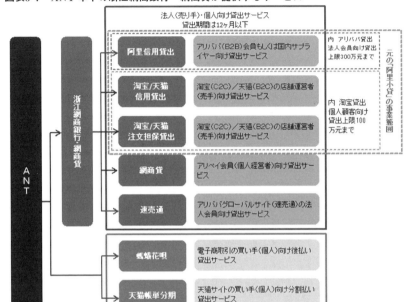

〔出所〕浙江網商銀行・網商貸の公開情報より筆者作成
https://mobilehelp.mybank.cn/bkebank/index.htm#/knowledge/1689/1690?_k=ca6trn

ビスである。

　彼らは，大型金融機関の貸出の対象外とされる信用履歴が低い個人事業主や中小・零細企業などを相手に融資を行う。図表3-9は浙江網商銀行・網商貸（元の阿里小貸の事業）のネット小口融資業務の仕組みである（B2Bの「阿里信用貸出」，C2Cの「淘宝信用貸出」，B2Cの「天猫信用貸出」）。彼らはインターネット企業の独自のデータを蓄積している。このデータを活用することで，内部プロセスの効率化，すなわち，信用モデル，与信審査，リスク管理などを効率的に行うことが出来る。

　例えば，ANT傘下の浙江網商銀行・網商貸の小額貸付会社は，自社サイトのタオバオ（淘宝）店舗開設者に対し，その短期運転資金を支援するための小

図表3-8　網商貸（元の阿里小貸）の貸出サービスの概要

カテゴリ	阿里信用貸出	速売通	網商貸	淘宝/天猫貸出	
				注文担保貸出	信用貸出
対象者	アリババ（B2B）の会員	アリババグローバルサイト（速売通）の会員	アリペイの法人会員	淘宝サイト or 天猫サイトの店舗運営者（売手）	
貸出上限	最高300万元	−	−	最高100万元	最高100万元
貸出期間	12ヶ月	12ヶ月	12ヶ月	30日	6ヶ月 or12ヶ月
利息計算方法	月割均等返済	月割均等返済	月割均等返済	日割で計算	日割で計算
利息	最低1.5%/月	−	−	0.05%/日	0.05%/日
申請条件	・アリババの中国サイトの会員あるいは中国のサプライヤー ・申請人は企業の法定代表者もしくは個人企業の責任者（18～65歳） ・企業登記地は中国国内 ・企業登記は1年以上，かつ直近1年の売上高は100万元以上	・速売通の会員 ・速売通の開設店舗の有効運営期間は6ヶ月以上 ・店舗登記者の年齢は20～60歳	・会社登記は1年以上 ・アリペイの個人経営者 ・法人代表年齢は18～65歳 ・法人代表の信用記録は良好	・淘宝 or 天猫サイト上の売手（18歳以上） ・淘宝 or 天猫サイト上の店舗運営期間は2ヵ月以上 ・店舗の信用は良好	・淘宝 or 天猫サイト上の売手（18歳以上） ・淘宝 or 天猫サイト上の店舗運営期間は6ヵ月以上 ・店舗の信用は良好

〔出所〕浙江網商銀行・網商貸の公開情報より筆者作成
https://mobilehelp.mybank.cn/bkebank/index.htm#/knowledge/1689/1690?_k=ca6trn

口融資を提供している。貸出限度額は100万元以内，期限1年以内，年利息18
～21％である。具体的には，融資を行う前の段階において，網商貸（元の阿里
小貸）は，アリババの電子商取引サイト（B2Bの阿里信用貸出，C2Cの淘宝
信用貸出，B2Cの天猫信用貸出）や第三者決済のアリペイなどのプラット
フォームを通じて，利用者に関する情報を収集して与信審査を行っている。こ
れらの情報には，利用者自身が提示した銀行預金残高，公共サービス料金支払
証明のほか，アリババ電子商取引サイト上で登録した利用者の認証情報，取引
記録，他の顧客とのやり取り，税関や税務当局への提出データなどが含まれ
る。さらに与信審査では，情報の信憑性を確認するために利用者に対してオン
ラインでの面談やビデオチャットによる心理テストなども実施されている。
　融資を決定し貸出を実施している期間中において，網商貸（元の阿里小貸）

図表3-9　浙江網商銀行・網商貸（元の阿里小貸）のネット小口融資業務の仕組み

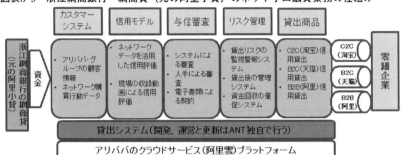

〔出所〕アリババ・グループ，浙江網商銀行・網商貸の公開情報より筆者作成
　　　　https://mobilehelp.mybank.cn/bkebank/index.htm#/knowledge/1689/1690?_k=ca6trn

は利用者による資金の使用状況を厳しく監視している。貸出資金は実際に利用
者の事業運営に投下されれば，その事業関連のオンライン広告の投入や関連サ
イトへのアクセス数が増えることが予測されるため，網商貸は企業の財務デー
タだけでなく，このような情報についてもタイムリーに監視している。

Ⅴ．中国で進展するデータ駆動型金融から得られる示唆と日本への影響

1．示唆

　中国で展開されているデータ駆動型金融の進展は，金融サービス業において
大きな戦略の変化をもたらすと考えられる。第1は，従来型金融機関の強みが
減殺されることである。従来型金融機関は，フィンテック企業にシステム開発
スピードが追い付かないうえに，既存の金融の枠組みに囚われて，顧客の日々
のデータを取得できるタッチポイントが限定的である。

　かつての顧客との接点は対面取引が重要であり，多くの銀行では支店を増加
させることが勢力の拡大に繋がったが，インターネットを通じたサービス提供
が普及するとこのような資産の価値は大きく減少する。現在のデータ駆動型金

融は物理的・地理的な制約がなく，低コストで運営が可能となった。しかも，最近スマートフォン・アプリをインターフェースとすることで誰でも気軽に利用できるようになった。

　第2は，間接金融のモニタリングと与信審査の強みが失われることである。従来の金融機関の与信審査はコストが高く，効率も悪い。顧客のデータ収集は，担保などの書類を集めて一件一件の書類を審査した。データ駆動型金融は，インターネット企業の顧客の購買履歴，会計情報などのデータを収集しAIで与信判断を行う。例えば，アリババ・グループのANTは「310」をスローガンに掲げ，与信業務の自動化を実現している。310の3は，利用者がインターネットから借入申請に必要とする手続きの所要時間である3分を指す。また1は，貸出の審査判断および送金に必要とするコンピューターの処理時間の1秒である。0は，審査プロセスにおける人による介入がゼロであることを意味する。ビッグデータとAIの活用による与信業務の自動化は，与信業務にかかる時間の大幅な節約と正確性の向上に寄与している。

　従来の銀行とは異なりANTは，運転資金を貸し出す際に，アリペイのプラットフォーム上の情報（商品の仕入れ⇒商品の販売⇒資金回収⇒運転資金の返済）をリアルタイムで総て把握している。このため，従来の与信審査と比べて「情報の質」が全く異なり，情報の非対称性が生じにくい。

　第3に，中国の金融データは2大フィンテック企業であるアリババとテンセントに集約されつつある。両者の巨大化に伴い，これまで各金融機関に分散していた金融データは，フィンテック大手2社に集約され，データの寡占化をもたらしている。例えば決済分野において，これまで決済データは銀行がほぼ独占していたが，アリペイとウィーチャットペイの普及により，個人の日常生活に関連する細かな決済データは彼らが押さえることとなった。現在，アリペイとウィーチャットペイは生活シーンの殆どをカバーし，eコマースでのショッピングに限らず，レストランや旅行，公共料金の支払などでも利用可能となっている。かつて銀行は，デビットカードやクレジットカードなどの記録によってユーザーの消費行動を分析し，金融業のサービスおよび商品の設計にこれら

を利用していた。しかしながら現在においては，小額の消費は殆ど第三者決済を経由しており，むしろ銀行は消費者データにアクセスすることができない。消費者データの欠如は，銀行による個人顧客の分析や理解を困難にしている。

2.　我が国の課題

　こうした中国のパーソナルファイナンスの先進事例を参考して，日本あるいは先進国の金融サービスに与える示唆について，以下の4点を指摘しておきたい。

　第1は，データが生み出す付加価値の重要性である。銀行の貸出リスクの評価において，伝統的な銀行は貸出記録や取引履歴などの静的な過去のデータに依存することが多い。この方法の最大の欠点は，将来性に対する配慮の欠如である。一方で新興のIT企業は，政府公開情報，取引先や他者による評価，SNS関連データなど，より広範で鮮度の高いデータを採集し，様々な角度からビッグデータを分析して企業と個人の最新の情報を反映した評価を実現している。

　上述のアリババ・グループ・ANTの第三者決済アリペイは，大量のデータを集めたうえで，デジタルエコシステムの活用と人工知能を用いた与信審査を基に様々な金融サービスを展開した。ビッグデータの発掘と解析の技術を用い，顧客属性の識別や顧客行動パターンの分析などを通じて，自動的に将来の行動を把握し予想することが可能となっている。

　一方で日本では，各社がデータを保有しているものの，有効に利用されていない。各社の規格が乱立し，ネットワーク効果が働かず魅力的なサービスとなりにくい。消費者行動データをいかに応用するのかが重要である。その意味で，日々の決済データを基に個人の最新の行動も把握し，その都度に信用情報を洗い替えることが喫緊の課題である。最近，日本でもクレジットスコアリングサービスを提供しているが，アンケート調査に基づいたシングルサービスに留まっており，中国のようにエコシステムを形成する中核的な位置づけにはなっていない。

　第2は，競争領域のグランドデザインである。日本では，金融庁の金融審議会（金融制度スタディ・グループ）の中間整理において機能別・横断的な金融規制の整備を検討している[49]。2018年6月の同中間報告書では，「IT の進展や利用者ニーズを起点としたアンバンドリング・リバンドリングの動きなどを踏まえて，イノベーションの促進や利用者の利便性の向上の観点から，多様なプレイヤーを各業法の業態に当てはめて規制するよりも，まずは業態をまたぐものを含め，各プレイヤーが自由にビジネスモデルやサービスを選択した上で，選択されたビジネスモデルやサービスの果たす機能・リスクに応じて，ルールを過不足なく適用していくことが重要である」との方向性が示されている。

　しかしながら日本では健全な自由競争の結果，規格が乱立し，各社がデータを抱え込み，ビッグデータに成長しないため十分活用できず，新しい付加価値を生み出すには至らなかった。一方で上述の中国の巨大フィンテック2社（アリババ，テンセント）は，8割の市場のシェアを占めており，寡占状態でデータの利活用が可能となった。

　第3は，自由競争と規制，個人情報保護と国境の問題である。ビッグデータや AI を駆使した顧客価値の創造がなされる消費市場においては，消費者に関する膨大な情報を保有する企業が有利であると考えられる。実際，米国のGAFA（グーグル・アマゾン・フェイスブック・アップル）や中国のアリババなど，メガ・プラットフォーマーは膨大なデータの活用によって顧客価値の創造を図り，新たなサービスを市場に投入している。しかしながら，データの活用に関しては国により環境が大きく異なる（田谷〔2019〕）。

　中国においては官民連携体制で AI 発展計画を進めるなど，ビッグデータの利活用が容易である一方で，米国のメガ・プラットフォーム企業への対抗策とも評価される EU の GDPR（General Data Protection Regulation）は[50]，データの活用に大きな制約を課している。欧州では，個人データを基本的人権と位置づけ，この権利の保護・強化を図るため，2018年5月に一般データ保護規則（GDPR）が施行された。同法では，個人データの EU 域外への移転を厳しく制限し，違反した事業者には高額な制裁金を科すこととした。中国では，安

全保障の確保や自国産業の保護などを目的に，2017年6月に「国家網絡安全法」が施行されている[51]。同法は，個人データの収集・生成に係る事業者に対して，データの国内保管を義務づけるとともに，データの国外移転には国が定める基準に従い安全評価を行わなければならないことを定めた（図表3-10）。さらに2019年6月に，EUのGDPRと同様の「個人情報国外移転安全評価弁法（意見募集稿)」を公布し[52]，個人情報保護を強化している。

　企業の個人情報利用に透明性があると考える人の割合を世界で比較すると，中国が約5割と最も高いのに対し，日本は約2割と最も低い[53]。その背景として，中国では都市のあらゆる箇所で個人データを活用したサービスが出現するなど，国民がデータを提供することによって利便性の向上を実感できることが考えられる。対して日本では，企業が個人情報保護に関して極めて神経質になっており，個人データの利用が必要以上に敬遠されるためサービス開発に活用されるケースが少ない（田谷〔2019〕)。日本は2017年5月に施行された「改正個人情報保護法」の3年ごと見直しを検討しているが[54]，個人情報保護と国境の問題に対して欧州や中国よりかなり遅れている。

　第4に，協調領域の再設計の課題がある。すなわち，自社より得意分野の産業と協調することが求められる。2017年に中国で行われた，既存の金融機関と海外展開に積極的に取り組むフィンテック企業との提携（中国工商銀行と京東金融，中国建設銀行とアリババ・グループ，アント・グループ，中国農業銀行とバイドゥ，中国銀行とテンセント）に関しては，四大商業銀行が揃ってパートナーとなることや包括的な提携であることが注目される[55]。2018年5月以降，ANTは光大銀行，華夏銀行や上海浦東発展銀行など中国の中堅銀行と金融テクノロジー関連の戦略的な合作協定を締結した[56]。クラウド，AI，ビッグデータを用いたリスク管理，ブロックチェーンの研究開発など様々な協調を実施している。日本では，オープンAPIについては整備が進んだが，それ以外の金融業と各産業の協調領域の再設計についてはまだ今後の課題となっている。

図表3-10　中国の個人情報移転に関する主な法規制

主な法規制	国家網絡安全法	個人情報国外移転安全評価弁法（意見募集稿）
施行開始	2017年6月	施行日未定（2019年6月に意見募集稿を公開）
個人データの定義	・電子データその他方式により記録され，単独又はその他の情報と組み合わせて個人身分を識別できる各種情報。 氏名，生年月日，身分証番号，個人の生物識別情報等が含まれるが，これらに限らない。	
規制対象	・個人情報の収集や生成などに係るネットワーク運営者 ※ ※ネットワーク運営者とは，ネットワークの所有者，管理者およびネットワークサービス提供者を指す	
事業者の義務　個人データの取扱い	・データの収集・使用の規則を公開し，情報収集及び使用の目的，方法及び範囲を明示し，なおかつ提供者の同意を得なければならない（第41条） ・業務の必要性により，国外に対し確かに個人情報や重要データを提供する必要のある場合には，国のネットワーク安全情報化機関が国務院の関係機関と共同して制定する弁法に従い安全評価を行わなければならない（第37条）	・本人の同意がなければ，データの国外移転は不可（第2条） ・データの国外移転には，ネットワーク運営事業者が中国当局の事前審査を受けなければならない（第3条） ・ネットワーク運営者が，国外データ受領者との契約書（データの使用目的，使用期限，保護義務などを明記した合意書），データ国外移転に関するリスク評価及び安全保障措置の分析レポートを当局に提出しなければならない（第4，6，13条）
事業者の義務　個人データ侵害発生時の対応	・個人情報の漏洩，毀損又は紛失が発生または発生する恐れのある状況においては，直ちに救済措置を講じ，規定に従い遅滞なく使用者に告知し，かつ関係所管機関に報告しなければならない（第42条）	・国家インターネット情報部門に速やかに報告すること ・データの漏洩や乱用などが生じた場合，当局はネットワーク運営者に対して個人データの国外移転を一時停止または中止させることを要求できる（第10，11条）
事業者の義務　管理体制	・中国国内での運営において収集，発生させた個人情報及び重要データは，国内で保存しなければならない（事業者が中国国内にデータサーバを設置する必要がある）（第37条）	・ネットワーク運営者は，個人データの国外移転に関する履歴を最低5年間保管しなければならない（第8条） ・インターネットから中国個人情報を取得した海外企業は，中国国内の法定代表者または国内機関を通じてネットワーク運営者の責任と義務を履行しなければならない（第20条）
罰則	・違法所得の没収又は違法所得の相当額以上10倍以下の制裁金を単科もしくは併科することができる。違法所得がない時は，100万元以下の制裁金を科す等（第64条） ・行政処分として，ネットワーク運営者の関連業務許可証又は営業許可証を取消しすることができる（第64条）	・「国家網絡安全法」に準ずる

〔出所〕「中国人民共和国網絡安全法」（2017年6月）と「個人信息出境安全評估弁法（征求意見稿）」（2019年6月）より筆者作成

Ⅵ. 今後の展望

1. 既存銀行の役割の低下

　金融産業におけるデジタルイノベーションは，決済のオペレーションを出発点として，インターネット企業の資金調達に至るまで，金融システムのありとあらゆる側面で進行している。銀行の３大機能（役割）は，金融仲介，信用創造，決済である。その機能を提供する銀行の３大業務が預金，貸出，為替である（図表3-11）。銀行は企業や個人の資金需要に応じて貸出する。従来の銀行は企業の貸出において担保主義をとり，個人貸出では，職業や年収などの支払い能力を重視した。一方，アリババ，テンセントなどのインターネット企業による金融業への参入は，貸出を行うに当たって担保主義ではなく，彼らのプラットフォーム上に，より本質的な個人の信用履歴をビッグデータとして蓄積して，それを貸出審査に活用している。銀行は担保のある企業の審査はできても商流を中核とした審査手法を使っていない。しかし，アリババ，テンセントなどの次世代金融プレイヤーが持つ巨大なプラットフォームは，商流，物流，金流の３つを抱え込んでいる（図表3-12）。

　従って，既存銀行の役割（機能）が持つ重要性は今後低下していくと思われる。銀行の３大機能のうち，金融仲介や決済の機能が低下するが信用創造の機能は残る。インターネット企業は預金を持たないため信用創造機能がない。また，銀行の３大業務のうち，預金，貸出の業務が減少する一方で，為替業務は維持できると考えられる。既存の銀行とIT企業ではコスト構造が異なるため，リテール業務において銀行はIT企業に淘汰されつつあるが，法人業務や大口決済業務においては既存銀行の方はIT企業より信頼性が高いため，今後も一定の役割は果たすと考えられる。

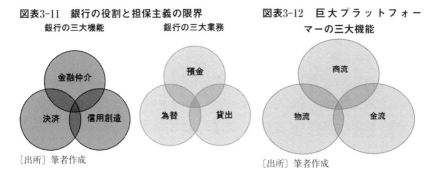

図表3-11　銀行の役割と担保主義の限界

銀行の三大機能　　　　　　　銀行の三大業務

図表3-12　巨大プラットフォーマーの三大機能

〔出所〕筆者作成

〔出所〕筆者作成

2.　データを軸とした本質的な審査

　既存金融機関においても，将来的にはデータに基づく審査の判断が広がるだろう。中国のパーソナルファイナンスにおける先進的なエコシステムは，単に金流である電子決済基盤の共有のみならず，物流や商流を押さえることで，様々なデジタルフットプリントや取引履歴といったパーソナルデータを元にリアルタイムで信用評価を行っている。中国では，芝麻信用スコアの上昇がインセンティブとして働き，アリババ・グループが提供する生活サービスのさらなる利用が促される。その結果として，商流・金流・物流のビッグデータが蓄積されるのである。

3.　OMO の思考法を基に金融ビジネスに取り組む

　中国では，ユーザー行動に関わるあらゆるデータが集約され，データを用いた新しいサービスが相次ぎ誕生している。今後は，オンラインのバーチャル世界とオフラインのリアル世界の融合がさらに進み，OMO（Online Merges with Offline）の普及が一段と進展すると考えられる。

　OMO の基本概念の一つは，「高頻度接点でデータを獲得し，プロダクトと顧客体験（UX）を高速で改善する」ことである（藤井・尾原〔2019〕）。顧客ニーズに合わせて超高速で改善を回し，最終的には顧客ニーズを最も捉えた商品・サービスを提供する。

　今後の金融ビジネスは，駆動型データを最大限に活用したUX（顧客体験）デザインに変えていく必要がある。デジタル変革後の金融ビジネスでは，提供者が消費者の「状況（データ）」を詳細に把握し，消費者が何を必要としているかを認識できる「顕名経済」が拡大すると考えられる。そのような環境において，金融機関は消費者に対する関係を，これまでの金融商品の販売時点だけの「売り切り」の関係から，最適な価値を「継続的に提供」する関係へと変化させる必要がある。

4.　コロナ禍による金融ビジネスの変化

　新型コロナウイルスの感染拡大によって，社会の様々な分野で新たな仕組みの設計が求められている。金融ビジネスもその例外ではない。コロナ禍の影響で対面活動が制限されるなか，フィンテックの普及加速により資金決済をはじめ様々なオンライン金融サービスの利用が広がり，銀行の姿も大きく変貌すると予想される。例えば新しい動きとして，①非金融と連携した金融デジタル化などのデジタライゼーションの加速的な進展がみられ，②コロナ下での民間金融機関による無利子無担保融資の増加などインフラとしての銀行の重要性が再確認されている[57]。

　キャッシュレス先進国とも言われた中国では，コロナ禍のもとでのさらなる個人の行動変容とそれに対応するパーソナルファイナンス分野の変化がみられる。具体的には，北京，上海，杭州など中国の大都市を中心に，アリペイ顔認証決済（SMILE TO PAY，美顔）の導入が加速し，スーパーマーケットやコンビニエンスストア，ファーストフードや大型書店での「無人ブーム」「キャッシュレス革命」が拡大している。加えて2019年秋以降，中国が世界の主要国では初めてとなる中央銀行発行デジタル通貨（CBDC）の発行への動きが加速している。すでに制度設計を終え，地域限定での試験発行の準備を進められている。キャッシュレス化が進む中国で現金の流通をさらに減らし，金融機関の負担を軽減するほか，海外への現金持ち出しによる資本流出を防ぐ狙いもあるとみられる。中長期的には人民元を国際化し，米ドル覇権に対抗する思惑も透け

る。

　一方でコロナ禍の影響により，2020年1～3月期の中国第三者モバイル決済は前期比で初めて減少に転じた。主な理由として，①2020年2～3月の外出減少による消費行動の抑制，②コロナの影響による物流の遅れに加え，予期収入減少によるオンラインショッピングの買い控え，③消費に伴う資金移動の減少などが挙げられる。今後，コロナ感染症拡大が落ち着くにつれて，2020年4～6月期以降は堅調に回復する見込みである。そのほか，コロナの影響で，2020年1～3月期のQRコード決済は6.7兆元と，前期比30.4％急減した。しかしながらコロナの影響によるデジタル関連の需要が高まるなか，2020年1～3月期のIT関連株が好調で，関連ファンドの新規発行に人気を集めている。個人が外出消費を控えると同時に，本来消費に使う生活資金の一部を資産運用商品（ファンドや理財商品など）の購入に充てたため，2020年1～3月期のモバイル金融の市場規模が11.9兆元となり，前期比で10.2％急増した（図表3-13，3-14）。

図表3-13　中国のQRコード決済の市場規模（取扱高）

図表3-14　中国のモバイル金融の市場規模（取扱高）

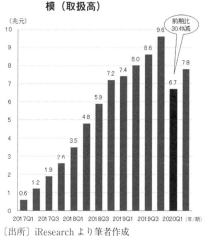

〔出所〕iResearchより筆者作成

（注）モバイル金融は，MMFやP2P，その他モバイル金融商品などを含む。

〔出所〕iResearchより筆者作成

図表3-15　コロナ禍後の第三者モバイル決済の展望

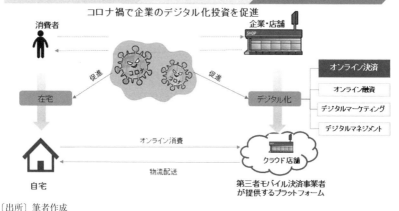

〔出所〕筆者作成

　コロナ禍の影響により従来の対面営業活動が阻まれ，企業側はオンライン営業活動へのシフトを余儀なくされた。今後は企業のデジタル化への投資が加速化し，QRコード決済に次いで，企業によるオンライン決済が新たな成長エンジンとして中国の第三者モバイル決済市場を牽引していく見込みである（図表3-15）。

おわりに：フィンテックは，消費者の生活に密着したかたちへ

　以上述べてきたように，アリババ・グループの取り組みは，当局が緩やかな規制環境を維持したこともあり急速に発展した。さらに，中国のフィンテック企業はレガシーシステムを抱えていない後発者の利益（Leap Frog Effect）に加え，世界最大級のビッグデータの利用環境の活用が可能なため，リテール金融サービスが世界最先端レベルにまで高度化されたといえる。

　最近，ビッグデータの活用はIoTや人工知能と相俟って，多くの産業において実装段階に入っている。今後，次々と注目される事例が出現することが期待されるが，その最先端の動きが中国において展開されるとみられる。

　中国では今後，ビッグデータやAIを活用した金融イノベーションが主流になりつつあり，IT技術が金融サービスの姿を抜本的に変えようとしている。フィンテックの発展においてより重要なのは，供給者が考えた既存の金融サービスを発展させるという方向性ではなく，あらゆる生活シーンにおいて，いかにフィンテックを活用して人々に良い顧客体験（UX）を提供するか，ということである。その意味で，金融とITの融合にとどまっていたフィンテックは，消費者の生活に密着したライフ・スタイル・バンキング（Life-Style-Banking）の一部へと変化していくであろう。

＜本研究は公益財団法人日本証券奨学財団（Japan Securities Scholarship Foundation）と京都先端科学大学の助成を受けたものである。＞

＜注＞

1）　フィンテック（FinTech：Financial Technology）は，FinanceとTechnologyを組み合わせた言葉で，実態的にはICTの発達によって出現した，従来存在しなかったような様々な金融ビジネスの態様，あるいはネットベンチャー企業などが提供する金融サービスおよび金融関連サービスを指す。

2）　"THE DIGITAL UNIVERSE IN 2020：Big Data, Bigger Digital Shadows, and Biggest Growth in the Far East", International Data Corporation, December 2012.（2020年8月6日閲覧）

3）　構造化データに対する用語として，データベースに収まらない「非構造化データ（Unstructured Data）」がある。非構造化データには，例えば電子メールやテキストファイルなどの文書や，画像，動画といったデータがある。これらは，構造化データよりも複雑で，従来型のデータベースには簡単に格納できないので，「非構造化」と呼ぶようになった。文書の電子化などによって，非構造化データが大量に増え，現状は企業が抱えるデータの約80%を占めるといわれている。最近，ソーシャルメディアの利用者が増大しつつある。その影響で，インターネット上で非構造化データが急増しており，データ総容量が爆発的に増えている。このようにボリュームが大きくて，複雑化したデータを「ビッグデータ」と呼ぶ。

4）　http://www.ibmbigdatahub.com/infographic/extracting-business-value-4-vs-big-data（2020年8月6日閲覧）

5）　ニューラルネットワーク（Neural Network：NN）は，脳機能に見られるいくつかの特性を計算機上のシミュレーションによって表現することを目指した数学モデルである。

6）　深層学習とは，多層構造のニューラルネットワークを用いた機械学習である。

7）　EBA, EIOPA and ESMA, "Joint Committee Discussion Paper on automation in financial advice", 4 December, 2015.（2020年8月6日閲覧）

https://esas-joint-committee.europa.eu/Publications/Discussion%20Paper/20151204_JC_2015_080_discussion_paper_on_Automation_in_Financial_Advice.pdf

8）　"In The Future, We Will Have Robo-Advice on Steroids'：Deloitte," ThinkAdvisor, 9 December, 2015.

9）　OECD, "Data-driven innovation for growth and well-being," October, 2014.（2020年６月６日閲覧）
https://www.oecd.org/sti/inno/data-driven-innovation-interim-synthesis.pdf

10）　2020年中，香港証券取引所と上海証券取引所での上場準備のため，2020年７月13日にアント・フィナンシャル・サービス・グループ（AFSG）はアント・グループ（ANT Group）に社名を変更した。

11）　北京商報「2018年支付宝活躍用戸超７億」2018年11月２日付（2020年８月６日閲覧）
http://finance.sina.com.cn/roll/2018-11-02/doc-ihmutuea6439350.shtml

12）　天弘基金管理有限公司「天弘余額宝貨幣市場基金2018年半年度報告」2018年６月30日付（2019年３月23日閲覧）http://pdf.dfcfw.com/pdf/H2_AN201808271183155351_1.pdf

13）　"Chinese money market fund becomes world's biggest," Financial Times, April 27, 2017.

14）　安信証券「螞蟻金服：技術改変生態，全球普惠金融」2018年４月20日，p5。

15）　アジア太平洋地域は，日本，オーストラリア，ニュージーランド，韓国，インド，シンガポール，台湾，香港，マレーシア，インドネシア，タイ，モンゴル，フィリピン，パキスタン，スリランカ，ベトナムを含む。

16）　The Cambridge Centre for Alternative Finance et al. "Harnessing Potential：The Asia-Pacific Alternative Finance Benchmarking Report," March 2016, p.25.（2019年３月16日閲覧）
https://assets.kpmg/content/dam/kpmg/pdf/2016/03/harnessing-potential-asia-pacific-alternative-finance-benchmarking-report-march-2016.pdf

17）　Ant Financial, "Ant Financial's Double 12 Global Shopping Festival Helps Offline Merchants Boost Sales," December 13, 2016（2020年８月16日閲覧）
https://www.antfin.com/newsDetail.html?id=584fb54b846cd841377424e7

18）　TechWeb,「支付宝：全球用戸数已経突破10億」2019年１月10日付（2020年８月６日閲覧）
http://www.techweb.com.cn/internet/2019-01-10/2720002.shtml

19）　Alibaba Group, "Alipay 2014 Spending Report Sheds Light on Chinese Online Spending Behavior," December 8, 2014（2020年８月６日閲覧）
https://www.alibabagroup.com/en/news/article?news=p141208

20）　艾瑞諮問「2016Q4第三方互聯網支付達到6.1万億元」2017年４月１日付（2019年３月16日閲覧）
http://report.iresearch.cn/content/2017/04/267622.shtml

21）　注17と注19と同じ。

22）　中国人民銀行　征信中心（2020年８月６日閲覧）
http://www.pbccrc.org.cn/zxzx/zxgk/gywm.shtml

23）　中国人民銀行　征信中心2013年３月15日施行（2020年８月６日閲覧）
http://www.pbccrc.org.cn/zxzx/zhengcfg/201401/6e55556e29774c9cb28c019833ea9bbf.shtml

24）　中国人民銀行「関于做好個人征信業務準備工作的通知」2015年１月５日付（2020年８月７日閲覧）
http://www.gov.cn/xinwen/2015-01/05/content_2800381.htm

25）　政府系個人信用調査機関・百行征信有限公司は，2018年３月に政府系の中国インターネット金融協会（株式保有比率36％）と民間企業８社（芝麻信用，騰訊征信，前海征信，鵬元征信，中誠信征信，中智誠，考拉征信，華道征信，８社それぞれ株式保有比率８％）の共同出資によって設立された信用調査会社である。中国政府から「個人信用調査許可証」を正式に取得した唯一の信用調査会社でもある。

26）　網商銀行（2020年８月６日閲覧）https://www.mybank.cn/

27)　毎日経済新聞「網商銀行2017成績単出炉：小微企業平均貸款利率下降 1 個百分点」2018年 7 月 8 日付（2020年 8 月 7 日閲覧）http://www.nbd.com.cn/articles/2018-07-08/1232949.html

28)　「AFSG の企業価値が600億ドルになるか」2016年 4 月26日付（2020年 8 月 7 日閲覧）https://www.huxiu.com/article/146794/1.html

29)　「螞蟻金服已為超過500万小微企業累計発放了8000多億貸款」2017年 1 月 4 日付（2020年 8 月 7 日閲覧）http://www.cnbeta.com/articles/tech/573497.htm

30)　"Online Offerings Are Shaping The Future of China's Consumer Credit Market," November 19, 2015.（2020年 8 月 8 日閲覧）http://technode.com/2015/11/19/online-offerings-are-shaping-the-future-of-chinas-consumer-credit-market/

31)　「螞蟻花唄利息」（2020年 8 月 9 日閲覧）https://www.rong360.com/baike/7038.html

32)　注31と同じ。支付宝「我什麼時候可以申請花唄分期還款」（2020年 8 月 9 日閲覧）https://cshall.alipay.com/lab/help_detail.htm?help_id=525143&keyword=%E8%8A%B1%E5%91%97&sToken=s-53f7d9e363d34fd0a9038f8ffc87e816&from=search&flag=0

33)　注14と同じ。

34)　招財宝（2020年 8 月10日閲覧）https://zcbprod.alipay.com/beginnerGuide.htm#tag1

35)　支付宝「招財宝プラットフォーム利用規約」（招財宝平台服務協議）（2020年 8 月10日閲覧）https://cshall.alipay.com/lab/help_detail.htm?help_id=201602055214&keyword=%D5%D0%B2%C6%B1%A6%20%BA%CF%D7%F7%BB%FA%B9%B9&sToken=s-1c89ac17b1a74d50a772f22b8be2830b&from=search&flag=0

36)　招財宝・合作機構（合作保険機構・合作担保機構）（2020年 8 月10日閲覧）https://zcbprod.alipay.com/beginnerGuide.htm#tag1

37)　中国では，P2P レンディングプラットフォームの事業運営者が，投資家に対して元本を保証する約束をしているところが多く，問題が多発している。そこで，2016年 8 月，規制当局は，「ネット貸借情報仲介機構業務活動管理暫定弁法」を公表し，P2P レンディングプラットフォームの事業運営者による貸し手に対する直接あるいは間接的な元本保証を禁じることにした。

38)　支付宝「招財宝平台借款類産品変現借款収費規則調整公告」（2020年 8 月10日閲覧）https://cshall.alipay.com/lab/help_detail.htm?help_id=201602036814&keyword=%D5%D0%B2%C6%B1%A6&sToken=s-cefe3a0fa68f4f7caa1d3d16058e89e6&from=search&flag=0

39)　招商証券「螞蟻金服：揭秘中国第一独角獣」2018年 7 月27日，p.12。

40)　螞蟻達客（2019年 2 月10日閲覧）https://www.antsdaq.com/

41)　和訊保険「衆安保険公布八大股東持股比例　公司組織結構曝光」2013年11月06日付（2020年 8 月10日閲覧）http://insurance.hexun.com/2013-11-06/159421624.html

42)　衆安保険（2020年 8 月10日閲覧）https://open.zhongan.com/open/solution/aboutUs

43)　「成立17個月的衆安保険凭什麼估值500億」2015年 7 月29日付（2020年 8 月10日閲覧）http://www.managershare.com/post/195824

44)　日本経済新聞「保険×フィンテック台頭　中国・衆安保険が上場」2017年 9 月29日付（2020年 8 月10日閲覧）https://www.nikkei.com/article/DGXLZO21670720Y7A920C1FFE000/

45)　「阿里"車秒貸"額度多少？怎麼申請？」2015年 7 月22日付（2020年 8 月10日閲覧）http://www.hishop.com.cn/ecschool/tm/show_22654.html

46)　2010年，ネット小口融資である淘宝貸出サービスの提供を開始した。

47)　オンライン・コンシューマー・ファイナンス。

48)　網商銀行（2020年 8 月10日閲覧）https://mobilehelp.mybank.cn/bkebank/index.htm#/knowledge/1689/1690?_k=ca6trn

49)　金融審議会「金融制度スタディ・グループ中間整理—機能別・横断的な金融規制体系に向けて—」2018年 6 月19日付（2020年 8 月21日閲覧）

https://www.fsa.go.jp/singi/singi_kinyu/tosin/20180619/chukanseiri.pdf

50）　GDPRとは，EU一般データ保護規則（General Data Protection Regulation）のことである。
　　欧州議会，欧州理事会および欧州委員会が策定した個人情報保護に関する法律。GDPRは，個人
　　の名前や住所，IPアドレスなど，インターネットにおける情報までも網羅的に「個人データ」に
　　含め，厳格な管理を求めている。個人データの欧州経済域外への持ち出しは原則禁止であり，違
　　反者には最高で世界売上高の4％か2,000万ユーロ（約26億円）のうち，いずれか高い方という巨
　　額の制裁金が科せられる。またGDPRの適用範囲は事業規模や本社が所在する国・地域に関係な
　　く，EU域内の個人データを処理するほぼすべての組織に及ぶ（金融財政事情（2018），https://
　　diamond.jp/articles/-/170989）。

51）　http://www.cnca.gov.cn/bsdt/ywzl/flyzcyj/zcfg/201707/t20170711_54707.shtml（2020年8月
　　21日閲覧）

52）　http://www.chinalaw.gov.cn/government_public/content/2019-06/13/657_3225811.html（2020
　　年8月21日閲覧）

53）　Dentsu Aegis Network〔2018〕，p.25.

54）　個人情報保護委員会「個人情報保護法いわゆる3年ごと見直しに係る検討の中間整理（案）」
　　（平成31年4月25日）https://www.ppc.go.jp/files/pdf/press_betten1.pdf（2020年8月21日閲覧）

55）　pwc「2018年中国金融科技調査報告」（2020年8月21日閲覧）
　　https://www.pwccn.com/zh/consulting/publications/2018-china-fintech-survey.pdf

56）　中国経営報「螞蟻」過河：金融科技自平衡進行時」2018年6月14日付（2020年8月21日閲覧）
　　http://dianzibao.cb.com.cn/images/2018-06/04/13/2261b05c.pdf

57）　金融庁のデータによると，2020年5月～7月5日における民間金融機関による実質無利子・無
　　担保融資の実績について，累計融資申込みの件数は53万件，その金額は約7.1兆円，実際累計融資
　　決定の件数は約41.7万件，その金額は約7.1兆円と，全体の約8割を無利子・無担保融資を実施し
　　たことが分かった。

＜引用・参考文献＞

和泉潔・後藤卓・松井藤五郎〔2011〕，「テキスト分析による金融取引の評価」『人工知能学会論文
　　誌』，26巻2号，313-317頁

清科研究中心〔2015〕，『2015年中国のインターネットファイナンスの投資研究報告』

関雄太・佐藤広大〔2016〕，「機械学習型人工知能とビッグデータの結語がもたらす金融サービス業の
　　変化」『野村資本市場クォータリー』，2016年春号，第19巻，第4号，野村資本市場研究所，5月，
　　30-48頁

総務省〔2012〕，『平成24年版情報通信白書』

田中道昭〔2019〕，『アマゾン銀行が誕生する日』，日経BP社

田谷洋一〔2019〕，「デジタル変革がもたらす顧客価値創造の在り方の転換と我が国企業の課題」，
　　『JRIレビュー』，2019 Vol.9，No.70，日本総合研究所，8月，5-35頁

迪拝金融工作室〔2012〕，『阿里小貸専題研究』，6月

日本銀行決済機構局〔2018〕，「決済システムレポート・フィンテック特集号－金融イノベーションと
　　フィンテック」『決済システムレポート別冊シリーズ』，日本銀行，2月，1-35頁

原田貴巳久〔1999〕，「人工知能の金融工学への適用」『研究 技術 計画』，14巻3号，152-158頁

藤野洋〔2017〕，「AI（人工知能）による中小・中堅企業に対する与信審査の可能性」『銀行実務』，
　　7月，51-55頁

藤井保文・尾原和啓〔2019〕，『アフターデジタル』，日経BP社

山田誠二〔2019〕，「人工知能AIの現状とこれからの展開」『証券レビュー』第59巻第10号，日本証

券経済研究所，10月，1-27頁

安田行宏・山田佳美〔2020〕，「フィンテックと銀行貸出に関する論点整理：P2P レンディングとの比較の観点から」『東京経大学会誌』306巻，東京経済大学経営学会，2月，15-38頁

李建軍等共著〔2014〕，『中国普恵金融体系—理論，発展与創新—』，知識産権出版社．

李立栄〔2015〕，「急成長する中国のコンシューマー向けインターネットファイナンス」『野村資本市場クォータリー』，2015年夏号，第19巻，第1号，野村資本市場研究所，8月，82-106頁

李立栄〔2015〕，「中国個人金融における異業種参入がもたらすイノベーションの進展—インターネットを活用した金融サービスの多様化—」『パーソナルファイナンス研究』，No 2，パーソナルファイナンス学会，12月，67-85頁

李立栄〔2017〕，「独自の発展を遂げる中国のフィンテック」『国際金融』新年特別号，外国為替貿易研究会，1月，42-51頁

李立栄〔2017〕，「急成長する中国のオンライン・オルタナティブ・ファイナンスと課題」『野村資本市場クォータリー』，2017年冬号，第20巻，第3号，野村資本市場研究所，2月，170-190頁

李立栄〔2017〕，「中国のパーソナルファイナンスにおけるビッグデータの活用」『パーソナルファイナンス研究の新しい地平』パーソナルファイナンス学会著，文眞堂，11月，25-53頁

李立栄〔2018〕，「中国型フィンテックの発展モデルについて」『変貌する金融と証券業』，公益財団法人日本証券経済研究所，4月，193-240頁

李立栄〔2018〕，「中国で進展するデータ駆動型金融—アリババ・グループの先進的な取り組み—」『国際金融』，外国為替貿易研究会，9月，32-44頁

李立栄〔2019〕，「中国の個人金融におけるビッグデータの活用」『季刊　個人金融』，ゆうちょ財団，5月，94-112頁

李立栄〔2019〕，「金融サービスの姿はどのように変わっていくのか—中国で進展するデータ駆動型金融からの示唆—」『証券レビュー』第59巻第6号，日本証券経済研究所，6月，66-83頁

李立栄〔2019〕，「中国で進展するデータ駆動型金融と今後の発展」，『海外投融資』，海外投融資情報財団，11月，18-21頁

李立栄〔2020〕，「人工知能を用いた与信業務の展開とその影響—中国の先進事例分析—」，『大銀協フォーラム研究助成論文集』一般社団法人大阪銀行協会，2月，1-23頁

李立栄〔2020〕，「最近の中国のフィンテックの発展と我が国への示唆」，『金融構造研究』第42号，金融構造研究会　一般社団法人全国地方銀行協会，6月，18-37頁

Dentsu Aegis Network〔2018〕, *Dentsu Aegis Digital Society Index 2018*, February.

International Data Corporation〔2012〕, *THE DIGITAL UNIVERSE IN 2020：Big Data, Bigger Digital Shadows, and Biggest Growth in the Far East*, December.

Johanna Moberg & Alexis Olevall〔2018〕, *Artificial Intelligence within Financial Services-in relation to Data Privacy Regulation*, University of Gothenburg, p.1-86.

Laney D.〔2001〕, *3D Data Management：Controlling Data Volume, Velocity, and Variety*, META Group, February.

McKinsey Global Institute〔2011〕, *Big data：The next frontier for innovation, competition, and productivity*, May.

Mark van Rijmenam〔2013〕, *Why the 3V's are not sufficient to describe big data*, August.

Nir Kshetri〔2016〕, Big data's role in expanding access to financial services in China, *International Journal of Information Management*, Volume 36, Issue 3, pp.297-308.

第4章　決算データから見た
証券業務の変化

二上　季代司

はじめに

　わが国証券業界全体の包括的かつ時系列の決算データとして利用できるものとして，日本証券業協会（以下，「協会」と略）の「協会員の決算概況」がある。これを時系列的に追っていけば，収益構成の変化からわが国証券会社の業務変化の趨勢を推測することができる。また1999年以降，外国証券会社の決算データが別建てで作成されており，外国証券会社の業務内容が国内証券会社と比べて顕著な違いがあることもみてとることができる。

　他方，東京証券取引所（以下，「東証」と略）も会員（総合取引参加者）の決算概況を公表している。これを協会の決算概況と併用すれば，東証会員と非会員の業務内容を比較することもできる。

　しかしながら，この2つの決算データの利用だけでは，ここ10年余の証券業務の変化をとらえきれなくなった。第1に，支店形式で進出してきた外国証券会社が相次いで現地法人化[1]し，協会の決算概況では「国内証券会社」と定義され，内外の違いが見えにくくなってきた。これを株主構成から再区分して国内系と外資系とに類型化しなおす必要がある。

　第2に，これまで純営業収益の9割以上を占めてきた東証会員のシェアが急速に低下，現在では83％に低下している。従来，そのウェイトの低さから等閑視されてきた非会員業者の業務実態を検討する必要がある。

　以上の不都合を避けるためには，個社ベースの決算データに立ち返る方法が

ある。金融商品取引法（以下，「金商法」と略）は登録業者に「業務及び財産の状況に関する説明書」（いわゆるディスクロージャー誌，以下，「ディスクロ誌」と略）の常置・閲覧を義務付けている。この説明書の数値を集計していけば，業界全体のみならず業態別（国内系と外資系，対面営業証券とネット証券等）の特徴や業務内容の趨勢，業態間の競争領域とその実態も推測することができるだろう。

　もっとも，この方法にも限界がある。全社の「ディスクロ誌」が入手できるようになったのは数年前からに過ぎないこと，さらに「単体」ベースの決算書であることである。1990年代末に純粋持株会社が解禁され，大手証券や準大手証券の一部は持株会社（以下，HDと略）傘下の子会社として組織変更された。メガバンクも複数の系列証券を統合してHD傘下の子会社にしている。そこで連結ベースの決算データを補足的に利用する必要がある。

　以下，Ⅰ節では協会と東証の決算データを使ってバブル崩壊時（1991年3月期）から直近（2019年度）までの約30年間にわたって，収益構成の変化を概観している。ここでは，「委託手数料」の絶対的減少，「その他手数料」の急増，「トレーディング損益」の高止まりに注目している。このうち本節では，最大の収益源となった「その他手数料」について，その細目を『ディスクロ誌』を参照しつつ整理した。近年の業務変化の特徴は，「その他手数料」の増加に集約されていることが理解できるだろう。

　Ⅱ節では，筆者が担当した「協会」委託調査の結果を紹介しつつ（二上［2018]），証券本業に係る収益源（委託・引受・募集の受入手数料，トレーディング損益）を手掛かりに，ブローカー・ディーラー業務等の近年の変化について類型別に論点を整理する。この委託調査では，全協会員を主として，①株主構成，②業務特性の2つの基準にもとづいて類型区分している。この方法によって，業務変化がどの類型によって牽引されたのか，が理解できるだろう。

　Ⅲ節では連結決算書を開示している上場証券会社（および金融持株会社）をとりあげて，関連会社との間でどのような協働が行われているか，野村ホール

ディングスの社史を参考にして検討してみた。

Ⅰ．収益構成の変化―その他手数料の増加―

　最初に，現在までの30年間につき，次の4時点，①バブル崩壊時（1991年3
月期），②山一破綻直前（1997年3月期），③リーマン・ショック直前（2008年
3月期），④直近（2019年度）にわたって，協会員の収益構成をみておく（図
表4-1）。

　これをみると，協会員全体として「委託手数料」のウェイトが一貫して低
下，これとは逆に「その他手数料」のウェイトが上昇している。特にその上昇
は2000年代に際立っている。また，売買損益のウェイトも1990年代後半から高
止まりしている。

　他方，協会員を東証会員[2]と非会員に分けてみると，純営業収益の占有率
は，2000年代まで東証会員が9割以上を占めていたが，2010年以降になると急
速にシェアを低下させ，非会員がシェアを高めている。そして「非会員」の
シェア上昇が「その他手数料」と「トレーディング損益」の増大によってもた
らされていることがわかる。

　協会員の損益計算書は「有価証券業統一経理基準」に基づいて作成されてい
る。これによると，「その他手数料」は受入手数料のうち委託・引受・募集の
各手数料いずれにも計上できないものを一括して計上することとされる。商品
別（株式・債券・受益証券・その他）に細区分することが求められているが，
伝統的な証券業務（委託・引受・募集業務）から生まれた収益ではないことが
わかるだけである。

　そこで，「その他手数料」の業態別内訳を作成してみた。図表4-2がそれであ
る（図表4-1と計測年度が異なっているが大した違いはないと思われる）。これ
によると「その他手数料」の最大シェアは外資系証券会社であったが，リーマ
ン・ショック後はその収益額を減少させ，シェアも落としていること，逆に国
内大手5社の「その他手数料」が増加し，外資系と肩を並べつつあること，東

図表4-1　証券会社（協会員）の収入構成

	1991年3月期	1997年3月期	2008年3月期	2019年度
社数	262	281	308	258
【純営業収益の構成比率】				
委託手数料	53.9%	43.2%	24.3%	15.4%
引受手数料	4.6%	10.9%	3.3%	4.7%
募集手数料	8.4%	10.5%	10.1%	7.9%
その他手数料	9.8%	15.3%	38.8%	35.0%
純金融収益	17.5%	-2.4%	7.3%	8.7%
売買損益	5.8%	22.4%	15.6%	27.3%

［うち東証会員（総合取引参加者)］

占有率	95.2%	93.2%	93.5%	83.4%
社数	124	124	110	110
【純営業収益の構成比率】				
委託手数料	53.2%	43.6%	24.4%	16.7%
引受手数料	4.8%	10.2%	3.5%	5.6%
募集手数料	8.7%	10.6%	10.3%	8.6%
その他手数料	9.7%	14.0%	37.8%	34.6%
純金融収益	17.7%	-1.1%	7.4%	12.0%
売買損益	5.9%	22.8%	16.3%	22.2%

［うち非会員（非総合取引参加者)］

占有率	4.8%	6.8%	6.5%	16.6%
社数	138	157	198	148
【純営業収益の構成比率】				
委託手数料	68.2%	38.7%	21.8%	8.7%
引受手数料	0.3%	19.8%	0.5%	0.2%
募集手数料	2.8%	9.3%	7.7%	4.4%
その他手数料	12.8%	33.6%	52.6%	37.0%
純金融収益	12.4%	-19.4%	5.8%	-7.8%
売買損益	3.6%	17.9%	5.5%	52.5%

〔出所〕日本証券業協会「協会員の決算概況」，東京証券取引所「会員（総合取引参加者）の決算概況」より作成。
（注）1）非会員の数値は，協会員の決算数値から東証会員の数値を控除して算出。
　　　2）占有率は純営業収益に占める比率。

図表4-2　「その他手数料」の業態別シェア

	2007年3月期		2017年度	
	社数	その他手数料 （10億円）	社数	その他手数料 （10億円）
東証会員合計	109	1,200	88	909
東証非会員合計	194	82	167	236
［業態別シェア］				
東証会員内訳				
国内大手証券会社	9	30.1%	5	35.8%
外国証券会社	20	57.1%	21	37.3%
国内その他証券会社	80	6.3%	62	6.3%
東証非会員	194	6.4%	167	20.6%

〔出所〕2007年3月期は二上［2018］，2017年度は，各社『業務及び財産の状況に関する説明書』より
　　　集計して算出。
（注）1）国内大手証券会社は，2017年度は野村，大和，SMBC日興，三菱UFJモルガンスタン
　　　　　レー，みずほの5社。2007年3月期は，その母体となった野村，大和，大和SMBC，日興
　　　　　コーディアル，三菱UFJ，新光，みずほ，みずほインベスター，SMBCフレンドの9社。
　　　2）2017年度は合併により資料の得られない2社を除く。

証非会員も急増していることがわかる。

　そこで，個社の「ディスクロ誌」において「その他手数料」に関する記述を
抜き出してみると，以下のようになる。

1．移転価格 -transfer price- 手数料

　外国証券会社の「ディスクロ誌」に特に多い記述であるが，海外の親会社あ
るいは関連会社からの「移転価格税制に基づく損益配分」ないしは「移転価格
手数料」，「海外セールス・クレジット」といった記述がみられる。推量する
に，日本の機関投資家への外債等の販売，日本企業の社債・株式のグローバ
ル・オファリングなど，国際間にまたがるセールス・トレーディング，引受・
募集業務等において，親会社・関連会社が取得した委託・引受・募集手数料や
トレーディング損益の一部を，貢献度に応じて日本拠点が受け取る手数料を指
していると思われる。

　これは，顧客等の独立した相手から受け取る手数料ではなく，グループ会社

から受け取るため，委託・引受・募集の各手数料ではなく「その他手数料」に
計上していると考えられる。純業務収益に占めるこのウェイトは，東証非会員
の外国証券会社（約40社）において特に大きいように思われる。

　グループ間での国際間取引は，外国証券会社だけではなく，国内の大手証券
やメガバンク系証券についてもみられる。海外現地法人で生まれた収益につい
て，国内証券会社が協働した場合の貢献度に応じて支払われ，これが「移転価
格税制に基づく損益配分」として「その他手数料」に計上されていると思われ
る。そうだとすると，伝統的な証券業務がグローバルに展開され，それが持株
会社傘下の子会社・関連会社間の協働で行われるようになればなるほど，委
託・引受・募集の各手数料や売買損益の一部が「その他手数料」に振り替わる
ケースも増えることになろう。

2.　コーポレート・アドバイザリー

　国内大手証券や大手外国投資銀行の日本拠点では，M&A に関連した助言・
仲介手数料を「その他手数料」として計上したという記述が多い。他の事業者
の事業譲渡・合併・会社分割・株式交換・株式移転に関する相談またはこれに
関連する仲介は，「付随業務」に位置付けられている。これは本業である「引
受業務」が顧客企業への助言を含むことから必然的に派生するものである。近
年，M&A の件数が増加する傾向にあるため，これに関連する手数料収入も増
えていると想定して間違いないだろう。

　こうした M&A 関連のアドバイザリー・フィーは大手外国投資銀行や国内
大手証券に集中している。大型案件のアドバイザーに大手外国投資銀行や国内
大手証券会社がランクインされていることが，その傍証となろう（トムソン・
ロイター社，レコフ社などの資料にみられる）。

　コーポレート・アドバイザリーは「引受業務」から派生する付随業務の位置
づけであるが，引受手数料のウェイトがほぼ横ばいであるのに対し，M&A 関
連手数料は増加傾向にあることから，これは単なる「付随的な業務」というよ
りも証券業務プロパーの変化を体現するものといえよう。

3.　インベストメント・アドバイザリー

　東証非会員の純業務収益のウェイトは2019年度には16.6％と非常に高くなっている。そして「その他手数料」の構成比率も37％と高い（前掲，図表4-1）。その原因の１つは，内外の投資運用業者が有価証券関連業の登録を行って協会に加入したことである。投信の運用では「委託者報酬」，年金運用では「運用受託報酬」が取得されるが，これらは有価証券業統一経理基準では「その他手数料」として計理処理される。

　他方，国内大手証券や東証会員の準大手・中堅業者の一部では，投資運用業の登録をすませ，ラップ口座の受注獲得に注力しているが，これにかかる投資一任受任料も「その他手数料」に計上される。これは東証会員の「その他手数料」を増加させる一因になる。

4.　投信の信託報酬

　国内の証券会社の多くが「ディスクロ誌」で言及する項目として「投信残高にかかる信託報酬」があげられる。運用会社に代わって行う「投信の収益金・償還金・解約金の支払いにかかる業務の代理」は募集に付随する業務である。本来，運用会社が行うべき業務を代行しているため，運用会社の取得する信託報酬の一部を取得している。この信託報酬には，償還金などの代行支払いだけではなく運用報告書等の発送コストの代価も含まれると考えられる。

5.　保険販売手数料

　大手・準大手証券の「ディスクロ誌」で特に目立つのが「保険販売手数料」である。富裕層向けの相続税対策として一時払い保険の販売に注力する動きがあり，保険募集業務を兼業している業者は，大手・準大手のみならず中堅・中小証券クラスでも多い。これに係る収益も「その他手数料」に計上される。

6. FX（外為証拠金取引）手数料

　東証非会員業者の中には FX 専業者が多く含まれているが，これらの業者が東京金融取引所において受注・執行する「くりっく365」にかかる委託手数料や店頭 FX においてカバー先との支払手数料との差額を「その他手数料」に計上している記述が見受けられる。もっとも，店頭 FX に関しては，収益は売買損益（スプレッド）の形をとる場合の方が多い。2000年代終わり頃から東証非会員業者の売買損益の構成比率が急速に高まり，2019年度には純業務収益の過半を占めているが（前掲，図表4-1），これは2012年末の第2次安倍政権発足と同時に始まった「円安」傾向が FX 取引を急増させたことと即応している。

　なお，東証非会員の FX 専業者のみならず FX の受注・執行のシェアでは，後述するように「ネット証券」も高くなっている。

7. 小括

　以上，「その他手数料」がどのような業務内容の収益なのか，「ディスクロ誌」から抜き出して整理した。細目ごとの数値を集計することは困難であるが，その特徴に着目すると，次のように整理できるように思われる。

　第1に，ユーザー・ニーズの変化に応じた業務多様化・多角化に由来するものである。これに属するものとして，M&A 等のコーポレート・アドバイザリー・フィー，投信の代行手数料，保険募集手数料，ラップ・フィー，FX 手数料などがあげられよう。これは，証券会社の既存顧客のニーズの変化に応じて，付随業務や兼業の範囲を広げていった結果である。登録制と裏腹の関係にある「兼業規制」の緩和が，この傾向を後押ししたことも見逃せない。

　第2に，大手証券・メガバンク系証券・外国証券会社に当てはまるが，海外関連会社との協働が増えた結果，伝統的な証券業務から生まれた収益であっても，海外で生じた収益は「移転価格税制にもとづく損益配分」として「その他手数料」に振り替わった部分がある。これは証券業務のグローバリゼーションを反映したものといえよう。

　第3に，投資運用業界や商品先物業界から，有価証券関連業の登録を行って
協会に加盟する動きがみられたことである。登録の目的は「証券顧客へのアプ
ローチ」など種々考えられるが，証券業務を実際に行っている様子は見えな
い。しかしながら，協会の決算データにはそのまま合算されるため，外見上，
「その他手数料」が嵩上げされることになる。

　以上，「その他手数料」増大の理由を3つ，①業務・商品の多様化，②グ
ローバルな業務展開，③異業種からの参入，に整理した。この3点は，証券本
業（委託売買，自己売買，引受，募集）にも関係することである。

　そこで，次節では協会委託調査（二上［2018］）から得られた結果を紹介し
つつ，証券本業にどのような変化がみられるのか，整理してみよう。なお，協
会委託調査は，2007年3月期から2015年度[3]の10年間にわたる個別各社（単
体）の決算データに基づくものである。

Ⅱ．証券本業の変化

1．個人投資家からの日本株受注執行

　再び図表4-1に戻ると，委託手数料は構成比率が低下しているのみならず，
絶対額も減少している[4]。委託売買高（金額）は増えているのであるから，そ
れは株式委託手数料の料率低下によるものである。ネット証券が引き起こした
料率競争が一因だとされる。図表4-3は，ブローカー業務に関連する類型別
シェアである（二上［2018］，資料編，表6を一部改編し再引用）。

　これによると，ネット証券の国内株委託売買高および委託手数料のシェアは
非常に高くなっている。ホールセールのウェイトが高い大手証券や外国証券会
社の委託売買高シェアが上昇している（後述）ために，全体としてみればネッ
ト証券の委託売買高シェアは落ちているようにみえるが，リテール顧客からの
受注だけをみればシェアは上昇している。つまりこの間，個人投資家からの日
本株の受注執行がネット証券にシフトしたことがわかる。

図表4-3　委託手数料および委託売買高の類型別シェア

類型	社数		委託手数料		国内株委託売買		株式（海外株含む）の媒介		株式先物		株式オプション	
大手5社	9	5	36.3%	40.7%	18.4%	25.2%	1.5%	2.2%	4.7%	4.8%	2.8%	2.7%
外資系	41	35	23.8%	17.2%	51.5%	52.6%	98.2%	67.1%	73.4%	76.8%	68.0%	79.6%
小計	50	40	60.1%	57.9%	69.9%	77.8%	99.7%	69.3%	78.0%	81.7%	70.7%	82.2%
銀行系	10	19	3.2%	3.7%	0.7%	0.3%	0.0%	0.0%	0.0%	0.0%	0.2%	0.0%
上場証券	16	16	12.5%	11.7%	4.4%	2.0%	0.0%	0.0%	0.8%	1.1%	3.0%	1.0%
中堅・中小証券	143	83	12.0%	9.1%	4.2%	1.0%	0.1%	0.0%	2.7%	0.9%	8.7%	1.1%
日系ネット証券	11	9	10.7%	14.9%	20.3%	18.2%	0.0%	0.0%	13.3%	14.7%	13.2%	13.9%
日系PTS	5	7	1.1%	1.2%	0.9%	0.0%	0.4%	30.3%	0.0%	1.0%	0.0%	0.0%
金額			10億円		兆円		兆円	兆円	兆円		兆円	
			1,007	630	989	1,321	97	120	770	2,486	661	1,194

〔出所〕二上［2018］，資料編，表6より一部改編の上，再引用
（注）1）左は2007年3月期，右は2015年度
　　　2）先物，オプションは想定元本ベース。
　　　3）大手5社は，野村，大和，日興コーディアル（現，SMBC日興），みずほ，三菱 UFJ モルガンスタンレー。2007年3月期の社数は，その統合母体となった社数。
　　　4）外資系は，株主構成から見た類型で，投資運用業者など，伝統的な証券業者を除いた社数
　　　5）銀行系は上記3社を除くメガバンク系，地銀系，そのほか銀行系の合計
　　　6）上場証券は，上場証券会社（親会社が上場会社である場合も含む）のうち上記を除く。
　　　7）日系 PTS の2007年3月期分は数値が得られず，2008年3月期分で代替。なお，株式の認可PTS 業者は日系のみである。
　　　8）すべての類型を記載しているわけではないので，シェアを合算しても100％にはならない。以下の各表において同様である。

2．投信募集業務

　株券委託手数料が減収となる中，リテール営業で注力しているのが投信募集業務である。図表4-4は，投信募集業務における類型別シェアである（二上［2018］，資料編，表13を一部改編し再引用）。投信関係収益は，リテール営業に重きを置く業者が押しなべてシェアを高めており，委託手数料減収に対する対策の一つが投信営業強化であったことがわかる。

　募集手数料はこの間，4,169億円から3,459億円へと17％の減少をみたが，投信の募集手数料は3,511億円から3,303億円へ5％の減収にとどまり，募集手数料に占める投信のウェイトは84％から95％に上昇している。他方，残高比例の投信代行手数料は2割近く増えている。すなわち，投信営業は「販売」から

図表4-4　類型別の投信手数料と預かり残高

	投信募集手数料 (10億円)		代行手数料 (10億円)		投信預かり残高 (兆口)		1万口当たり 募集手数料 (円)		1万口当たり 代行手数料 (円)	
全体	351	330	209	247	51	78	69.0	42.6	41.1	31.8
［類型別シェア］										
大手5社	77.0%	69.0%	76.8%	66.4%	64.0%	61.5%	83.1	47.8	49.3	34.4
外資系	0.3%	0.8%	2.3%	1.9%	5.0%	1.8%	4.2	17.8	18.6	34.0
銀行系	5.1%	9.2%	3.0%	6.5%	2.2%	5.6%	158.4	69.2	55.5	36.9
上場証券	13.0%	14.9%	12.5%	11.6%	8.7%	10.0%	103.8	63.8	59.0	37.0
中堅・中小証券	3.5%	4.1%	3.1%	3.0%	4.1%	3.5%	59.2	49.6	30.7	27.4
日系ネット証券	0.6%	2.0%	1.1%	4.0%	2.7%	4.8%	15.0	17.4	16.0	26.3

〔出所〕二上［2018］，資料編，表13より一部改編の上，再引用
（注）1）左は2007年3月期，右は2015年度
　　　2）類型区分および社数は図表4-3に同じ。
　　　3）「投信預かり残高」は国内および海外の受益証券の保護預かり残高を合算したもの。
　　　4）「代行手数料」は「その他手数料」のうち受益証券に係る部分の数値を取っている。

「残高」重視の営業戦略をとっていることがわかる。こうした残高重視の投信営業は，とくに銀行系，ネット証券系，上場証券において顕著であった。そのことは，代行手数料のシェアがこの3類型において上昇が著しいことに反映している。

3. HFT 等からの受注執行

　再び委託手数料に戻ると（前掲，図表4-3），ネット証券の委託手数料のシェア上昇はたしかに著しいものの委託売買高全体を見ればシェアはむしろ低下している（前掲，図表4-3）。日本株全体の売買動向をみれば，内外の機関投資家からの発注が多くなっており，その大部分は大手証券，外資系証券に集中している。

　投資部門別の株式売買状況（東証1部）を見ると，外国投資家の売買シェア（金額ベース）がこの期間中，急速に上昇した（91年15.1％→97年29.1％→2008年47.1％→2019年61.5％[5]）。そして，これの売買執行の多くが外資系証券に集中した。

　図表4-3によれば，外資系の国内株委託売買シェアは過半を占めている。また外国株を含めた株式の「媒介」でも，外資系のシェアは極めて高い。外資系はPTSの認可を受けていないので，日本株の「媒介」は付け合わせの上，TosTNetで約定させていると思われるが，これは，実質的な「ダーク・プール」と思われる。また，株式の先物・オプションの委託売買高のシェアも極めて高い。つまり，HFT（High Frequency Trade，高頻度取引）その他の「アルゴリズム取引」を利用する比較的短期の注文に応じているのが外資系証券会社と考えてよいように思われる。

4．内外機関投資家からの受注執行

　以上はブローカー業務に関することであるが，これとディーラー業務と合わせて考えると，興味深い推論が得られる。図表4-5は，同じく協会委託調査からの再引用で株式ディーラー業務に関連する資料である。

　これによると，国内株の自己売買高シェアは国内大手5社が外資系よりやや高くなるが，外資系と合計すれば直近で8割以上を占める。さらに大手・外資系の現物・デリバティブ損益の相関係数は，この10年間でほぼマイナス1の「逆相関」となる。これは比較的中長期の機関投資家からの大口注文やバスケット注文を自己勘定で執行し，これをデリバティブでヘッジした，あるいは自己勘定で現物とデリバティブの裁定ポジションを組成しておき，このポジションから機関投資家の受注に向かったかのいずれかであろう。

5．日本株デイ・トレーディングの縮小

　これに対して，中堅・中小証券の相関係数はプラスであり，しかも現物株の自己売買高シェアは急減している。中堅・中小証券の自己売買は大手証券と異なってポジションを持たず，相場動向に即応した順張りの回転売買が多いことを物語る。この結果，現物の損益とデリバティブの損益は「順相関」となる。そして東証のアローヘッド導入（2010年）により，「アルゴリズム取引」が行いやすくなったため，中堅・中小証券のディーラー部門は現物株の自己売買益

図表4-5　トレーディング損益および自己売買高の類型別シェア

類型	株式トレーディング損益		国内株自己売買高		株式先物		株式オプション		現物・デリバティブ損益の相関係数
大手5社	51.4%	118.5%	22.5%	43.0%	18.2%	54.2%	12.8%	67.3%	-98.4%
外資系	16.3%	-58.6%	31.0%	41.6%	32.7%	24.0%	52.1%	1.7%	-99.9%
小計	67.8%	59.9%	53.5%	84.6%	50.9%	78.2%	64.8%	69.1%	
銀行系	2.5%	9.5%	1.8%	0.1%	2.6%	0.9%	0.3%	2.3%	-41.9%
上場証券	11.4%	19.6%	10.5%	2.3%	30.4%	5.6%	9.5%	4.4%	-79.8%
中堅・中小証券	17.2%	8.2%	33.5%	13.0%	15.7%	15.3%	17.0%	24.2%	63.5%
日系ネット証券	0.1%	0.5%	0.7%	0.0%	0.0%	0.0%	0.0%	0.0%	-43.2%
	10億円		兆円		兆円		兆円		
金額	253	147	526	276	711	308	202	170	全体
自己売買比率			34.7%	17.3%	48.0%	11.0%	23.4%	12.5%	-99.8%

〔出所〕二上［2018］，資料編，表7より一部改編の上，再引用

（注）　1）左は2007年3月期，右は2015年度

　　　　2）右端欄「相関係数」は，株式トレーディング損益のうち「現物に係る部分」と「デリバティブに係る部分」に分け，10年間にわたる両者の相関係数を算出したもの。

　　　　3）自己売買比率は「自己売買高÷（委託売買高＋自己売買高）」。

　　　　4）類型区分および社数は図表4-3に同じ。

を獲得しにくくなり，ディーラー部門の縮小・撤退にいたったということであろう。

6.　外国株取扱いの拡大

　他方，準大手等の上場証券会社ではマイナスではあるが，絶対値は1より小さくなっている。それは，この間，準大手・中堅証券の一部において日本株から外国株へ取扱い対象を広げた結果であろうと思われる。

　これをみるために，外国株に関する業態別の取扱いシェアを協会委託調査から再引用した。これが図表4-6である。

　外国株の委託売買高は国内株を合わせた金額の0.3％に過ぎないが，大手5社，ネット証券の順でシェアが大きい。このうち，ネット証券のシェアが急伸している。上場証券は10％程度でシェアは横ばいである。銀行系，中堅・中小証券もシェアを伸ばしている。この反面，外資系の委託シェアは急減してい

る。

　他方，外国株の自己売買高は急伸しており，国内株を合わせた自己売買高合計の３％に相当する。シェアをみると大手５社が55％から60％へ，次いで上場証券がシェアを高めている。株式トレーディングに占める外国株の比率をみると，類型別に大きなばらつきがあり，銀行系（メガ系大手３社を除く）の比率が最も高く，ついで上場証券の比率が高い。

　すなわち上場証券および銀行系（メガ系大手３社を除く）は日本株の委託手数料の減収を外国株取扱いによって補おうとしている。その執行方法としては，提携先海外証券会社への委託取次と店頭仕切り売買があるが，この10年間，委託取次ぎよりも店頭仕切り売買の比率を高めている。外国株の店頭仕切り売買では日本株のようにデリバティブでリスクヘッジすることは容易ではない。その理由は，デリバティブ市場が整備されている欧米市場とは時差があること，逆に時差のほとんどないアジア市場ではデリバティブ市場が整備されて

図表4-6　外国株の取扱いシェアと外国株依存度

類型	外国株委託売買		外国株自己売買		外国株依存度			
					外国株自己売買比率		外国株預かり比率	
大手５社	46.2%	49.1%	55.5%	60.4%	1.2%	4.2%	6.5%	11.2%
外資系	26.8%	6.2%	14.1%	0.5%	0.8%	0.0%	41.3%	56.0%
小計	73.0%	55.3%	69.6%	61.0%				
銀行系	1.1%	5.1%	1.1%	1.3%	21.0%	68.4%	2.4%	2.0%
上場証券	10.9%	9.4%	18.3%	26.3%	0.9%	26.4%	28.9%	24.5%
中堅・中小証券	3.7%	5.6%	0.3%	1.5%	0.0%	0.4%	4.8%	11.1%
日系ネット証券	11.2%	22.1%	0.0%	0.0%	0.0%	3.4%	0.9%	11.1%
金額	兆円		兆円					
	3.67	3.70	2.67	8.69				
海外株比率	0.4%	0.3%	0.5%	3.1%	0.5%	3.1%	14.6%	17.0%

〔出所〕二上［2018］，資料編，表８より一部改編の上，再引用
（注）　1）左は2007年３月期，右は2015年度
　　　　2）外国株比率は，外国株÷（日本株＋外国株）。なお，外国株預かり比率は株数ベースだが，他は金額ベース。
　　　　3）2015年度の「海外株預かり比率」は特定１社の海外株預かり残高が前年比43倍に膨らんでいるため，代えて2014年度の数値を利用している。
　　　　4）類型区分および社数は図表4-3に同じ。

いないことによる。その結果，外国株の取扱比率が高ければ，現物とデリバティブの損益の相関係数の絶対値は低くなると考えられる。

　なお，預かり残高に占める外国株のウェイトをみると，外資系証券会社が最も高く，次いで上場証券，メガバンク系大手，さらにネット証券，中堅・中小証券と続く。メガバンク系，ネット証券，中堅・中小証券が近年，ウェイトを高めていることがわかる。これは株式ブローカー業務における外国株依存度をしめす指標といえよう。

Ⅲ．ホールセール業務の変化

　上記で言及していない債券トレーディング，引受業務は，大手証券，外資系証券のシェアが極めて高い分野である。債券トレーディング損益，引受手数料の類型別シェアをみると（図表4-7），9割を超えていることがわかる。

　そして外資系はもちろん，国内大手5社についてもトレーディング，引受業務を含めた投資銀行業務は，海外現地法人を含めた関連会社との協働によりグローバルに展開している。そこで，節を改めて連結決算データを補足的に利用しながら検討しよう。

　まず，大手5社の連結ベースの純業務収益において単体のウェイトをみると，図表4-8のようになる（2020年3月期）。当然だが，銀行持株会社の場合に

図表4-7　類型別の債券トレーディング損益，引受手数料

	債券トレーディング損益		引受手数料		うち株式		うち債券	
大手5社	66.2%	73.3%	69.0%	88.1%	74.3%	89.5%	55.0%	84.9%
外資系	18.8%	17.9%	26.9%	7.6%	21.3%	6.6%	41.7%	9.5%
小計	85.0%	91.3%	96.0%	95.6%	95.6%	96.2%	96.7%	94.4%
金額総計（10億円）	397	594	215	177	157	118	55	58

〔出所〕二上［2018］，資料編，表10，12より一部改編の上，再引用
（注）1）左は2007年3月期，右は2015年度
　　　2）類型区分および社数は図表4-3に同じ。

図表4-8　大手5社の単体決算のウェイト（2020年3月期）

社名	純営業収益（単体）	連結に占めるウェイト
証券持株会社子会社		
野村	520,530	0.40
大和	269,872	0.63
銀行持株会社子会社		
SMBC日興	303,326	0.11
みずほ	271,602	0.13
三菱UFJモルガンスタンレー	209,727	0.05

〔出所〕連結は各グループの「有価証券報告書」，単体は「業務及び財産の状況に関する説明書」より作成。
（注）1）野村は「金融費用控除後収益」に占めるウェイト。銀行持株会社子会社は連結粗利益に占めるウェイト。

は証券会社の収益（単体）のウェイトは低い。これに対し証券持株会社では野村のウェイトは半分を下回っている。そこで，野村を例にとり，どの業務において関連会社との協働の程度が大きいのか。検討してみよう。

図表4-9は野村ホールディングス（以下，野村HDと略）の連結決算データと野村証券の「ディスクロ誌」と突き合わせて，できるだけ対応させて作成したものである。連単格差が大きいのは「アセット・マネジメント（AM）」，「トレーディング損益」，「委託・投信募集手数料」である。

1. 委託・投信募集手数料

単体の収益はほぼ半分であるが，残りの半分のうち関連会社では「インスティネット」が執行した委託手数料などが含まれている。2007年，野村HDはインスティネットの「アルゴリズム取引部門」を買収している[6]。2000年代に入って海外を中心にヘッジ・ファンド（以下，HFと略）の残高が急速に拡大したが，このなかには人手を介さずプログラムを組んだ「アルゴリズム取引」を利用する動きもあり，そうした顧客の注文を執行していると思われる。もっとも，インスティネットは財務データを開示していないためどの程度の収益額なのか，不明である。

図表4-9　野村ホールディングの連単差額（2020年3月期）

（百万円）

連結		野村証券（単体）		差額	単体の ウェイト
委託・投信募集手数料	308,805	委託手数料＋ 投信募集手数料	159,938	148,867	51.8%
投資銀行手数料	103,222	引受手数料＋ その他手数料（その他）	112,604	-9,382	109.1%
トレーディング損益	356,609	トレーディング	165,217	191,392	46.3%
アセットマネジメント 手数料	238,202	その他手数料 （受益証券）	65,341	172,861	27.4%
金融収益	794,472	金融収益	74,655	719,817	9.4%
収益合計	1,952,482	収益合計	589,704	1,362,778	30.2%
金融費用	664,653	金融費用	69,174	595,479	10.4%
純業務収益	1,287,829	純業務収益	520,530	767,299	40.4%

〔出所〕野村ホールディング「有価証券報告書」，野村証券「業務及び財産の状況に関する説明書」より作成

（注）　1）単体の「その他手数料（そのほか）」にはM&A等コーポレートアドバイザリーのほか保険収入，ラップ一任手数料が含まれる。

　　　　2）単体の「その他手数料（受益証券）」は投信代行手数料に相当する。

2. 投資銀行手数料

　単体では引受手数料と「その他手数料（そのほか）」を合算した数値を挙げたが，ここには投資銀行業務に関連しない収益が混在しているので，やや過大評価の数字である[7]。

　M&A等のコーポレート・アドバイザリー・フィーは引受業務に付随する業務であったが，今や引受手数料よりも多くなっている。また，企業買収の資金供給（ALF, acquisition leveraged finance）では，証券引受だけではなくローン供与もあり，それらは関連会社等が担っている場合も多い。また，M&Aの発表からディールの完了までには時間がかかり，その間，顧客は金利・為替のリスクに晒されることになる。そのヘッジ手段の提供は「ソリューション・ビジネス」と呼ばれ，収益は投資銀行部門とトレーディング部門にまたがることになる。

　野村の場合は，2000年に野村企業情報を完全子会社化したため，M&A 部隊は野村本体に集約されており，投資銀行手数料の連単格差はさほど大きくないと思われるが，メガバンク系大手証券の場合には，銀行本体あるいは海外関連会社に M&A 部隊を抱えているケースがあり，買収資金の供給は主として内外の関連銀行のローンで賄うことが多いため，投資銀行関係収益の連単格差はより大きくなると思われる。

3.　トレーディング損益

　単体のウェイトは約半分という数値が出ているが，ポジションの資金繰り，玉の調達，受取利子・配当などが付随するため，レポ関係などの金融収益・費用もあわせて考慮しなければならない。そうすると，トレーディング関係収益の連単格差はもっと大きいと考えられる。野村の場合には，内外拠点の現物，デリバティブのポジションを別会社（野村ファイナンシャル・プロダクツ・サービシズ，2011年設立）に集約，一元管理しており単体には含まれていない。

　同グループの90年史によると，リーマン取得後（2008年），「グローバル・マーケッツ（GM）」部門における日本と海外の収益比率は，7：3から3：7に逆転したという（野村［2016］，p.106）。GM 部門は同グループの３つのビジネスライン（国内営業，GM，アセット・マネジメント）の１つで，トレーディング損益における単体のウェイトは，上述の日本の収益比率と同一とは言えないが，ほぼそれに近いと考えてよいだろう。

　純金融収益を含めたトレーディング関係の業務内容も従前と比べて大きく異なっている。債券関係では，バブル崩壊後の金利低下でディーリングのスプレッドは縮小化していき2000年代にはほぼゼロになった。このためディーリング・ビジネスからポジションを使って収益を積み上げる方向へ転換する。その一つがデリバティブも使った「仕組商品（Structured product）」の開発である。1998年の外為法改正に伴い，証券取引に関係しない外為取引にも参入可能となったため，2000年代に入ると，為替ビジネスにも本格的に注力する。

　またエクィティ関係では，手数料自由化後，手数料収入とリサーチコストが見合わなくなった。そこで，2000年以降になると旧来のような銘柄の紹介取引の仲介から，流動性供給とソリューションの提供へと転換したとされる［野村［2016］, p.108］。ソリューションの一例として，持合株の解消策として ETF の組成・販売などがあげられる。

　また，先述のように2000年代以降の HF の拡大に対して「プライム・ブローカレッジ（Prime Brokerage, 以下 PB と略）」と呼ばれるサービスに注力する。PB は欧米の大手投資銀行が HF 向けに提供するサービスで，HF に対して執行のみならず融資・貸株・カストディアン（口座管理）のサービスを一括して提供するものである。

4．アセット・マネジメント業務手数料

　同業務の連単格差は非常に大きいが，これは他の大手グループも同様で，投資運用部門は別会社にしている事例が多いからである。もっとも，ラップの一任受任料は，単体では「その他手数料（その他）」に混在しているため，これを分離できないので除外しているが，これを含めればもう少し単体の AM 手数料は増えると思われる。

おわりに

　以上，利用できる範囲の財務データを使って，近年の証券会社の業務変化を概観した。登録制への移行により新規参入が増えたが，専念主義の撤廃により証券会社の業務範囲は広がった。外為法の改正も個人向けには FX 取引，法人向けにはソリューション・ビジネスの拡大をもたらしている。他方，手数料自由化，低金利の持続により，従来のままの日本株営業，債券営業は収益的に成り立たなくなっている。

　市場のユーザー・ニーズをみると，そこに大きな変化が進行していることに気づく。発行会社のニーズは，資金調達よりもむしろ，「M&A」などグロー

バルな視野での事業再構築に移っており，投資銀行業務の中心はコーポレート・アドバイザリーに移っている。

　金利や為替のリスク管理などのソリューション・ビジネスは，企業経営のグローバリゼーションに伴って，近年，そのニーズは著しく高まっている。従来，このビジネスは銀行の業務分野であったが，その垣根はいまや存在しない。

　投資家サイドでも日本株では外人投資家のウェイトが高くなっている。また国内低金利の持続によって機関投資家から個人投資家までより高い利回りをもとめる「Yield hunting」「Risk Taking」の傾向が増している。この結果，日本株のほかに外国株，投信と並んで種々の仕組み債やファンドならびに保険の販売など商品の多様化が進むことになった。

　こうした状況の中で，各社は生き残りのために，どのような経営対応に迫られ，それがどのような業務変化をもたらしているのか，本章ではそれを検討したのである。その際に，①株主特性，②業務特性を基準に業者を類型化し，業務変化が，どのような類型によってもたらされたのかを検討してみた。

　今後の課題としては，こうした業務変化の根底に働いているベクトルは何か，を検討することであるが，それは別の機会に残しておきたい。

＜注＞

1）　その理由として，2006年会社法改正により「疑似外国会社」の定義がより厳密となったことがあげられる。「疑似外国会社」とは，設立根拠を外国法に置くが，実質的に日本での業務が主である会社を指す。多くの外国証券会社はタックスヘブンに子会社を設立し，わが国にはその子会社の支店形態で進出するケースが多かったため，この法改正で日本での業務が継続できない（会社法第821条1項）という懸念が生じた。もっとも，従来からの経緯に鑑みれば「支店」形態での業務を継続できなくなるわけではなかったようである。

2）　東証の株式会社化に伴って，会員権は「株主権」と「取引参加権」に分離した。その結果，東証で取引できる業者は「会員」ではなく「取引参加者」と呼称されるようになった。しかし，本章は株式会社化前後の記述も含むため，「会員」の呼称を使うこととする。

3）　証券会社の決算年度は2014年4月以降，3月期決算の義務付けが無くなったが3月期決算の業者がほとんどである。したがって2015年度は従来の表現を使えば2016年3月期となる。

4）　協会員の委託手数料総額は，図表4-1の4時点をとると，2兆円→1兆円→0.9兆円→0.5兆円（2019年度）と絶対額そのものが減少している。

5）　東証『統計月報』より算出。

6）　インスティネット傘下のECN部門はナスダックが買収した。
7）　「その他手数料（そのほか）」とは，株式，債券，受益証券いずれにも関連しない「その他手数料」を指す。野村の場合にはラップ・フィーの一任受任料，保険販売手数料等が含まれている。

＜参考文献＞

二上季代司［2018］『証券会社経営の時系列的分析』（日本証券業協会委託調査）。
同上［2019a］「証券会社の収入構成変化と『その他手数料』について」『証研レポート』日本証券経済研究所，1715号
同上［2019b］「証券業界の構造変化について―平成年間の30年―」『証研経済研究』日本証券経済研究所，第108号，17-32頁
野村ホールディングス90年周年社史編纂委員会［2016］『野村　挑戦の軌跡』

第5章　親子上場をめぐる議論と今後の展望

岡村　秀夫

はじめに

　2019年6月に経済産業省が公表した「グループ・ガバナンス・システムに関する実務指針」（以下，グループガイドライン），同年8月にアスクルの社長と社外取締役3人が実質的な親会社のヤフーによって解任された問題[1]などを受け，親子上場をめぐる議論が再燃している。2020年1月からは，東京証券取引所においても「従属上場会社における少数株主保護の在り方等に関する研究会」（以下，従属上場会社研究会）が検討を開始し，同年9月に「支配株主及び実質的な支配力を持つ株主を有する上場会社における少数株主保護の在り方等に関する中間整理」（以下，中間整理）が公表された。

　親子上場に関する主な論点として，支配株主である親会社から独立した意思決定を確保し，上場子会社の一般株主を保護すること，すなわち親子間の利益相反リスク抑制が挙げられる。背景には，諸外国と比較して親子上場数とその市場に占める比率が際立っており（次節図表5-2，図表5-4参照），ややもすれば，海外投資家等から日本のコーポレートガバナンス形態の特異性として疑念を抱かせかねないと危惧されていることがある。親会社がグループ経営の視点から図ろうとする「全体最適」と，子会社独自の「部分最適」を一致させることが容易でないことは想像に難くない。そのため，いずれかを優先させれば，親会社または子会社の株主の利益は損なわれることになる。

　ところで，支配株主とは，親会社または議決権の過半数を直接・間接に保有

する者と解され，東証の上場規程によれば「①親会社と，②主要株主で，自己
の計算により所有する議決権と近親者や自己が議決権の過半数を所有する会社
などが所有する議決権とをあわせて，上場会社の議決権の過半数を占めている
者とを包含する概念」とされている[2]。

　このような上場子会社に対する議決権を背景として，取引条件の設定等を通
じて，親会社の利益を優先し，子会社の少数株主の利益が考慮されないという
利益相反問題が発生し得る。そのため，「実効的なガバナンス体制の構築を通
じ，一般株主の利益に十分配慮した対応を行うことが求められる」としてい
る[3]。具体的には，グループガイドラインでは独立社外取締役を軸としたガバ
ナンス強化が取り上げられているが，さらには一般株主に対する支配株主の責
任についての制度的担保が必要との指摘もある[4]。

　なお，これまでも東証は少数株主の正当な利益の保護のための制度整備・運
用改善などを段階的に実施してきた[5]。加えて，中間整理では「議決権の過半
数を有していないものの，実質的な支配力を持つ株主（以下「支配的な株主」）
を有することとなった既上場会社を中心に，現行の上場制度のもとでは少数
株主保護が十分に図られていないのではないか」[6]との問題意識をふまえ，少数
株主保護に関する上場制度について，支配的な株主を有する上場会社にも拡大
することを検討する，としている[7]事実，親子上場数が減少している一方，
議決権の過半数を有してはいないものの支配的な株主を有する会社（以下，従
属上場会社）の数は比較的高水準で推移している（次節図表5-2，図表5-3）。

　一方，コーポレートガバナンスにおける大株主の役割に関して，肯定的な見
方も少なくない。経営に対するモニタリングから得られる便益は持株比率に比
例するため，株式所有の集中度が高い企業の方が経営効率性は優れているとい
う実証結果も数多く提示されている。また，グループ経営戦略における重要な
選択肢としての意義はもちろんのこと，子会社の事業遂行上のメリット（従業
員のモチベーション維持・向上，人材採用，ステータス・ブランド価値など），
親会社と子会社の間のシナジー効果，親会社による保証効果，親子上場を通じ
たインキュベーションの役割[8]，親子上場に様々な意義を見いだす考え方もあ

る[9]）。

　親子上場をめぐっては，親子間の利益相反を抑制するためのガバナンス体制
（少数株主保護のあり方，社外取締役の数・比率・選出方法など），親子上場
に関する経済的なメリット・デメリット，親子上場のグループ経営上の意義・
歴史的経緯など，様々なアプローチから議論がなされている[10]）。

　以下，本章では，第Ⅰ節で親子上場・従属上場会社等の現状を確認する。第
Ⅱ節では親子上場の問題点を検討する。第Ⅲ節では経済的側面を中心に先行研
究をふまえた整理・検討を行い，最後に本章のまとめと今後の展望を述べる。

Ⅰ．親子上場の現状

　図表5-1は本章で取り上げる親子上場に関する概念図である。支配株主を有
する上場会社のうち，親会社が上場会社である場合を親子上場としている。図

図表5-1　親子上場に関する概念図

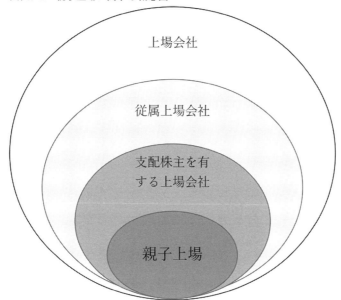

表5-2・図表5-3から2019年の状況をみると，親子上場を含む支配株主を有している会社は638社（上場会社のうち17.5％），そのうち親子上場が313社（同8.6％）であり，従属上場会社は777社（同21.4％）となっている。

　図表5-2からは，東証・大証が統合した2013年以降でみると親子上場数は僅かに減少，支配株主を有する企業数はほぼ同水準で推移していることが分かる。また，図表5-3によれば，従属上場会社数と上場会社に占める比率は，2014年以降比較的高い水準で推移している。従属上場会社のうち，過半数を占めるのが筆頭株主持株比率20％以上30％未満であり，次いで同30％以上40％未満が4割程度となっている。40％以上50％未満は1割程度である。

　図表5-4には2018年12月時点の主要5ヶ国における上場支配株主を有する従属上場会社数が示されている。米国28社（親子上場企業の割合0.52％），英国

図表5-2　親子上場数・支配株主を有する会社数の推移

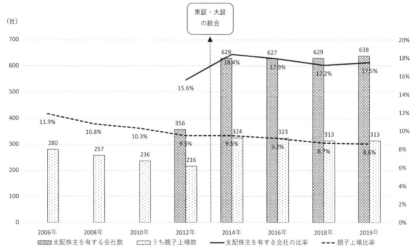

〔出所〕経済産業省［2019b］118頁，東京証券取引所［2020a］，同［2020c］より作成。
〔原出所〕東京証券取引所「東証上場会社コーポレート・ガバナンス白書」，上場各社コーポレート・ガバナンスに関する報告書。
（原注）2011年3月よりコーポレート・ガバナンスに関する報告書において，支配株主の有無の記載を求めることとしたため，「支配株主を有する企業」についてのデータは2010年以前は存在しない（経済産業省［2019b］118頁）。
（注）図表5-4とは集計対象範囲が異なっている。

図表5-3　従属上場会社数の推移

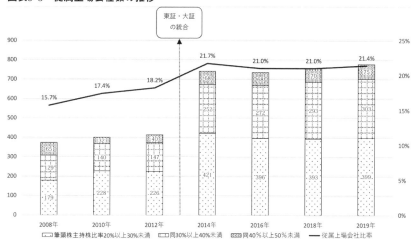

〔出所〕東京証券取引所［2020a］
（原注）コーポレート・ガバナンスに関する報告書の筆頭株主のデータを加工（親会社を有する場合及び筆頭株主が個人である場合を除く）
（注）図表5-4とは集計対象範囲が異なっている。

図表5-4　上場支配株主を有する従属上場会社数の各国比較（2018年12月時点）

国名	上場会社数	上場支配株主を有する従属上場会社数			
		支配株主50%以上保有	（比率）	支配株主30%以上保有	（比率）
米国	5,348	28社	0.52%	48社	0.89%
英国	1,920	0社	0%	4社	0.20%
フランス	806	18社	2.23%	30社	3.72%
ドイツ	794	17社	2.14%	28社	3.52%
日本	3,892	238社	6.11%	418社	10.73%

〔出所〕経済産業省［2019a］4頁
（原注）S&P Capital IQ の検索結果をもとに，ホワイト＆ケース法律事務所にて作成（2018年12月時点）
（注）図表5-2，図表5-3とは集計対象範囲が異なっている。

0社（同0%），フランス18社（同2.23%），ドイツ17社（同2.14%）と日本に比べていずれも非常に低い水準である。これらの数値から，日本における親子

図表5-5　親子上場の増減要因

（単位：社）

増減要因	2013年度	2014年度	2015年度	2016年度	2017年度	2018年度	2019年度	計
減少企業数	30	22	20	30	16	22	22	162
うち完全子会社化による上場廃止	20	14	14	15	11	15	12	101
うち持分の減少	3	8	1	10	1	3	6	32
うちその他	7	0	5	5	4	4	4	29
増加企業数	18	18	17	19	9	21	19	121
うち持分の増加	14	14	8	15	4	10	10	75
うち新規上場	2	4	8	2	4	6	9	35
うちその他	2	0	1	2	1	5	0	11
純減数（前年度比）	12	4	3	11	7	1	3	41

〔出所〕西山［2018］3頁・図表5-2，西山［2019］2頁・図表5-2，西山［2020］133頁・図表5-2。
〔原出所〕「大株主データ」（東洋経済新報社），及び各社開示資料。
（注）図表5-2，図表5-3，図表5-4とは集計範囲・時期の違いにより数値が異なっている。

上場，ならびに従属上場会社が，主要先進国のなかでも特に多いことが分かる。

　図表5-5では，親子上場の増減要因を整理している。減少要因で最も多いものは完全子会社化による上場廃止であり，図表5-5で示した2013年度から2019年度の期間中では，減少企業数合計162社のうち101社（約62％）となっている。増加に関しては持分の増加によるものが最も多く，同期間の増加企業数合計121社のうち75社（約62％）となっており，子会社の新規上場による増加は35社（約29％）となっている。減少企業数から増加企業数を差し引いた値は全期間で純減となっており，親子上場数は減少傾向が続いている。これらの背景には，親子上場を維持することに対する説明責任が厳しく問われるようになったこと，グループの全体最適を目指す上で完全子会社化の選択が増加していることなどが考えられる。

　次に，図表5-6には，従属上場会社の増減要因が示されている。増加企業数のうち，上場後の持分増加が期間中で322社と新規上場に伴う増加の137社の約2.5倍となっている。また，減少要因としては持分の減少が288社と4分の3以上を占め，完全子会社化による上場廃止が44社，持分増加による子会社化が41

図表5-6　従属上場会社の増減要因

(単位：社)

増減要因	2014 年度	2015 年度	2016 年度	2017 年度	2018 年度	2019 年度	計
増加企業数	95	79	80	76	74	65	469
うち上場後の持分増加	75	65	52	47	50	43	332
うち新規上場	20	14	28	29	24	22	137
減少企業数	51	74	77	72	57	42	373
うち持分の減少	39	59	56	59	48	27	288
うち持分の増加による子会社化	8	5	9	8	3	8	41
うち完全子会社化による上場廃止	4	10	12	5	6	7	44
純増数（前年度比）	44	5	3	4	17	23	96

〔出所〕東京証券取引所［2020a］
（原注）コーポレート・ガバナンスに関する報告書の筆頭株主のデータを加工（親会社を有する場合及び筆頭株主が個人である場合を除く）
（注）図表5-2〜図表5-5とは集計範囲・時期の違いにより数値が異なっている。

社となっている[11]。

　ここで重要な点として，持分増加を要因とするものが親子上場数増加分のうち約6割，従属上場会社増加分のうち約7割を占めていることを指摘しておきたい。子会社上場に関しては，上場審査に際して「経営活動について独立した意思決定を行うことができる状態にあることや親会社におけるグループ運営の方針について確認するなどの対応」[12]が取ることが可能である。また，投資家にとっても当該企業の上場が親会社を有する子会社の上場であることは明白である。グループの全体最適が優先される可能性をふまえた投資判断ならびに価格形成がなされるのであれば，少数株主や一般の投資家が不利益を被る問題は深刻ではないかもしれない。

　他方，TOBや第三者割当等による持分増加を通じて親子関係等が形成された場合は，子会社上場の審査のような形で東証が対応することは難しいと考えられる。支配株主たる親会社が出現することについても，（少数株主となった）株主達にとって十分に予測可能性が高いものとは言い難い。幅広い株主・投資家に対して，継続的に株主構成の変化を把握・予測することをふまえた投資判断を求めることが現実的であるかどうか，慎重な検討が必要であろう。

Ⅱ．親子上場：何が問題なのか

1．構造的問題：利益相反

　子会社の新規上場によって，支配力を持つ大株主としての親会社と新たに株主となった少数株主による新たなガバナンス構造が生み出されることになる。近年では，既上場会社においても，持株比率増加により親子上場関係が形成されるケースも多い。このようなガバナンス構造の下では，上場子会社・従属上場会社の経営支配力を有する支配株主等によって，親会社等の利益・グループの全体最適が優先され，子会社の部分最適・少数株主の利益が劣後するという利益相反問題が発生し得る。

　経済産業省［2019b］では，利益相反が生じ得る具体的なケースとして，①直接取引，②一部事業部門の譲渡・関連事業間の調整，③支配株主による完全子会社化を例として挙げている（図表5-7参照）。

　図表5-7で挙げられているケースは，子会社の企業価値最大化にはつながらない一方，親会社ないしは企業グループ全体としては最適な行動の可能性がある。換言すると，子会社にとっての部分最適と企業グループとしての全体最適

図表5-7　利益相反の具体例

	類型①：直接取引（②を除く）	類型②：事業譲渡・事業調整	類型③：支配株主による完全子会社化
取引イメージ	親会社 ⇔ 一般株主 不動産等の取引や現金の預入れ等 子会社（利益相反リスク）	親会社 ⇔ 一般株主 一部事業部門の事業譲渡や生産委託 子会社（利益相反リスク）	親会社 ⇔ 一般株主 完全子会社化 TOB等による株式取得 子会社（利益相反リスク）
利益相反関係	（現金預入れの場合） ・親会社は、できる限り低金利で子会社のキャッシュを活用したい。 ・子会社は、資本コストに見合う利子が支払われない限り、現金は自社の投資に活用したい。	・親会社は、グループの全体最適のため、競合・重複事業をできる限り安価で整理したい。 ・子会社は、将来の収益性や事業継続性を勘案した、公正な対価が支払われない限り、事業譲渡・調整（縮小・廃業）はしたくない。	・親会社は、できる限り安価で子会社株主から株式を取得し、完全子会社化したい。 ・子会社の一般株主は、将来のキャッシュフローなども勘案した上で、公正な価格が提示されない限り、買収に応じたくない。

〔出所〕経済産業省［2019b］，122頁。

とは必ずしも一致しない。そのような場合，子会社の少数株主はどのように対応すればよいのであろうか。

　親子間の利益相反問題が生じた際の方針が予見可能で，情報が十分に開示されているような状況では，親会社・子会社それぞれの株価は効率的に形成されている可能性がある。すなわち，子会社が親会社から不利益な関係・取引を押しつけられ得るとしても，ディスカウントされた株価が形成される状況であれば，子会社の少数株主に特段の不利益は生じないと考えられる。だが，現実には合理的にディスカウントされた株価が形成される条件を確保することは必ずしも容易ではないだろう。

　加えて，久保 [2019] が指摘しているように，単純な親子関係ではなく，親－子－孫のような多重構造のケースでは，議決権とキャッシュフロー権の間に乖離が生じる。具体的には，例えば親→子：50％，子→孫：50％の持分の場合，親会社は孫会社の利益に対して本来25％の権利しか有していない一方で，50％の議決権をコントロール可能であり，実質的に経営を支配することができよう。そのため，親－子－孫の多重構造のなかで，複雑な利益相反や非効率性の生じる恐れがある[13]。

　同様に，小幡 [2019] は，特定のファミリーが個人株主として資産管理会社などの株式を100％所有し，グループ内の企業同士での連鎖的な株式所有を通じて支配するようなピラミッド構造の株式所有形態において，外部少数株主に不利益がもたらされうる問題を指摘している。例えば，東証によれば，総還元性向は支配株主が上場会社の場合27.5％，非上場会社12.7％，個人23.3％，支配株主なしの場合は32.0％となっている（2009年から2019年までの平均）[14]。もちろん，各社の属性等をコントロールした分析は必要であるが，支配株主の属性や株式所有構造による違いが示されている点は興味深い。

　本項で述べてきたように，複雑な所有権・議決権構造の下で，上場子会社・従属上場会社等の経営が支配的な株主によってコントロールされるケースでは，十分な情報に基づく投資判断や効率的な株価形成が行われると想定することは難しい。従って，単純な親子関係等に留まらず，上場会社を実質的に支配

する株主構造にまで踏み込んだ検討が必要と考えられる。

2. 非効率性の問題

　親子上場のメリットとして，親会社によるモニタリングや保証が子会社経営のリスクを減少させる効果や，親子間のシナジー効果が挙げられる。その一方で，親会社によるモニタリングが不十分な場合には，ガバナンスが空洞化する恐れや，グループ企業間での事業等の連携・調整が不十分でシナジーが発揮されないケースなども考えられる。さらに，親子間での利益相反管理のための内部統制システム構築や詳細な情報開示のためのコスト，子会社の独立性確保を図ることによるシナジー低下などもデメリットであろう。

　図表5-8には，経済産業省［2019b］による上場子会社の課題に関するアンケート結果調査が示されており，上記のデメリットを示唆する結果となっていることが分かる。

　三瓶［2020］は，親子間での事業シナジー追求と利益相反管理を共に行うことは非効率であり，企業株主のいない企業の方がCFROI（キャッシュフローベースの投下資本利益率）でみると優れていることを明らかにしている。また，経済産業省［2017］は，日米両国における専業企業と多角化企業の比較を

図表5-8　上場子会社の課題

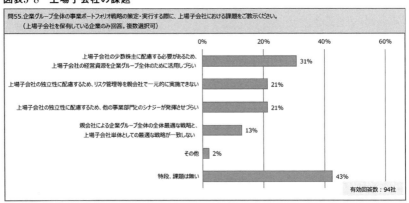

〔出所〕経済産業省［2019b］，120頁。

通じて，コングロマリット・ディスカウントの存在を指摘している。

　前述の通り，近年，親子上場減少要因の6割以上を完全子会社化による上場
廃止が占めている。グループ経営の視点からの全体最適を図る上で，親子上場
が必ずしも適切な経営戦略とはいえないことを示唆しているとも考えられる。

Ⅲ．親会社による「搾取」はあるのか：先行研究からの概観

　前節で取り上げた親子上場の問題点が，どのように現実に表れているか理解
するために，本節では親子上場に関する先行研究を概観する。

　欧米では親会社の株主に子会社株を割り当てるスピンオフ等の形態が一般的
であり，日本で実施されているような親子上場の割合は低い。Perotti and
Rossetto［2007］によれば，1990年代の米国におけるIPOのうち，子会社の
まま上場させるケースは10%強であったことが示されている。また，親子関係
が維持されながら双方が上場している状態は一時的なものであり，数年のうち
に完全に売却されるか，買い戻されることが通例であるとしている。一方，宮
島・他［2011］が指摘するように，日本においては親子関係が長期にわたって
安定的であり，親会社が支配株主としての地位を維持し続ける点は，日本の特
徴であるといえよう。

　ところで，子会社上場の目的としては，親会社保有株式の売出による親会社
の資金調達，子会社の公募増資による子会社自身の資金調達，そして企業グ
ループ内における組織再編などを挙げることができる。事実，日本の主要企業
はグループ経営政策の一環として子会社上場を積極的に行ってきた。宮島・他
［2011］は，上場子会社が「上場会社全体の15%程度を占めるという現象は近
年出現したものではなく，親子上場の歴史的な発生経路を振り返れば，遅くと
も高度成長期の半ばには，ほぼ形成されていた」ことを指摘している[15]。高度
成長期以降の親子上場形成の経路として，事業部の分離独立，ならびに副次的
なものとして買収・資本参加の2点を挙げている。そして，1990年代以降の特
徴として，伝統的な製造業各社が上場子会社の完全子会社化・非公開化を進め

た一方で，1990年以降に上場した新興企業や商社・小売の大企業が上場子会社を増加させたことを示している。

　それでは，子会社上場に関して，学術的な研究ではどのような評価がなされているのであろうか。早期のものとしては，小本［2001］が子会社上場のアナウンスメント効果を分析している。この研究の実証結果では，親会社株価への正のアナウンスメント効果が示されている。さらに上場後の子会社の株価パフォーマンスは，ベンチマークを上回るものと，下回るものに二分化されており，子会社上場の効果は一律ではないことを明らかにしている。

　宮島・他［2011］は，親子上場が親会社・子会社それぞれにとってメリットをもたらすかどうかを検証している。まず，1997年9月-2009年3月のデータを用いた分析で，子会社上場が親会社にプラスの累積超過収益率をもたらすことから，親子上場が親会社の組織選択として合理的であったとしている。次に，同じ期間を対象として，子会社の新規公開株の初期収益率の程度を独立企業と比較している。その結果から，親会社が保証効果によりIPO時の情報の非対称性を緩和させ初期収益率を引き下げていること，そしてIPO後の子会社のパフォーマンスが良好であることを示している。なお，このような効果は，レピュテーションの高い成熟した親会社との関係においてのみ頑健であると指摘している。また，1986-2008年の期間について，主要な経営指標を対象として，親子上場を安定的に維持している成熟した上場子会社と独立企業を比較した分析からも，親会社による搾取は観察されなかったと報告している。加えて，親会社による信頼を背景に劣悪な子会社を上場させている可能性，ならびに子会社が親会社向けに不利な条件で第三者割当増資を実施している可能性などを検証した結果から，親会社による子会社少数株主の搾取がシステマティックに発生している可能性は低いとしている。

　一方，大坪［2011］は，上場子会社に対する親会社による富の収奪の可能性を指摘している。まず，1985-2005年の子会社上場を対象とした分析で，子会社の上場発表に対して親会社の株価がプラスに反応していることを明らかにしている。そこでは，親会社の収益性が低いほど，子会社の規模が小さいほど，

上場後の親会社持株比率が高いほど，親会社の株価がプラスに反応したことを報告している。また，親会社をもつ上場関係会社の業績パフォーマンスについて，他企業と比べて低いことを示している。加えて，親会社やグループ会社と取引関係の強い上場子会社ほど売上総利益率が低い点，上場子会社の売上総利益率が他企業より低い点を明らかにしている。これらのことから，親会社が取引関係を通じて子会社から富の収奪を行っている可能性があるとしている。

　岡村［2013］では，1997-2003年のデータを用いた分析で，新規上場時の初期収益率に関して，親会社持株比率が相対的に高い場合により大きくなる傾向を明らかにしている。さらに，親会社の収益変動リスクが高い場合にも，初期収益率は高くなっている。これらの結果は，親会社のコントロール権が強く，また親会社の経営上のリスクが子会社の少数株主に波及する可能性が大きいほど，そのリスクを反映して公開価格がより低めに設定されやすいことを示唆している。すなわち，親会社は子会社の少数株主との間に利益相反となるような行動は取っておらず，引受証券会社もその点を考慮して公開価格を決定していると考えられる。

　竹澤・松浦［2017］は，上場親会社をもつ上場子会社が，独立した他の一般企業と比較して高い業績を上げているか否かについて，1999年4月-2014年3月の連結決算データを用いた分析を行っている。分析結果から，独立企業と統計的に有意な差はなく，従って親会社による保証効果，モニタリング効果，親子シナジー効果は発揮されていないと結論づけている。

　先行研究では，親会社と子会社の利益相反を指摘しているものは多くはないが，大坪［2011］の指摘のように密接な取引関係を持つ場合には富の収奪の可能性があることには留意が必要であろう。持分増加による親子関係形成が主流となってきている現状を鑑みると，親子関係形成の経緯をふまえて利益相反の問題を実証的に分析していくことが望まれる。

おわりに

　親子上場に関しては，構造的・潜在的な利益相反問題は存在するものの，こ
れまでの先行研究からは，上場子会社の少数株主が不利益を被っていた，ない
しはデメリットがメリットを上回っていた可能性は低いことが示されている。
だが，親子上場関係が形成されるプロセスとして子会社上場が減少する一方で
持分増加が主流となっている点[16]，ならびにグループ経営・グループ全体の企
業価値向上を重視する流れが強まっている点をふまえれば，子会社の部分最適
とグループの全体最適の間での対立は生じやすくなっている可能性がある[17]。
従って，先行研究の知見を活用する際には，分析対象期間における親子上場関
係形成プロセスの特徴をふまえ，慎重な取り扱いが必要であろう。
　株主・投資家に対する情報提供については，当該親子関係の目的・グループ
経営における位置づけやガバナンス体制等に関して即時・適切な開示は当然必
要である。予測可能性を高め，適切な情報提供と投資判断に基づく効率的な価
格形成が行われているのであれば，親会社が存在しない場合と比べてディスカ
ウントされた株価であっても，株主は不利益を被ることはないと考えられ
る[18]。なお，例えば第三者が情報提供のあり方や少数株主が被り得る不利益等
に関する継続的な検証を行うなど，投資家が自身の投資判断の適切性を容易に
検討可能な形での情報提供が望まれる。加えて，単純な親子関係ではない，重
層的な議決権構造を有しているケース等については，投資家の適切な判断に基
づく効率的な株価形成が成されにくい点にも留意が必要である。
　親子上場の位置づけを見直すことも一考の余地がある。あくまで完全子会社
のスピンオフに向けたスキーム[19]，ないしは既上場会社を完全子会社化するう
えでの経過措置的なスキームとの位置づけである[20]。
　現在，上場子会社の独立性確保や少数株主の不利益救済を担うため，独立社
外取締役の役割が重視されている。だが，結局のところ，独立社外取締役は支
配株主である親会社によって選任される立場であるため，独立性には限界があ

る。そのため，"Majority of Minority"（少数株主の過半数の賛成）を取得する仕組みの活用について検討が望まれる[21]。加えて，独立社外取締役の単なる導入だけでなく，期待される役割を発揮しやすい環境整備も重要である[22]。

　また，米国および一部の欧州諸国にあるように，支配株主に対する事後的な責任追及等の制度的な裏付けや，支配株主が上場子会社の少数株主に対して配慮義務を有するといった規定を検討する必要もあろう。そもそも上場会社の株式は誰もが投資可能なものであるはずで，少数株主を保護するのは当たり前との指摘もある[23]。そうであるなら，上場会社において利益相反構造を生み出さないよう，上場制度の社会的・経済的な意義を再考しつつ，株式所有構造に関する上場基準について再検討することが必要かもしれない。

＊本稿は，岡村秀夫「親子上場をめぐる議論について」『証券レビュー』第60巻第3号（2020年3月）を加筆修正したものである。

＜注＞

1）　上村・他［2020］，東京証券取引所［2020a］参照。当時，アスクルの筆頭株主はヤフーであったが，議決権比率は約45％と過半数には達していなかった。
2）　東京証券取引所［2019］8頁。
3）　経済産業省［2019b］121頁。
4）　経済産業省［2019c］「今後の検討課題」参照。
5）　東京証券取引所［2020c］12頁。
6）　東京証券取引所［2020c］3頁。
7）　東京証券取引所［2020c］10頁。なお，今後の具体的な検討課題として，おいて，①支配的な株主の具体的な内容，②支配的な株主を有する上場会社に適用すべき，少数株主保護に関する上場制度の枠組み，の2点を挙げている。
8）　藤田［2019］参照。
9）　東京証券取引所［2020a］によれば，エクイティ・ファイナンスを実施する上場子会社は少数である。2014年から2019年の期間では，公募・売出が年間3社から8社，第三者割当増資が年間2社から4社であった。
10）　親子上場に関して，「平時」と「有事」という軸で肯定論・否定論をそれぞれ整理することもできよう。平時においては主に経済的側面（経営の選択肢），有事においては主に法律的側面（少数株主保護，支配権と経済的利益の不一致など）が，それぞれ主な問題になるとの指摘がある。三瓶［2020］5頁参照。
11）　支配的な株主の持株比率が50％以上になったことにより，従属上場会社から上場子会社に分類が変更となり，図表5-6では減少要因として表れている。
12）　東京証券取引所［2020c］4頁。

13) 久保［2019］は，ソフトバンクグループを例として，複雑な所有構造をもつグループの問題を検討している。

14) 東京証券取引所［2019b］9頁，「（参考）支配株主を有する上場会社における配当性向・総還元性向」。

15) 宮島・他［2011］297頁。

16) 例えば，1997年から2007年までの間，子会社上場は年間30件から40件程度実施されており，全IPOの4分の1程度を占めていた。岡村［2013］144頁参照。

17) 親子上場が全面禁止されることはないとしても，グループの「全体最適」と子会社の「部分最適」のバランス，ないしは同時実現という，難しい舵取りがより求められるようになると考えられる。横山［2020］参照。

18) 東京証券取引所［2020c］7頁。

19) 2020年3月2日にカーブスHDがスピンオフ制度の国内適用第一号としてIPOを行い注目を集めた。

20) 例えば，上村・他［2020］17頁参照。

21) "Majority of Minority" をどこまで活用すべきか，という点には議論の余地がある。例えば，上村・他［2020］では積極的な活用の意義を指摘している。ただし，株主総会における議決権行使比率の高くないケースが比較的多いことが，必ずしも過半数を有していなくても「支配的な株主」が強い影響力を行使できる背景の一つにあると考えられる（東京証券取引所［2020c］10頁・注23参照）。従って，少数株主側にも議決権行使の意義を再考する余地がある。

22) 2019年8月の株主総会で当時の社長・社外取締役3人が解任されたアスクルは，ガバナンス体制の再構築に乗り出している。取締役会定員10名に対して，独立社外取締役を4名選任した。その上で，社外取締役が参加する指名委員会などの機能強化策として，取締役会への勧告，会社費用による弁護士など外部専門家の選任などを可能とした。また，取締役会は委員会の答申・諮問の尊重が求められ，経営陣が答申等に従わなかった場合には株主総会などで意見表明できるとされた。（『日本経済新聞』2020年2月24日朝刊）。

23) 経済産業省［2020］51頁。

＜参考文献＞

上村達男・神作裕之・斉藤淳・坂本里和・岩田彰一郎・宍戸善一・澁谷展由［2020］『親子上場論議の現在地点　―グループガイドラインとアスクル・ヤフー事件の検証―』，別冊商事法務 No.452，商事法務

大坪稔［2011］『日本企業のグループ再編　親会社―上場子会社間の資本関係の変化』，中央経済社

岡村秀夫［2013］『日本の新規公開市場』，東洋経済新報社

小幡績［2019］「ピラミッド構造の株式所有が毀損する少数株主の利益」『企業会計』Vol.71 No.12，36-40頁

久保克行［2019］「ソフトバンクグループからみる親子上場」『企業会計』Vol.71 No.12，29-35頁

経済産業省［2017］「ファンドに係るインベストメントチェーンの高度化を通じた我が国企業の産業競争力強化に関する調査研究」（https://www.meti.go.jp/meti_lib/report/H28FY/000858.pdf）

経済産業省［2019a］「平成30年度産業経済研究委託事業（経済産業政策・第四次産業革命関係調査事業費）（M&Aに関する調査）報告書」

経済産業省［2019b］「グループ・ガバナンス・システムに関する実務指針」（https://www.meti.go.jp/press/2019/06/20190628003/20190628003_01.pdf）

経済産業省［2019c］「CGS研究会（第2期）報告書」（https://www.meti.go.jp/shingikai/economy/cgs_kenkyukai/pdf/20190628_cgs2_hokokusho.pdf）

経済産業省［2020］「上場子会社に関するガバナンスの在り方」，第 1 回「従属上場会社における少数株主保護の在り方等に関する研究会」資料 5 （https://www.jpx.co.jp/equities/improvements/study-group/nlsgeu000004acah-att/nlsgeu000004hgca.pdf）

小本恵照［2001］「子会社公開の経済分析」，『ニッセイ基礎研究所報』vol.19，46-73頁

三瓶裕貴［2020］「投資家視点での問題意識」，第 2 回「従属上場会社における少数株主保護の在り方等に関する研究会」資料 4 （https://www.jpx.co.jp/equities/improvements/study-group/nlsgeu000004acah-att/nlsgeu000004irxp.pdf）

竹澤康子・松浦克己［2017］「親子上場している子会社の業績―連結決算ベースの分析―」東洋大学『経済論集』42巻 2 号，11-27頁

東京証券取引所［2019］『東証上場会社　コーポレートガバナンス白書　2019』

東京証券取引所［2020a］第 1 回「従属上場会社における少数株主保護の在り方等に関する研究会」資料 4 - 1 （https://www.jpx.co.jp/equities/improvements/study-group/nlsgeu000004acah-att/nlsgeu000004hg91.pdf）

東京証券取引所［2020b］第 3 回「従属上場会社における少数株主保護の在り方等に関する研究会」資料 2 （https://www.jpx.co.jp/equities/improvements/study-group/nlsgeu000004acah-att/nlsgeu000004tfn2.pdf）

東京証券取引所［2020c］「支配株主及び実質的な支配力を持つ株主を有する上場会社における少数株主保護の在り方に関する中間整理」（https://www.jpx.co.jp/news/1020/nlsgeu000004x5pr-att/nlsgeu000004x9uu.pdf）

西山賢吾［2018］「11年連続で純減した親子上場」『野村資本市場クォータリー』2018年夏号，1 - 6 頁（http://www.nicmr.com/nicmr/report/repo/2018/2018sum06web.pdf）

西山賢吾［2019］「親子上場数は12年連続で純減」『野村資本市場クォータリー』2019年夏号，1 - 4 頁（http://www.nicmr.com/nicmr/report/repo/2019/2019sum03web.pdf）

西山賢吾［2020］「純減が続く親子上場企業数」『野村資本市場クォータリー』2020年夏号，131-135頁（http://www.nicmr.com/nicmr/report/repo/2020_stn/2020sum12web.pdf）

藤田勉［2019］「親子上場は会社の成長を促す　事業創造の支援に期待」『週刊エコノミスト』2019年11月 5 日号，34-35頁

宮島英昭・新田敬祐・宍戸善一［2011］「親子上場の経済分析　利益相反問題は本当に深刻なのか」，宮島英昭・編著『日本の企業統治』第 7 章，289-337頁，東洋経済新報社

横山淳［2020］「上場子会社の少数株主保護に向けた取組み」大和総研グループレポート（https://www.dir.co.jp/report/research/law-research/securities/20200915_021766.pdf）

Perotti, E. and Rossetto, S.［2007］, "Unlocking Value: Equity Carve outs as Strategic Real Options," CEPR Discussion Paper No. DP6268（http://ssrn.com/abstract=590769）

第6章　国内外の株式投資型クラウド ファンディングの新展開

松尾　順介

はじめに

　リーマンショック以降10年余りが経過し，国内外の証券市場において様々な変化が見られた。なかでも内外の証券市場において株式投資型クラウドファンディングが導入され，非上場株式に個人投資家の小口資金が投入されるチャネルが開かれたことは，単に個人投資家の選択肢の広がりというだけでなく，中小企業金融やベンチャー・ファイナンスの観点からも注目される。また，リスクマネー供給という政策課題にとっても重要なチャネルであると位置づけられる。

　本章では，海外の株式投資型クラウドファンディングの拡大について，英国および米国を中心に紹介した上で，国内のクラウドファンディングについて考察する。

Ｉ．海外の株式投資型クラウドファンディング

　クラウドファンディングの世界的な規模については必ずしも明らかではなく，管見の限りでは，過去に massolution.com によって "2015CF Crowdfunding Industry Report" が刊行され，かなり詳しい調査報告が示されたが，その後このような詳しい調査報告は見当たらなかった。そのような状況の中で，University of Cambridge Judge Business School の Cambridge Centre for Alternative Finance（CCAF）によって，2020年 4 月，"The Global Alternative Finance Market Benchmarking Report: Trends, Opportunities and Challenges for Lending, Equity, and Non-Investment Alternative Finance Models" と題された，240頁におよぶ浩瀚な報告書が公表されたことは，クラウドファンディング市場の世界的な動向を考察するうえで有益である。

　同報告書は，180以上の国と地域の1,200を超えるプラットフォーム事業者に対して調査が実施されており，地域別や種類別のデータを含むとともに，市場の実態について様々な角度から興味深い調査が行われている。ここで示された結果は，今後の国内クラウドファンディングについて展望する際の手がかりを提供するものと思われる。したがって，この報告書から株式投資型クラウドファンディングに関連する調査結果を紹介し[1]，それを基に今後の国内市場について考察を試みる。

1.　世界的な概観

（1）　世界全体の規模

　2018年の全世界のオルタナティブファイナンス全体の規模は，3,045億ドルに達したとされる。ただし，中国市場の落ち込みによって市場規模は2017年の4,190億ドルから27％減少した。したがって，中国を除くと，2017年600億ドルから2018年890億ドルへと48％増加している[2]。このことからも明らかなように，世界の国別シェアでは，中国の市場が群を抜いており，2018年の市場規模は2,153.7億ドルで，世界市場の約71％を占めている（図表6-1参照）。なお，中国のオルタナティブファイナンスの主流は貸付型であるとされる。第二位は米国の610億ドル（20％），第三位は英国の104億ドル（3.4％）となっており，これだけで94.4％に達している。以下は，ニュージーランド18億ドル，インドネシア14.5億ドル，ドイツ12.7億ドル，オーストラリア11.6億ドル，日本10.7億ドルである。これをみると，日本の市場規模は，世界的な規模からみるととるに足らない規模であり，米英などに比しても大きく遅れていることがわかる。

図表6-1　世界のオルタナティブファイナンス市場規模（億ドル）

	2015年	2016年	2017年	2018年
世界全体	1,390	2,900	4,190	3,050
中国以外	440	470	600	890
中国以外の成長率（%）		6.8	27.7	48.3

〔出所〕The Centre for Alternative Finance（CCAF）［2020］, p34をもとに作成。

（2）　種類別の市場規模

　種類別の市場規模をみると，消費者向けのP2P市場型貸付の割合が最も高く，2018年は1,952.9億ドルを占めている。これは市場全体の64％に達している。また，事業者向けP2P市場型貸付は，それに次いでおり，503億ドル，約17％である。両者を合計すると，約8割は貸付型であることがわかる。他方，株式投資型は15.2億ドル，0.5％に過ぎず，中国を除外しても1.7％である（図表6-2参照）。

（3）　国別の特徴

　国別の特徴をみると，まず中国は負債型の総額が2,153.7億ドルに対して株式投資型は2,218万ドルにすぎず，非投資型に至っては579万ドルと低調である。次に，米国は負債型576.7億ドルに対して株式投資型25.5億ドルであり，一国の市場規模としては最大である。さらに，英国は負債型93.1億ドルに対して，株式投資型8.7億ドルであり，その比率が高いことがわかる。地域別にみると，欧州は負債型66億ドルに対して株式投資型8.8億ドル，中国以外のアジア太平洋地域は負債型53.4億ドルに対して株式投資型5億ドルとなっている。

（4）　事業者向けクラウドファンディングの規模

　事業者向けクラウドファンディング市場規模の推移について，2015年600億ドル，2016年1,100億ドル，2017年1,530億ドルと増加し，2018年は中国市場の下落によって800億ドルとなった。ただし，中国を除外すると，それぞれ120億ドル，170億ドル，210億ドル，310億ドルと増加し，3年間に2.5倍以上の増加となっている。この間の国および地域ごとの推移をみると，米国およびカナダは70億ドル，90億ドル，107億ドル，158億ドルと2.3倍，英国は6億ドル，12

図表6-2　世界全体の種類別の市場規模（2018年，単位：百万ドル，%）

	世界全体		中国以外	
	金額	割合	金額	割合
消費者向け P2P 市場型貸付	195,000	64.2	32,000	36.1
事業者向け P2P 市場型貸付	50,000	16.5	8,000	9.0
不動産向け P2P 市場型貸付	6,000	2.0	4,000	4.5
消費者向けバランスシート・レンディング	10,000	3.3	9,000	10.2
事業者向けバランスシート・レンディング	21,000	6.9	15,000	16.9
不動産向けバランスシート・レンディング	11,000	3.6	11,000	12.4
インボイス取引	3,200	1.1	2,500	2.8
負債型クラウドファンディング	852	0.3	844	1.0
株式投資型クラウドファンディング	1,515	0.5	1,509	1.7
不動産向けクラウドファンディング	2,959	1.0	2,942	3.3
収益分配	398	0.1	398	0.4
購入型クラウドファンディング	877	0.3	871	1.0
小型社債	333	0.1	95	0.1
コミュニティシェア	95	0.0	95	0.1
その他	414	0.1	414	0.5

〔出所〕The Centre for Alternative Finance（CCAF）[2020]，p39をもとに作成。

億ドル，19億ドル，26億ドルと4.3倍となった。また，アジア太平洋地域は7億ドル，11億ドル，22億ドル，35億ドルと5倍となり，さらに欧州は6億ドル，12億ドル，19億ドル，26億ドルで4.3倍となっており，中小企業やスタートアップ企業の資金調達における役割が高まっていることがわかる。他方，これを負債と株式に大別すると，中国を除外した金額では，負債279億ドル（91%）に対して株式25億ドル（8%）となっている。また，負債の内訳は，米国56%，英国18%，中国以外のアジア太平洋地域11%，欧州8%である一方，株式の内訳は，英国34%，米国34%となっている。

（5）　機関化

　機関化については，米国が最も高く88％，次いでカナダ54％，英国50％，ラ
テンアメリカ49％，欧州41％，アジア太平洋地域36％などとなっている。ま
た，種類別では，消費者向けバランスシート・レンディング93％，消費者向け
P2P 市場型貸付83％，事業者向けバランスシート・レンディング68％，事業者
向け P2P 市場型貸付57％と高い水準となっているのに対し，株式投資型23％
であり，機関化は相対的に低位にとどまっている。

（6）　イノベーション

　イノベーションについては，各プラットフォームの 1 年以内のビジネスモデ
ル上の変更の有無を調査している。市場型貸付については，重要な変更有11〜
17％，軽微な変更有 9 〜27％となっており，変更なしは59〜74％であるのに対
し，バランスシート・レンディングについては，重要な変更有15〜58％，軽微
な変更有17〜35％で，変更なしは25〜58％となっており，バランスシート・レ
ンディングのほうがよりビジネスモデルの変更を積極的に行っていると思われ
る。その一方，株式投資型については，重要な変更有16％，軽微な変更有
51％，重要な変更なし33％となっており， 3 分の 2 のプラットフォームは何ら
かの変更を加えていることがわかる。

（7）　投資家の所得層

　投資家の所得層についてみると，株式投資型では，英国の場合，上位層
84％，中位層16％，米国の場合，上位層88％，中位層 9 ％，低位層 3 ％となっ
ている。これとは対照的に，消費者向け P2P 市場型貸付では，英国の場合，
上位層45％，中位層55％であり，米国では上位層12％，中位層82％，低位層
6 ％となっている。

（8）　ジェンダー

　ジェンダーについては，株式投資型では，女性の割合は資金調達者22％，資
金提供者21％となっている。これに対し，消費者向け貸付は資金調達者の42〜
43％，資金提供者の22〜35％，さらに寄付型や購入型では，資金調達者の47〜
70％，資金提供者の43〜49％が女性である。

（9）　規制

現行規制に対するプラットフォーム運営者の受け取り方についてみると，英国の場合，株式投資型では，適切かつ妥当84%，過剰規制3%，緩すぎる3%となっている反面，米国の場合は，適切かつ妥当72%，過剰規制25%となっている。

2.　英国の株式投資型クラウドファンディング

欧州のオルタナティブファイナンス市場は，2013年15億ドルから2018年181億ドルへと12倍に成長した。なかでも英国市場は，2015年49億ドルから2018年104億ドルへと増加し，欧州の約6割を占めている。英国以外の国々をみると，ベネルクス18億ドル，ドイツ13億ドル，フランス9億ドル，北欧8億ドル，バルト3国5億ドル，イタリア5億ドルなどであり，英国が突出していることがわかる。また，株式投資型に限定しても英国が突出しており，英国4億8,470万ドルに対して，フィンランド6,700万ドル，スペイン4,840万ドル，ドイツ3,700万ドルなどであり，英国以外の合計は2億7,810万ドルであり，英国の占める割合は，63.5%となっている。

以下，英国の現況をみてみよう。

（1）　英国の種類別クラウドファンディング

英国のクラウドファンディングを種類別にみると，事業者向けP2P市場型貸付が最も多く25億ドル（23.8%）であり，以下は消費者向けP2P市場型貸付21億ドル（20.0%），不動産向けP2P市場型貸付18億ドル（17.1%），事業者向けバランスシート・レンディング9億ドル（8.6%），インボイス取引9億ドル（8.6%），消費者向けバランスシート・レンディング6億ドル（5.7%），負債型クラウドファンディング5億ドル（4.8%），株式投資型クラウドファンディング5億ドル（4.8%）となっている。英国においても，貸付型は消費者向けと事業者向けを合計すると，6.1億ドルであり，58%を占めている（図表6-3参照）。

（2）　クラウドファンディングによる中小企業・ベンチャー企業の資金調達

英国では，クラウドファンディングによる中小企業の資金調達額は年々増加

図表6-3　英国の種類別の市場規模（2018年，単位：10億ドル，％）

	金額	割合
事業者向けP2P市場型貸付	2.5	23.8
消費者向けP2P市場型貸付	2.1	20.0
不動産向けP2P市場型貸付	1.8	17.1
事業者向けバランスシート・レンディング	0.9	8.6
インボイス取引	0.9	8.6
消費者向けバランスシート・レンディング	0.6	5.7
負債型クラウドファンディング	0.5	4.8
株式投資型クラウドファンディング	0.5	4.8
不動産向けクラウドファンディング	0.3	2.9
その他	0.1	1.0
収益分配	0.1	1.0
不動産向けバランスシート・レンディング	0.1	1.0
購入型クラウドファンディング	0.1	1.0
合計	10.5	100

〔出所〕The Centre for Alternative Finance（CCAF）［2020］, p80をもとに作成。

しており，2015年34億ドル，2016年49億ドル，2017年56億ドル，2018年60億ドルとなっている。ちなみに，同じ期間の英国を除いた欧州全体の金額の推移は，それぞれ5.95億ドル，12.46億ドル，18.75億ドル，26.24億ドルであり，英国の割合は，それぞれ85.1％，79.7％，74.9％，69.6％であり，約75％を英国が占めていることがわかる。ここでも英国の数値が突出している。

（3）　シードおよびベンチャー企業の資金調達に占める株式投資型クラウドファンディングの割合

　英国内においては，シード段階の企業やベンチャー企業の資金調達においてもクラウドファンディングが存在感を発揮している。2016年には，シードおよびベンチャー企業の資金調達額15.74億ドルに対して，株式投資型クラウドファンディングの資金調達額は2.74億ドルであり，17.4％に達している。その後，シード段階の企業やベンチャー企業の資金調達額がほぼ倍増したために，株式投資型クラウドファンディングの割合は減少したものの，2018年11.4％であ

り，かなりの存在感を示している。また，ベンチャーキャピタルの出資額と比較すると，2018年の数字は得られないものの，2016年は株式投資型クラウドファンディングがベンチャーキャピタルを上回っていることがわかる。2017年は，ベンチャーキャピタルが上回っているが，それでも株式投資型クラウドファンディングは72％となっており，ベンチャーキャピタルに比肩する規模といえる（図表6-4参照）。

（4）　事業者向け資金調達に占める P2P 貸付の割合

貸付型クラウドファンディングについても貸付型クラウドファンディングはかなりの存在感を示している。中小企業向け貸付では，10％を上回る比率に達しており，小規模事業においては，3割近くに達していることがわかる（図表6-5参照）。

（5）　機関化

近年のクラウドファンディングにおける顕著な変化として，機関化が挙げられるだろう。欧州各国のプラットフォームの機関化をみると，ベネルクス81％，イタリア68％，ドイツ48％，英国32％，リベリア24％，イベリア24％，北欧20％などとなっており，欧州全体で29％となっている。また，種類別では，インボイス取引62％，事業者向け P2P 市場型貸付53％，負債型クラウドファンディング53％などとなっており，かなり高い割合を示す一方，株式投資

図表6-4　シードおよびベンチャー企業の資金調達と株式投資型クラウドファンディング（百万ドル，％）

	2012年	2013年	2014年	2015年	2016年	2017年	2018年
シードおよびベンチャー企業の資金調達（A）	563	522	874	1,574	1,566	2,580	3,165
ベンチャーキャピタルの出資額（B）	343	298	293	344	246	463	−
株式投資型クラウドファンディング（C）	4	28	84	245	272	333	363
C/A	0.7	5.4	9.6	15.6	17.4	12.9	11.5
C/B	1.2	9.4	28.7	71.2	110.6	71.9	−

〔出所〕The Centre for Alternative Finance（CCAF）［2020］，p85をもとに作成。

図表6-5　銀行貸付と貸付型クラウドファンディング（10億ドル，%）

	2012年	2013年	2014年	2015年	2016年	2017年	2018年
企業向け銀行貸付（A）	38	43	54	58	59	57	57.7
中小企業向け新規貸付（B）	18.2	20.5	22.7	19.9	18.3	21.4	22.0
小規模事業向け新規貸付（C）	6.6	6.3	6.4	6.7	6.9	6.98	9.2
事業者向けP2P貸付（D）	0.06	0.19	0.75	0.88	1.20	2.04	2.6
D/A	0.2	0.4	1.4	1.5	2.0	3.6	4.5
D/B	0.3	0.9	3.3	4.4	6.6	9.5	11.8
D/C	0.9	3.0	11.7	13.1	17.4	29.2	28.3

〔出所〕The Centre for Alternative Finance（CCAF）〔2020〕, p86をもとに作成。

型クラウドファンディングは7％にとどまっている。英国だけに限定したデータは掲載されていないが，株式投資型クラウドファンディングの分野では，英国の割合が突出して高いことを考えると，この数値は英国の実態を強く反映していると思われる。したがって，英国の株式投資型クラウドファンディングにおいても，機関化の割合はそれほど高くなく，個人投資家が中心的な担い手となっているものと判断できる。

（6）　イノベーション

プラットフォームのイノベーションについては，ビジネスモデルのイノベーションと提供する商品やサービス内容のイノベーションについてデータが挙げられており，英国数値をみると，ビジネスモデルに関しては，重要な変更有24％，軽微な変更有29％，変更なし47％となっており，過半数のプラットフォームは何らかの変更を加えている。これは，アイルランドの43％に次いで低い数値となっており，アイルランドを除くと，英国は欧州で最もビジネスモデルに積極的に変更を加えていることを示す結果となっている。また，商品・サービスのイノベーションについても，英国は重要な変更有26％，軽微な変更有39％，変更なし35％となっており，アイルランドを除くと最も積極的な変更を加えていることを示す結果となっている。

（7）　国際化

欧州の場合，国境を越えた資金フローがみられるようであるが，その割合は

国や地域によって大きな差がある。例えば，バルカン，バルチック，東欧，CISなどでは，資金の国際的な流出入が高い割合を占めており，60％〜90％台の数値を示しているが，英国は流入20％，流出13％とかなり低位である。したがって，英国のクラウドファンディングの担い手は，国内の投資家である。また，プラットフォームの国際化戦略についても，戦略なし55％と過半数を占めている。

（8）　規制

　各国のプラットフォーム運営者に対して，規制当局の規制が適切かどうかを調査しており，適切かつ妥当，不十分で不適切，過剰規制などの回答が集計されている。英国の場合，負債型モデルは，適切かつ妥当83％，不十分で不適切8％，過剰規制3％と回答している。また，株式型は，それぞれ84％，3％，3％であり，わずかに負債型モデルを上回っている。他の欧州諸国の株式型で，適切かつ妥当という回答の比率は，アイルランド100％，ベネルクス90％，ドイツ84％などを除くと，40％〜60％台であり，英国のプラットフォームの規制に対する満足度は相対的に高いといえるだろう。

3．アメリカの株式投資型クラウドファンディング

　次に，アメリカについてみてみよう。なお，このレポートでは，ラテンアメリカを含んで集計されている場合やカナダを含んで集計されている場合もあるが，米国，カナダおよびラテンアメリカの総額に占めるラテンアメリカおよびカナダの割合は，それぞれ2.5％，1.5％であり大勢に影響はない。2013年から2018年のアメリカのクラウドファンディングの総額は，2013年44.0億ドル，2014年115.6億ドル，2015年284.0億ドル，2016年345.3億ドル，2017年428.1億ドル，2018年611.4億ドルとなっており，この5年間に約14倍に増加している（図表6-6参照）。

（1）　種類別の市場規模

　米国およびカナダの種類別クラウドファンディングの規模は，一貫して消費者向けP2P市場型貸付が最も大きな割合を占めている。これと消費者向けバ

図表6-6　アメリカのクラウドファンディングの市場規模（10億ドル，%）

	2013年	2014年	2015年	2016年	2017年	2018年
アメリカ	4.40	11.56	28.40	34.53	42.81	61.14
カナダ	0.04	0.09	0.21	0.33	0.87	0.91
総額	4.44	11.65	28.61	34.86	43.68	62.05
成長率		162.4	145.6	21.8	25.3	42.1

〔出所〕The Centre for Alternative Finance（CCAF）［2020］，p139をもとに作成。

ランスシート・レンディングとを合計すると，2018年では329.1億ドルで，全体の53.8%を占めている。逆に，事業者向けP2P市場型貸付，事業者向けバランスシート・レンディングおよび株式投資型クラウドファンディングの合計額は149.3億ドル，24.4%である。さらに，株式投資型クラウドファンディングだけの規模は，5.1億ドル，0.8%であり，クラウドファンディング全体の中ではその割合は低位である（図表6-7参照）。

（2）　機関化

アメリカにおいても機関化が進展している。特に米国の割合は88%となっており，ラテンアメリカ49%，カナダ54%を大きく上回っている。種類別にみると，消費者向けバランスシート・レンディング95%が最も高く，以下は消費者向けP2P市場型貸付94%，事業者向けバランスシート・レンディング83%，不動産向けP2P市場型貸付78%，事業者向けP2P市場型貸付73%などとなっており，株式投資型クラウドファンディングは28%と低位である。この分野については，個人投資家中心の市場といえる。

（3）　イノベーション

プラットフォームのビジネスモデルのイノベーションについては，重要な変更有，軽微な変更有，変更なしの回答を集計しており，米国のプラットフォームは，重要な変更有16%，軽微な変更有34%，変更なし50%となっている。それに対し，カナダはそれぞれ45%，19%，35%，ラテンアメリカは22%，29%，49%となっており，米国のプラットフォームのイノベーションに対する積極性は，カナダと比較すると必ずしも高いといえないが，英国と比較すると

図表6-7　米国およびカナダの種類別のクラウドファンディングの市場規模（10億ドル，%）

	2014年		2015年		2016年		2017年		2018年	
	金額	割合	金額	割合	金額	割合	金額	割合	金額	割合
消費者向け P2P 市場型貸付	7.64	66.1	17.29	62.3	21.05	60.9	14.66	34.2	25.39	41.5
事業者向けバランスシート・レンディング	1.11	9.6	2.25	8.1	6.00	17.4	6.73	15.7	12.39	20.3
不動産向けバランスシート・レンディング	−	−	−	−	−	−	0.67	1.6	9.53	15.6
消費者向けバランスシート・レンディング	0.69	6.0	3.07	11.1	2.94	8.5	15.20	35.5	7.52	12.3
事業者向け P2P 市場型貸付	0.98	8.5	2.58	9.3	1.33	3.9	1.45	3.4	2.03	3.3
不動産型クラウドファンディング	0.13	1.1	0.47	1.7	0.81	2.3	1.85	4.3	1.79	2.9
不動産向け P2P 市場型貸付	0.13	1.1	0.78	2.8	1.04	3.0	1.23	2.9	0.66	1.1
株式投資型クラウドファンディング	0.27	2.3	0.59	2.1	0.55	1.6	0.24	0.6	0.51	0.8
購入型クラウドファンディング	0.46	4.0	0.60	2.2	0.55	1.6	0.41	1.0	0.38	0.6
寄付型クラウドファンディング	0.15	1.3	0.14	0.5	0.22	0.6	0.18	0.4	0.31	0.5
収益分配	−	−	−	−	0.02	0.1	0.01	0.0	0.25	0.4
その他	−	−	−	−	−	−	0.07	0.2	0.23	0.4
インボイス取引	−	−	−	−	−	−	0.11	0.3	0.14	0.2
負債型クラウドファンディング	−	−	−	−	0.03	0.1	0.00	0.0	0.01	0.0
総額	11.56	100.0	27.77	100.0	34.54	100.0	42.81	100.0	61.14	100.0

〔出所〕The Centre for Alternative Finance（CCAF）［2020］, p139をもとに作成。

ほぼ同程度といえる。他方，種類別でみると，負債型クラウドファンディングは，それぞれ27%，73%，0%，また不動産型クラウドファンディングは，0%，100%，0%となっており，すべてのプラットフォームが何らかの変更を行っている。貸付型に関しては，P2P市場型貸付は変更なしが44〜50%を占

めているのに対し，バランスシート・レンディングでは，消費者向け26％，不動産向け33％となっており，事業者向け63％を除くと，バランスシート・レンディングのほうが変更を加えているようである。なお，株式投資型はそれぞれ25％，42％，33％となっており，3分の2のプラットフォームにおいて，何らかのビジネスモデルに変更が加えられたことがわかる。

（4）　国際化

国際化については，ラテンアメリカでは資金の流入14％，流出2％となっており，流入の割合がかなり高くなっているが，カナダはそれぞれ4％，3％であり，米国はともに1％となっており，国際化については極めて低位であることがわかる。また，種類別にみると，事業者向けバランスシート・レンディングは，それぞれ19％，48％，インボイス取引は23％，39％とかなり高い比率を示しているが，消費者向けP2P市場型貸付はそれぞれ7％，1％，事業者向けP2P市場型貸付は1％，4％と低位である。株式投資型クラウドファンディングは，それぞれ1％，12％となっており，やや流出はみられるものの，国際化が進展しているとはいえない。

小活

以上，CCAFの報告書の株式投資型クラウドファンディングに関するデータを中心に紹介した。この報告書のデータから以下の点が示唆される。

まず，2018年の世界全体の株式投資型クラウドファンディングの市場規模は，15億ドルとなっており，国別では英国5.0億ドルと米国5.1億ドルが突出している。その反面，日本の市場規模は，日本証券業協会の統計によると，2017年4.7億円，2018年12.8億円となっている。これをドル換算すると，0.1億ドル程度であり，はるか後塵を拝していることがわかる。

次に，この報告書では，英国の株式投資型クラウドファンディングの金額が大きいだけでなく，中小企業金融やベンチャー・ファイナンスに占める割合も相対的に高いことが明らかにされている。ただし，その理由については必ずしも明らかではなく，今後検討を重ねる必要があるが，現段階では，以下の点が

示唆される。

①　規制の妥当性：英国の規制は FSA によって担われている。FSA の規制の実態に関しては明らかではないが，公表資料からはプラットフォーム運営者に対してきめ細やかな監督が行われているように見受けられる[3]。また，この CCAF の報告書でも，規制の適切性に関してかなり高い評価が下されていることからも，規制によって市場拡大が促されている可能性がある。

②　プラットフォームのイノベーション：この報告書では，英国のプラットフォーム運営者はイノベーションに積極的に取り組んでいることが示唆されている。株式投資型クラウドファンディングのプラットフォーム運営者が具体的にどのようなイノベーションに取り組んだのかについては明らかではないが，このようなイノベーションが市場拡大を促進した可能性も考えられる[4]。

③　IPO 案件の登場：2015年 7 月に Seedrs を通じて株式投資型クラウドファンディングによって100万ポンドの資金調達を行った[5]，事業者向け会計ソフトウェア開発会社，FreeAgent Holdings plc（2007年設立，本社エジンバラ）が，2016年11月，ロンドン証券取引所 AIM に上場し[6]，株式投資型クラウドファンディング案件の IPO として注目された[7]。このことは，株式投資型クラウドファンディングの注目度を高め，市場拡大に貢献したと思われる。

さらに，これらの点は日本における株式投資型クラウドファンディング市場の拡大を考える上でも重要であると思われる。特に，株式投資型クラウドファンディングによって資金調達を行った会社株式の流動化については，規制上の改革だけでなく，プラットフォーム運営者の工夫も不可欠だと思われる。

Ⅱ．国内の株式投資型クラウドファンディング

株式投資型クラウドファンディングは，2017年から募集が始まり，当初の段階では，FUNDIINO，GoAngel，EMERADA EQUITY の 3 つのプラット

フォームが稼働していたが，昨年9月，EMERADA EQUITY が撤退し，その業務をユニバーサルバンクが譲受した。その一方，この間に Unicorn，GEMSEE Equity，イークラウドの3つのプラットフォームが新規参入し，現在6つのプラットフォームが稼働ないし稼働準備している状況となっている。

　株式投資型クラウドファンディングのプラットフォーム運営は，第一種少額電子募集取扱業の登録および日本証券業協会の加入（特定業務会員[8]）を必要とするだけでなく，収益性の面においても必ずしも高い収益が見込めるものとはいえず，新規参入が難しいのではないかと考えられていたが，実際は新規参入が相次いでいる状態となっている。このことは，株式投資型クラウドファンディングの発展可能性を示唆していると思われる。

　本稿では，これらの動向について，各プラットフォーム運営者へのインタビュー調査を踏まえて紹介した上で，今後の株式投資型クラウドファンディングの将来性について考察する。

1. 先発の3プラットフォームの現状

（1）　FUNDINNO

　このプラットフォームは，株式会社日本クラウドキャピタル（本社：東京都品川区東五反田5丁目25番18号，資本および資本準備金：17億5,247万9,340円，設立：2015年11月26日）によって運営されている[9]。このプラットフォームは，日本で第一号となる第一種少額電子募集取扱業の登録承認を受け，2016年12月から投資家登録申請の受付を開始した。また，周知のとおり，株式投資型クラウドファンディングにおいて，最大手の実績を有している[10]。

　以前，同社にインタビューした際の内容を要約すると以下の通りである[11]。同社を設立した柴原祐喜氏は，カリフォルニア大学出身で，同大学では日米の非上場会社の資金調達について研究し，日本でのクラウドファンディングを利用した資金調達モデルについて検討したという。帰国後も大学院でこのモデルについてさらに検討を重ね，その間に現在のビジネスパートナーの大浦学氏と出会い，システム開発会社を起業した。起業後，米国の Angel List[12] のよう

な仕組みを日本に導入することを検討したが，金商法上の規制のため断念せざるを得なかった。その後，金商法が改正され，クラウドファンディング専業業者としての参入が実現した。

　また，自社の特徴として，①バックオフィス業務のシステム化による大幅なコストダウン，②発行会社へのアプローチにおいて，同社のプラットフォーム上のwebマーケティングを活用していること，③同社の審査業務において，審査担当者による手作業とシステム処理を組み合わせている点が指摘されるとともに，発行会社に対して，資金調達後のフォローアップに注力していることも指摘された。特に，発行会社のIR活動の取組助言，株主管理，事業計画の進捗状況のモニタリングなどである。また，発行会社の経営者間の交流促進や株主とのコミュニティづくりにも配慮している。

　最近の同社の取り組みとしては，以下を挙げることができる。

　まず，2019年5月，福井銀行の子会社，福井キャピタル＆コンサルティング（福井C&C）と連携し，地元企業の新規上場支援を行う取り組みを開始している。これは，福井銀行や福井C&Cが有望な企業を発掘し，株式投資型クラウドファンディングによる資金調達を行った後，福井C&Cの運営する「ふくい未来企業支援ファンド」が成長資金を供給するとともに，福井C＆Cによる経営コンサルティングで成長をサポートするという構想と報じられている[13]。

　次に，同年7月，同プラットフォームで資金調達を行った案件が，相対取引でEIITし，株価1.5倍で投資家にリターンを還元できることとなったことも公表されている[14]。

　第三に，2019年9月から株式以外に新株予約権についての取り組みを開始し[15]，現在17案件を成立させている（2020年11月末現在）。

　また，発行会社のみならず，広くベンチャー企業の資金調達，事業成長等を支援するためのツール「FUNDOOR」のサービスを2019年10月より開始している。

（2）　CAMPFIRE Angels

　このプラットフォームは，2015年5月，出縄良人氏によって設立された，

DANベンチャーキャピタル株式会社（本社：東京都中央区日本橋茅場町二丁目16番12号トータスビル2階，資本金：1億円）によって運営されている。同氏は，1993年，ディー・ブレイン証券（現，日本クラウド証券）を設立し，グリーンシート制度の創設に携わるなど，中小企業・ベンチャー企業の株式公募による資金調達支援に携わってきた専門家であり，この分野の第一人者として著名である。同氏は，かねてよりクラウドファンディングに注目し，研究会を主催するなど，準備を重ね，2017年7月，第一種少額電子募集取扱業者として登録，同年9月，日本証券業協会に加入し，株式投資型クラウドファンディング・プラットフォーム「GoAngel」の運営を開始した。同年10月，第1号銘柄「マルチブック」が目標募集額を達成し資金調達に成功した後，9案件において，約1.2億円の資金調達に成功した（2020年8月末現在）。

　同社は，プラットフォームの設立の際，「拡大縁故募集」という独自の株主募集の方式を採用していた。これは長期的なエンジェルマインドの醸成とともに，資金調達企業およびその事業に共感し，支援してくれる出資者を集めることを基本姿勢とするものであり，そのプラットフォームの名称「GoAngel」もそれを表すものであった。つまり，この名称は「Go＋Angel」であるとともに，「ご縁＋Gel（仲間作り）」という意味も含んでいた。

　なお，同社は2019年10月，株式会社CAMPFIREの資本参加を受け入れ，同社を親会社（持分比率54.5％）とするとともに，2020年8月17日，プラットフォームをCAMPFIRE Angelsとして全面リニューアルしている。このようにCAMPFIREとの提携に踏み切った理由としては，スタートアップを支援するという理念が共有されていたことが挙げられる。CAMPFIREは，融資型や購入型クラウドファンディングの取り組みを展開しており，株式型が加わることで，エクイティとデットの両面の資金支援と，支援者が購入型を利用することで売上の応援も可能となり，支援の枠組みが強化される。その際，DANベンチャーキャピタルが蓄積してきたコンサルティングや教育研修事業でのエキスパティーズも活用できることも重要なポイントとなった。

　株式会社CAMPFIREは，2011年1月設立，資本金36億5,082万円（資本剰

余金を含む）であり，クラウドファンディング・プラットフォームのCAMP-
FIRE を運営している。このCAMPFIRE では，すでに4.2万件以上のプロジェ
クトが立ち上がり，370万人以上の人から330億円以上の支援を得ている[16]。ま
た，CAMPFIRE 以外のクラウドファンディング・プラットフォームとして
は，CAMPFIRE Owners（融資型），CAMPFIRE Community（継続課金型コ
ミュニティプラットフォーム），GoodMorning（社会変革の担い手の支援），
FAAVO（地域を盛り上げるプロジェクトに特化），CAMPFIRE Creation（ク
リエイターのデザインアイデアを元に，商品化を目指す製造小売型）などを運
営している。さらに，代表取締役は家入一真氏であり，同氏は2003年株式会社
paperboy&co.（現 GMO ペパボ）を創業し，2008年に JASDAQ 市場最年少で
の上場を果たしている。2011年に株式会社 CAMPFIRE を創業，代表取締役に
就任するとともに。2012年 E コマースプラットフォーム運営の BASE 株式会
社を設立，共同創業取締役に就任し，2019年には東証マザーズに上場してい
る。また，ベンチャーキャピタル「NOW」代表，オンラインカウンセリング
サービス運営の株式会社 cotree 顧問などを務めている。

　CAMPFIRE Angels は，「スタートアップを始めとする未上場会社とエン
ジェル投資家を繋ぐ，株式投資型クラウドファンディングサービス」であり，
「未上場会社には共感や応援の気持ちを起点にした『新しい資金調達の方法』
を，エンジェル投資家には今まで関わることができなかった未上場会社へ『投
資で応援する機会』を提供する」としている[17]。ここでは「拡大縁故募集」と
いう用語はみられないが，その理念は継承され，より拡大している。

　プラットフォームのリニューアル後は，２件の案件の募集に成功し，第１号
案件では，目標額の約1.5倍，第２号案件では目標額の３倍（上限額）の資金
調達に成功しており，CAMPFIRE の傘下に入ったことの意義は大きかったと
思われる。

　なお，CAMPFIRE Angels へのインタビューでは，今後の株式投資型クラ
ウドファンディングの成長にとって，流動性供給という課題は重要であり，こ
れについては，株主コミュニティ制度を利用することを検討中とのことであ

る。例えば，株主コミュニティ制度の利用を第一種少額電子募集取扱業者に制限付きで認めるという規制緩和も考えられる。また，株主コミュニティ制度によらずとも，プラットフォーム運営会社に対して，売出の取扱を可能とする規制緩和を行えば，一定の売出期間を定めて既存株主から売り手を募った上で，買い手を募ることで約定することも可能となる。これらについては，今後提言する予定とのことである。

（3）　EMERADA EQITY

このプラットフォームは，エメラダ株式会社によって運営されていた。同社は，2016年6月2日設立，資本金7,000万円（当時），本社所在地は，東京都港区南青山1-12-3LIFORK MINAMI AOYAMA 南棟 S108，累計成約金額3億1,353万円，累計成約数9件（2019年9月19日現在）であった。なお，同社はエメラダ型新株予約権の取り組みを特徴としていた。以下，同社へのインタビューをもとに紹介する[18]。

同社の共同創業者兼CEOの澤村帝我氏は，野村證券，ゴールドマン・サックスで，企業の資金調達およびM&A業務に携わり，経験を蓄積してきた。

同社の特徴は，①広範で多彩な人的構成を擁していること，②同社独自のスキームである「エメラダ型新株予約権」を開発し，同社の投資案件は，このスキームを利用していること，③同社プラットフォームでの案件は，全てベンチャーキャピタルが出資した案件に限定していること，である。

特に，③については，すでにベンチャーキャピタルが専門的な知見を元に出資判断を下した案件に限定することで，クラウドファンディングで出資する個人投資家のリスクを低下させることができるとともに，クラウドファンディングに出資以外の機能も期待されていた。つまり，ベンチャーキャピタルとは異なり，出資者が当該企業の顧客となり，同社のPRを担ってくれること，いわゆるコミュニティマーケティングの役割も期待されていた。

なお，EMERADA EQITYを運営するエメラダ株式会社のHPによると，同社は株式投資型クラウドファンディング事業をユニバーサルバンク株式会社に引き継いだことが発表されており（2019年9月13日），この業務から撤退し

ている[19]。今後の同プラットフォームの運営については，ユニバーサルバンク株式会社の運営する Angelbank が引き継いでいる。撤退の理由は定かではないが，その経営判断の背景には，収益性の課題が伏在していたことも考えられる。

2.　新規参入プラットフォームの現状

（1）　Angelbank

このプラットフォームは，ユニバーサルバンク株式会社によって運営されている。同社は，2015年5月設立，本社所在地は，東京都港区東新橋2-7-3昭和アスティック1号館である。2018年9月，第一種少額電子募集取扱業として登録，同年10月日本証券業協会に加入している。さらに，2019年9月，上記 EMERADA EQITY の業務を引き継ぎ，株式投資型クラウドファンディングのプラットフォーム，Angelbank の稼働に向けて体制整備などの準備を進めている。

同社の代表取締役CEOは，鳥居佑輝氏であり，同氏はイーストベンチャーズ株式会社に1号社員として新卒で入社し，未上場ベンチャー企業への投資活動およびファンドレイズ業務に従事した経験を有している。特に，シード段階の投資に従事していた。

同社へのインタビューによると，同社設立段階では，自力で独自のプラットフォームを開設し，運用することを計画していたが，偶然 EMERADA EQITY の事業譲受の話があり，これを有償で引き継ぐことになった。ただし，Angelbank では独自色を出したいと考えている。なお，現在は，EMERADA EQITY の発行会社および投資家とは，メールやオフラインのやり取りを通じてコミュニケーションを維持している。

エメラダの特徴の一つは，新株予約権のスキームであるが，このスキームはベンチャー企業が多数の小口普通株主を抱え込まないようにするスキームとしては十分工夫されたものであると同時に，将来のIPOを見据えた株主政策としても有効であると考えられる。しかし，米国とは違って，国内ではまだ周知

性が高いとはいえない。したがって，株式と新株予約権の二本柱を考えている。ただし，優先株も選択肢として検討している。

　また，エメラダのもう一つの特徴は，全てベンチャーキャピタルが出資した案件に限定した点であるが，この点についてはある程度踏襲したいと考えている。その理由は，ベンチャーキャピタルが投資した案件でもその後の資金調達に苦労している案件もあるため，クラウドファンディングによる資金調達が期待されるからである。また，ベンチャーキャピタルのプレーヤーが少なく，彼らが網羅しきれていない案件も多々あり，それらを発掘できるのではないか考えているからである。

　他方，将来的には，株主コミュニティ制度などを利用した，非上場株式に流動性を付与するビジネスにも意欲を持っている。ただし，そのためには第一種金融商品取引業の登録が必要であるため，相当時間がかかる。

　現在のスタッフとして，正規雇用のメンバー10名を擁しており，エメラダ株式会社出身者は 1 名のみで，他のメンバーは証券会社や金融機関の出身者である。このスタッフで，案件発掘，顧客対応，審査，業務管理，システム運用などを分担している。なお，現在は，プラットフォームの稼働準備中であるため，外部資金に依存している。

　今後は，投資家と企業家の交流を密にするような取り組みを進める予定であり，すでに EMERADA EQITY の投資家と交流会を複数回持っている。現在，コロナショックのため対面での交流会は中断しているが，zoom 等を利用したコミュニケーションを検討しており，フォローアップを重視している。その際，現在のスタッフの有する専門性が活用できると考えている。

　また，今後の収入構成としては，資金調達の際の手数料収入だけに依存せず，システム利用料など安定的な収入源を確保することを考えている。

（ 2 ）　Unicorn

　このプラットフォームは，株式会社ユニコーンによって運営されている。同社は，2015年12月に設立され，本社は東京都新宿区新宿4-3-17FORECAST 新宿 SOUTH 3F，資本金（資本準備金含む）は， 2 億3,350万円である。2018年

12月に第一種少額電子募集取扱業者の登録完了，2019年2月に日本証券業協会（特定業務会員）に加入している。

　同社の代表取締役社長は，安田次郎氏であり，同氏は国際証券（現三菱UFJモルガンスタンレー証券）にて，本邦企業の資本政策・資金調達やIR戦略の立案・執行に従事した後，クレディ・スイス，リーマン・ブラザーズの株式資本市場部にて，IPOを含む，国内外における株式等の資金調達において数多くの主幹事案件を執行した。野村證券移籍後は，第三者割当型の資金調達案件や事業会社が保有する株式の売却や自社株買いについて，デリバティブを活用したスキームなどのソリューション提供業務に従事した経験を有している。

　同社の事業内容は，株式投資型クラウドファンディング，クラウドファンディングサポート，アウトソーシングサービス，セミナーの企画・運営となっている。特に，「企業成長丸ごとサポート」というサービスを提供している。これは，毎月定期的に担当者がオフィスに伺い，現在の経営課題や要望をヒアリングし，解決策を提案するというサービスで，月額制（初期費用なし）という料金システムである。また，「ユニコーンインキュベーション プログラム（UIP）」という，ユニコーン企業を目指す起業家のためのトータル支援プログラムも提供している。

　同社のリリースにおいて，下記の取り組みを公表している。

① 佐賀県と「クラウドファンディングの利活用に関する・協力協定」を締結（2019年5月28日）：佐賀県内企業等による株式投資型クラウドファンディングを活用した，資金調達を推進することで，佐賀県内の起業・創業の支援，地域産業の振興に寄与することを目的としている[20]。

② 株式会社ZUUとの資本業務提携（2019年12月13日）：株式会社ZUUは，東証マザーズ上場会社で，フィンテック・プラットフォーム事業「ZUU on-line」の運営やフィンテック化支援サービスを提供している。また，同社代表取締役の冨田和成氏は，野村證券にて，富裕層向けプライベートバンキング業務などに従事した後，2013年4月に同社を設立した。なお，同社は，この提携によってユニコーンの第三者割当を引き受けている（保有割合

49.13％)[21]。

現時点の案件は，9件である（2020年11月末時点）。

同社へのインタビューの概要は，以下の通りである。

まず，同社設立については，金商法改正を受け，2015年に3名でスタートした。当初のメンバーは，もともと証券会社でキャリアを積んでいたが，この時点では証券会社から離れていた。ただし，登録要件を満たすために，その後IT系や不動産系のバックグラウンドを持つメンバーを含め7名に増やした。株式投資型クラウドファンディングに着目した理由は，日本ではスタートアップやベンチャーへの資金的支援の仕組みがぜい弱で，それが日本の地盤沈下につながっているという危機意識があった。その際，自分たちが養ってきた資金調達のキャリアが有益であると考えた。出資についてもメンバー中心に出資するとともに，エンジェル投資家や事業会社からの出資を受け入れ，2019年12月には，株式会社ZUUが出資し，現在は同社が過半数の株式を保有している。

第二に，同社の特徴については，必ずしも他社との差別化を意識しているわけではないが，資金調達時点だけでなく，3〜5年というスパンで当該企業の成長をサポートすることを常に念頭に置いている。現在，マネジメント担当のメンバーの平均年齢は50代半ばであり，証券業界で様々なキャリアを積んでいるので，自分たちの経験やノウハウがここで生かされると考えている。サポートの内容としては，IPOないしバイアウトに向けたフォローアップを想定している。

第三に，第一種少額電子募集取扱業に関する規制については，登録手続きに2年半を要し，参入についての主務官庁等の姿勢が感じられない面や規制の運用実務が不明確な面があったが，今では状況は改善されているように見受けられる。また，規制内容については，①資金調達額を年間1億円とする上限規制の根拠が明確でない上に少なすぎる点，②いわゆる通算規制[22]によってベンチャーキャピタルからの資金調達などが新株予約権も含めて通算されるため，株式投資型クラウドファンディングの調達枠が制約される点，③株式投資型クラウドファンディングでの資金調達後6か月間は少人数私募での募集ができな

い[23]点など，実務上の問題点がある。ただし，現在日証協のワーキンググループで検討されているので，その成果に期待したい。

　第四に，株式投資型クラウドファンディングで資金調達した会社の株式には流動性がないことは，大きな課題と考えている。現状では，出口としてはIPOもしくはバイアウトしかないが，そのためにはどうしても時間がかかる。したがって，株主コミュニティ制度が活性化すれば，株式投資型クラウドファンディングの魅力も向上すると考えており，すでに株主コミュニティの運用会社となっている証券会社と意見交換を行い，業務提携なども視野に入れている。ただし，現状の株主コミュニティ制度は活発とはいえず，発行会社や投資家にメリットがあるとはいいがたい。また，株主コミュニティ制度を使わずに，自社のプラットフォームで売買するような仕組みづくりを考えた方が実効性が高いかもしれないが，そのためには大きな制度改革が必要となり，未上場株市場のあり方そのものを議論する必要があるだろう。

　第五に，当面は普通株式を中心とした取組を進めていく方針であるが，今後は株式以外のスキームに取り組むことも考えている。その際，新株予約権も考えられるが，このスキームは投資家から見るとわかりにくいため，優先株のような種類株式を検討している。なお，株式投資型クラウドファンディングによって，多数の小口株主に分散化するという課題については，システムによる対応よりもスキームや商品設計で対応することを考えている。

　第六に，今後日本での株式投資型クラウドファンディングは大きく拡大すると考えている。その理由は以下である。①ここ数年，ベンチャーブームといわれるように起業家が増えており，この傾向は今後も変わらないと考えている，②コロナショックにより，ベンチャーキャピタルやコーポレート・ベンチャーキャピタルからの資金提供が鈍化すると予想されるため，株式投資型クラウドファンディングに対する起業家の注目が高まると思われる，③起業などを応援したいと考える個人投資家が増えており，これが大きな流れとなっていくと考えられる。今後，IPOなどの成功事例が出てくると，さらに弾みがつくと思われる。ただし，課題としては，株式投資型クラウドファンディングに対する市

場のプレーヤーの意識の変化が挙げられる。例えば，ベンチャーキャピタルや引受証券会社の担当者には，株主数が多くなると上場が難しくなるというような理由で，株式投資型クラウドファンディングに対して否定的な捉え方をする担当者もいる。このような根拠薄弱な先入観も IPO などの成功例が出てくると変わってくると思われる。

　第七に，当社としてはベンチャーキャピタルとは協力関係を築いていくことを考えている。ベンチャーキャピタルがすでに投資している案件に対して，株式投資型クラウドファンディングでの資金調達を実施するだけでなく，株式投資型クラウドファンディングの資金調達企業に対して，ベンチャーキャピタルが出資を躊躇する場合，その理由を確認し，説明責任を果たすようにしている。現状では，ベンチャーキャピタルがこだわる点として，「みなし清算条項」が挙げられる。ベンチャーキャピタルの中には，この条項を前提として投資する場合がかなりあるため，株主間契約などで「みなし清算条項」[24] を織り込み，ベンチャーキャピタルの資金回収を担保することを検討している。

　第八に，フォローアップについては，発行会社に IR を要請している。具体的には，4半期ごとの情報開示を要請している。定量的な内容と定性的な内容および資金使途の報告をお願いし，それを株主だけが閲覧できるサイトで公開している。株主管理に関するサポート，経営課題に関する助言も行っている。必要に応じて外部の専門家を紹介している。株主総会についても，別途フィーを徴求し，運営上のサポートを行っている。なお，現状は，フォローアップ関連の収益が占める割合は低く，収益構造としては資金調達手数料に依存しているが，中長期的には，M&A コンサル報酬，CFO の紹介など，経営課題に関するソリューションの報酬を増やす必要があると考えている。

　最後に，企業にとって株式投資型クラウドファンディングのメリットとして，資金調達以外に，以下が挙げられる。①自社商品のプロモーションというメリットがある。特に，現在4000名程度の会員を有しているが，会員の SNS での発信はプロモーションという面で効果があり，これは B2C 企業だけでなく，B2B 企業においても同様である。その背景には，当社の会員に30〜40歳

代の働き盛りの世代が多く，これらの会員の発信力は高いことが挙げられる。②資金調達を申し込んだ会社に対して，厳しい審査を行っていることから，審査の過程で経営課題が明らかとなることもメリットである。③株主数が増えるという課題はあるが，今のところ株主が増えたことで具体的な障害が発生した事例は見られない。株主はそもそも応援したいという気持ちを持っているので，IR を丁寧にすれば良好な関係が作れると考えている。また，そのような関係を通じて，経営者が公開会社の意識を高め，コーポレート・ガバナンスを向上させることは重要であり，そのような会社の方が成長していると考えている。

（3）　GEMSEE Equity

　このプラットフォームは，SBI エクイティクラウド（旧 SBI CapitalBase）株式会社によって運営されている。同社は，SBI グループの100％出資で，2017年10月設立，本社は東京都港区六本木1-6-1，資本金 1 億円である。2019年 6 月，第一種少額電子募集取扱業者として登録，2019年 8 月に日本証券業協会（特定業務会員）に加入している。

　同社の代表取締役会長は，SBI ホールディングス代表取締役社長 CEO の北尾吉孝氏である。また，代表取締役社長の紫牟田慶輝氏は，日鉄エンジニアリング，ファーストリテイリングを経て，SBI ホールディングスに転じ，2019年現職に就任した。

　SBI エクイティクラウドは，SBI グループが中小，ベンチャー企業の資金調達をトータルに支援し，ベンチャーエコシステムを活性化させ，新産業を育成・創造することを目的に設立され，その第一弾のサービスとして株式投資型クラウドファンディング・プラットフォームを立ち上げたと説明している。なお，プラットフォームの名称は，Gemstone（原石）と Seeker（探究者）に由来しており，成長を目指すベンチャーとその価値を見出す投資家との両者が出会う場を意図しているとのことである[25]。

　GEMSEE Equity の特徴は，以下である[26]。

① ベンチャー企業支援に関する知見

　SBI インベストメント, SBI 証券を中心にグループ全体で長きにわたりベンチャー企業支援に携わっており, 豊富な経験に基づく知見を有している。

② 事業シナジーの追求

　SBI グループ企業に加え, その投資先, 提携先, 取引先も含めた広い範囲での事業シナジーを追求することが可能である。

③ 情報発信力

　SBI グループの情報発信力を活用し, 製品やサービスの認知度を向上させることができる。

　同プラットフォームの第 1 号案件は, 株式会社 One Terrace (2020年 2 月10日募集開始) であり, 同社は, 日本の労働人口減少にともない, 市場規模の拡大が見込まれる外国人材領域 (留学, 就職, 採用) の課題を解決する HR Tech ベンチャーである[27]。

　同社へのインタビューの概要は, 以下の通りである。

　同社の特徴として, SBI グループが推進する地方活性化に寄与する案件を発掘することを目指している点が挙げられる。第 1 号案件も HRTech を通じて, 外国籍社員の採用を支援し, 地方活性化に貢献できる案件である。今後も再生可能エネルギー事業, 農業分野, あるいは地方の既存企業の新しいチャレンジ (事業承継にともなう第二創業等) を支援していく。日本証券業協会は, 「値上がり益の追求よりむしろ, 投資する会社やその行う事業に対する共感又は支援という意味でご購入していただくべきです。」とウェブサイト等で注意喚起しており, 現在主流となっている IPO 志向モデルだけでなく, 制度本来の趣旨に沿った非上場モデルのユースケースを作ることにより, 本制度の利用の裾野を広げていきたいと考えている。その際, クラウドファンディング実施企業に対するきめ細かなフォローアップを行うことを企図している。経営助言, オンライン株主総会を含めた IR 支援, さらに SBI グループとの連携による営業支援なども含まれる。

　今後の課題としては, このような非上場モデルあるいは地方モデルが認知さ

れるためには，以下の点が課題となる。①配当や株主優待などの株主還元を工
夫する必要がある。特に，流動性を欠いている現状を鑑みると，魅力的な配当
政策は重要である。②投資家のすそ野を広げる努力も必要である。その際，若
年層や女性の投資家に訴求できるかどうかは，重要なポイントとなる。さら
に，一定の投資家教育も提供する必要がある。③このモデルに適合する案件を
発掘する必要があるため，慎重なスクリーニングを行っている。その際，取締
役会の設置を義務付けるなど，ガバナンス面の整備を条件としている。また，
資金調達案件に対するフォローアップも重要である。なお，フォローアップに
よって，発行体のモニタリングを行うとともに，事後的な収益につなげること
を考えている。

　現行規制に関しては，一人当たり50万円の上限規制について，その根拠が不
明確であるだけでなく，必要性についても理解しにくい。様々な投資家がお
り，むしろ投資機会を逸しているケースもあるように思われる。

　なお，前述のような非上場モデルないし地方モデルが定着すれば，かなりの
銘柄数が見込めると思われる。そうなると株主コミュニティ制度による流動性
の付与につながると考えられる。しかし，現状の株主コミュニティ制度の規制
は，オンライン取引と必ずしも親和的でないように見受けられる。むしろ株主
コミュニティ制度以外の流動性供給のあり方を検討することも選択肢かもしれ
ない。

　最後に，株式投資型クラウドファンディングによる資金調達を行うことで，
経営者は外部株主から見られているという意識が高まり，自己規律付けも強ま
る。また，オンラインネットワークを活用することで，会社と株主の対話が促
され，経営改善の効果も期待できる。

（4）　イークラウド

　このプラットフォームは，イークラウド株式会社によって設立され，現在稼
働準備中である。同社は2018年7月に設立され，本社は東京都中央区八重洲
1-5-20東京建物八重洲さくら通りビル3F，2020年3月財務省関東財務局に第
一種少額電子募集取録を完了，2020年4月日本証券業協会（特定業務会員）に

加入している。

　同社は，資本金 4 億4,200万円（資本準備金を含む）のうち XTech58％，Fintertech42％をそれぞれ出資している[28]。なお，XTech は，2018年 1 月，サイバーエージェントの元専務取締役 COO・西條晋一氏によって設立され，既存産業とテクノロジーを融合させることで，新規事業を創出し続ける Startup Studio という事業形態をとり，新規事業，M&A・再生事業，VC の 3 つの事業体で構成されている。現在，正社員数約300名，売上高約70億円（連結）である[29]。また，Fintertech は，2018年 4 月，ブロックチェーンなど最先端のテクノロジーを活用した次世代金融サービスを創出することを目的として，当初は大和証券グループの出資で設立され，その後クレディセゾンが34％出資している。クレディセゾンの出資に際しては，クラウドファンディング向け案件の紹介および人材のサポート等の連携強化による事業推進の加速や，クレディセゾンのノウハウと大和証券グループの顧客基盤を活用したローン事業の展開などが表明されている[30]。現在のプロダクトとしては，デジタルアセット担保ローンを提供している[31]。

　代表取締役の波多江直彦氏は，サイバーエージェントで，広告代理部門，スマホメディア，オークション事業立ち上げ，子会社役員等を経て，サイバーエージェント・ベンチャーズで投資事業に従事した後，XTech Ventures にてパートナーとして，VR，SaaS，モビリティ，HRTech，シェアリングエコノミー，サブスクリプションサービスなどへの投資実行を担当した経験を有している。取締役の戸塚誠一氏は，大和証券にて，証券アナリストとして，企業分析，業績予想，投資判断などを担当，企画，金融商品仲介，ラップを始め，新規業務の企画・立ち上げ，提携交渉等に従事した経験を有している。星屋和紀氏は，新日本証券にて，個人営業部門から債券ディーラー部門を経てコンプライアンス部門に在籍し，日本証券業協会監査一部で専門監査員の経歴を有している。執行役員の升井亮氏は，サイバーエージェントにて，最注力事業 AbemaTV の経営企画部門にて戦略立案に従事した後，XTech Ventures にて，D2C，人材，広告，ヘルスケアなど，8 社の投資実行を担当した経験を有して

いる[32]。

　同プラットフォームの 1 号案件は，2020 年 7 月 29 日より募集開始された。

　同社に対して，インタビューを行う機会を得た。その概要は以下の通りである。

　まず，同社には，2 つの母体がある。ひとつは，XTech であり，同社第 1 号の事業子会社としてイークラウドが設立された。もう一つは大和証券グループである。したがって，IT とベンチャーキャピタルと金融・証券という 3 つのバックグラウンドを有している。

　次に，設立の背景としては，次の 3 点が指摘できる。①親会社である，XTech 株式会社は，Startup Studio として，既存産業とテクノロジーを融合させることで，新規事業を創出することをコンセプトとしており，そこで蓄積された専門性や技術が利用可能であり，すべてのシステムを独自に開発・構築できる。②ベンチャー投資のノウハウを有している。③個人投資家に有望な投資機会を提供することによって，個人金融資産をベンチャー育成のためのリスクマネーにつなげていく必要性がある。

　第三に，同社の特徴としては，上記のバックグラウンドを有することから，①大和証券グループの Fintertech との資本業務提携，② XTech グループとして資金調達から EXIT まで支援可能，③ベンチャーキャピタル出身者や起業経験者などのプロによる資金調達支援という点を挙げることができる。特に，クラウドファンディングの資金調達企業に対する支援としては，ベンチャーキャピタルやエンジェル投資家および銀行とのコラボレーションを重視している。また，株式投資型クラウドファンディングの課題として，小口株主が増加し，反社会的勢力排除，会社運営や契約の煩瑣さなどが挙げられるが，IT をベースとしたシステム対応とベンチャーキャピタルで利用されている株主間契約を株式投資型クラウドファンディング向けに調整し，これらの課題を解決することを計画している。特に，株主総会の電子化など，IT をバックグラウンドとしていることの強みが発揮できると考えている。

　第四に，現時点では，普通株による株式投資型クラウドファンディングのス

キームを想定している。ただし，今後は新株予約権や優先株の取り組みも視野に入れている。なお，種類株主については，現行規制では手続き面の課題があるため，さらなる工夫が必要と考えられる。

第五に，現行規制については，やや実態に相即していない面も指摘できる。例えば，発行会社に対する上限1億円の規制の意味について疑問がある。また，内部管理責任者の規制についてもコストがかかる割に，その必要性については再検討の余地がある。さらに，審査担当者の規制についても，ベンチャーキャピタルが目利きした案件には，必ずしも審査が必要とはいえない場合もある。

第六に，非上場株式の流動化については，必要性を重視しているものの，現行の株主コミュニティ制度は制約が多いため魅力的とは言い難い。むしろセキュリティトークンを利用することで流動性を付与することや，規制上の制約が解かれれば，プラットフォーム上での流動性付与なども考えられる。

第七に，資金調達企業にとって株式投資型クラウドファンディングのメリットとして，①ファンが株主となることで，株主とともに事業を発展・成長させることができる，②ベンチャーキャピタルに比べて，株主一人当たりの持分が小さいため，経営の自由度が高い，③ベンチャーキャピタルと比べて短期間で資金調達可能で，事業成長に時間を集中できる，④企業情報を公開することによって周知性を高めることができる，などが挙げられる。なお，外部株主が登場することによって，ガバナンスが向上するかどうかは，ケース・バイ・ケースであろう。早期のベンチャー企業にとっては，外部株主のプレッシャーは，事業成長に専心することの妨げになる場合もあり得る。

第八に，プラットフォーム運営会社の収入構成として，資金調達手数料を中心に考えており，株主管理手数料など，事後の継続的な報酬の徴求は想定していない。

最後に，今後の株式投資型クラウドファンディングの発展・拡大については，①株式投資型クラウドファンディングそのものの認知度の向上，②小口株主増に起因する課題の解決とその認識の共有・普及，③IPOやM&Aの実績

作り，といった点がポイントとなるものと考えられる。

小括

　国内の株式投資型クラウドファンディングのプラットフォーム運営者への調査から以下の3つの変化をみることができる。

　まず，大手証券系の参入が相次いだことである。前述のように，イークラウドおよびGEMSEE Equityは，それぞれ大和証券グループおよびSBIグループが出資している。当初，株式投資型クラウドファンディングに対しては，大手証券会社の関係者の反応は芳しくなく，消極的な印象が持たれていたが，今や様相は大きく変化したと思われる。

　次に，多様な人材の流入という点も指摘できる。新規参入のプラットフォームの関係者を見ると，証券・銀行系，IT・システム系，ベンチャーキャピタル系など，多様なエキスパティーズと経験を有した人材が流入していることが注目される。

　第三に，ネットワークの拡大という点も指摘できる。各プラットフォームの取り組みを見ると，地方自治体をはじめ，銀行などの金融機関，ベンチャーキャピタル，IT・システム企業など，多様な分野と連携関係を構築し，ネットワークを拡大していることが分かる。このことは，株式投資型クラウドファンディングが様々な面で有力なツールとして認知され始めたことを示唆していると思われる。

　いくぶん回想的なコメントになるが，2014年5月の金商法の改正によって，投資型クラウドファンディングが解禁となった際，株式投資型クラウドファンディングについては，株式発行会社の潜在的ニーズ，流動性の見込めない株式投資の可能性，さらにプラットフォームの採算性などの点において，懐疑的な見方もあったが，それから6年を経過した現在，プラットフォーム運営会社が6社に達したことは，予想を上回る展開といえるだろう。

まとめ

　本章では，海外の株式投資型クラウドファンディングの拡大について，英国
および米国を中心に紹介した上で，国内のクラウドファンディングについて考
察した。その結果，国内の株式投資型クラウドファンディングの市場規模は，
英米に比べるとはるか後塵を拝していることが確認されたが，その一方で国内
のプラットフォームの新規参入が相次ぎ，今後の発展が期待される状況となっ
ていることも確認できた。

　今後国内の株式投資型クラウドファンディングの展開を考えるうえでの注目
点としては，以下の3点が挙げられる。

　まず，株式投資型クラウドファンディングの案件からIPO銘柄が登場する
かどうかという点である。例えば，英国では2015年7月にSeedrsを通じて株
式投資型クラウドファンディングによって100万ポンドの資金調達を行っ
た[33]，事業者向け会計ソフトウェア開発会社，FreeAgent Holdings plc（2007
年設立，本社エジンバラ）が，2016年11月，ロンドン証券取引所AIMに上場
し[34]，株式投資型クラウドファンディング案件のIPOとして注目された[35]。こ
のことは，株式投資型クラウドファンディングの認知度だけでなく，投資家の
注目度を高めたと思われる。ちなみに，英国の株式投資型クラウドファンディ
ングの推移を見ると，2013年2,800万ポンド，2014年8,400万ポンド，2015年
24,500万ポンドと堅調に推移したが，2016年は27,200万ポンドとやや伸び悩ん
だ後，2017年33,300万ポンド，2018年36,300万ポンドと伸びている。この背景
には，IPO案件が刺激になっている可能性がある。このことからも今後の株式
投資型クラウドファンディングの展開にとって，IPO案件の登場は重要な注目
点といえる。

　次に，IPO案件に過度な関心が偏ることも懸念される点である。株式投資型
クラウドファンディングの案件のうち，IPOを達成できる会社は，全体のうち
の少数であると思われる。逆に，IPOに至らない会社やそもそもIPOを目指

していない会社においても，株主にとって満足できる成果を還元する必要がある。その際，配当や株主優待のような経済的な成果だけでなく，投資を通じて地域貢献や環境対策に寄与したという満足感も成果に含まれるだろう。株式投資型クラウドファンディングを通じて，そのような投資のあり方が認知されるかどうかという点も注目される。

　第三に，流動性をどのように提供できるかという点も注目点として挙げられる。現状では，株式投資型クラウドファンディングの資金調達企業は，流動性を欠いており，IPO を待つしかない状態である。流動性を抜きに市場の拡大を展望することは極めて難しい。流動性付与のあり方として，既存の株主コミュニティ制度との連携だけでなく，各プラットフォームの独自の取り組みもあり得るだろう。ただし，そのためには規制上の改革も必要になるものと思われる。

［謝辞］本章執筆に際しては，柴原祐喜氏（株式会社日本クラウドキャピタル），布施知芳氏（同），出縄良人氏（DAN ベンチャーキャピタル株式会社），鳥居佑輝氏（ユニバーサルバンク株式会社），佐伯正親氏（株式会社ユニコーン），紫牟田慶輝氏（SBI CapitalBase 株式会社），波多江直彦氏（イークラウド株式会社），升井亮氏（同），佐々木瞭氏（同）のご協力を賜りました。ご協力に心より感謝申し上げます。また，本章は，桃山学院大学共同研究プロジェクト（20連277：デジタル・ファイナンスによる地域活性化の可能性）の成果の一つです。同プロジェクトによる支援に厚く御礼申し上げます。

＜注＞

1）　同報告書に依拠した記述については，煩瑣さを避けるために，該当箇所の注記を省略した。
2）　中国市場の落ち込みは，規制強化が主因であるとされている。中国の規制に関しては，李立栄［2017］参照。
3）　拙稿［2015］参照。
4）　例えば，英国のプラットフォームである，Seedrs が株式投資型クラウドファンディングによって資金調達した会社株式の流通市場を形成する取り組みを企画していることが報じられている。'Placing trades: An attempt to bring liquidity into a new market', *The Economist*, May 20th, 2017, p.61, 参照。現在，同プラットフォームでは，流動化が行われているようである。https://

　　www.seedrs.com/secondary-market?context=secondary（2020年 9 月28日，アクセス）

5 ）　Seedrs の HP，参照。https://www.seedrs.com/freeagent（2020年 9 月28日，アクセス）

6 ）　London Stock Exchange Group の HP，参照。https://www.lseg.com/markets-products-and-services/our-markets/london-stock-exchange/equities-markets/raising-equity-finance/market-open-ceremony/london-stock-exchange-welcomes-freeagent-aim（2020年 9 月28日，アクセス）

7 ）　ネットニュースによる報道としては,SaaSgarage 'Lessons from a young Scottish company（FreeAgent）that listed on the stock exchange'（February 9, 2017）https://saasgarage.com/news/portfolio/freeagent-ipo-experience/CITYA.M 'From crowdfunding to IPO in 16 months: Edinburgh tech company claims UK first with Aim flotation'（Wednesday 16 November 2016 2：31pm）https://www.cityam.com/crowdfunding-ipo-16-months-edinburgh-tech-company-claims-uk/（2020年 9 月28日，アクセス）

8 ）　現在,特定業務会員として加入しているのは， 9 社である。このうち 6 社が株式投資型クラウドファンディングの運営業者である。なお，他の 3 社は，特定店頭デリバティブ取引業者である。

9 ）　詳しくは，拙稿（2017）参照。

10）　同社プレスリリース「株式投資型クラウドファンディング「FUNDINNO」累計成約額33億円，累計成約件数100案件を突破！」（2020年 8 月 6 日）https://www.cloud-capital.co.jp/2020/08/06/fundinno0806/（2020年10月 8 日，アクセス）

11）　前掲，拙稿（2017）参照。

12）　Angel List については，同 HP 参照。https://angel.co/（2020年 5 月31日，アクセス）

13）　「上場まで一気通貫支援　福井 C&C　株式型 CF と連携」『福井新聞』2019年 5 月23日， 6 ページ，および「福井銀子会社，株式投資型 CF 大手と提携」『日本経済新聞電子版』2019年 5 月23日 17：25，参照。

14）　プレスリリース「『FUNDINNO』初の EXIT 事例！〜相対取引の結果，株価1.5倍で FUNDINNO 投資家にリターン〜」（2019年 7 月 8 日），参照。https://www.cloud-capital.co.jp/2019/07/08/%e3%80%8cfundinno%e3%80%8cexit/（2020年 5 月31日，アクセス）

15）　プレスリリース「ファン投資家へ"ファンディーノ型新株予約権"新サービスリリースのお知らせ〜個人投資家ファーストの優しい設計にこだわった日本初の仕組み〜」（2019年 9 月11日）参照。https://www.cloud-capital.co.jp/2019/09/11/jcc0911-2/ 当該スキームについては，同社 HP「新株予約権とは？」参照。https://fundinno.com/about_stock_option（2020年 5 月31日，アクセス）

16）　同社 HP，https://camp-fire.jp/about，参照（2020年10月19日，アクセス）

17）　同社 HP，https://campfire.co.jp/，参照（2020年10月15日，アクセス）

18）　拙稿（2018a）参照。

19）　エメラダ株式会社 HP，参照。https://emeradaco.com/（2020年 5 月31日，アクセス）

20）　同社「株式会社ユニコーンは佐賀県と「クラウドファンディングの利活用に関する・協力協定」を締結いたしました」（2019年 5 月28日）https://unicorn-cf.co.jp/2019/05/1905-004/（2020年 5 月31日，アクセス）

21）　同社「株式会社 ZUU との資本業務提携に関するお知らせ」（2019年12月13日）https://unicorn-cf.co.jp/2019/12/1912-001/（2020年 5 月31日，アクセス）

22）　金商業等府令第16条の 3 第 2 項「令第十五条の十の三第二号に規定する内閣府令で定める方法は，募集又は私募に係る有価証券に対する個別払込額（有価証券を取得する者がそれぞれ払い込む額をいい，当該有価証券が新株予約権証券である場合には，当該額に当該新株予約権証券に係る新株予約権の行使に際して払い込むべき金額を合算した金額とする。以下この項において同じ。）に，当該有価証券の募集又は私募に係る払込みが行われた日前一年以内に応募又は払込みを行った同一の発行者による当該有価証券と同一の種類の有価証券の募集又は私募に係る個別払込額を合算する方法とする。」

23）　少人数私募は過去半年間の勧誘人数が通算50名までと制限されているが，クラウドファンディ

ングはインターネットで募集を行うという性質上，勧誘人数は不特定多数（50人以上）となる。このため，過去半年にクラウドファンディングを実施していた場合，過去の勧誘人数を含めて50名以上となるため，少人数私募の要件を満たさないこととなる。ただし，通算対象は同一種類の株式であるため，別の種類の株式を発行するのであれば，この限りではない。

24) みなし清算条項とは，ベンチャーキャピタルなどが優先株式によって出資する場合に使われる条項であり，合併や株式交換などによって取得した対価を残余財産とみなし，優先株主に分配することを定めるものである。

25) 同社「ICO プラットフォーム事業の進捗について」（2020年10月14日，アクセス）https://sbiec.jp/news/detail/7.html

26) 同社 HP，https://sbiec.jp/（2020年10月14日，アクセス）

27) 同社 HP，https://oneterrace.jp/（2020年10月14日，アクセス）また，同案件の調達金額28,250,000円，目標募集額25,000,000円，上限募集額28,750,000円，申し込み投資家人数89人となっている。https://gemsee.jp/equity/project/1（2020年10月14日，アクセス）

28) PRTIMES「XTech，株式投資型クラウドファンディング参入で新会社を設立―大和証券グループから資金を調達」（2018.11.21）https://thebridge.jp/2018/11/xtech-to-launch-equity-crowdfunding（2020年5月31日，アクセス）

29) XTech 社 HP，https://xtech-corp.co.jp/（2020年5月31日，アクセス）

30) 同社プレスリリース「株式会社クレディセゾンによる Fintertech 株式会社への資本参加に関するお知らせ」（2020年1月31日），https://fintertech.jp/news/20200131_press_jv/（2020年5月31日，アクセス）

31) 同社 HP「デジタルアセット担保ローンのご案内」によると，暗号資産を担保に融資するサービスであり，法人または個人の借り手は，これにより暗号資産を売却することなく日本円の調達が可能となる。https://fintertech.jp/media/images/pdf/product_dablls.pdf（2020年5月31日，アクセス）

32) 同社 HP，https://corp.ecrowd.co.jp/（2020年5月31日，アクセス）

33) Seedrs の HP，参照。https://www.seedrs.com/freeagent（2020年5月31日，アクセス）

34) London Stock Exchange Group の HP，参照。https://www.lseg.com/markets-products-and-services/our-markets/london-stock-exchange/equities-markets/raising-equity-finance/market-open-ceremony/london-stock-exchange-welcomes-freeagent-aim（2020年5月31日，アクセス）

35) ネットニュースによる報道としては，SaaSgarage 'Lessons from a young Scottish company (FreeAgent) that listed on the stock exchange' (February 9, 2017) https://saasgarage.com/news/portfolio/freeagent-ipo-experience/CITYA.M 'From crowdfunding to IPO in 16 months: Edinburgh tech company claims UK first with Aim flotation' (Wednesday 16 November 2016 2 : 31 pm) https://www.cityam.com/crowdfunding-ipo-16-months-edinburgh-tech-company-claims-uk/（2020年5月31日，アクセス）

＜参考文献＞

松尾順介［2015］「英国の投資型クラウドファンディング規制」『証研レポート』1692号，2015年10月，10～21頁

松尾順介［2016］「英国のクラウドファンディング市場―FCA による新規制導入後の市場動向―」第96号，2016年12月，21～41頁

松尾順介［2017］「投資型クラウドファンディングとベンチャー育成」『証券経済研究』第100号，2017年12月，55～74頁

松尾順介［2018a］「日本におけるクラウド SAFE の試み」『証研レポート』No.1706，2018年2月，28～49頁

松尾順介［2018b］「拡大する国内株式投資型クラウドファンディング」『証研レポート』No.1707,
　2018年 4 月，11〜36頁

李立栄［2017］「急成長する中国のオンライン・オルタナティブ・ファイナンスと課題」『野村資本市
　場クォータリー』2017冬号

Cambridge Centre for Alternative Finance（CCAF）［2020］"The Global Alternative Finance
　Market Benchmarking Report: Trends, Opportunities and Challenges for Lending,Equity, and
　Non-Investment Alternative Finance Models" , April 2020

Cherowbrier, James［2020］'Annual market value of equity based crowdfunding in the United
　Kingdom（UK）from 2013 to 2018', statista, May 6, 2020 https://www.statista.com/statistics/797673/
　equity-based-crowdfunding-uk/

第7章　決済・金融サービス仲介
法制の見直し

横山　淳

はじめに

　「金融」は，「社会の重要なインフラ」であり，その安全性を確保するために，その担い手には，特別な資格，特別な義務 etc. が要求される。それが「規制」である。「金融」を事業として営む金融事業者には，そうした特別な規制が課される代わりに，排他的に「金融」を営むことが許される。このような形で，「金融」と「非金融」との間には厳格な「壁」が設けられていた。

　こうした「壁」は，「金融」と「非金融」の棲み分けが一般的であった時代には，有効に機能した。確かに，「非金融」を本業とする事業者が，正面から必要な許認可を得て「金融」子会社等を設立し，既存の「金融」規制に服した上で参入する事例はあった。しかし，「非金融」の事業者が，技術上，費用上の問題を乗り越えてまで，「金融」分野に参入することは稀であり，あえて規制という「壁」の外で「金融」を営もうとする者は，規制の潜脱を意図した無資格営業者であるとの推測が成り立った。

　ところが，IT の進展により，こうした環境が大きく変貌しつつある。すなわち，IT の進展により，これまで技術上，費用上，困難だった問題が，次々と可能となる中，「非金融」の事業者が，その本業の高度化，効率化を，IT を活用して進めていった結果，「金融」と類似した，あるいは「金融」そのものに該当するようなサービスを提供するようになったのである。こうした活動を，最初から規制の潜脱を意図した無資格営業者と同列に禁止することは，イ

ノベーションを通じた本業の高度化，効率化を否定することにもなりかねない。産業，経済政策上の観点からは，こうした活動を何らかの形で受け入れていかなければならない。こうして「金融」と「非金融」を隔てた「壁」が溶解することとなった。

　他方，「規制」が有する本来の目的である，「金融」という「社会の重要なインフラ」において，安心・安全なサービスを国民に提供することの必要性は，いまもなお健在である。いかにイノベーションの促進のためとはいえ，国民の生命，身体，自由，財産を損なうリスクを冒すことは許容することはできない。これは「金融」分野についても同様である。

　その結果，これまで「非金融」として「壁」の外にあったものを，何をどこまで「金融」の規制に取り込んでいくべきか，という大きな問題に直面することとなる。その際，特に問題とされるのが，「安全性」と「利便性」という二つのキーワードである。

　一般に，「安全性」と「利便性」は，同じレベルのトレードオフの関係にあるものととらえられ，両者のバランスが重要である，と説明される。しかし，こうした考え方に筆者は疑念を禁じ得ない。

　「安全性」は，それが顧客・利用者のためになることは自明である。ただ，その「安全性」を実現するためのコストを誰が，どのように分担するのか，という問題があるだけだ。

　他方，「利便性」は，それほど単純ではない。それが誰のための利便性なのか，それが真に顧客・利用者のための利便性につながるのか，単に業者が顧客・利用者をそのように誘導したいだけではないのか，などをきちんと見極める必要がある。さらに，「利便性」の名のもとに，切り捨てられるもの，失われるものについても，しっかりと目を配る必要があるだろう。

　その意味では，そもそも「安全性」と「利便性」を単純に天秤にかけることは，適切ではない。まず，サービスの提供者が，最低限遵守すべき「安全性」の基準を定めた上で，その範囲内で「利便性」を競争させるべきなのであって，その逆，まず，「利便性」ありきで，その範囲内で「安全性」の基準を定

めることは適切ではない。

　このような視座から，決済・金融サービス仲介法制の見直しを振り返ってみたい。

図表7-1　決済・金融サービス仲介法制を巡る議論の経緯

2017年11月	金融制度スタディ・グループ審議開始
2018年6月	「中間整理」をとりまとめ
2018年12月	「仮想通貨交換業等に関する研究会」報告書
2019年1月	「金融機関による情報の利活用に係る制度整備についての報告」
2019年5月	「情報通信技術の進展に伴う金融取引の多様化に対応するための資金決済に関する法律等の一部を改正する法律」，可決，成立
2019年7月	「『決済』法制及び金融サービス仲介法制に係る制度整備についての報告≪基本的な考え方≫」とりまとめ
2019年10月	決済法制及び金融サービス仲介法制に関するワーキング・グループでの審議開始
2019年12月	「決済法制及び金融サービス仲介法制に関するワーキング・グループ」報告とりまとめ
2020年3月	「金融サービスの利用者の利便の向上及び保護を図るための金融商品の販売等に関する法律等の一部を改正する法律案」，国会提出
2020年6月	「金融サービスの利用者の利便の向上及び保護を図るための金融商品の販売等に関する法律等の一部を改正する法律」，可決，成立

〔出所〕大和総研金融調査部制度調査課作成

Ｉ．金融制度スタディ・グループ

1．機能別・横断的な金融規制の再構築（中間整理まで）

　2017年11月，麻生財務大臣兼金融担当大臣から，金融審議会に対して，情報技術の進展等の環境変化を踏まえた金融制度のあり方に関して諮問が行われた。具体的には，「機能別・横断的な金融規制の整備等，情報技術の進展その他の我が国の金融を取り巻く環境変化を踏まえた金融制度のあり方について検討を行うこと」である。

　諮問を受けて，金融審議会に金融制度スタディ・グループ（金融制度 SG）が設置され，審議が開始された。金融制度 SG においては，「金融制度をめぐる環境の変化等に関する論点」として次の問題点が提起された。

図表7-2　金融制度スタディ・グループの主な論点

●フィンテックを巡る最近の動きについて，どう捉えるか。
●シャドー・バンキングなど，リーマンショック以降の内外の金融の動向をどう捉えるか。
●金融と非金融の境界線があいまいとなってきているなか，「金融」そのものの概念自体が大きく変容していく可能性があるとの指摘について，どう考えるか。
●デジタル通貨の出現等が金融システムに与える影響について，どう考えるか。
●その他金融システムや金融業等を変革する可能性があるものとして，どのような事柄が考えられるか。また，その影響をどう考えるか。
●こうした変化に対応するために，機能別・横断的な法体系を検討するとの方向性についてどう考えるか。

●以上の他，金融制度をめぐる環境の変化等に関して，留意しておくべきことがあるか。

〔出所〕平成29年11月29日開催金融審議会金融制度スタディ・グループ「事務局説明資料」p.10

　これらの問題提起は，当時の状況を踏まえれば，時宜にかなったものであったと言えるだろう。この中でも，特に重要だと考えられるのが，3点目と6点目である。すなわち，従来型の「金融と非金融の境界線があいまいとなってきているなか」，「金融」概念を再定義し，必要な範囲に過不足なく規制を整備することである。

　そして，そのための方策として，従来の銀行，証券，保険などといった業態縦割りの金融規制を改め，同一の機能・リスクには，同一の規制を課すという考え方に基づき，機能別・横断的な金融規制を目指すという方向性が示されたのである。これは「金融」と「非金融」を隔てる「壁」が溶解した後の，先の見えない流動的な状況の中に打ち立てるべき新たな「秩序」として，相応しい考え方であると言えよう。

2. 中間整理（金融の「4つの機能」）

約8ヶ月の審議を経て，翌2018年6月19日，金融制度SGは，「中間整理―機能別・横断的な金融規制体系に向けて―」（「中間整理」）をとりまとめ，公表した。

「中間整理」のポイントをまとめると次のようになる。

図表7-3　中間整理のポイント

1．見直しの方向	従来の業態別の規制を見直し，機能別・横断的な金融規制を目指す
2．「機能」の分類	さしあたり，次の4「機能」に分類する ①決済 ②資金供与（貸付など） ③資産運用（金融商品取引業など） ④リスク移転（保険など） ※銀行業は，①決済＋②資金供与＋預金受入れ(注1)
3．規制の態様	①（金融）「機能」の確実な履行 ②利用者に対する情報提供等 　⇒誠実義務，忠実義務，株式・社債等の発行者による情報開示，サービス提供者による情報提供義務，適合性原則，意向把握義務，不招請勧誘の禁止，過剰貸付の防止など ③利用者資産の保護等 　⇒財務規制，業務範囲規制，セーフティネット，分別管理など ④利用者情報の保護 ⑤マネー・ローンダリング及びテロ資金供与の防止 ⑥システミックリスクの顕在化の防止 ⑦市場の公正性・透明性の確保 　⇒現行の金融商品取引法の規制を他の分野まで拡大するか検討
4．銀行等の業務範囲規制	既存の銀行・銀行グループに係る重厚な規制群について，機能別・横断的な金融規制体系の考え方に照らして過剰となっている部分があれば，それらを適切に見直していくことも考えられる（本文参照）
5．プラットフォーム規制	プラットフォーム提供者に対する規律のあり方を検討する
6．今後の課題	◇多様なプレーヤーの参入を踏まえた公正な競争条件の確保 ◇利用者情報の適切な保護・管理と幅広い情報の利活用を両立できる環境の整備 ◇AI（人工知能），ブロックチェーン技術への対応 ◇「単一のライセンス」(注2)についての検討

（注1）「預金受入れ」については，独立の「機能」としては整理せず，「資金供与」といった機能との組み合わせによって信用創造を生じさせる「業務」として位置付ける方向性が示されている。その上で，信用創造に伴うリスクに対応するため，「資金供与」などよりも一定程度ルールを加重することが想定されている。

（注2）ここで言う「単一のライセンス」とは，幅広い金融サービス・業務を単一のライセンス（資格）の下で規制・監督することを意味する。ただし，ライセンス（資格）は一つだが，提供するサービス，営む業務の範囲が広ければ，それだけ課される規制は，原則として，多く，重くなる。

〔出所〕「中間整理」に基づき大和総研金融調査部制度調査課作成

　新たな「機能別・横断的な金融規制」のベースとなる「2．機能の分類」，「3．規制の態様」の方向性が示されている。この中には，例えば，銀行業を「①決済＋②資金供与＋預金受入れ」と整理するなど，金融のアンバンドリング・リバンドリングを踏まえた取組みも認められる。もっとも，全体としては，既存の金融規制の枠組みから大きく外れるものではないと言えるだろう。むしろ，既存の大枠を維持した上で，金融と非金融の境界線があいまいになっている分野において，従来型の金融を超えた範囲まで，金融規制のレンジを拡大することを意図したものと評価できるだろう。これは同時に，従来型の金融事業者に対しても，従来非金融に分類されていた，周辺領域まで事業として取り込むことを容認することも視野に入れているとも考えられる。

　このことは，「4．銀行等の業務範囲規制」において，金融（銀行）と非金融（事業会社）との関係が議論されたこととも関連する。すなわち，銀行法の下では，銀行や銀行持株会社は子会社規制，出資規制（いわゆる5％ルール）などによりグループ内に事業会社を有することが，原則として禁止されている。それに対して，非金融の事業会社は，銀行の主要株主としての規制に服する必要はあるものの，グループ内に銀行を有することが認められているという問題である。この点について，「中間整理」は，明確な結論を示してはいないが，業務範囲規制のイコールフッティング，銀行の本業へのリスク遮断効果，銀行業と商業（コマース）の分離といった論点を指摘している。

　この議論の問題意識は，もちろん，競争条件の公平性にあるわけだが，純然たる銀行・銀行グループと，他業態から参入した銀行・銀行グループの対立と

捉えると，問題を矮小化することになる。むしろ，今後，巨大 IT ネットワーク企業が傘下に銀行を持つこと（あるいは銀行と同様のサービスを提供すること）となった場合に想定される影響まで視野に入れた，幅広な議論が必要とされていると考えるべきだろう。この問題意識は，「中間整理」が，特に「5．プラットフォーム規制」と関連して，「膨大な情報の蓄積などの強みを生かしつつ，様々な非金融サービスに金融サービスを組み合わせる巨大なプラットフォーム提供者の有する機能・リスク」に対する格別の考慮の必要性を指摘していること[1]にも表れている。

　なお，「5．プラットフォーム規制」については，少なくとも「中間整理」の時点では，いわゆる P to P レンディングなどを念頭に，「インターネット等を利用し，契約相手を見つけようとする資金等の出し手と受け手の間に介在して，契約を成立させるための仕組み（プラットフォーム）を提供する者」[2]に対する規制が想定されていた。これが，その後の議論の中で，大きく変わっていくことになる。

3.　情報の利活用に関する2019年 1 月報告

　翌2019年 1 月16日，金融制度 SG は，「金融機関による情報の利活用に係る制度整備についての報告」（「2019年 1 月報告」）を公表した。これは，前記「中間整理」における「4．銀行等の業務範囲規制」を踏まえて，①情報の適切な利活用と②銀行・銀行グループに対する規制の見直しの 2 点，特に，金融機関による情報の利活用と，金融機関の業務範囲規制に関する見直しの方向性をまとめたものである。

　「報告」の概要を整理すると次のようになる。

図表7-4　2019年 1 月報告の概要

○伝統的な金融機関の業務範囲規制について，次のような見直しを行う。
①　保有する情報を第三者に提供する業務であって銀行業に何らかの形で関連するものを銀行本体が営むことを可能とする。
②　保険会社，第一種金融商品取引業者等についても，上記①の業務に相当する業務を本体が営むことを認める。

③　平成28年の銀行法等の改正で，銀行が子会社等とすることを認められた高度化等
　会社^(注1)に相当する会社を保険会社^(注2)が子会社として保有することを認める。

(注1)「情報通信技術その他の技術を活用した当該銀行の営む銀行業の高度化若しくは当該銀行の利
　　　用者の利便の向上に資する業務又はこれに資すると見込まれる業務を営む会社」（銀行法16条
　　　の2第1項12号の3）。いわゆるフィンテック企業などが想定される。
(注2)　第一種金融商品取引業者（証券会社等）には，特段の子会社の範囲規制は課されていないの
　　　で，理論上，法改正がなくても高度化等会社を子会社にすること自体は可能である。
〔出所〕2019年1月報告に基づき大和総研金融調査部制度調査課作成

　このような業務範囲規制の見直しを行う背景について，「2019年1月報告」
は，次のように説明している。

　近年，金融と非金融の垣根を越えた情報の利活用により，一般事業会社や
フィンテック事業者を中心に，従来は存在しなかった利便性の高いサービスを
提供する者が出現しつつある。こうした流れが拡大していく中で，「2019年1
月報告」は（a）情報に関するルールのあり方（個人情報保護，情報保護と利
活用との両立など）と（b）情報の利活用の社会的進展を踏まえた伝統的な金
融機関の業務範囲規制のあり方の2点に留意すべきであるとする。

　ところが，（a）は，金融制度SGの役割を超えるものであり，金融分野だ
けに限定される問題ではない。そこで金融制度SGは，（b）について，伝統
的な金融機関が，社会全体の変化に適切に対応していく環境を整備するために
は，これまでの厳格な業務範囲規制の見直しが必要である，という考え方に基
づき，前記①〜③の見直しを提言したというわけである。

　提言内容は，同年5月31日に可決・成立した「情報通信技術の進展に伴う金
融取引の多様化に対応するための資金決済に関する法律等の一部を改正する法
律」に盛り込まれている（6月7日公布）。

4.　金融制度SG報告（決済を先行して議論，プラットフォーマーは「新仲介業」に）

　2019年7月26日，金融制度SGは，報告書「『決済』法制及び金融サービス
仲介法制に係る制度整備についての報告《基本的な考え方》」（金融制度SG報
告書）をとりまとめた。

　金融制度 SG 報告書は，主に①決済の横断法制と②プラットフォーマーへの対応の 2 点についての「基本的な考え方」を整理している。

　金融制度 SG 報告書のポイントをまとめると次のようになる。

図表7-5　金精度 SG 報告書のポイント

「決済」法制	資金移動業	送金等上限額	資金移動業者を次の 3 つの区分にわける ①高額送金を取り扱う「第 1 類型」 ②現行規制を前提とした「第 2 類型」 ③少額送金のみを取り扱う「第 3 類型」
		利用者資金の保全	利用者資金の保全方法を検討（保全額の算定時点と保全時点のタイムラグの解消，合理的な保全方法のあり方など）
		利用者資金の滞留制限	他者から送金されて入金された資金について，利用者の預金口座に払い出すなどの措置を講じる
	前払式支払手段 （プリペイドカード）		◇「第三者型」であって，かつ，「IC 型」又は「サーバ型」に該当する場合について，利用者資金の保全に関する規制を見直す ◇受入れ上限額が数万円以下のサービスについては，規制緩和の特例を検討する ◇犯収法上の取引時確認義務等は見送る（払戻しが認められてないため）
	収納代行・代金引換等		◇収納代行が資金移動業にあたることを明らかにする。 ◇従来型の大手コンビニや大手運送業者による代金引換など適切な利用者保護が図られているものについては，新たな規制は課さない。 ◇一般消費者が債権者である収納代行については，資金移動業としての規制の対象とする。
	ポイント・サービス		◇現時点において，制度整備が直ちに必要な状況にはない（新たな規制の導入は見送り） ◇ただし，前払式支払手段（プリペイドカード）規制の潜脱行為などには留意する。
	利用者トラブル	加盟店，抗弁権の接続	法令上，一律・画一的に設けることは，必ずしも適当ではない
		無権限取引	無権限取引が行われた場合の責任分担等に関するルールについて，さらに検討

	ポストペイサービス	◇過剰与信防止を確保しつつ，少額に限定したサービスについて規制の合理化を図る ◇具体的な審議は，「信用供与」（融資，貸付等）の規制に関する審議の中で取り上げる。
金融サービス仲介法制	参入規制の一本化等	◇ワンストップで提供する仲介業者（プラットフォーマー）を念頭に参入規制の一本化を図る ◇行為規制の横断化については慎重な検討が必要 ◇機能に応じて必要なルールが過不足なく適用されることを確保する必要
	所属制	◇次のような利用者保護のための措置を検討した上で，仲介業者の所属制を緩和する —取扱い可能な商品・サービスをリスクが相対的に低いものに限定する —利用者資金の受入れを制限する —損害賠償資力の確保のため，財務面の規制を強化する
	仲介業者のインセンティブ	◇仲介業者の法律上の定義・位置づけに過度にとらわれることなく，報酬・利益といった経済的なインセンティブを考慮して規制を検討する

〔出所〕金融制度SG報告書を基に大和総研金融調査部制度調査課作成

　金融制度SG報告の重要なポイントは，①機能別・横断的な金融規制の再構築として，まず決済法制から議論を進めること，および②プラットフォーマーへの対応が，いわゆるP to Pレンディングなどを念頭においた規制整備から，ワンストップの仲介業者のための規制緩和へと論点が変わったことの2点だと考えられる。

　前者は，金融と非金融の「壁」の溶解が，特に決済の分野において進んできていることを踏まえれば，当然の帰結ということができるだろう。

　他方，後者については，「中間整理」までの議論からすると唐突感がぬぐえない。すなわち，「中間整理」までは，巨大なプラットフォーム提供者の影響や，これまでの金融規制の枠組みではとらえきれない，P to Pレンディングなど新たな「金融」を提供するプラットフォーマーに対して，いかに過不足なく必要な規制を課していくか，がテーマであった。それが，金融制度SG報告では，プラットフォーマーがワンストップで金融サービス，それも預金，証

券，保険といった伝統的な金融サービスを提供するための規制緩和の議論に変質していた。

　ここで想定されているのは，いわゆるプラットフォーマーが，ネットワーク上でスマートフォンのアプリなどを通じて，多業態・多数の金融機関が提供する多種多様な金融商品・サービスをワンストップで提供するといったケースである。具体的には，「例えば，スマートフォンのアプリケーションを通じ，自身の預金口座等の残高や収支を利用者が簡単に確認できるサービスを提供するとともに，そのサービスを通じて把握した利用者の資金ニーズや資産状況を基に，利用可能な融資の紹介や，個人のライフプランに適した金融サービスの比較・推奨等を行う」[3] というビジネスモデルである。

　こうしたビジネスモデルは，従来の法制の下でも実施可能であり，その意味では，特段に斬新とも言えないように，筆者には思われる。このことは，その後の議論で，新仲介業について，オンラインだけではなく，対面の類似ビジネス，例えば，FPへの適用の可否が取り上げられたことからも指摘できるだろう。

　いずれにせよ，ここで規制上の問題とされたのは，こうしたワンストップの仲介サービスを提供しようとする場合，銀行代理業者（銀行法），電子決済等代行業者（銀行法），金融商品仲介業者（金融商品取引法），保険募集人（保険業法），保険仲立人（保険業法）などといった業態別に分かれた仲介業者としての資格を個別に取得する必要があるという点であった。加えて，銀行代理業者（銀行法），金融商品仲介業者（金融商品取引法），保険募集人（保険業法）などの場合，特定の金融機関に所属して，その指導等を受け入れなければならない（所属制）ことや，逆に，所属先の金融機関に対しては，その所属する仲介業者に対する指導等義務（例えば，銀行法52条の58，金融商品取引業等に関する内閣府令123条1項15号など）や，仲介サービス業者が顧客に加えた損害の賠償責任（例えば，銀行法52条の59，金融商品取引法66条の24など）などが課されていることも問題とされた。

　このような業者の負担を考慮し，金融制度SG報告は，ワンストップの仲介

サービスを提供する仲介業者（プラットフォーマー）を念頭に「参入規制の一本化を図る」こととしたのである。ここで金融制度SG報告が提言する「参入規制の一本化」とは、いわゆる共通ライセンスや単一パスポートのようなものであり、それを念頭にその後の立法化に向けた議論も進められていった。もっとも、こうした仕組みは、理論上はともかく、現実に機能させることは相当な困難を伴うとの指摘が、すでにこの段階からあったことは忘れてはならないだろう。この問題について、金融制度SGの岩原座長は、次のような指摘を行っている[4]。

「同じ財産的基礎あるいは人的構成といっても、それぞれ提供しているサービスごとで求められているものは違う可能性がある。というか、はっきり言えば、法律上のものは同じでも、そこから規則、あるいは、さらには各自主規制団体がつくっている自己規律のためのルールを含めて考えると、決して同じではないわけでありまして、これを簡単にワンストップ化するということができるのかという問題があると思います。

　…中略…

　単に入り口だけの問題ではなくて、一旦そういう登録あるいは許可を受けた後で、今度は監督を受けていくわけでありまして、その監督の体制についても、大きく言えば確かに情報提供義務とかいうところでは、同じように見えても、この各条文をごらんいただければわかりますように、それぞれかなり違った監督体制が法令上、要求されています。さらに言えば、さっき申しましたように、規則や監督指針、それから、各自主規制団体がお決めになっている自主規制ルール等を含めると、一旦入り口から入った後の監督体制がそれぞれ違っているわけでありまして、それを単に入り口で、一つのパスポートで入れるようにしたからといって、その後の監督体制を全部同じようにできるかというと、そう簡単な話ではないと思います。

　むしろ一つの入り口にしてしまいますと、全部の要件を満たすような規制を満たせるような体制でないといけないと言われて、かえって、規制が厳しくなることさえ考えられるわけであります。」

Ⅱ. 決済法制及び金融サービス仲介法制に関するワーキング・グループ

金融制度 SG 報告を受けて，2019年 9 月，金融審議会総会において，同報告を踏まえた制度整備に向けて具体的な議論を進めるため，金融制度 SG は「決済法制及び金融サービス仲介法制に関するワーキング・グループ」（決済・仲介法制 WG）へと改組された。

決済・仲介法制 WG は，約 3 ヶ月の審議の後，同年12月に報告書（決済・仲介法制 WG 報告）をとりまとめた。同報告は，金融制度 SG の議論を引き継ぎ，新たな決済サービスや金融サービス仲介の法制について，利用者利便の向上と利用者保護のバランスのとれた内容の提言をまとめていると評価できる。ただし，実務上の関心事項や争点の多くは，法令の整備に委ねられていることも事実である。

さらに，「引き続き検討課題」とされた事項も多く，決済法制以外の分野のロードマップも示されていないことから，当初の目標とされた機能別・横断的な金融規制は，「道半ば」と評価せざるを得ないだろう。

1. 決済法制

（1）　資金移動業
（ⅰ）　利用者資金の保全方法

資金移動業者が破綻した場合の利用者保護などの観点から，資金移動業者には，顧客資産の保全義務が課されている（資金決済法43条など）。ところが，この保全義務には次のような問題が指摘されていた。

① 保全すべき額の算定時点と実際に保全している時点にタイムラグが存在するため，保全額の過不足が発生している懸念がある。

② 3 種類の保全方法（供託，保全契約，信託契約）のうち，信託契約が広くは用いられていない。

これらの指摘を踏まえ，次のような見直しを行うことが提言された。

図表7-6　利用者資金の保全方法の見直しの提言

（ａ）　保全方法の合理化	・保全方法（供託，保全契約，信託）の併用を認める。 ・利用者資金の保全状況に関する当局への報告頻度を引き上げる。
（ｂ）　保全が図られるまでのタイムラグの短縮化	・保全すべき額の算定頻度を「週1回以上」に統一する。（現行，供託・保全契約「1週間ごと」，信託「営業日ごと」） ・算定日から実際に保全が図られるまでの期間（現行，1週間以内）について，機動的に短期化しうる枠組みとする。

〔出所〕決済・仲介法制 WG 報告を基に大和総研金融調査部制度調査課作成

（ⅱ）　送金額に応じた規制の導入～送金等上限規制の問題

　資金決済に関する法律（資金決済法）の下，資金移動業者は，銀行ではないが，送金サービス（為替取引）を業として営むことができる。ただし，1回の送金額は100万円以下に制限されている（送金等上限額規制。資金決済法2条2項，資金決済に関する法律施行令2条）。これは資金移動業が創設された平成21年の資金決済法改正に当たり，その業務の遂行に係る実態を十分勘案する必要があるため，少額の取引に限定して制度を設けることとしたと説明されている[5]。100万円という水準についても，当時，銀行等で行われる為替取引の一件当たりの平均金額などを踏まえたとされている[6]。

　これに対して，近年，海外送金サービスなどの利便性向上，フィンテック企業等の参入やイノベーション促進といった観点から，送金等上限規制（100万円）の緩和を要望する声がある[7]。もっとも，送金等上限額を，単純に緩和すれば，破綻時の利用者や金融システムへの影響，資金の滞留（出資法との関係），マネー・ローンダリングなどのリスクが高まることになる。仮に，送金等上限規制を撤廃する代わりに，資金移動業者に対して，これらのリスクへの対応を求めるとすれば，結果的に，規制の負担が逆に重くなることも想定される。

　そこで，金融制度 SG 報告書は，資金移動業者を3つの区分にわけて，それぞれのリスク等に応じた規制を整備することを提言した（いわゆる柔構造化）。

決済・仲介法制 WG もこれを踏襲し，次の（a）〜（c）の３つの類型に資金移動業を整理し，それぞれに対応した規制を整備することとした（規制の柔構造化）。

（a）　「高額」送金（100万円超）を取り扱う事業者（第１類型）

（b）　現行規制を前提に事業を行う事業者（第２類型）

（c）　「少額」送金を取り扱う事業者（第３類型）

　ちなみに，同一の資金移動業者が，これらの（a）〜（c）のうち複数類型の資金移動業を併営することも認められるが，併営に伴う弊害防止措置（類型ごとに保全が必要な額を区分管理，滞留規制の潜脱防止など）を講じることが要求される。

　なお，決済・仲介法制 WG は，送金等上限の問題に加えて，受け入れた利用者資金が資金移動業者の下に滞留する問題にも着目し，これに一定の制限を設けることも提言している。

（2）　前払式支払手段（プリペイドカード）

　近年，前払式支払手段（プリペイドカード）について新たなサービス等が出現したことで，次のように，実質的に送金サービスとして利用されることが懸念されている。

①　「チャージ残高の譲渡」により，個人間の送金が実質的に行われる。

②　広範な加盟店で使用可能な前払式支払手段について，利用者がその番号等を第三者にメール・SNS 等で送付することを通じ，その第三者の支払手段として提供される。

　特に，「第三者型」（プリペイドカードの発行者以外の加盟店でも商品・サービス購入等に利用できるもの）であって，かつ，「IC 型」又は「サーバ型」（IC チップやネットワーク上のサーバで記録・管理等されるタイプのもの）に該当するものについては，送金サービスに類似した性質を有している（有しつつある）と指摘される。

　これを踏まえて，決済・仲介法制 WG 報告は，次のような提言を行っている。

（ⅰ）　不適切な取引の防止

「IC 型」や「サーバ型」に該当する第三者型前払式支払手段のうち，発行者が提供する仕組みの中で利用者が他者にチャージ残高を譲渡できるタイプについて，不適切な取引の防止措置（譲渡可能なチャージ残高の上限設定，不自然な取引を検知する体制整備など）を求める。

（ⅱ）　利用者資金の保全のあり方

　事業者が破綻した場合の利用者保護などの観点から，前払式支払手段についても，資金移動業者と同様に，顧客資産の保全義務が課されている（資金決済法14条など）。ただし，資金移動業者とは異なる取扱いがなされている。事業者が受け入れた利用者資金に相当する金額の計算式が異なるため，単純比較はできないが，資金移動業者は，利用者資金に相当する金額の全額保全（供託等）が義務付けられているのに対して，前払式支払手段は半額保全（供託等）とされているのである。

　この点について，金融制度 SG 報告では，送金サービス（≒資金移動業）に類似した性質を有する「第三者型」であり，かつ，「IC 型」又は「サーバ型」に該当する前払式支払手段については，利用者資金の保全に関する規制（供託義務等）を見直すことが提言された。これは，同一の機能・リスクには，同一の規制を課すという考え方に沿った合理的な提言であったと言えるだろう。

　ところが，これに対して，決済・仲介法制 WG 報告では，利用者資金の保全割合（半額⇒全額）については，引き続き検討課題とすることとされた。その代わり，利用者への「利用者資金の保全に関する事項」の説明を，前払式支払手段発行者に求めることで，利用者への周知徹底を通じた利用者保護を行うこととしている。

　確かに，事業者による説明義務を通じて，利用者が正しい認識の下でサービスの提供を受けることができるようにすることは，利用者保護の在り方の一つではある。しかし，この仕組みは，事業者が説明を尽くせば，利用者はその内容を理解できることを前提とした上で，利用者による選択を通じて，適切な利用者保護を確保しようというものである。

　しかし，サービス提供をこれから受けようというタイミングで，この事業者が，今日，明日にも破綻するかもしれないと真剣に考えている利用者は，通常，稀であろう。利用者資金の保全のような，いわゆるセーフティネットに対する利用者の関心が高まるのは，むしろ，事業者が破綻に瀕した後であることが想定される。だとすれば，説明義務を通じた利用者による選択が，本当に適切に機能するのか，筆者には疑問に思われる。

（3）　無権限取引（「なりすまし」など）への対応

　例えば，ID，パスワードが盗まれ，本人に「なりすました」取引が行われるなどといった，いわゆる無権限取引は，送金サービス（資金移動業）などにおいても利用者保護上の重要な課題となっている。

　金融制度 SG と決済・仲介法制 WG では，無権限取引が行われた場合の責任分担等に関するルール作りの可能性について審議された。しかし，最終的には，事業者において利用者保護のための自主的な対応も進んでいることから，当面，統一的なルール整備は見送りとなった。ただし，利用者への「無権限取引が行われた場合の対応方針」の説明を，事業者に求めることで，利用者への周知徹底を通じた利用者保護を行うこととしている。

　前述の利用者資産の保全ほどではないかもしれないが，無権限取引の問題についても，説明義務による利用者保護が，果たしてどこまで機能し得るのか，疑問が残る。確かに，事業者による自主的な取組みを尊重することは重要ではあるが，今後，さらなる事業者，サービスの新規参入が想定されることを踏まえれば，EU などに倣ってミニマム・スタンダードを定めておく必要はなかったか，事後的な検証が求められるだろう。

（4）　収納代行・代金引換等

　収納代行や代金引換サービスも，送金サービスと類似の性質を有しているものと考えられる。しかし，これまで資金決済法などの規制は課されてこなかった。この点については，例えば，次のような説明がなされている。

①　収納代行サービス等が，債権者（商品・サービスを提供する事業者）に代わって，債務者（一般消費者）から代金を受領するにすぎない。

②　債務者（一般消費者）が一度，収納代行サービス等の事業者の代金を支払えば，重ねて債権者（商品・サービスを提供する事業者）から支払いを要求されることはないこと（二重支払の防止）など一定の利用者保護が図られている。

しかし，最近の情報・通信技術の進展などを受けて，例えば，いわゆる「割り勘アプリ」など従来型の収納代行・代金引換に収まらないサービスが出現しつつある。こうした状況を踏まえて，決済・仲介法制 WG 報告は，収納代行・代金引換について次のように整理する方針をまとめた。

（ⅰ）　債権者が事業者である収納代行

資金決済法等の為替取引に関する規制の適用は見送る。

これは，例えば，従来型の大手コンビニや大手運送業者による代金引換など適切な利用者保護が図られているものについては，「これまでと同様の扱い」とする（新たな規制は課さない）ことを意図したものと言えよう。

（ⅱ）　個人間の収納代行

問題となった「割り勘アプリ」のようなサービスには，資金決済法等の為替取引に関する規制の適用を明確化する。

他方，いわゆる「エスクローサービス」については，引き続き検討課題とする。

（5）　ポストペイサービス

ポストペイサービスとは，「一定期間の送金サービス利用代金をまとめて支払うことを可能とするサービス」のことである。こうしたポストペイサービスは，送金サービスの一種とはいえ，一時的に事業者が資金を立て替え，事後的に利用者から支払いを受けるという構造を有しているため，①銀行業，②資金移動業＋貸金業，③割賦販売法上の信用購入あっせん業（クレジットカード）のいずれかの資格が必要と考えられている。金融制度 SG，決済・仲介法制 WG での審議の対象となったのは，主に②の類型についてであった。

金融制度 SG では，立替えから支払いまでのタイムラグが短ければ送金サービス（資金移動業）のみの資格で十分との主張や，短期間とはいえ与信が行わ

れている以上，単なる送金サービスとは言えないとの反論など，活発な議論が
行われた。最終的に，ポストペイサービスについては，原則，「決済」（送金
サービス）と「信用供与」（融資，与信等）の二つの規制の対象となると結論
づけられた。その上で，リスクに応じた規制の合理化を図る観点から，少額に
限定したポストペイサービスを念頭に一定の規制を緩和する特例措置を検討す
る方向が示された。

　これを受けて，決済・仲介法制 WG では，少額サービスについての規制の
合理化が議論されたが，結局，合意に至らず，見送りとなった。なお，今後，
「信用供与」の規制に関する審議の中で，改めて議論されることがあるかもし
れない。

2.　金融サービス仲介法制

（1）　新たな仲介業（新仲介業）の導入

　金融制度 SG での議論も踏まえ，決済・仲介法制 WG は，複数業種をまたい
だ商品・サービスをワンストップで提供することを可能とする新仲介業を導入
することとされた。こうしたワンストップの仲介サービスを提供する仲介業者
（プラットフォーマー）を念頭に置けば，所属制の下，同時に多数の金融機関
に所属し，それぞれからの指導等を受け入れることは，現実的ではない。他
方，単純に所属制を撤廃すれば，所属先金融機関が果たしている仲介業者の適
切な業務運営の確保や，利用者に対する賠償責任（資力の確保）などの役割を
誰が担うのか，という問題が生じることとなる。

　こうした問題点を踏まえて，決済・仲介法制 WG では，新仲介業者には所
属制を採用せず，その代わり，次のような取扱可能な商品・サービスの限定，
利用者資金の受入れの制限，財務面の規制の適用等により利用者保護を図る方
針が示された。

（i）　取扱可能な金融サービス

　新仲介業には，商品設計が複雑でないものや，日常生活に定着しているもの
など，仲介にあたって高度な商品説明を要しないと考えられる商品・サービス

に限って取扱いを認めるとの方針が示された。

　具体的に新仲介業者が取り扱うことのできる商品・サービスの範囲については，いくつかの意見が併記されたが，外貨預金，デリバティブ預金，信用取引，デリバティブ取引，変額保険などを取扱対象から除外する案を中心に，その後，法律，政令，府令の整備が進められることとなった（後述）。

（ⅱ）　顧客資産の預託の受入れ禁止

　新仲介業者が，その行う業務に関して顧客資産の預託受入れを行うことを禁止する。

　ただし，例えば，資金移動業者等を兼業する新仲介業者が，資金移動業等の規制の下，顧客資産の保全が適切に図られている状態で，仲介業務に係る決済を併せ行うことは可能とされる。

（ⅲ）　財産的基礎

　新仲介業者は，所属制を採用せず，顧客に与えた損害の賠償責任を（所属先の金融機関ではなく）自らが負うこととなる。そのため，新仲介業者の賠償資力の確保に資するよう，その事業規模に応じた保証金の供託等を求めることとされた。

（2）　新仲介業の行為規制

（ⅰ）　総論

　決済・仲介法制 WG は，新仲介業者がいずれの分野において仲介を行うかにかかわらず，必要な規制（名義貸しの禁止，顧客に対する説明義務，業務運営に関する体制整備義務など）は共通して求めていくこととした。加えて，取り扱う商品・サービスの特性を踏まえ，必要なルールが過不足なく適用されることを確保することとされた。

（ⅱ）　顧客情報の適正な取扱い

　新仲介業者は，仲介業務を通じて取得した顧客に関する非公開情報を，顧客の事前の同意を得ることなく，下記①〜③の間で用いたり，提供したりすること等が禁止される。

①　仲介行為を行う分野間

② 　兼業業務との間

③ 　グループ会社等との間

（iii）　仲介業者の中立性

　金融制度 SG においては，「仲介業者のインセンティブ」の問題が議論された。これは，例えば，一見，独立性のあるプラットフォーマーが，特定の金融事業者に偏らない多種多様な金融商品・サービスを取り揃えているように見えて，実は，報酬・利益（例えば，広告収入など）の多くを依存する金融事業者に利用者を誘導するように働きかけていることが疑われるケースなどを想定したものである。

　決済・仲介法制 WG では，新仲介業者が報酬・利益をどこから受け取るのかについての制限は設けないこととされた。その代わり，下記の対応を求めることとされた。

① 　金融機関から受け取る手数料等の開示

② 　仲介先の金融機関との間の委託関係・資本関係の有無など新仲介業者の立場の顧客への明示

　加えて，新仲介業者において「顧客本位の業務運営の原則」を踏まえた自主的な取組みが進められることが望ましいとされている。

（iv）　説明義務

　新仲介業者には，（既存仲介業に求められている義務を参考に）書面交付，適合性原則を踏まえた適切な説明，情報提供が求められる。なお，新仲介業者の説明義務等については，契約締結に至る一連の過程において，金融機関・新仲介業者のいずれかが十分な説明を行えば足りる（金融機関・新仲介業者の間での説明義務等の役割分担が可能）とされている。

　その代わり，新仲介業者は，仲介を行うにあたって，書面交付や説明・情報提供に関して新仲介業者が担う役割を顧客に明示（役割分担を顧客に明示）することが求められる。

（3）　その他

（ⅰ）　仲介業者が金融機関に及ぼす影響力（巨大プラットフォーマーなど）

　巨大プラットフォーマーが，その強い影響力を金融機関に及ぼすようなケースについて，規制がどのように対応すべきか，も重要な論点の一つであった。しかし，決済・仲介法制 WG は，仲介業者が金融機関に支配的な影響力を及ぼすような懸念は，現時点では，大きくないとして，対応を見送る方針を示した。

　さらに，仮に仲介業者の影響力が過大なものとなる状況となれば，今後，金融行政の観点からも必要な対応がありうるとしつつも，まずは競争法の適用により対処されるものとの考えを示した。

　確かに，競争条件の公正性や優越的な地位の濫用からの利用者保護という観点からは，金融規制ではなく，競争法で対応することにも一定の合理性があるだろう。しかし，例えば，金融システムの安定やセーフティネットによる利用者保護の観点からは，競争法による対応では不十分ではないか，と筆者には危惧される。

（ⅱ）　協会・裁判外紛争解決制度

　金融規制の枠組みにおいては，法令だけではなく，自主規制等も重要な役割を果たしている。所属制の下では，仲介業者は，その所属先の金融機関を通じて，（その金融機関の）自主規制機関による自主規制を受けることとなる。新仲介業者は所属制を採用しないため，新仲介業者自身に係る自主規制機関，新仲介業者を当事者とする紛争解決手続を整備することとされた。その際には，必要に応じて既存の自主規制機関との連携・協力も必要とされている。

Ⅲ．金融商品販売法等改正法

　決済・仲介法制 WG の報告を受けて，2020年 6 月 5 日，「金融サービスの利用者の利便の向上及び保護を図るための金融商品の販売等に関する法律等の一部を改正する法律」（改正法）が参議院本会議で可決・成立し，12日に公布さ

れた。

　新仲介業者に関わる事項については，金融商品の販売等に関する法律（金融商品販売法），決済法制に関わる事項については，資金決済法などの改正が行われている。ただ，政令，内閣府令に委任されている事項も多く，制度の全貌は，政令や内閣府令の制定を待たなければならない。

　そうした中，国会審議の過程で，衆議院財務金融委員会において17項目，参議院財政金融委員会において19項目に上る附帯決議が行われていることは，いわゆるフィンテックの進展や利用者保護の在り方を中心に，今回の改正に対する関心の高さを示すとともに，今後の具体的な制度整備などにも影響を及ぼすことが予想される。

1. 金融サービス仲介業の創設

（1）　「金融商品の販売等に関する法律」から「金融サービスの提供に関する法律」に

　改正法は，「金融商品の販売等に関する法律」（金融商品販売法）を改正し，「金融サービスの提供に関する法律」（金融サービス提供法）に改称した上で，新たな業種として「金融サービス仲介業」を創設することとしている。金融商品販売法は，これまで（業者の）説明義務違反に対する損害賠償責任を中心とした，販売・勧誘に関する「民事ルール」としての性質が強かった。これが，「金融サービス提供法」への改称に伴い，「金融サービス仲介業」を規律する「業法」としての性質を強めることとなるように筆者には思われる。

（2）　金融サービス仲介業の定義，業務範囲等

　改正法では，新仲介業を「金融サービス仲介業」と呼び，次の①〜④のいずれかを業として行うことと定めている。

① 　預金等媒介業務

② 　保険媒介業務

③ 　有価証券等仲介業務

④ 　貸金業貸付媒介業務

　言うまでもなく，①が銀行業，②が保険業，③が金融商品仲介業，④が貸金業についての仲介業務ということになる。

　加えて，情報通信技術を利用して金融サービス仲介業務（電子金融サービス仲介業務）を行う金融サービス仲介業者は，例えば，財産的基礎，過去の処分履歴，（外国法人の場合）日本における代表者などに関する一定の要件の下，⑤電子決済等代行業を行うこともできるとされている。

　他方，①〜④に該当するものであっても，「顧客に対し高度に専門的な説明を必要とするものとして政令で定めるもの」は，金融サービス仲介業者は取り扱うことができないとされている。金融サービス仲介業において，具体的にどのようなサービス・商品が，取扱可能／不可となるか，法案提出段階では，金融庁は次のようなイメージを抱いていた模様である。

図表7-7　想定される金融サービス仲介業者の取扱可能／不可商品のイメージ

	銀行	証券	保険
取扱可能	普通預金，住宅ローン	国債，上場株，投資信託	傷害，旅行，ゴルフ
取扱不可	仕組預金	非上場株，デリバティブ	変額，外貨建

〔出所〕金融庁「金融サービスの利用者の利便の向上及び保護を図るための金融商品の販売等に関する法律等の一部を改正する法律案説明資料」（2020年3月）p.4

　金融サービス仲介業には所属制が採用されないため，取扱可能な商品・サービスの限定などにより利用者保護を図るべきことが，金融制度SGや決済・仲介法制WGでも議論されていた。国会審議でも，この問題に対する関心は高かった模様であり，附帯決議でも，「当初は日常生活に定着しているなど高度な説明を要せず，顧客に分かりやすい金融商品・サービスに限定」することを求め，その後，「国民の金融リテラシー及び技術進展など環境の変化に応じて」見直すように求めている。

　取扱可能商品・サービスの問題に加えて，附帯決議が「既存の業態の店舗網や雇用が過度に失われることがないように留意すること」を求めていることも注目される。

（3）　金融サービス仲介業の参入規制

金融サービス仲介業者については「登録制」が採用されている。すなわち，金融サービス仲介業を営むためには内閣総理大臣の登録を受けなければならない。

登録に当たっては，保証金の供託等が義務付けられている。これは，金融サービス仲介業には所属制がとられないことから，利用者被害等が生じた場合に委託元の金融機関ではなく，金融サービス仲介業者自身が損害賠償義務を負うこととなるケースを想定した損害賠償資力確保の観点からである。

具体的な金額の水準は政府令に委任されているが，国会の附帯決議では，顧客保護とイノベーションの促進（これはフィンテック・ベンチャーなどの参入を容易にすることが想定されているものと考えられる）の両立を図るような，適切な水準の設定等を求めている。

（4）　金融サービス仲介業の規制

改正法は，金融サービス仲介業者が取り扱うサービスの分野に応じた各種の規制を整備している。その主な内容を示すと次の通りである。

図表7-8　改正法の要点

共通の規制	誠実義務，金融サービス仲介業務に関して（金融機関などから）受け取る手数料・報酬等情報の提供，重要事項の説明義務，利用者情報の適正な取扱い，利用者財産の受入れ禁止，帳簿書類の作成など
銀行分野の規制	情実融資の媒介の禁止など
証券分野の規制	インサイダー情報を利用した勧誘の禁止，損失補填の禁止，顧客注文の動向等の情報を利用した自己売買の禁止など
保険分野の規制	自己契約の禁止，告知の妨害の禁止，不適切な乗換募集の禁止など

〔出所〕改正法を基に大和総研金融調査部制度調査課作成

これは金融サービス仲介業の規制につき，決済・仲介法制 WG 報告が「仲介する金融サービスによらず必要と考えられる規制については，新たな仲介業者が銀行・証券・保険のいずれの分野において仲介を行うかにかかわらず共通して求め，金融サービスごとの特性に応じた規制については新たな仲介業者が取り扱う金融サービスに応じて課すことで，仲介業者の事業内容に応じたアク

ティビティーベースの規制体系」とするよう求めていたことを受けて，改正法でも，共通の規制を定めた上で，その取り扱う商品・サービスに応じて，銀行法，金融商品取引法，保険業法を準用する構成としたものと考えられる。

　金融サービス仲介業の規制に関して，国会の附帯決議は，適合性原則，説明義務，顧客情報管理などを取り上げ，オンラインと対面，新しい金融サービス仲介業と既存業態との間で，顧客保護の水準に差が生じないように求めている。特に，顧客情報の取扱いに関して，第三者への提供の際に必要とされる本人の同意について，顧客がその内容を十分に理解し，顧客の真意が適切に反映されるように求めていることは重要である。そのほか，手数料・報酬等情報の提供に関連して，手数料・報酬に限らず，金融機関との委託関係・資本関係の有無などの情報開示を求めている点も注目される。

　（5）　監督，自主規制など

　改正法は，金融サービス仲介業者について，当局による監督，自主規制機関（認定金融サービス仲介業協会），裁判外紛争解決制度（ADR），有価証券等仲介業務を行う場合の外務員制度などに関する規定を定めている。

　国会の附帯決議では，法令と自主規制との連携が求められているほか，参議院財政金融委員会では，特に，「現行制度と比べて利用者保護に不足が生じることがないよう」求めている。

2.　決済法制の見直し

　改正法は，資金移動業を次の3つの類型に再編することとしている。

図表7-9　資金移動業の3つの類型

	第一種（高額類型）	第二種（現行類型）	第三種（少額類型）
参入規制	認可制	登録制	
送金上限額	上限なし	少額として政令で定める額（100万円（現状維持）の予定）	特に少額として政令で定める額（数万円程度を想定）

利用者資金の受入れ	具体的な送金指図がある場合のみ受入れ可（ただちに送金）	送金上限額を超える場合，送金と無関係な資金は払い出す	政令で定める額を超える額の受入れ不可
利用者資金の保全方法（履行保証金の供託等）	①供託，②保証，③信託（※①②③の組合せも可）		左記①〜③に加え，④分別預金も可（④は要外部監査）
保全額の算定方法	営業日ごとに算定	週1回以上算定	

〔出所〕改正法，金融庁「金融サービスの利用者の利便の向上及び保護を図るための金融商品の販売等に関する法律等の一部を改正する法律案説明資料」（2020年3月）などを基に大和総研金融調査部制度調査課作成

　国会の附帯決議では，加えて，利用者資金の保全に関連して「金融システムの安定性」確保についても言及されている。資金移動業を通じた資金決済が多様化し，拡大することが，金融システムにどのような影響を及ぼすかは，今後，重要な論点となるだろう。

（1）　収納代行

　改正法は，次の収納代行につき，為替取引に該当することを明記した。

> 　金銭債権を有する者（受取人）からの委託，受取人からの金銭債権の譲受けその他これらに類する方法により，当該金銭債権に係る債務者又は当該債務者からの委託（2以上の段階にわたる委託を含む）その他これに類する方法により支払を行う者から弁済として資金を受け入れ，又は他の者に受け入れさせ，当該受取人に当該資金を移動させる行為（当該資金を当該受取人に交付することにより移動させる行為を除く）であって，受取人が個人（事業として又は事業のために受取人となる場合におけるものを除く）であることその他の内閣府令で定める要件を満たすもの

　これは，いわゆる「割り勘アプリ」を念頭に，一定の収納代行が資金移動業に該当し，資金移動業登録などが必要であることを明らかにするものである。他方，例えば，宅配業者の代金引換やコンビニの収納代行，いわゆるエスク

ローサービスなどは，規制の適用対象外（つまり現状維持）とする方針が示さ
れている[8)]。

　国会の附帯決議は，収納代行の実態把握を継続し，利用者保護の観点から制
度整備等の在り方について引続き検討を求めている。収納代行に対する規制
は，改正法が最終的な結論となるわけではなく，今後も，なお議論が続くもの
と思われる。

（2）　前払式支払手段（プリペイドカード等）に関する規定の整備

　改正法は，前払式支払手段発行者に対して，次のような規定を定めている。

① 　前払式支払手段発行者に対して，内閣府令で定めるところにより，前払式
　支払手段の利用者の保護を図り，及び前払式支払手段の発行の業務の健全か
　つ適切な運営を確保するために必要な措置を講じることを義務付ける。

② 　前払式支払手段発行者に対して，前払式支払手段発行業務の一部を第三者
　に委託した場合，内閣府令で定めるところにより，業務委託先に対する指導
　その他の当該業務の適正かつ確実な遂行を確保するために必要な措置を講じ
　ることを義務付ける。

③ 　内閣総理大臣が，前払式支払手段発行者の前払式支払手段発行業務の健全
　かつ適切な運営を確保するために必要があると認めるときは，その必要の限
　度において，業務改善命令を行うことを可能とする。（改正前においては，
　利用者の利益を害する事実があると認めるときに，利用者の利益の保護のた
　めに必要な限度において，業務改善命令を行うことができるとされていた。）

　細目は，内閣府令に委ねられているが，基本的には，前記Ⅲ１（２）で紹介
した決済・仲介法制 WG の提言の内容を踏まえて，制度の整備が行われるも
のと思われる。

　国会の附帯決議は，具体的な制度整備に当たって，サービスの提供実態や利
用状況を把握して，利用者保護が十分に図られるよう求めている。

3. 施行日

これらの改正項目についての施行日を整理すると次の通りである。

図表7-10 改正項目の施行日

項目	施行日
1. 金融サービス仲介業の創設	公布日から起算して1年6月以内
2. 決済法制の見直し	公布日から起算して1年以内

〔出所〕改正法附則を基に大和総研金融調査部制度調査課作成

Ⅳ. 残された課題

議論の開始から約3年を経て, 決済, 金融サービス仲介分野について, 「金融」と「非金融」を隔てる「壁」が溶解する中, 新たな「秩序」が整備されることとなった。今後, 利用者保護を通じた「安心・安全」の下, イノベーションを通じた新たな金融商品・サービスの提供が進められることを期待したい。しかし, その一方で課題も残されている。

第一に, 当初の「機能別・横断的な金融規制の再構築」という理念の姿が見えなくなってしまったことが指摘できる。確かに, 現実問題として, 実務にとってプライオリティの高い分野から, 順次, 制度の見直しを進めていくこと自体は, 合理的な制度改革の進め方であると言えるだろう。しかし, 制度改革全体のロードマップを示し, 現時点の進捗状況を確認しながら進めることが, その前提である。

今回の一連の改革において, 当初, 打ち出された理念(「機能別・横断的な金融規制」)は, チャレンジングではあるが, 先の見通せない新しい時代に相応しい「秩序」であったと考えられる。そして, その入り口として決済・仲介法制の整備を進めたことも妥当であっただろう。しかし, 残念ながらその後のスケジュールは, 未だに見えてこないのである。

先の見通せない新しい時代への対応という意味では, 以前にも暗号資産(仮

想通貨）及び暗号資産交換業を巡る規制の議論があった。当初，新しい決済手段として規制の枠組みを整備したところ，実際には投機の対象として普及し，さらには顧客資産の外部流出等が発生し，大幅な規制の見直しが必要となった。

　将来の発展が予想される新しい商品・サービスが，安心・安全なサービス提供を利用者が享受しつつ，健全な成長を遂げることができるように，フォワードルッキングに規制を整備することは，言うまでもなく，大変な難事業である。その意味では，最終的に大幅な規制の見直しが必要となったとしても，そのこと自体を結果論で批判することは妥当ではない。

　むしろ，重要なことは，不測の事態が起きたときに，迅速に対応できる態勢を予め整えておくことであろう。そのためには，当局が，事業者の状況を適時・適切に把握できる仕組みを構築することが不可欠である。具体的には，規制そのものはプリンシプル・ベースとして，実務上の対応は各事業者に委ねるとしても，幅広い事業者の活動を，登録制であれ，届出制であれ，当局の目の届くところに置くことが肝要であると考えられる。

　しかし，今回の改正においても，一部の事業は，利用者被害等の立法事実がないことや，当局の監視下に置くこと自体がサービスの提供をストップさせることなどを理由として，金融規制の枠外に残されることとなっている。もちろん，高度な政策的判断が必要な場面があり得ることは理解できるものの，「同一の機能・リスクには，同一の規制」という理念が不徹底となったことに筆者は一抹の不安を覚える。

　さらに，決済法制を見直す上で，重要な視点である「金融システムの安定」が今回の一連の見直しの中で，十分に論じられなかったことも懸念材料である。確かに，現時点においては，新たな決済サービスが資金決済に占める割合は，それほど大きくないかもしれない。しかし，世界的にはデジタル通貨やステーブルコインなどを巡る議論が活発に行われ，わが国においても新型コロナウイルス感染症対応としてキャッシュレス化の促進が求められている。そうした中，新しい決済サービスが「金融システムの安定」に与える影響を考えるべ

き時期は，既に到来しているように思われる。

　最後に，今回の決済・仲介法制の見直しの金融商品取引業にとっての示唆を考えてみたい。

　旧証券取引法から金融商品取引法への一大転換を先行して経験した金融商品取引業にとっては，「投資」分野に限定されたものではあるが，「機能別・横断的な金融規制」という考え方自体は決して目新しいものではないだろう。むしろ，金融商品取引法の考え方を，「投資」分野から全金融分野に拡大する動きと捉えれば，金融商品取引業にとっては大きな好機ととらえることも可能であろう。

　その一方で，新しい金融サービス仲介業が証券分野を扱う場合，実質的に新たな金融商品取引業の一類型が出現することとなる。すなわち，有価証券の売買等の媒介は，金融商品取引業，金融商品仲介業，金融サービス仲介業と，3種類の業種で取り扱われるという複雑な仕組みが出来上がることになる。利用者保護の観点からは，誤解・混乱の防止が最重要課題となるが，そのためには取引を行う金融事業者が法律上，どの業種に該当する場合でも，「同一の機能・リスクには，同一の規制」が確保されることが不可欠だと筆者は考えている。

　そうしたミニマム・スタンダードが整備された上で，金融事業者として，自身のビジネスモデルを踏まえて，どの業種を選択するかの判断が必要となる。また，金融商品取引業者としては，金融サービス仲介業者は，潜在的な競争相手であると同時に，自身の販売チャネルの多様化や，新たな利用者層へのアクセスに繋がる可能性を有した，潜在的な協力相手でもある。自身のビジネス戦略を踏まえ，どの金融サービス仲介業者とどのような関係を構築していくか，を検討することが考えられるだろう。健全な競争と協力関係を通じて，投資のすそ野の拡大と市場の活性化が実現することを期待したい。

　「決済」分野の見直しは，直接的には為替業務を行う銀行業への影響が大きく，それと比較すれば金融商品取引業への影響は限定的かもしれない。しかし，金融商品取引も決して資金決済と無縁ではない。金融商品取引業として，

新たな決済サービスとどのように付き合っていくのかを検討することは，新た
な時代の金融商品取引業のあり方を考える上で，重要であると考えられる。

＜注＞

1 ）　金融審議会「金融制度スタディ・グループ中間整理」p.22
2 ）　金融審議会「金融制度スタディ・グループ中間整理」p.22
3 ）　金融審議会「決済法制及び金融サービス仲介法制に関するワーキング・グループ」報告 p.20
4 ）　平成31年 4 月22日開催金融制度スタディ・グループ（平成30事務年度第10回）議事録（https://
　　www.fsa.go.jp/singi/singi_kinyu/seido-sg/gijiroku/20190422.html）。
5 ）　平成21年 4 月14日第171回国会衆議院財務金融委員会議録第15号，与謝野財務大臣・国務大臣
　　（金融担当）（当時）答弁。平成22年 2 月23日金融庁「コメントの概要及びコメントに対する金融
　　庁の考え方」（「平成22年金融庁の考え方」）No.63，64も参照（https://www.fsa.go.jp/news/21/
　　kinyu/20100223-1/00.pdf）。
6 ）　「平成22年金融庁の考え方」No.60。平成21年 4 月14日第171回国会衆議院財務金融委員会議録第
　　15号，与謝野財務大臣・国務大臣（金融担当）（当時）答弁も参照。
7 ）　例えば，平成30年10月25日開催金融審議会「金融制度スタディ・グループ」（平成30事務年度第
　　 2 回），一般社団法人日本資金決済業協会提出資料「資金決済業（前払式支払手段の発行の業務及
　　び資金移動業）を巡る最近の動向と課題」p.12（https://www.fsa.go.jp/singi/singi_kinyu/seido-
　　sg/siryou/seido_sg30-2.html）。
8 ）　金融庁「金融サービスの利用者の利便の向上及び保護を図るための金融商品の販売等に関する
　　法律等の一部を改正する法律案説明資料」（2020年 3 月）p.10。

＜参考文献＞

金融審議会金融制度スタディ・グループ［2018］「金融制度スタディ・グループ中間整理」（2018年 6
　月19日）
金融審議会金融制度スタディ・グループ［2019a］「金融機関による情報の利活用に係る制度整備につ
　いての報告」（2019年 1 月16日）
金融審議会金融制度スタディ・グループ［2019b］「『決済』法制及び金融サービス仲介法制に係る制
　度整備についての報告≪基本的な考え方≫」（2019年 7 月26日）
金融審議会［2019］「『決済法制及び金融サービス仲介法制に関するワーキング・グループ』報告」
　（2019年12月20日）
金融審議会「金融制度スタディ・グループ」各回資料
金融審議会「決済法制及び金融サービス仲介法制に関するワーキング・グループ」各回資料

第8章　戦後アメリカの金融と
ポストリーマン

北原　徹

はじめに

　アメリカの金融は，1930年代の大恐慌・金融危機を受けて金融の安定性を重視する強い規制が課された金融システムに転換し，戦後もそのシステムが維持され，それが1970年代まで続いてきた。その後，1980年代以降は金融の規制緩和・自由化が急速に進み，金融機関の活動領域・活動性が大きく高まり，金融革新の群生もあり，実体経済に比べて金融が大きく拡大した。そうした中で，ITバブルの発生・崩壊，住宅バブルの発生・崩壊といったように，金融が大きな変動を繰り返し，実体経済にも大きな影響を及ぼし，実体経済を振り回すような状況になってきた。2008年の世界金融危機の勃発は，そうした動きの帰結であった。本章は，そうした金融の動きを念頭に，戦後全体のアメリカの金融の長期的な動きを実体経済の状況とも関連させて分析し，そうした戦後全体の長期的動向を踏まえて，2008年のリーマン・ショック，世界金融危機以降（以下，ポストリーマン期と呼ぶ）の金融・経済の状況を考察しようとするものである。

　本章の構成は以下の通りである。まず第1節で，戦後アメリカの金融の長期的な動向を，大きな変化が生じた1980年代と2008年の世界金融危機を境として3つの期間に区別して，金融機関規模・家計資産・各部門負債額といった観点から見ていく。その中で明らかになった1980年代以降の金融の拡大について，それを引き起こした要因について，第Ⅱ節で議論する。そうした1980年代以降

の金融拡大を背景に金融変動が大きくなっており，それが実体経済に大きな影
響を及ぼしていること，金融変動が実体経済を振り回していることを，第Ⅲ節
で議論する。さらに第Ⅳ節では，こうした金融拡大や金融変動拡大という動き
を受けて，金融政策がどう変わってきたのかという問題を取り上げる。最後に
第Ⅴ節では，第Ⅳ節までの議論を踏まえて，ポストリーマン期における金融・
経済の状況と今後の展望について考察する。

Ⅰ．戦後アメリカの金融の長期的な動向

　戦後アメリカの金融の長期的な動向を概観しよう。その中でまず，金融活動
を担っており，長期的な動向を最も鮮明に示していると思われる金融部門の動
きを，各種金融機関の資産額で見てみよう。図表8-1に示されているように，
1980年代初めと2008年の世界金融危機という2つの時期を境に状況が大きく変
化していることが分かる。この点に着目すると，戦後アメリカの金融の推移
を，1970年代までの時期，1980年代以降世界金融危機までの時期，世界金融危
機以降の時期（ポストリーマン期）との3つの時期に分けて考えることができ
るように思われる。こうした時期区分を基に，以下戦後アメリカの金融の推移
を考察していくことにしよう。

　図表8-1に即して金融の動きを見ていくと，実体経済の代表的指標である
GDPと比較した各種金融機関の資産額は，1970年代までの時期においては，
かなり安定しており，大きくは変化していない。変化が生じるのは，1980年代
以降であり，金融機関の資産額は，預金金融機関と中央銀行である連銀を除い
た金融機関，つまり証券市場に関連した金融機関で，大きな拡大傾向に転じて
いることが分かる。金融の大きな流れとしては，1980年代以降は，預金金融機
関の停滞傾向と証券市場関連金融機関の急拡大傾向とのコントラストが鮮明で
あり，銀行中心の金融システムから証券市場中心の金融システムへの移行が鮮
明である。金融の機能という面では，大きく考えて，1970年代までの資金仲介
機能中心から1980年代以降の資産運用機能中心に変わっていったと考えられ

る。預金金融機関に関しては，1990年代末からリーマン・ショックにかけて
は，大金融ブームの中で拡大している。次に，世界金融危機の勃発を受けてポ
ストリーマン期においては，1980年代以降に急拡大した金融機関を中心に資産
拡大に急ブレーキがかかり，特に証券会社と危機関連シャドーバンキングでは
急激に縮小に転じ，保険・年金は横ばいに転じた。投資信託（ETF を含めて）
だけが拡大を続けている。中央銀行である連銀は，世界金融危機に対応した非
伝統的金融政策の下で資産を爆発的に拡大させ，ポストリーマン期においても
拡大した資産額が基本的に維持されてきた。直近のコロナパンデミックの中で

図表8-1　各種金融部門の資産推移 GDP 比

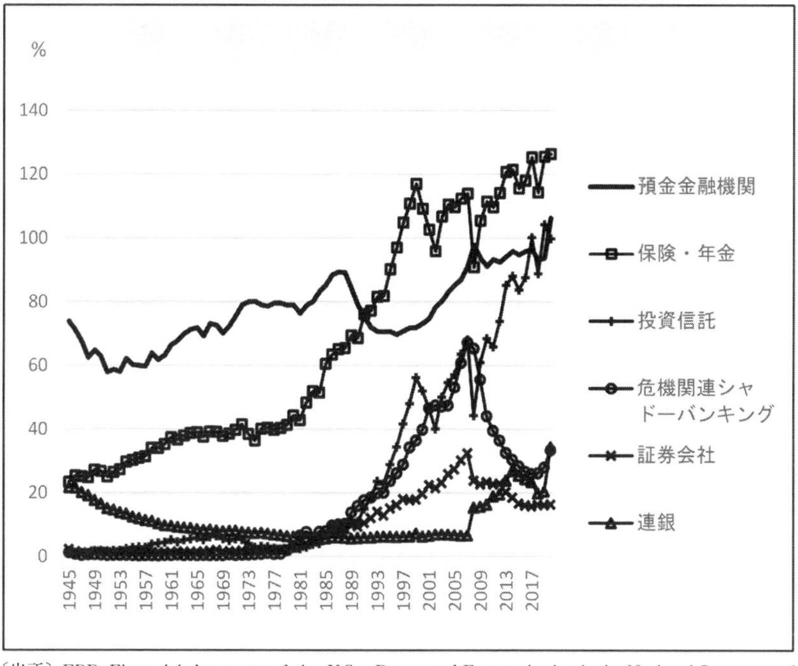

〔出所〕FRB, Financial Accounts of the U.S. ; Bureau of Economic Analysis, National Income and
　　　Product Accounts Table1.1.5
（注）・危機関連シャドーバンキング：民間証券化・証券会社債券保有・MMF・証券貸借担保現金
　　　運用
　　・2020年のデータは第2四半期末の数値である。2020年の GDP はかなり急激に下落している
　　　ので，生のデータで計算すると金融各部門資産額 GDP 比が実態以上に急増するので，ここ
　　　では2020年についても2019年の GDP の値を使って計算している。図表8-2, 8-3も同様である。

は，連銀は大規模な金融緩和策を採り，資産額を急激に再拡大させ，その影響
で預金金融機関の資産額も急増している。以下，戦後アメリカの金融の推移
を，こうした，1970年代まで，1980年代以降世界金融危機まで，ポストリーマ
ン期の3つの時期に分けて見ることで，ポストリーマン期における金融の特徴
について考察していこう。

　戦後の金融の長期的傾向を，次に，家計保有資産（不動産も金融資産化して
いることから，金融資産と同様に扱っていこう）の推移という側面から見てい
こう。これを見たのが，図表8-2である。この図表8-2での株式，債券の保有額
は，家計の直接保有分だけでなく，年金・保険・投資信託を通じて間接的に保
有している分も含んだものである。家計の資産保有動向に関しても大きな時期
区分としては，GDP比では前述した金融機関資産額の推移と同様に，1980年
代を境にそれ以降急激に増大している。内容的には，特に大きく増大している
のは，株式と不動産である。後の第III節2でも見るように，キャピタルゲイン

図表8-2　家計保有資産 GDP 比（積み上げグラフ）

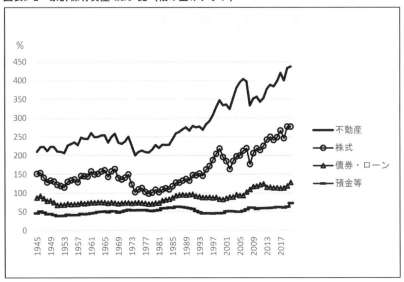

〔出所〕FRB, Financial Accounts of the U.S. B.101.e；Bureau of Economic Analysis, National
　　　　Income and Product Accounts Table1.1.5

の効果が大きい。預金は横ばいであるのに対して，債券（民間・公共）もある程度増大している。日本では，国債発行の増大，国債の累増を柱として金融拡大が生じているのとは状況が大きく異なる。さらにポストリーマン期に着目すると，株式と不動産は増大を続けているのに対して，債券は横ばいに転じている。

　最後に，負債側から戦後の金融の動きを見たのが，図表8-3である。負債を主体別に，家計，民間（家計・非金融企業），政府に分けて示している。民間の負債を中心に見ていけば，戦後から1970年代まで傾向的に増大してきたが，1980年代半ば以降は負債拡大がスピードアップしていることが分かる。家計と企業とに分けて見ると，家計負債は1980年代半ばから拡大がスピードアップし，1990年代末以降は急激に増大した。企業負債は，1980年代末まで継続的に拡大を続けたが，それ以降2000年代半ばまで横ばいとなった。民間全体としては，1980年代半ば以降は負債拡大がスピードアップし，1990年代末以降世界金

図表8-3　経済各部門の負債 GDP 比

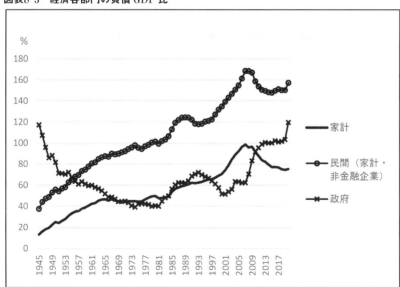

〔出所〕FRB, Financial Accounts of the U.S. D.3 ; Bureau of Economic Analysis, National Income and Product Accounts Table1.1.5

融危機までは負債は爆発的に拡大した。ポストリーマン期においては，民間負債は急激な減少に転じ，現状では横ばいとなっている。内容的には，大きく減少しているのは，危機以前に急拡大した家計負債であり，企業負債はポストリーマン期においてもある程度拡大を続けている。政府債務は，2008年の世界金融危機に対応する政府支出の拡大により，危機後に急拡大し，歴史的に見て高い水準が続いている。さらにコロナパンデミックの勃発により，経済危機に対応するため政府支出が激増し，政府債務の水準は急上昇しており，また，政府・連銀の企業救済のための金融支援により非金融企業の債務も拡大している。

　以上，3つの側面から戦後アメリカの金融の長期的動向を見てきたが，いずれの側面でも，1980年代以降には大きな変化が生じ，金融が全体として拡大局面に転じたことが分かる。そうした金融拡大の時代が2000年代まで続き，世界金融危機に至り，それを境にポストリーマンの新たな局面に転換することになった。こうした戦後アメリカの金融の長期的動向に関連するいくつかの問題を，以下，考察していこう。

Ⅱ．金融拡大の諸要因

　第Ⅰ節で見てきた1980年代以降の金融拡大をもたらした背景・要因について，以下，考えてみよう。1980年代以降の金融拡大の要因としては，金利の長期的低下傾向，金融の自由化・規制緩和とその下での金融機関の活動の活発化，人口増加の下での年金制度整備，金融革新の群生等が考えられるが，本章では紙数の関係もあり，金利の長期的低下傾向と金融の自由化・規制緩和と金融機関活動という2つの要因だけを取り上げる[1]。

1. 金利の長期的低下傾向

　図表8-4に示されているように，1980年代以降金利は名目でも，実質でも継続的に低下してきた。

図表8-4　10年物国債利回り

〔出所〕FRB, Selected Interest Rates ; Bureau of Labor Statistics, Consumer Price Index

　こうした金利の傾向的低下は，株価の上昇，広く考えれば不動産価格を含め
た資産価格の上昇につながったと考えられる。それが図表8-2に示される，実
体経済に比べた家計保有資産（株式・不動産）の大きな増大をもたらした。そ
れとは別に，金利水準の低下は金利負担を軽減し，借入をやりやすくし，図表
8-3に示される債務の拡大を促進したと考えられる。また，金利の低下傾向や
低金利状態への到達は，金融機関やファンド等による資産運用面に強く影響
し，低金利下でのsearch for yieldの動きを強め，この面から金融を拡大する
ように作用したと考えられる。

　なぜ金利が1980年代以降長期傾向的に低下してきたのか，という問題につい
ても，戦後のアメリカ経済の長期的推移という観点から考えてみよう。これは
かなり難しい大きな問題であるが，ここでは実体経済面から見た2つの要因を
取り上げたい。1980年代以降に顕在化してきた要因であり，一つは経済成長率
の低下傾向であり，これと重なる面もあるが，もう一つは企業の固定資本投資

の低下傾向である。

　戦後における経済成長率と企業の純投資率の推移を示したのが，図表8-5である。実質GDP成長率も企業の固定資本純投資率も，1980年代以降，1990年代後半のITブーム期を例外として，傾向的に低下してきている。経済成長率の低下は，将来所得増大見通しの悪化や投資機会の減少を通じて金利に低下圧力を加えると考えられる。企業の固定資本純投資率の低下は，総需要に減少圧力を加え，雇用維持のための政策金利に低下圧力がかかり，金利全般を引き下げる方向に作用したと考えられる。

図表8-5　経済成長率と非金融企業投資率：3年移動平均

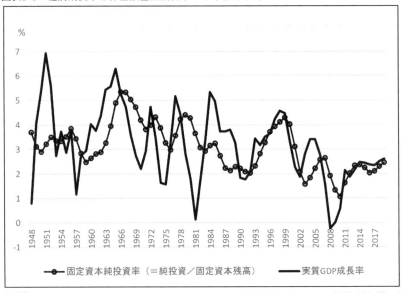

〔出所〕Bureau of Economic Analysis, National Income and Product Accounts Table1.1.1, Fixed Assets Accounts Table 4.4, 4.7

　経済成長率の低下に伴って金利も低下してきているが，1980年代以降の金利の低下は経済成長率の低下よりかなり大きい。成長率低下に比べてより大きな金利低下は，株価決定の配当割引モデル的な観点から考えれば，株価の上昇圧力として作用することになる。成長率低下より大きな金利低下は，PERの上昇をもたらし，株価を上昇させ，株式資産総額を増大させたと考えられる。不

動産価格に対しても，同様の効果が働いたと思われる。

　企業純投資率の1980年代以降の低下傾向について，さらに立ち入って，それ
の産業的・産業技術的背景について考えてみよう。第2次大戦後の経済の中心
は，産業的には重化学工業を基盤とする耐久消費財産業であり，技術的には電
気・内燃機関を中心とする第2次産業革命である。企業純投資の推移を産業の
面から見たのが図表8-6である。そこから読み取れるように，戦後から1970年
代までの高水準の投資の中心は，電気・自動車・機械・金属・石油・化学等の
第2次産業革命関連の産業である。1980年代以降は，第2次産業革命関連産業
の投資は大きく減退した。産業技術的には，1980年代以降は，第2次産業革命

図表8-6　産業別純投資 GDP 比

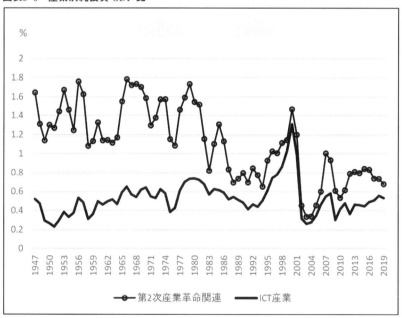

〔出所〕Bureau of Economic Analysis, Fixed Assets Accounts Table 3.4, 3.7, National Income and
　　　Product Accounts Table 1.1.5
（注）ICT 産業：コンピューター・電子製品，出版（ソフトウェア含む），放送・通信，情報・デー
　　　タ処理，コンピューターシステム設計
　　　第2次産業革命関連：公益，金属加工，機械，電気，自動車，輸送機械，石油・石炭，化学，
　　　プラスチック・ゴム，航空，放送・通信

に代わって情報・通信等の第3次産業革命が進展してきた。しかしながら，第
3次産業革命の成果を代表するICT産業は，投資面で考えると，1990年代後
半には爆発的に拡大し，第2次産業革命の効果減衰を補うかに見えたが，2000
年代に入ると急失速し，低い水準に留まり続けている。1990年代後半の第3次
産業革命関連産業の爆発的拡大は，一時的なものに終わった。1980年代以降，
第2次産業革命の成果が成熟化してくる中で，それに代わるものとして台頭し
てきた第3次産業革命とそれを体現するICT産業は，産業的には，投資面で
は，また付加価値面・雇用面でも力不足であり，第2次産業革命の成熟化を埋
めるものではなかった。その結果が，全体としての企業投資の縮小傾向であ
り，金利の低下傾向であった。こうした金利の長期的低下傾向が，金融拡大の
大きな要因として働いてきた考えることができる。

　ポストリーマン期における金利低下の影響について考えてみると，更なる金
利低下の下で，株価の上昇は続いているが，図表8-3に示されているように，
民間の債務は企業債務はある程度増加しているが，家計債務は大きく縮小して
いる。先行きのことを考えると，しかしながら，金利水準の低下はもう底に達
しており，今後さらに低下する余地は極めて限られている。金利の面から資産
価格上昇を後押しする圧力が働く局面は，過ぎ去りつつあるのではないかと思
われる。債務拡大に関しては，低水準の金利が当面続くと考えられることか
ら，債務の供給側の金融機関から特に債務を拡大する方向に力が働くであろう
が，金利がさらに低下することによる債務拡大効果は期待できないであろう。

2.　金融の自由化・規制緩和と金融機関活動

　次に，1980年代以降の金融拡大をもたらした要因として，1980年代以降に急
速に進展してきた金融の自由化・規制緩和とその下での金融機関活動の問題を
取り上げよう。

　1930年代の大恐慌・金融危機を受けて，その後の米国金融は様々な面で規制
が強化され，第2次戦後においても規制によって金融の安定性を確保するとい
う政策が採られてきた。この時期，図表8-1に示されているように，金融機関

の規模は実体経済に比べてほぼ一定に維持されていた。安定的な金融は実体経済に対するサポート役という位置にあった。しかし，1970年代後半から1980年代初頭のインフレ率の昂進，金利の上昇，経済の低迷，スタグフレーションの発生を受けて，状況は大きく転換していった。上述の実体経済面の低迷という経済環境の下で，新自由主義的イデオロギーが強くなり，米国の経済運営は実体経済重視から金融・サービス経済重視に転換し，金融の面では規制緩和・自由化の方向に大きく舵を切ることになり，経済の中での金融の存在が大きくなっていった。

　預金金利の自由化は，1983年の定期預金金利の完全自由化でほぼ完成し，銀行の州際業務規制は，1994年のリーグル・ニール州際銀行支店設置効率化法によりほぼ撤廃され，大銀行による合併・買収も活用した全米規模の積極的な事業展開が急速に進むことになった。銀行の業務分野規制に関しては，1933年銀行法（グラス・スティーガル法）による銀証分離規制が1987年以降のFRBによる銀行法20条の弾力的解釈を通じて徐々に緩和され，その中で銀行は雪崩を打って証券の分野に進出し，結局，1999年のグラム・リーチ・ブライリー法によって業務分野規制は完全に撤廃されることになった。こうした金融の規制緩和・自由化の流れの中で，銀行間・金融機関間の競争が激化し，金融機関の行動はアグレッシブなものとなり，様々な方向に業務を大きく拡大していった。

　証券の分野では，いち早く1975年に株式委託売買手数料が自由化され（メイデー），1982年にはルール415（証券発行の一括登録制）が導入され，証券会社間の競争が激化した[2]。同じく1982年にはSEC規則10b-18が制定され，企業の自社株買いが容易になり，その後の自社株買いの爆発的増大につながった。

　国際的な金融規制面では，規制緩和・自由化された状況の下での銀行の健全性規制として自己資本比率規制を中心とした規制が，1988年にBISによってバーゼル合意（バーゼルI）という形で策定され，その後改訂を加えて2004年にバーゼルIIが策定された。このバーゼルII策定を受けて米国では，SEC（証券取引委員会）が大手投資銀行に対してCSEプログラム（バーゼルIIが適用）という規制上の選択肢を導入した。従来の証券規制であるネット・キャピ

タルルール（負債はネット・キャピタルの15倍以下）から CSE プログラムに
変わることにより，大手投資銀行は大幅なレバレッジが可能になり，世界金融
危機に至るプロセスでレバレッジを急激に高めた。

　第2次大戦後の強い規制に守られた銀行業界を揶揄する言葉として，「3・
6・3」というものがある。銀行家は，3％の金利で預金を集め，6％の金利
で貸出を行い，午後3時にはゴルフに出掛けるという訳である[3]。こうした規
制に守られた金融界の状況は1980年代以降の金融の自由化・規制緩和を通じて
一変し，田舎の名士から，新自由主義的イデオロギーが席巻する中で，利益の
ためには向こう傷も厭わないウォール街の戦士へと変貌していった。こうした
金融自由化とその下での金融機関活動の活発化は，金融業務や金融取引を量的
にも質的にも拡大し，1980年代以降の金融拡大の大きな要因になったと考えら
れる。

　金融危機後に発覚した米欧のメガ金融機関をめぐる数々の不正事件は，金融
自由化と金融拡大の中で，金融機関が，とりわけメガ金融機関がいかにアグ
レッシブに行動していったかを示している。米国における MBS（住宅ローン
担保証券）の不正販売とそれをめぐる法的紛争が，米国のメガ金融機関を中心
に多発し，メガ米銀，米大投資銀行，ドイツ銀行等は巨額の制裁金・和解金を
支払うことになった。また，金融取引や金融商品設計で極めて重要な役割を果
たす LIBOR をめぐる不正情報操作の発覚とそれに対する規制当局による巨額
の罰金支払い命令で，バークレーズやドイツ銀行等は巨額の罰金を支払うこと
になり，為替レート指標の不正操作では，シティ，JP モルガン，UBS 等が巨
額の罰金を支払うことになった。データのある2011－15年の米国2大投資銀行
（Goldman Sachs と Morgan Stanley）の訴訟・和解・賠償関連の費用の営業
収益に対する比率は15.9％にも達する[4]。メガ金融機関がいかにアグレッシブ
に行動し，問題のある取引も大規模に手掛け，その後の大規模な金融スキャン
ダル発覚にまでつながったのかが窺われる。

　世界金融危機を受けたポストリーマン期には，甚大な被害をもたらした金融
危機を経験して，金融危機の再発防止，危機への耐性強化を目指し，世界的に

金融規制が強化される方向に転換した。バーゼルⅡの不備が金融危機で露呈したことから，新たにバーゼルⅢが導入された。そうした金融規制強化の中で自己資本比率規制の強化，レバレッジ比率・流動性規制の導入，証券化規制の強化，トレーディング資産のリスク・ウェイト引上げ等は，金融機関の行動に大きな影響を及ぼしている。さらに，米国においては，自己勘定トレーディングを禁止するボルカー・ルールを導入し，また，住宅バブルや銀行の公的救済を受けて，国民・消費者を犠牲にした銀行に対する批判の声が高まり，消費者保護のための金融規制も様々な面で強化された。金融危機の反省から生まれた米国金融改革の集大成であるドッド・フランク法の正式名称が，「2010年ドッド・フランク−ウォールストリート改革・消費者保護法」であることに示されるように，消費者保護も危機後の米国金融規制強化の大きな柱である。消費者保護規制も，図表8-7に示されているように，収益面を中心に銀行に大きな影響を及ぼしている[5]。前述した金融危機後のメガ金融機関の数々の不正事件の発覚も，ポストリーマン期における金融機関の行動に大きな影響を及ぼし，金融機関の行動を保守的で消極的なものとしたと考えられる。金融の規制・監督の強化，金融危機・不正取引をめぐる金融機関に対する社会的批判の強まりという状況の下で，社会や市場のムードも金融機関にリスクテイクを奨励するものではなくなり，金融機関の行動は全体的には，アグレッシブさを欠いた，保守的・消極的なものとなったと思われる。

　こうしたポストリーマン期の規制強化の下での金融機関の行動変化を収益指

図表8-7　世界金融危機前後の金融機関の収益指標変化（2000−06年平均→2015−19年平均）

	レバレッジ	非金利収益比率	経費率	ROE
メガ銀行	14.1→9.1	56.9→46.5	3.24→2.38	15.6→8.7
銀行全体	10.7→8.9	40.6→34.2	3.16→2.59	13.3→10.1

〔出所〕FDIC, Aggregate Time Series Data；各行の Annual Report
（注）メガ銀行は，JP Morgan, Citi, Bank of America の3行であり，銀行部門だけでなく金融グループ全体の数値である。その中で Bank of America の部分に関しては，2008年の Merrill Lynch 買収が事業構成を大きく変えることになったので，そのまま金融危機前後の比較をすると，その影響により比較結果に歪みが出てしまうので，ここでは2000−06年時点のデータとして Bank of America と Merrill Lynch を合算したものを使っている。

標面から見たのが，図表8-7である。

　図表8-7から分かるように，財務面からのリスクテイクを示すレバレッジ（総資産／株主資本）は大きく抑制され，より積極的でアグレッシブな行動を必要とする非金利収益比率（非金利収益／（純金利収益＋非金利収益））は低下し，保守的・防衛的に経費率（非金利経費／総資産）が抑制されているが，結果的にROE（株主資本利益率）は大きく低下することになっている。収益指標面から見た銀行の行動変化が，メガ銀行で極めて大きいことが鮮明である[6]。

　このように，金融危機後のポストリーマン期においては，1980年代から世界金融危機まで続いてきた規制緩和の流れの下での金融機関の思考・行動パターンは変更を迫られ，新たな規制環境と金融低成長の下で，今後の持続可能なビジネスモデルを模索している状況にあると思われる。こうして金融規制の面で，1980年代以降の金融拡大を促進してきた流れが，ポストリーマン期においては見直しの局面にある。

Ⅲ．金融の実体経済への影響

　本節では，これまで見てきた戦後アメリカの金融の長期的動向を踏まえて，金融と実体経済との関連，金融の実体経済への影響が戦後の金融の動きの中でどう変わってきたのかという問題を考えてみよう。金融の変動と実体経済という観点から見ていくことにする[7]。

1．民間負債変動と実体経済

　まず，金融変動の様相の長期的推移を見ておこう。金融変動の指標として，民間（家計・非金融企業）負債増のGDP比を採って示したのが，図表8-8である。図表8-8を見ると，1970年代以降に金融変動が大きく拡大していることが読み取れる。但し，1970年代は石油ショックに伴う大インフレの時代であるので，1970年代の金融変動はインフレを含めた実体経済に伴った変動という面が強いので，金融変動の本格的拡大は1980年代からと考えることができよう。

1980年代以降の金融変動は極めて顕著である。しかしながら，民間負債から見た金融大変動の時代は2008年の世界金融危機を境に終わり，ポストリーマン期では様相が変わってきているように思われる。

　金融の実体経済への影響を見るために，金融側として上述の民間（家計・非金融企業）負債増GDP比を採り，実体経済側として名目GDP成長率を採り，両者を比較しよう。図表8-8はそれを示している。大きな推移を概観すると，両者の振れ幅は，1960年代まではGDP成長率の振れ幅が民間負債の振れ幅を上回っているのに対して，1980年代半ば以降は逆に民間負債の振れ幅がGDP成長率の振れ幅を大きく上回るように状況が一転している。1970年代は，上述のように，GDP成長も民間負債も大インフレを反映して同様な変動を示している。民間負債の動向から見た金融は，1960年代までは実体経済に対し安定化要因であったのに対して，1980年代半ば以降は逆に不安定化要因として作用しているように思われる。

　このことをより立ち入って見ていこう。1960年代までの状況をより細かく見ていくと，景気後退の年（1949年，54年，58年，60年）においては，民間負債増GDP比が名目GDP成長率を上回り，民間負債の中でも家計負債増が企業負債増を上回っており，それによって家計の支出，特に住宅への投資が支えられ，景気の後退が和らげられていたと考えられる。これに対して，1980年代以降では，深刻な景気後退に陥った1990－91年や2008－09年においては，それ以前の景気拡張期の民間負債の急拡大の反動として，民間負債は急収縮し，民間負債増GDP比が名目GDP成長率を大きく下回り，金融面からも実体経済の後退を激化させることになっている。

　こうした形で，金融の実体経済に対する影響は，1980年代以降は大きく変化し，それ以前の実体経済を下支えするものから，実体経済を振り回すものに変わっていったと考えられる[8]。ポストリーマンの時期に入ると，金融が実体経済を振り回す面は，民間負債の動向から見れば，かなり弱まったと思われる[9]。

　1980年代以降の金融変動の拡大は，米国だけでなく，先進国共通であるように思われる。次の図表8-9は，先進国の景気循環における信用供与の動きを，

図表8-8　民間負債増 GDP 比と経済成長率

〔出所〕FRB, Financial Accounts of the U.S., D.2 ; Bureau of Economic Analysis, National Income
　　　and Product Accounts Table1.1.5

図表8-9　景気循環とインフレ・金利・信用拡大

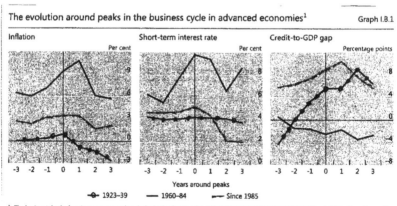

〔出所〕BIS［2018］p.15

時代区分して示したものである。1985年を境にその前と後とを比較すると，景気の拡大・後退の動きと信用供与との関係は，1984年以前はほとんど関係がないのに対して，1985年以降は共振して変動するようになっている。実体経済の動きが，信用供与の動きの影響を受けるようになってきていることが窺われる。

2.　キャピタルゲイン変動と実体経済

次に，金融の動きをキャピタルゲイン（株式と不動産）面から捉えて，それと実体経済面の名目GDP成長率とを比べて見たのが，図表8-10である。株価変動による株式キャピタル変動は，1990年代に入って大きく振幅を拡大させてきている。住宅価格変動を反映する家計不動産キャピタルゲインは，1990年代半ばまでは実体経済の動きを示す名目成長率に平行する動きを示していたが，90年代後半からは実体経済の動きからは乖離し，住宅の金融資産化に伴い大きく変動するようになってきたように思われる。実体経済側の動きを示す名目経済成長率の変動と比べて見ると，1990年代半ば以降の株式・不動産のキャピタルゲイン（GDP比）変動は極端に大きくなっている。代表的には，1990年代後半から2000年代初頭にかけてのネット株式バブルと2000年代の住宅バブルとの発生・崩壊という形で，キャピタルゲイン変動が極端に拡大している。こうした極めて大きなキャピタルゲイン変動は，実体経済に大きく影響したと思われる。バブルの発生・膨張が景気を大きく拡大し，バブルの崩壊が景気後退を始動させ，景気後退を深刻化させたと考えられる。

資産効果という面から，バブルによるキャピタルゲインのもたらす消費拡大効果（保有資産増大による消費支出増を資産増の3.5％と想定[10]）について考えてみよう。ネットバブルの絶頂期の1997−99年では平均名目成長率6.1％に対して，キャピタルゲインの効果は株式だけでGDP比1.2％で，家計不動産の分も加味すると2％もあり，成長率をかなり嵩上げしている。住宅バブルの絶頂期の2004−05年では平均名目成長率6.7％に対して，キャピタルゲインの効果は家計不動産だけでGDP比1.1％であり，株式の分も加味すると1.5％であ

り，成長率をかなり嵩上げしている。住宅バブル期には，住宅価格上昇による
ホームエクィティ増大を活用した消費者向けローン（ホームエクィティ・ロー
ン）が激増しており（図表8-8参照），こうした部分も含めると，キャピタルゲ
インのもたらした経済拡大効果はさらに大きかったと考えられる。

　逆に，バブルの崩壊局面では，ネットバブル崩壊期の2002年で株式キャピタ
ルロスの効果はGDP比マイナス1％であり，名目成長率を3.4％とかなり押し
下げた。住宅バブル崩壊期の2008-09年の名目成長率は均すとゼロ成長である
のに対して，キャピタルロスの効果は家計不動産だけでGDP比マイナス0.9％
であり，株式の分も加味するとマイナス1.4％と，成長率をかなり大きく引き
下げる影響を及ぼした。このようにバブル崩壊は景気の下落を大きくしたと考
えられるが，バブル崩壊と景気の反転・後退との時間的関係を見ると，ネット
バブルによる株価（S&P500）のピークは2000年8月であり，株価がピークか
ら20％下落した2001年3月に景気はピークから後退局面に転換した。住宅バブ
ルによる住宅価格（Shiller実質住宅価格指数）の本格的下落開始は2006年12
月であり，住宅価格がピークから9％下落した2007年12月に景気はピークから
後退局面に転換した。このように，バブル崩壊が景気の反転・後退を引き起こ
し，景気後退を深刻化させたと考えられる。

　ポストリーマン期について見ると，民間負債の面では，本節1で述べたよう
に金融変動の実体経済への影響が弱まっていると思われるのに対して，資産の
キャピタルゲイン面では，図表8-10から読み取れるように，かなり大きな株
式・不動産のキャピタルゲインが発生しており，実体経済面への影響も続いて
いると考えられる。ポストリーマンの2015-19年について考えてみると，平均
名目成長率が4.1％と世界金融危機以前よりかなり低下しているが，それに対
して，株式・不動産キャピタルゲインによる資産効果はGDP比0.9％とかなり
大きな成長率嵩上げ要因として作用している。

3.　金融業利潤の変動

　これまで見てきた1980年代以降の金融の拡大及び民間負債とキャピタルゲイ

図表8-10　キャピタルゲイン GDP 比と経済成長率

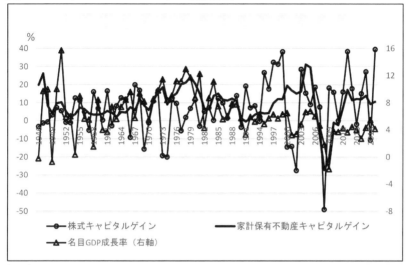

〔出所〕FRB, Financial Accounts of the U.S., F.223, L.223, R.101, R104 ; Bureau of Economic
　　　 Analysis, National Income and Product Accounts Table1.1.5
（注）非法人企業保有不動産には，家計の投資物件不動産がかなり含まれているので，家計保有不動
　　　産の中に非法人企業保有不動産を含めている。

ンの変動拡大に見られる金融状況の下で，金融業の利潤も同様の動きを示して
いる。図表8-11は，金融業利潤（連銀を除く）を GDP 比と全産業利潤比とで
見たものである。どちらの指標で見ても，1980年代以降の時期には変動が大き
く拡大しており，1990年代以降には GDP 比で見て金融業利潤の水準が高まっ
ていることが読み取れる。逆に，ポストリーマン期においては，利潤の GDP
比も金融業利潤の産業構成比も低下している。金融業利潤の産業構成比に関し
ては，2000年代には企業全体の利潤がかなり増加していることから，金融業の
構成比は大きく低下し，1950－60年代の比率以下にまで低下している。また，
ポストリーマン期の大きな特徴は，連銀の利潤の大幅な増大である。その背景
は，図表8-1に示されているような，非伝統的金融政策での大規模資産購入
LSAP であり，それによる連銀収益の急増である。連銀を含む金融業全体の利
潤に占める連銀の比率は，1948－2007年平均で25.6％（金融危機時の1998－

図表8-11　金融業利潤

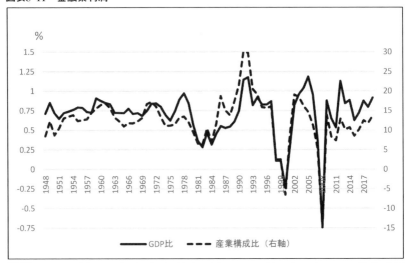

〔出所〕Bureau of Economic Analysis, National Income and Product Accounts Table 6.19,
　　　　Table1.1.5
〔注〕連銀の利潤のデータは2017年までしか示されていないので，2018−19年に関しては，2017年の
　　　数値を使って計算している。

2000年を除く）であるのに対して，ポストリーマン期の2009−17年平均では
37.8％まで大きく上昇している[11]。

4.　金融変動の要因とメカニズム

　これまで金融変動の拡大とそれが実体経済に及ぼす影響について見てきた
が，では，金融変動の拡大自体は，どうして発生したのであろうか。最も大き
な要因が，第Ⅰ節で見た実体経済に比べた金融（金融資産・負債・金融機関）
自体の拡大であることは確かである。実体経済に比べた金融が拡大すればする
ほど，金融変動の大きさは実体経済に比べて大きくなると考えられるからであ
る。また，低金利は第Ⅱ節1で議論したように，金融拡大の重要な要因である
が，金融変動拡大の要因でもある。低金利という環境は，資産運用による収益
獲得を難しくし，どうしてもより高い収益を求める search for yield の行動を
強める。投資家・金融機関はより高い収益を求める search for yield の中で，

より長期の，よりリスクの高い資産への投資を積極化させ，資産価格高騰や金融変動につながりやすい。こうした金融変動の拡大につながる投資家・金融機関の活動性の高まりの大きな背景としては，第Ⅱ節2で取り上げた金融の自由化・規制緩和という金融環境の歴史的な変化が存在する。そこで議論したように金融の自由化・規制緩和が進展していく中で，金融機関の業務範囲は拡大し，競争が激化し，行動は積極化し，活動性が高まり，それが金融変動の拡大をもたらした。また，第Ⅳ節で議論するように，1980年代以降の金融政策は，こうした投資家・金融機関の行動を促進するリスクテイキング・チャネルに依存しており，ポストリーマン期においては，それがより強化されていると思われる。

　また，金融にはそれ自体として変動性が大きくなりやすいという特性があると思われる。金融は本来的に将来価値先取り的性格のものである。株式投資は，投資先の企業の将来収益を見込んで行われる。債務資金の供給は，債務者の将来収益・所得を見込んで行われるものである。金融は現在時点で完結する取引ではなく，将来時点での反対キャッシュフローを期待して行われる取引である。将来は確実なものではなく，不確実なものであるから，将来を予想して取引するしかない。将来予想は客観的一意的に決まるものではありえず，主観的な要素が入らざるをえない。主観的な要素は揺らぎやすく，変動しやすく，ムードに流されやく，振れやすい。

　こうした振れやすい将来価値先取り性の上に，金融には自己増殖性がある。典型的であるのは，資産価格と資産投機との関係である。将来価格の上昇を見込んで資産取得・投機が行われると，資産取得・投機自体が資産需要を増大させ，資産価格を上昇させ，当初の将来見通しを正当化し，さらに資産取得・投機を活発にすることになるという形で，自己増殖的に資産取得・投機の拡大と資産価格の高騰をもたらす。こうしたプロセスが始動しだすと，個々の主観的予想が収斂し，共同主観が形成され，自己増殖性が強化される。資産取得・投機のために信用が利用されるケースでは，信用の供与が資産取得・投機を容易にし，資産価格を上昇させ，それがまた信用を利用した資産取得・投機を拡大

するという形で，自己増殖的に信用の拡大，資産取得・投機の拡大と資産価格の高騰をもたらす。ここでも共同主観性の形成によって自己増殖性が強化される。資産取引と直接的な関係のない信用（企業向け，消費向け）に関しても，広く考えれば，自己増殖性がある。信用の拡大は，支出の拡大をもたらし，経済の拡大につながる。経済の拡大は，将来の企業収益や家計所得の見通しを明るくし，信用の需要側（借手リスクの削減）と供給側（貸手リスクの削減）との双方から信用を拡大する力が働くことになり，自己増殖的に信用が拡大することにつながる。

　しかしながら，資産価格上昇や債務拡大，そこでの金融の自己増殖性は長期持続するものではない。資産価格上昇や債務拡大が続くと，どこかでそれが行き過ぎて，バブルの発生・拡大や信用の過度の膨張につながり，それが結局，金融危機に至るというプロセスをたどってしまう。金融の自己増殖性・ダイナミックスが，経済のある局面では実体経済にプラスの影響を及ぼすが，それは長期安定的な状態ではなく，行き過ぎて過熱し，持続不可能なレベルにまで達し，結局，バブル崩壊と金融危機に陥るというプロセスをたどることになる。こうして，金融の変動は極めて大きなものとなる。こうした金融の変動・ダイナミクスは，金融資産や金融市場の規模が実体経済に比べて大きいほど，金融自由化の下で金融機関や投資家の行動がアグレッシブであるほど，作動しやすいし，程度も激烈なものになりやすいだろう。金融機関行動の面に関しては，例えば，住宅バブル期においては，サブプライム住宅ローンの証券化が大手金融機関を中心にアグレッシブに激烈な競争の中で展開され，住宅ローンの供給が激増し，住宅価格の高騰に拍車を掛けることになった。また，住宅バブルの中では，証券化商品への投資が金融機関・機関投資家・ファンド・ビークル等によって我先にアグレッシブに行われ，住宅バブル・証券化バブルを膨張させ，バブル崩壊後には莫大な損失を被り，金融危機と実体経済の急落を引き起こすことになった。IMF の推計によれば，世界金融危機がアメリカの実体経済に及ぼした影響は GDP の31％にも及んでいる[12]。こうした金融のダイナミクスが実体経済を振り回すという様相が強まったのが，1980年代以降のアメリ

カ経済である。

Ⅳ. 戦後の金融政策の変遷

1. 金融政策と実体経済・金融変動

　第2次大戦後の金融政策の変遷を，通常の議論とはやや違った視角から考察しよう。金融政策と実体経済との関連を，景気循環における政策金利の変動と景気の谷・山とのタイミングの関係という角度から見てみたい。実体経済の景気循環の谷・山と並んで政策金利（FFレート）にもボトム・ピークがある。両者の関連は，通常は，景気循環の谷にいくらか遅れて政策金利がボトムに達して上方反転し，政策金利がピークに達した後でいくらか遅れて景気循環が山を迎えるという，というコースをたどるのが普通である。そこで，景気循環の谷から政策金利のボトムまでのラグの長さ，及び政策金利のピークから景気循環の山までのラグの長さが，戦後の期間においてどうなっているのか調べてみると，1980年代を境に大きく変化していることが分かる。それを示したのが，図表8-12である。

図表8-12　景気循環と政策金利循環とのラグ

	1950-80年代初	1980年代末以降
景気循環の谷→政策金利のボトム	2.7か月	20.7ヵ月
政策金利のピーク→景気循環の山	1か月	11.2ヵ月

〔出所〕National Bureau Economic Research, US business Cycle Expansions and Contractions ; FRB, Selected Interest Rates

　1980年代半ばを境に，ラグの長さは激烈に変化しており，状況が大きく変化していることが鮮明である。このことの意味について，以下考えてみよう。

　ラグが長いことに関して，一般的に考えれば，景気循環の谷から政策金利のボトムまでのラグが極めて長くなったということは，景気がボトムから回復局面であるにもかかわらず政策金利が引下げられているということである。同様

に，政策金利のピークから景気循環の山までのラグが大きく伸びたということは，景気が山に達するまでの拡大局面にあるにもかかわらず政策金利が引き下げられているということである。いずれのケースも，政策金利をなるべく長期間低めに維持して，経済を下支え・刺激しようという方向へ政策スタンスが大きく変化したということである。この背景を実体経済面から考えれば，大きな流れとしては，図表8-5に示されているように，1980年代以降，経済成長率や企業の投資が低下傾向にあり，経済が停滞基調になってきたこと，及びそうした経済状況の下でインフレ率が低下傾向をたどってきたことがあると考えられる。インフレ抑制の必要性が低下してきた環境の下で，経済は停滞基調をたどってきたことから，どうしても経済を刺激する方向で政策運営が行われざるをえなくなってきたということである。

　戦後の1970年代までの時期について考えてみると，1946年雇用法の成立を受け，金融政策は伝統的な物価安定目標に加えて完全雇用の実現という目標を与えられることになった。インフレを抑制しつつ完全雇用を実現すべく，金融政策は運営されてきた。1950－60年代は実体経済に活力があった。第Ⅱ節１で述べたように，この時期は第２次産業革命の成果が経済的に実を結んでいた時代であり，経済にダイナミズムがあった。金融緩和の下で経済が拡大し，雇用が拡大し，過熱気味になると賃金・物価が上昇し，インフレ抑制のための金融引締め政策が採られ，景気が下降し，インフレ率が低下する，さらに金融引締めが緩められると経済が再拡大するという景気のプロセスをたどっていた。こうした実体経済の力強さを背景とした金融政策運営は，1980年代以降の状況とは好対照である。こうした状況の下で政策金利変動と景気の谷・山とは時間的に基本的に一致しており，図表8-12に示されているように，ラグは極めて短いものであった。1970年代は混乱期であるが，1960年代末からの国内のインフレ傾向とオイルショックによる劇的な物価高騰によりインフレ率は大きく上昇し，それに対応して厳しい金融引締め政策が採られ，経済はスタグフレーションに陥った。こうした状況の下でも，政策金利変動と景気の谷・山との関連は，それ以前の時期と同じで，ラグはほとんどなかった。1970年代までの時期を全体

として見ると，金融政策は実体経済に直接に働きかけることで，機能していたと考えられる[13]。これは，本節 2 で述べるように，金融政策の効果波及ルートという面で1980年代以降の状況とは全く異なる。

　1980年代半ば以降の政策金利と景気とのラグの長期化の問題を，別の角度から，金融変動の拡大という角度から，より具体的に循環の動きに即して考えてみよう。1980年代半ば以降の金融変動面での顕著な状況変化は，バブルの発生・崩壊である。90年代後半から2000年代初頭にかけての IT バブルの発生・崩壊と2000年代の住宅バブルの発生・崩壊がある。IT バブルに関しては，その崩壊2000年 8 月（S&P500指数で考えて）と政策金利のピーク2000年 7 月はほぼ同じ時期であり，景気の山2001年 3 月より先行しているが，バブル崩壊の経済への悪影響を懸念して政策金利は景気の山より先駆けてピークから下方転換し，結果として，政策金利のピークと景気の山とのラグは大きなものになった。また，住宅バブルに関しては，その崩壊が顕著になったのは2006年12月頃（Shiller の実質住宅価格指数で下落転換が顕著）で，政策金利のピークは2007年 2 – 3 月であり，景気の山2007年12月より先行している。いずれのケースも，バブル崩壊の経済への悪影響を懸念して政策金利は景気の山より先駆けてピークから下方転換し，結果として，政策金利のピークと景気の山とのラグは大きなものになった。他方，景気の谷におけるラグに関しては，IT バブル崩壊後の景気の谷は2001年11月であり，政策金利のボトムはそれより大きく遅れて2003年12月であり，バブル崩壊による景気後退の深刻さを懸念して，政策金利が引下げ続けられ，結果として，景気の谷と政策金利のボトムとのラグは大きなものになった。この遅れは結果的には，住宅バブルにつながることになった。住宅バブル崩壊後の景気の谷は2009年 7 月であり，政策金利のボトムはそれより大きく遅れて2011年10 – 12月であり，バブル崩壊による景気後退の深刻さを懸念して，政策金利が引下げ続けられ，結果として，景気の谷と政策金利のボトムとのラグは大きなものになった。

　政策金利と景気とのラグの長期化の問題は，バブルの発生・崩壊だけではなく，より広い金融変動に関係している。具体的には，90年代初頭の景気の山と

谷に関しては，1980年代の信用ブームとその後遺症としての不良債権の増大と
銀行破綻の急増が関係して，ラグの長期化という事態が発生している。景気の
山が1990年7月であるのに対して政策金利のピークは1989年3月と大幅に先行
していることの背景としては，1988年には銀行倒産が激増し，300件以上の銀
行倒産が90年まで続き，そうした金融の混乱の中で，図表8-8に見られるよう
に1980年代央からの信用供与ブームが1989年には急収縮し始めていることが
あった。こうした金融危機の実体経済への悪影響を懸念して，景気がまだ拡張
局面にある中で政策金利は早めにピークから引下げ局面に転じた。また，その
後の景気の谷は1991年3月であるにもかかわらず，政策金利は引下げ続けら
れ，ボトムを打ったのは92年12月と大きく遅れた。景気が上昇局面にあるにも
かかわらず，政策金利が引下げ続けられボトムが大きく遅れたのは，銀行破綻
の急増や金融危機自体への対応，それの実体経済への悪影響を懸念して，金利
の引下げ，低金利の維持が行われたということである。

　このように，政策金利変動と景気循環とのラグの長期化は，金融変動が拡大
し，金融変動の影響，金融変動が実体経済に及ぼす影響が大きく拡大してきた
という，1980年代以降の状況に対応して金融政策運営が変化してきたことを反
映したものである[14]。実体経済に比べた金融の拡大が生じていない，1970年代
までの金融政策運営とは全く異なるものである。

2. 金融政策の効果波及ルート

　上記の本節1では，戦後の実体経済・金融の構造変化が金融政策運営にどの
ような変化をもたらしたかという方向性から，金融政策の問題を考察してきた
が，ここでは逆に，金融政策が実体経済・金融に対してどのように効果を及ぼ
すのかという方向性，金融政策を議論する場合の通常の方向性から考えていこ
う。戦後における金融政策の推移の問題を効果波及ルートという観点から考え
てみると，大きな流れとしては，1970年代までの実体経済に直接働き掛ける
ものから，それ以降の拡大した金融の下での債務・資産価格の変動や金融活動
への刺激を通じるルートへ，金融を通じる間接的なものへと変わってきたと考

えられる[15]。

　1970年代にスタグフレーションを経験した反省から，金融政策の目標はそれまでの経済・雇用の拡大からインフレ抑制・物価安定へシフトした。実体経済面の停滞基調化とグローバリゼーションの進展に伴う物価下落圧力の強まりという状況の下で，インフレ率はそれ以前に比べて低下気味となった。これに物価安定を重視する金融政策運営が加わり，インフレ率は低下傾向を示した。インフレ率の低下に伴い政策金利も低位に維持され，図表8-4に示されているように，市場金利水準も低下傾向を示すようになった。金利水準の低下は，第Ⅱ節1で議論したように，資産価格に上昇圧力を及ぼし，資産価格を高め，債務拡大や金融資産拡大を促すことになった。実体経済の活力低下とこうした金融拡大の下で，金融政策の効果波及ルートの中心が金融を通じる間接的なものとなっていった。このような状況では，資産価格の急落といった事態は経済に甚大な影響を及ぼすので，資産価格維持も金融政策の重要な目標となってきた。

　しかしながら，金融を通じる実体経済への間接的なプラス効果だけを期待して，金融政策を運営しても，それがバブル的な債務拡大や資産価格高騰につながれば，金融危機の発生という大幅なマイナス効果を引き起こすことにもなる。実際，2000年代初頭のITバブル崩壊後には，資産価格急落に伴うデフレを恐れて政策金利は大きく引き下げられ，極めて低い水準が3年間程も続いたが，それがその後の住宅バブルの発生・崩壊につながるという大きなマイナス効果を引き起こした。このように金融政策を介する形で，金融変動が実体経済を振り回すという現象が典型的な形で発現した。

　リーマン・ショック後の金融政策の状況について考えてみよう。リーマン・ショック後に米国経済はバランスシート不況に陥った。バランスシート不況とは，金融危機の結果，家計・企業の債務及び金融機関のバランスシートの過大さが露呈し，その過剰・過大を調整する必要に迫られ，実体経済が混乱し，前向きの経済活動がストップし，金融政策による実体経済への効果がほとんど失われるという状態のことである。金融変動によって実体経済が大きく棄損された状況である。そこで導入されたのが，長期国債を中心とする大規模な資産購

入 LSAP，量的緩和 QE といった非伝統的金融政策である。危機対策として導
入された非伝統的金融政策は，危機が一応鎮静化した後の平時においても，金
融政策「正常化」に向けての若干の動きがあったものの，図表8-1に示されて
いるように基本的には続いており，コロナパンデミックによる経済への打撃を
受けて，現在ではより強化されている。非伝統的金融政策の特徴は，従来の政
策手法が短期金利のコントロールだったものが，長期金利に直接影響力を及ぼ
すないしはコントロールするというものに変ってきたことである。非伝統的金
融政策が継続しているのは，実体経済面での背景としては，経済成長・企業投
資の低迷と低インフレが，図表8-5に示されるように，ポストリーマン期にお
いて更に深刻化しており，そうした経済状況下でデフレ回避＝ゼロ金利制約回
避を中心的目的とする政策運営が行われているからである。デフレを回避＝ゼ
ロ金利制約を回避するために，あらゆる金融政策を総動員するという姿勢が採
られている。

　1980年代以降は金融政策の効果は，実体経済に直接に働き掛けるものから，
債務・資産価格の変動や金融活動への刺激を通じるルートへと，金融を通じる
間接的なものに変わってきた，と上述したが，金融を通じる間接的な効果波及
ルートの中で中心となるのは，金融機関・投資家のリスクテイク活動への働き
かけを通じるもの（リスクテイキング・チャネル）である。ポストリーマン期
における非伝統的金融政策とは，こうしたリスクテイキング・チャネルをそれ
以前の時期と比べてもより強力に働かせるためのものと考えることができよ
う。それだけ実体経済の停滞基調が強まってきたことを反映している。

　金融機関・投資家のリスクテイク活動への働きかけというルートは，2つの
側面（アメの面とムチの面）を持っている。アメの面では，金融・経済の混乱
に対しては何でもするという中央銀行の断固たる姿勢であり，これは主として
量的緩和というシグナルで発信された。こうした中央銀行の断固たる姿勢が金
融機関・投資家に対して金融市場の大きな混乱はないという安心感を与え，リ
スクテイク行動を積極化させる。直近では，この政策を，コロナパンデミック
の中で連銀が大規模に発動して，株価維持に絶大な効果を発揮した。世界金融

危機に至るプロセスでは，「グリーンスパン・プット」と呼ばれ，金融機関・投資家の過剰なリスクテイク行動を促進した要因として，危機後には批判されたものである[16]。ムチの面では，大規模資産購入 LSAP による長期金利の押し下げ（金融抑圧）は，金融機関・投資家の収益を圧迫し，金融経済における利回り追求 search for yield 行動を強め，より長期・よりリスクの高い資産への投資に追いやることになる（ポートフォリオ・リバランス効果）。ポストリーマン期においては図表8-10に示されているように，株価・不動産価格が高騰し，大きなキャピタルゲインが発生していることが分かる。こうしたポストリーマン期における資産価格高騰の最も大きな要因は以前の時期と比べた極端な低金利であり，それを背景としたリスクテイキング活動の活発化である。第Ⅲ節2で説明したように，図表8-10に示されるポストリーマン期の相当大きな株式・不動産のキャピタルゲインが，経済拡大にかなり貢献していると考えられる。

　こうしたリスクテイクによる投資家の利回り追求の動きは，国内投資（株式投資，ジャンクボンド投資，REIT 投資等）だけでなく，海外証券投資も活発化させている[17]。また別の直近の例は，信用度の低い企業債務（レバレッジドローン，プライベートクレジット，CLO，ジャンクボンド）の拡大である。ポストリーマン期においては，第Ⅱ節2でも述べたように，銀行・投資銀行に対する規制が大幅に強化され，大きなリスクテイクが妨げられていることもあり，銀行以外の年金，保険，投信，ETF，各種ファンド（ヘッジファンド，プライベートクレジットファンド）等のリスクテイクが顕著になっている。こうしたリスクテイク活動の活発化が，コロナパンデミックの中で大きな金融上のリスクとなっている[18]。こうした金融政策のリスクテイキング・チャネルへの依存には，金融活動や資産価格を通じての実体経済の下支え・拡大，デフレ回避が期待されているが，他方では，上述のように金融の行き過ぎ・混乱や金融危機につながる恐れもある。政策手段割当てに関する現状の考えでは，実体経済の下支え・拡大効果を金融政策に期待し，金融危機対策は金融規制・プルーデンス政策に期待するとされているが，そうした政策割当のやり方で今後

の事態に十分対応することができるか否かは，定かではない。

V．ポストリーマンの金融・経済

　最後に，これまでの戦後アメリカの金融の長期的動向に関する議論を踏まえて，ポストリーマン期の金融・経済の現状について議論を整理し，今後の展望について若干の考察をしよう。ポストリーマン期の金融・経済の現状について，1980年代から世界金融危機までの金融拡大の時代との相違という観点から整理してみよう。実体経済面では，戦後の第２次産業革命の効果減衰に伴う関連産業のバイタリティ低下とそれに代わる ICT 産業の力不足という大きな状況には変化がないが，そうした産業活力面での停滞的状況は，図表8-5，8-6で示されているようにポストリーマン期にはより深刻化していると思われる。こうした実体経済面の状況から，経済の停滞傾向，持続的超低金利の傾向が続いている。非伝統的と呼ばれるポストリーマン期に導入されたアグレッシブな金融政策は，こうした実体経済の状況の下で今後も続くと予想される。金融拡大の時代は債務の拡大と資産価格の高騰によって特徴付けられていたが，ポストリーマン期においては，大きく考えると，債務拡大に関してはかなりブレーキがかかったと思われる。一部企業債務に関しては過熱の動きが見られるが。資産（株式・不動産）価格に関しては，ポストリーマン期においても価格上昇が続いており，これが経済全体を支える役割を果たしている。資産価格上昇の背景は，超金融緩和の金融政策である。金融機関の行動に関しては，第Ⅱ節2で議論したように，1980年代以降の金融自由化・規制緩和と金融革新の群生という流れの中で，金融機関の行動は極めて積極化し，アグレッシブなものとなり，金融の拡大，金融変動の拡大をもたらしたが，その帰結は世界金融危機であった。世界金融危機の反省から実施された金融規制強化の下で，ポストリーマン期においては金融機関，特に銀行・投資銀行の行動はかなり抑制されたものとなり，アグレッシブさは影を潜めることになった。但し，規制対象以外の金融機関・投資家における search for yield の動きは，超低金利状態の下で，

持続している。

　今後の展望を考える上で鍵になるのは，資産価格の動向ではないかと思われる。上述のように，資産（株式，不動産）価格の継続的な上昇はポストリーマン期の経済を支える重要な柱である。この点は，バブル崩壊後の日本が長期の資産価格下落に苦しめられたのとは対照的である。資産価格は今後も上昇が期待できるのであろうか。今後の金融政策と人口動態という2つの観点から考えてみよう。ポストリーマン期においては，非伝統的金融政策の下での超金融緩和が資産価格上昇を支える重要な支柱となっている。コロナパンデミックの中での金融政策の総動員とそれによる株価高騰はそれを端的に示している。こうした超金融緩和による資産価格上昇効果は今後も持続しうるのであろうか。超低金利下でのポートフォリオ・リバランスやsearch for yieldの動きは，今後も続くであろう。しかしながら，金利水準そのものはほぼゼロ金利に張り付いており，今後さらに低下するという余地はない。これ以上の量的金融緩和の更なる強化が，資産価格上昇を持続させる力があるとは思えない。金融政策面からの資産価格上昇への影響力が今後も続くとは考えにくい。

　次に，アメリカの人口動態である。アメリカは現在，高齢化の進展局面に入っており，2010年から2040年にかけて，高齢化率が13％から21.6％へ上昇し，生産年齢人口比率が66.8％から61.2％へ低下すると見込まれている[19]。こうした高齢化率の高まりは，年金資産の取崩しを通じて，株式の売却圧力を強めると考えられる。実際に部門別の株式売買状況のデータを見ると，2009年以降，年金は売り越しが続いている[20]。家計資産の大きな部分を占めている年金資産からの株式売却圧力は，これからさらに高まり，今後の株価に下落圧力を加えると考えられる。高齢化の進展，生産年齢人口の減少は，住宅需要にも影響し，住宅需要を抑制し，今後の住宅価格に下落圧力を加えると考えられる。また，人口増加率は，2000-10年で0.92％であるが，2040年代には0.34％まで大きく低下すると見込まれている。この面から考えても，今後の住宅価格には下落圧力がかかると考えられる。こうした今後の動向を考えると，キャピタルゲインに依存しない金融・経済のあり方が問われていると思われる。

　実体経済面に目を向けると，コロナパンデミックの中でICT関連の技術・産業の活用・活動領域が拡大し，産業として1990年代に類似した再活性化状況を呈している。こうした動きの今後の展開に関して，大きく問題を提起すると，第2次産業革命の経済的成果が結実した1950-60年代と類似した経済状況が実現するかどうか，という形で問題にすることができるだろう。第2次産業革命の経済的成果が大きかったのは，経済・社会・生活全般にわたる極めて幅広い新しい製品が群生し，そうした魅力的な新製品群が社会全体の膨大な需要を喚起して（需要喚起型プロダクト・イノベーション），経済全体の拡大循環を形成したからである。これに対して，第3次産業革命の中核をなすICT技術は，AI技術も含めて，プロセス・イノベーション的であり，既存の業務・活動プロセスを効率化し，既存プロセスの中の仲介項を中抜きにするという性格が強い。経済・社会の中での幅の広がりも，第2次産業革命の成果と比べると狭い。こうしたことを考えると，ICT技術を中核とする第3次産業革命によって実体経済が大きく再活性化するという事態を，期待するのは難しいと思われる。

　金融業のあり方に関しては，金融拡大の時代が終わり，キャピタルゲインに依存する金融・経済も長期持続性に疑問がある状況の中で，ビジネスの展開方向・やり方を模索している状況にあると思われる。経済の中での金融の役割が改めて問われている局面にある。これまでのような金融的利潤だけを追い求めるのではなく，実体経済とより密接に関連した長期持続可能な業務展開が求められていると考えられる。これは，すべての金融機関に共通しているが，特に，実体経済により深く関与した業務展開が行われているベンチャーキャピタルやPEファンドの今後の役割増大が，短期的視野での投資回収による弊害には注意する必要があるが，期待される[21]。第I節で述べたように，金融の中心的機能は，1980年代以降に資金仲介から資産運用に移ってきたが，実体経済の活性化に何らかの形で結びつく資産運用の仕方を模索することは非常に重要だと思われる。第IV節で金融政策の効果波及ルートとしてのリスクテイキング・チャネルについて議論したが，金融機関・投資家による金融的リスクテイク

が，金融危機につながるのではなく，どのようにすれば適切な実体経済でのリスクテイクに有効につながるのかという問題は，現状を踏まえた今後を考えると，極めて重要な問題であろう。

＜注＞

1）　年金と金融革新という要因を含めた，金融拡大とその諸要因の分析に関しては，北原［2017］を参照。
2）　ルール415の導入とそれが証券業界に及ぼした影響に関しては，野村総合研究所［1999］第3章を参照。
3）　加野忠［1999］p.22参照。同書では，規制に守られた「金融の平和」が，金融の自由化・規制緩和を通じて，弱肉強食のウォール街文化が席巻する世界に変貌した姿が，当時の日本の金融の状況とも照らし合わせて，見事に描かれている。
4）　データは，S&P Capital IQ による。
5）　この点に関しては，北原［2016］p.66を参照。
6）　世界金融危機を挟んだ金融機関の収益構造変化については，北原［2016］［2018a］を参照。
7）　北原［2019］では，同じ問題が企業金融やコーポレートガバナンスの面を含めて，より広い観点から議論されている。本論文は，そこで取り上げられている金融の実体経済への影響の問題をより掘り下げたものである。
8）　金融の拡大がある一定レベルを超えると経済成長にマイナスの影響を及ぼす，という研究がかなり存在する。Arcand, J.L., Berkes and U.Panizza［2015］及び Cournede, B. and O. Denk［2015］では，民間非金融部門に対する信用供与が GDP の100％を超えると，1人当り GDP 成長にマイナスの影響を及ぼすことが示されている。アメリカでは，図表8-3によれば，100％の水準を1980年代初めに超えている。
9）　直近のコロナパンデミックの中では，政府・連銀による直接的な金融支援を受けて，図表8-3に見られるように，企業負債は大きく拡大している。今後の動きが注目されるが，世界金融危機以前の家計・企業の積極的な借入行動と金融機関の積極的な貸出行動の結果としての負債拡大とは区別して考える必要があると思われる。
10）　資産効果の大きさの推計に関しては，2％から8％と幅があるが，ここでは，Aladangady and Feiveson［2018］で推計の幅に合致するものとして使われている3.5％を採用する。
11）　データは，Bureau of Economic Analysis, National Income and Product Accounts, Table 6.19 による。
12）　データは，Laeven and Valencia［2012］p.22による。
13）　景気循環のあり方としては，景気の拡大・縮小に伴ってインフレ率が上昇・低下し，インフレを抑制するための金融引締めとインフレ率低下の下での金融緩和が繰り返されるというものであり，インフレ循環という形で特徴づけることができると思われる。これは注14で述べる，1980年代以降の金融循環とは性格を異にしている。
14）　1980年代以降の景気循環のあり方は，金融変動によって景気循環が大きく左右されることから，金融循環という形で特徴づけることができると思われる。これは，注13で述べた1970年代までのインフレ循環から1980年代以降の金融循環へと，景気循環の姿が変わってきたことを示している。
15）　BIS［2015］p.78では，米国における政策金利変化の各種変数への効果を1955－74年と1984－2008年との期間で比較し，後者の期間では前者に比べて GDP に対する効果が小さくなり，信用供与や住宅価格に対する効果が極めて大きくなっていることが示されている。

16)　グリーンスパン・プットに関しては，翁［2013］を参照。
17)　北原［2018b］p.197を参照。
18)　IMF，［2020］Chap.2, Aramonte, S. and F. Avalos［2019］p.11を参照。
19)　データは，United Nations, *World Population Prospects 2019*による。
20)　データは，FRB, Financial Accounts of the U.S., F.117による。
21)　最近の PE ファンドの動向については，McKinsey［2019］を参照。

＜参考文献＞

翁邦雄［2013］「グリーンスパンの金融政策」池尾和人・21世紀政策研究所編『金融依存の経済はどこに向かうのか：米欧金融危機の教訓』第 2 章，日経プレミアシリーズ
加野忠［1999］『金融再編』文春新書
北原徹［2016］「ポスト・リーマンの米国銀行・投資銀行」『立教経済学研究』第70第 2 号
北原徹［2017］「ポスト・リーマンの米国金融と金融肥大化の終焉」『立教経済学研究』第71巻第 2 号
北原徹［2018a］「ポスト・リーマンの米欧日銀行の収益構造変化」『経済志林』（法政大学），第85巻，第 3 号
北原徹［2018b］「ポスト・リーマンの米国経済」『立教経済学研究』，第72巻，第 2 号
北原徹［2019］「戦後アメリカの実体経済と金融経済—1980年代以降の金融の肥大化と変調—」『福岡大学商学論叢』，第63巻，第 1・2 号
野村総合研究所［1999］遠藤幸彦執筆『ウォール街のダイナミズム』野村総合研究所
Aladangady,A. and L. Feiveson［2018］A Not-So-Great Recovery in Consumption: What is holding back household spending?, *FEDS Notes*, March 08.
Aramonte, S. and F. Avalos［2019］, Structured finance then and now: a comparison of CDOs and CLOs, *BIS Quarterly Review*, September.
Arcand, J.L., Berkes and U.Panizza［2015］Too much finance?, *Journal of Economic Growth*, May.
Bank for International Settlement［2015］,［2018］, *Annual Economic Report*.
Cournede, B. and O. Denk［2015］, Finance and economic growth in OECD and G20 countries, *OECD Economic Department Working Papers 1223*.
International Monetary Fund［2020］*Global Financial Stability Report*, April.
Laeven, L. and F.Valencia［2012］Systemic Banking Crises Database: An Update, *IMF Working Paper*, 12/163.
McKinsey［2019］Private markets come of age, *McKinsey Global Private Markets Rview 2019*.

第9章　機関投資家ネットワークとコーポレート・ガバナンス（CG）

佐賀　卓雄

はじめに

　1970年代に，アメリカの株式保有構造について「機関化現象」が指摘されてから久しい。機関投資家による株式保有の増加はその後も続いており，特に大手上場企業の株式の7割前後を保有している。その中でも，2008年のリーマンショックを契機に，低い運用コストと相対的に高い運用パフォーマンスを記録したパッシブ投資の残高が継続的に増加し，数年の内にアクティブ投資の残高を越えると予想されている。

　機関投資家の台頭とともに，その行動原理にも大きな変化がみられるようになった。一口に機関投資家といっても，公的および企業年金基金，ミューチュアル・ファンド（オープンエンド型投資信託），生命保険，各種財団など，その保有動機や運用方針は様々である。従って，ある程度まとまった行動を採るには，中心となるリード機関投資家がいなければ，集合行動に必要な調整コストがかさみ，タダ乗りの動機が強くなるであろう。機関投資家が投資対象企業のガバナンス問題に直接にコミットするよりは，持株の売却による退出を選択するという行動は，機関投資家にとっての投資のコストとリターンを考えれば合理的な行動であったといえる。いわゆる「ウォールストリート・ウォーク」（以前は「ウォールストリート・ルール」と呼んでいた）である。また，1980年代の後半に敵対的なM&Aが盛んになった時に公的年金基金の一部がアクティビストとしての行動を強めたのも，それによって持株の有利な処分ができ

たからである。

　しかし，その後，機関投資家を取り巻く投資環境も大きく変化した。一つ
は，機関投資家の組織化が進展したことである。機関投資家評議会やインベス
ター・スチュワードシップ・グループなどの設立は，機関投資家間の情報共有
と調整コストの低下に寄与している。また，パッシブ投資ではビッグスリー
（ブラックロック，バンガード，ステート・ストリート）が圧倒的シェアを占
めるため，投資対象会社の経営者あるいは取締役会との交渉によってESGや
ガバナンスについての改革を求め成果をあげる事例が増加している。さらに，
アクティビスト・ヘッジファンドは資本力は相対的に小さいものの，パッシブ
投資や他の機関投資家を積極的に巻き込み，交渉を有利に進める事例（ウルフ
パック・アクティビズムと呼ばれる）も注目されている。

　本章では，近年の機関投資家の投資行動の変化に注目し，それがコーポレー
ト・ガバナンスに及ぼす影響について分析する。最初に，株式保有構造と投資
行動の変化について分析する。1960年代以降徐々に，かつての株式保有の分散
から機関投資家への持株の集中が進行したが，その受益者は年金受給者，
ミューチュアル・ファンド（MF）の購入者，生命保険加入者などであるた
め，ここではもう一つのエージェンシー問題が発生する（エージェンシー資本
主義論）。これにより，投資行動も影響を受けざるをえない。特に問題になる
のは，投資対象企業との間に引受業務や年金受託業務などの取引関係がある場
合，利益相反問題のために意思決定が影響を受ける可能性があることである。

　続いて，企業目的としての「株主価値最大化」イデオロギーが登場した背景
について分析する。1980年代の企業買収ブームの過程で，ジャンク・ボンドの
発行による買収資金の調達，キャッシュ・テンダーオファーに際しての株式評
価など，資本市場はそれまでにないような重要な役割を果たした。この過程
で，効率的市場仮説が理論的，実証的支持を集め，株価をシグナルとした資本
市場による規律付けが広く受け入れられるようになった。さらに，リーマン
ショック以降は，機関投資家の組織化が進み集合行動に伴う調整コストが低下
した結果，アクティビズムは新たな段階を迎えている。パッシブ投資が残高を

集め，アクティビスト・ヘッジファンドとの連携した動きがみられるようになり，その提案の採択の確率も高まっている。

I．株式保有構造の変化と株主行動

アドルフ・バーリー（Adolph A. Berle）とガーディナー・ミーンズ（Gardiner C. Means）が1932年に公刊したエポック・メーキングな著作（『現代株式会社と私有財産』（*The Modern Corporation and Private Property*）に基づき主張された，株式所有の分散，所有と経営の分離，経営者支配，さらにはその理論的拡張であるエージェンシー理論は，今日に至るまで，経済学，経営学，ファイナンス理論の分野で大きな影響力を及ぼしてきた。

バーリー・ミーンズは，1929年時点でのアメリカの最大200社の株主構造を分析し，筆頭株主の持株比率が20％以下の株式会社数が44％，資産額の58％を占め「所有と経営の分離」，「経営者支配」が進展していることを実証したが，その後，現在に至るまでの間に株式所有構造は大きく変化してきた。一言でいえば，機関投資家の持株の増加，いわゆる「機関化現象」の進展である[1]。もっとも，近年は60％強で横ばいで推移している（図表9-1を参照）。

しかし，機関投資家は雑多な投資家集団であるから，その協調行動のためには調整のためのコストがかかるため，投資対象会社の経営にコミットするよりも，タダ乗りか持株の売却による退出が合理的行動になる。後者をウォールストリート・ルールと呼んでいた。また，401K プランの受託，あるいは証券発行・引受業務の受託のような他の取引上の繋がりがある企業年金基金や大手投資銀行系列の資産運用会社は利益相反状況に当面し，やはり投資対象会社の経営問題に積極的にコミットすることはなかった。その中で，そのような関係を持たない一部の公的年金はアクティビストとして積極的に影響力を行使した。CalPERS（カリフォルニア州職員年金基金）や TIAA-CREF（全米教員退職年金基金）は最も有力なアクティビストであり，業績の悪い企業のリストを公表し，しばしば CEO の交代を実現した[2]。機関投資家の投資行動にみられる

図表9-1　個人投資家・機関投資家の持株比率の推移（2005-19年，%）

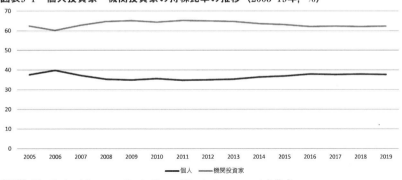

〔出所〕The Federal Researve Bank, *Flow of Funds Accounts*, より作成

　このような差異は，非常に重要である。他の取引関係に伴う「利益相反」は機関投資家の行動を大きく制約する[3]。

　機関投資家の持株比率はその後も上昇し続け，特に大手上場企業の持株比率は，2009年の時点で機関投資家全体では60-80％を占めている[4]。2016年には，時価総額上位20社の持株比率は，機関投資家上位5位株主，20株主，50株主の平均各持株比率は20.8％，33.4％，44.2％となっている（図表9-2を参照）。ただし，リーマンショック以降，アクティブ運用のパフォーマンスが悪化するにつれ，相対的に良好なパフォーマンスを実現したパッシブ投資への資金流入が続いた[5]（図表9-3を参照）

　機関投資家の保有株式の金額や比率については連邦準備銀行（FRB）の資金循環勘定（*Flow of Funds Accounts*）[6]で分かるが，ここでは大手公開企業に対する持株が問題であるから，少し古いが，コンファレンス・ボードの調査に基づき2009年時点での機関投資家の存在感を確認しておこう。

　まず，機関投資家の時価総額でトップ1000社に対する持株比率は，1987年の46.6％から，2009年には73％に上昇している。時価総額で最大25社では，機関投資家は平均して60％を保有している。この25社には，マイクロソフト（機関投資家の持株比率63.7％，以下同じ），シスコシステムズ（73.4％），オラクル（60.8％），アップル（70.8％），グーグル（79.6％）などの急成長したテック

図表9-2　時価総額上位20社の機関投資家持株比率（2016年6月30日現在）

会　　社	機関投資家の持株比率（％）		
	上位5株主	上位20株主	上位50株主
1．アップル	17.5	20.8	33.4
2．マイクロソフト	20.5	33.1	43.2
3．エクソンモービル	17.8	27.1	35.2
4．ジョンソン＆ジョンソン	19.0	30.3	40.5
5．GE	17.5	28.0	37.3
6．ATT	19.0	28.8	37.4
7．ウエールズ・ファーゴ	24.9	40.2	51.0
8．ベライゾン	20.1	32.9	43.7
9．プロクター＆ギャンブル	18.4	28.3	38.2
10．JPモルガンチェース	19.5	34.7	47.1
11．ファイザー	18.7	32.1	45.1
12．シェブロン	21.6	33.9	43.6
13．コカ・コーラ	26.6	39.9	48.6
14．ビザ	23.8	41.7	56.3
15．ホーム・デポジット	24.4	37.4	49.1
16．ディズニー	17.9	29.6	39.1
17．メルク	26.1	38.4	50.1
18．フィリップ・モリス	24.8	40.9	52.1
19．インテル	20.2	32.9	44.6
20．シスコシステムズ	18.8	32.2	45.7
平均	20.8	33.4	44.2
中位値	19.8	32.9	44.2

〔出所〕Bebchuk, Cohen, and Hirst［2017］

　企業の名前もみられるが，言うまでもなくこの時点ではフェイスブックなどの
その後急成長した企業の名前はみられない。

　機関投資家の持株比率の上昇に加えて，ネットワークの形成により協調行動
のための調整コストが低下したため，より一層その影響力が強まっている。

図表9-3　ビッグスリーの資金流入額（MF と ETF）（10億ドル，%）

	ブラックロック	バンガード	ステートストリート	ビッグスリー	ファンド全体の流入額に対する比率 (%)
2009	77.2	97.2	11	185.3	41.3
2010	(11.9)	80.6	31.4	100.1	23.4
2011	28.4	81.1	17.2	126.6	61.1
2012	76.1	142.5	44.2	262.7	60.8
2013	60.4	138.7	18.3	217.2	47.8
小　計 (2009-13年)	230.2	539.8	121.9	891.9	45.3
2014	113.2	216.3	41.1	370.4	80.5
2015	108.7	236.1	(12.1)	332.7	141.8
2016	88.5	304.8	48.3	441.5	402.0
2017	256.7	361.1	32.9	650.7	102.1
2018	112.3	218.7	12.9	343.9	128.6
小　計 (2014-18年)	679.3	1,336.9	123.1	2,139.2	125.1
合　計 (2009-18年)	909.5	1,876.7	244.9	3,031.1	82.4

〔出所〕Bebchuk and Hirst〔2019〕

II．株主価値最大化と市場型ガバナンス

1．効率的市場仮説

　1950年代以降，保有ポートフォリオやパフォーマンスについての情報開示が徹底していた MF をめぐってリスクとリターンの分析が継続的に行われ，その中からその後の資産運用に大きな影響を及ぼす理論的発展がみられることになる。株価が利用可能な情報を完全に織り込んで形成されるとする効率的市場仮説の普及，発展である。仮に現実の株式市場においてそのような意味での市場効率性が認められるならば，市場を出し抜いて利益をあげることは不可能であり，最も有効な運用戦略は市場そのものに投資することである。

　しかし，理論的にはそうであっても，当時の ICT 環境（コンピュータの計

算能力）の下では数千の銘柄を組み込んだマーケット・ポートフォリオの概念を商品化することは現実には不可能であると考えられていた。従って，1974年にジョン・ボーグル（バンガード・グループの創立者）が初めてインデックス・ファンドを商品化した際には，市場関係者の一部では「ボーグルの愚行」と馬鹿にされたのである。その後の成長を予想した者はほとんどいなかったといえる。しかし，70年代後半のアメリカ株式市場は「株式の死」（death of equity）と呼ばれるほどの長期にわたる深刻な市況の低迷期であり，その中でアクティブ運用が市場にうち勝つパフォーマンスを継続的に記録することは極めて困難であった。従って，その後の実証分析は総じてインデックス運用の優位性を示すものであり，パッシブ運用の合理性を支持するものであった。とはいっても，80年代前半には，アメリカ経済は「インフレと高金利」の状況から抜け出し，その後，長期にわたる株価の上昇を記録することになるから，アクティブ運用も息を吹き返すのである。

今日までの推移をみると，市況の低迷局面ではインデックス（パッシブ）運用の運用成績が優位になり，アクティブ運用からの資金流入が発生する。リーマンショック以降の動向もそのトレンド通りの展開である。

さて，1980年代中頃になるとファイナンス関連の学会も効率的市場仮説一色の状態になり，株価形成が利用可能なあらゆる情報を織り込んで形成されるという見方が定着した。これが当時のM&Aブームを背景に，企業目的としての株主価値最大化，株価連動型経営者報酬（ストック・オプション）の導入，定着をもたらした大きな要因の一つであろう。

2.　1980年代のM&Aブームと会社支配市場

もう一つの要因として，80年代後半に活発になるM&A活動をあげることができる。60年代のコングロマリット合併によって，相互に事業上の関連のない企業を傘下に抱える大企業グループが事業の再編成による効率性の向上に迫られていた。このM&A，ダイベスチャー（事業の分離）に事業機会を見出したのが，この時期に初めて登場するプライベート・エクイティ（PE）・ファー

ムである。

　この時期のM&A活動のもう一つの特徴は買収資金の調達方法にある。PE
ファームは買収方法の金融面での特徴によりレバレッジド・バイアウト
（LBO）・ファームとも呼ばれたが，その資金の大部分を買収先の資産ないし
売上を担保に発行されたジャンク・ボンドによって調達した。必要な買収資金
の8－9割が負債によって調達された（この比率は時期によって異なり，最近
のPEは負債の割合は調達総額の6割前後である）。

　このように非効率的な事業の分割，再編成を背景に，会社支配市場（markets
for corporate control）の概念が登場する[7]。経営者が所有の分散によって株
主（プリンシパル）から実質的な支配権を掌握し，自己の利益（自家用ジェッ
ト機や豪華な別荘など，経営者の私的利益だけではなく，プレステージを高め
るのを目的にした企業帝国の建設など）を優先するような事態（エージェン
シー・コスト）が生じた時，それを阻止し株主価値の最大化に向かう動機付け
が問題になる。その一つは，プリンシプルとエージェントの利害を一致させる
効果が期待されるストック・オプション制度の導入である。もう一つが，経営
者に対する究極のCGともいえるM&Aの脅威である。CGは資本市場からの
規律付けによる市場型の要素を加えるに至ったといえるのである。

3．株主価値最大化イデオロギーの台頭

　今日，企業目的をめぐる議論としては，ステークホルダー価値，株主価値，
経済的価値（EVA）などの最大化があるが，ファイナンス理論ではこれまで
株主価値の最大化を企業目的とすることが支配的である。それは理論的に正し
いというよりは，株主価値を株価の最大化に置き換えることによって，操作可
能性が高まり様々なファイナンス上の問題を理論的に処理しやすいからであ
る。この前提となっているのは，株価があらゆる情報を織り込んで形成される
という効率的市場仮説に対する信仰である。そうして形成される株価は神聖な
ものなのである。

　しかし，株主価値という概念が企業目的として広く受け入れられ，通説の地

位を獲得したのは1980年代になってからである。Heilbron *et al.* [2014] は，ウォール・ストリート・ジャーナル紙におけるこの言葉の使用頻度を調べ，1965年以前にはまったく使用されていないこと，そして65-79年にはわずかに８回しか言及されていないことを明らかにした。ところが，80年から使用頻度が増加し，特に83年から急増し，88年にピークに達している。その後，90年代初めの不況の時期に一旦は減少するものの，90年代後半のITバブルの時期に再び使用頻度が急増している[8]。

　さらに，Taylor [2015] は，彼らの分析が一つの経済専門紙における言及だけに限定されていること，また 'share owner value' や 'stockholder value' といった類語を排除しているという弱点を補うために，主要企業３社（コカ・コーラ，GE，ジョンソン・アンド・ジョンソン）の年次報告書（*annual report*）における株主価値という言葉（とその類語）の使用頻度を分析した[9]。この分析結果はこの言葉が上場大企業の年次報告書において使用され始めた時期などについて明らかにし，基本的に経済専門紙における頻度と異ならないことを示しているが，個別企業の戦略的判断を含めた詳細な分析によって，株主価値の最大化という企業目的のイデオロギー的側面が明らかにされたといえる。

　そこで，問題はこの主張に対して理論的な裏付けを与えた学術的な研究であるが，これについては Jensen and Meckling [1976] で展開された企業理論，とりわけエージェンシー・コスト論であることが広く認められている。エージェンシー理論自体は，一般にプリンシパル（主人）とエージェント（代理人）の利害関係についての分析であるから，それまでも社会学，政治学，法学などの分野でも議論されてきた。Jensen and Meckling [1976] は，株式所有の分散による株主と経営者の利害関係から生じるであろうエージェンシー・コストを企業理論に組み込み，均衡条件を分析した。

　その主張は次のようなものである[10]。株式保有が広範に分散されている現代の巨大公開株式会社においては，支配的な株主が不在であることから，市場メカニズムによる規律が働かない。その結果，企業の資源配分に対する権限を手

にした株主（プリンシパル）のエージェントである経営者はしばしば株主の利益に反した目標を追求するようになる。自由に使える（フリー）・キャッシュフローを手にした経営者は，最適な企業規模を越えた事業の拡大や様々な形態の巨額の経営者報酬など，しばしば企業価値を損なうような行動を採る（エージェンシー・コストの発生）が，分散した多数の小株主には有効なチェックの手段がない。このため，このチェックの手段として会社支配市場と負債による統制効果（control effect of debt）が有効であると主張する。この両者を組み合わせたものがPEによるLBOアソシエーションの形成であるという。

　近年の上場企業数の減少や，ユニコーンと呼ばれる時価総額が10億ドルを越える非公開企業の増加という現象をみれば，この議論は極めて示唆的である。また，1970年代以降の企業不祥事を契機とした，取締役会での独立社外取締役の導入や各種委員会の設置というガバナンス強化の動きもエージェンシー理論の枠組みで説明が可能である。今日でも，エージェンシー・コスト論が根強い支持をえている理由であろう。

　かくして，テイクオーバーの脅威に曝された経営者は株主利益の向上に向けた経営方針に取り組むようになるであろう。その指標は，配当支払いや自社株の買戻しなどの株主への還元と株価の上昇である。つまるところ，株主価値経営とは株価の上昇を目標とした経営に他ならない。

　さらに，ジェンセンはそのエージェンシー・コストを最小化するために，株主と経営者の利害を一致させる効果が期待できる経営者報酬としてストック・オプション制度の採用を主張したのである。

　しかし，理論的な根拠付けだけでは支配的なイデオロギーとして受け入れられるには十分ではない。この点について，Stout ［2013］は株主価値という概念が広く普及していく上で，終身任用権を求めている研究者（tenure-seeking scholars）と企業のパフォーマンスを分析しているアナリスト（empirical researcher），会社乗っ取り屋やヘッジファンド，ロバート・モンクス（議決権行使サービス会社ISSの創業者の一人）やルシアン・ベブチェック（ハーバード・ロウ・スクール教授で，「株主権プロジェクト」の提唱者）などの

「政策アントレプレナー」と呼ばれる人達，企業の経営者（CEO やトップ・エグゼクティブ），そして企業スキャンダルの度に責任者を探していたジャーナリズム，の五つのグループの影響力が大きかったという。

　トーマス・クーンはその科学革命論において，思考の転換が起きるプロセスを鮮やかに示した。新たな事象や説明困難な事象が生じた時に，思考の枠組みを転換させるような科学上の革命が起きるというのである。そして，パラダイム転換によって新たな分析の枠組みが確立すると，研究者はその理論の分節化や明確化，事実の確認といったルーティン・ワークとしての「通常科学」（normal science）を急速に推し進める。クーンはこの「通常科学」をパズル解きになぞらえた。分析の枠組みが与えられれば，計量的に実証分析を積み重ねるのは比較的容易である。テンニュアの取得に必死な研究者が短期間で業績を上げようと思えば，このようなアプローチが近道である。

　株主価値最大化のイデオロギーは一種のパラダイム転換とみなすことができる。効率的市場仮説という強力な理論的支えをえて，株主価値という言葉が社会のあらゆる分野を覆い尽くし，その発端となった契機すら曖昧になった。

　しかし，それに代わる代替的枠組みがなかった訳ではない。周知のように，企業目的としてはステークホルダー価値最大化という有力な考え方が存在し，資本市場や企業経営に何らかの問題が起きる度に，再び注目されるということを繰り返してきた。リーマンショック以降は，ワールド・エコノミック・フォーラム（ダボス会議）が2014年に提案した「新しいパラダイム」（*The New Paradigm*）や2019年のビジネス・ラウンドテーブルの「企業目的についての意見表明」（*Statement on the Purpose of Corporation*）がステークホルダー価値最大化を企業目的として再び打ち出している。

Ⅲ．機関投資家の投資行動の変化

1．パッシブ投資の台頭

　既にみたように，パッシブ投資のパイオニアであったバンガードは運用資産残高を伸ばし，現在では大手運用会社の一角を占めている。ムーディズは，2024年までにインデックス・ファンドは市場の50％を占めると予想している[11]。

　ブラックロック，バンガード，ステート・ストリートは，2017年にS&P500指数構成銘柄のうち，それぞれ488社，500社，130社の発行株式の5％以上を保有している。Russell3000指数についても，3社は2,344社，2,059社，205社について5％以上保有している[12]。

　パッシブ投資とCGとの関連については見方が分かれる。パッシブ投資はインデックスを構成する多数の銘柄に投資するから，その中の1つあるいは数銘柄で経営上の問題が起きたり業績が悪化しても，ポートフォリオ全体への影響は大きくない場合がほとんどであるのに加え，その銘柄だけを売却することができないため，静観するしかなく，CG問題にもコミットすることはないとみられてきた[13]。例えば，S&P500指数に投資しているインデックス・ファンドがCGにコミットする場合のコストとリターンを考えてみよう。まず，インデックスを構成する企業についての情報の収集と分析が必要である。その上で，CGの改善によって期待できる業績の改善を計量化して他の機関投資家を説得し，その支持をえる必要がある。アクティビスト・ヘッジファンドの場合には，CG上問題のある企業をターゲットとして集中的に持株を増やしているので，それが成功した場合のリターンを計算することは相対的に容易である。しかし，S&P500指数に投資しているインデックス・ファンドの場合，リターンはポートフォリオ全体からみれば500分の1程度に影響するに止まる。

　企業情報の収集と分析，そして他の機関投資家を説得するための調整コストは分担して負担する訳ではないので，手に入れることのできるリターンとの非

対称性を考えれば，静観するのが賢明な選択ということになろう。

　以上が，リーマンショック以前の状況であった。しかし，その後，状況は大きく変化した。1つは，パッシブ運用資産の増加によって，個々の投資対象会社に対して影響力を行使できるような状態になったことである。ビッグスリーの持株の合計ではもちろん，個別でも筆頭株主になっているケースが多くみられ，投資対象会社が無視できない存在になっているのである。もう1つは，機関投資家のネットワークが形成されていることである。これは1985年に機関投資家評議会（Council of Institutional Investor，CII）が組織された時にまで遡るが，2017年にはインベスター・スチュワードシップ・グループ（ISG）が組織され，ガバナンス・コードやスチュワードシップ・コードを制定した。これに歩調を合わせ，パッシブ運用のビッグスリーはスチュワードシップを実行するための人員を増加させている。2014-15年から2017年にかけて，ブラックロックは20人から33人に，バンガードは10人から21人に，ステート・ストリートは8人から11人に，スチュワードシップ・チームのメンバーを増加させている。もっとも，ビッグスリーの投資対象会社は全世界では17,000-18,000社，アメリカに限っても4,000社前後であるから，これで十分かどうかという疑問は残る[14]。

　さらに興味深いのは，ブラックロック，バンガードはパッシブ運用の最大手ではあるが，傘下に相当数のアクティブ・ファンドも抱えていることである。例えば，ブラックロックの運用資産額6兆ドルのうち，パッシブ運用は3分の2，バンガードは129本のMFを提供しているが，そのうち80本はアクティブに運用されており，それは運用資産額が1兆ドル，運用総資産額の約30％を占めるとウエッブサイトで紹介している（2018年末時点）。反対に，アクティブ運用の最大手であるフィデリティは200本以上のファンドを提供しているが，そのうち27本はインデックス・ファンドである。また，同じくパッシブ運用のビッグスリーの一角を占めるステート・ストリートは近年の市場環境についての判断から運用資産をアクティブ・ファンドに移す意向を表明している[15]。

　このように，各投資会社においてそれぞれ独自の投資哲学に基づき，アク

ティブとパッシブの運用が組み合わされているのが現実であり，投資スタイル
が固定されている訳ではないことに注意が必要である。さらには，ブラック
ロックのように傘下にヘッジファンドを抱えている場合には，インデックス・
ファンドの持株を基盤に影響力を行使したり，反対に利益相反問題を抱え込む
ことも考えられる。通常，大手運用会社の議決権行使は本社の議決権行使部門
（central voting office）によって投票方針が決められる－稀に個々のファンド
の運用責任者に投票が任されることがあるが―ため，MF（アクティブ，パッ
シブ），ヘッジファンド，マネージド・アカウントが保有するすべての株式に
ついて同じ投票方針が採用されるのが普通である。機関投資家間の連携した動
きはもちろん重要であるが，運用資産の集中が進めば，パッシブ運用のビッグ
スリー，それにアクティブ運用最大手のフィデリティは個社でも投資対象会社
の CG に大きな影響力を行使できる立場にいるのである。従って，大手運用会
社の行動を分析するためには，個々のファンドを分析対象としているだけでは
限界があり，運用するファンド全体を分析対象とすることが欠かせない[16]。

　また，独自のインデックスを作成し，提供している場合も珍しくなく，「名
ばかりのインデックス」という指摘もある[17]。また，パッシブ投資と CG の関
係については相反する見方があり論争が続いているが，良好な CG の状態にあ
る企業に投資するガバナンス・ファンドも提案されている[18]。

　かくして，パッシブ投資の場合でも，機関投資家間の連携，運用会社傘下の
ファンド間での情報の共有により，集合投資に伴うコストとリターンの非対称
性から生じるタダ乗りへのインセンティブは小さくなり，CG にコミットでき
る環境が整ってきたといえよう。

2. ウルフパック・アクティビズム

　これまでにも触れてきたように，アクティビズムが台頭する条件は，一定程
度の株式保有の集中である。バーリー・ミーンズの時代のように株式保有が分
散していれば，零細な株主を集めるためのコストがそれによって得られる可能
性のある利益を上回ってしまうからである。1980年代には上場企業の約半数が

TOB をかけられたといわれるが，この過程で膨大な株式を保有する公的年金基金がアクティビストとして注目された。それに加えて，投資対象企業との間で年金受託や引受業務など，他の取引関係がないために，行動を制約する要因がなかったことも重要である。1990年代中頃から公的年金のシェアが低下すると，労働組合の年金基金がアクティブな機関投資家として株主提案を行った[19]。

　一口にアクティビストといっても，それに該当する機関投資家は時期によって異なる。前世紀末までは，州や地方自治体，あるいは労働組合の年金基金がアクティビストであったが，株主提案も少数で，ある調査では1986-94年に975の機関投資家で株主提案を行ったのは13機関に過ぎなかったという[20]。

　しかし，今世紀になると，一部のヘッジファンドが取締役の選任や，TOB防衛策であるポイズン・ピルやスタッガード・ボード（時差選任取締役会）の廃止などを求めて，経営者との交渉や株主提案を行うようになり，これらをアクティビスト・ヘッジファンドと呼ぶようになった。彼らの行動の特徴は，他の機関投資家を巻き込んでCGの改善を求める点にあり，その実現の確率は高いものである。また，株主アクティビズムについての73の研究結果を分析したDenes *et al.* [2017] は，アクティビズムが対象企業の業績と株価にプラスの影響をあたえていること，また価値の増加にも寄与していることを指摘している。

　アクティビスト・ヘッジファンドの行動の特徴は集合行動にある。これによって，同調する投資家の持株比率を上げ，経営者に圧力をかけるのである。アクティビスト・ヘッジファンドの運用資産額は約1,000億ドルと推定される（2014年初頭）[21]。この金額は巨額ではあるが，同年のブラックロック（運用資産額3.7兆ドル），ステート・ストリート（同2兆ドル），バンガード（同1.8兆ドル），フィデリティ（同1.6兆ドル）の運用資産額と較べるとはるかに少ない金額である。また，S&P500銘柄の平均時価総額（中位値）は160億ドルであり（2014年1月31日現在），はるかに多いという訳でもない[22]。従って，アクティビストが単独で，あるいはいくつかのファンドが連携してターゲットとする会社に要求を通そうとしても実現の可能性は大きくはない。そこで，自ら触媒（catalyst）となって他の機関投資家に呼びかけ，協調行動を促すのであ

る。こうした動きは2010年代の中頃から注目され，ウルフパック（「オオカミ
の群れ」）・アクティビスト（Wolf Pack Activist）と呼ばれている[23]。

Ⅳ．機関投資家ネットワークとコーポレート・ガバナンス（CG）

　機関投資家の集合行動が採られるようになった背景として，その連携組織が
創設されたことも大きい。

　第１に，機関投資家評議会（Council of Institutional Investor，CII）の創設
である。その契機となったのは，1984年に乗っ取りの危機にさらされていたテ
キサコが，グリーンメールを取り下げさせるためにレイダー（乗っ取り屋）に
１億3,800万ドルのプレミアムを支払ったことである。これは経営陣を守るた
めだけの目的で，カリフォルニア州年金基金をはじめとする株主全員から収奪
した大金を１株主に贈呈したことになる。これに激怒したカリフォルニア州の
財務長官は，この種の乱用を阻止するために，ニューヨーク州およびニュー
ジャージー州の年金基金の責任者とともに，翌1985年に株主の権利保護を明確
に掲げるCIIを創設した。その３年後には，議決権行使を年金基金の受託責任
の一つであると定めた「エイボン・レター」が発出され，以後，年金基金によ
る議決権行使が普通になったのである[24]。

　現在，CIIは州，地方自治体，労働組合など，４兆ドルの運用資産額を保有
する135の会員から構成され，ビッグスリーなどの運用会社，および民間年金
基金などは賛助会員（associate member）として名を連ねている。近年はデュ
アル・クラス・シェア（DCS）・ストラクチャへの反対キャンペーンに力を入
れている。

　第２に，2017年１月に機関投資家と運用会社の16社（現在は70社以上，運用
資産額は32兆ドルをこえる）が参加してインベスター・スチュワードシップ・
グループ（ISG）が組織され，CGコード，スチュワードシップ・コードを制
定した。これはワールド・エコノミック・フォーラムが前年に「新しいパラダ

イム」（*The New Paradigm*）というレポートを取りまとめ，公開会社と主要な機関投資家との関係を調整し，他のステークホルダーとも協力して短期主義を排し，長期的価値と持続可能な成長を追求することを提案したことに対応したものであろう。このような動きはイギリスが先行し，EU の主要国，日本などが歩調を揃えているが，アメリカでも同様の動きがみられるようになった。大手の運用会社がスチュワードシップ担当の人員の補強を進めているのはこのような動向に沿ったものであろう。

　株主と取締役との間の交流も強化されている。2014年に，「株主・取締役交流プログラム」（Shareholder-Director Exchange（SDX）Program）が主要な企業とブラックロック，バンガードなどの大手運用会社との間でスタートした。その目的は，株主と経営者との間の健全な関係のための自発的テンプレート（型）を作成し，CG，経営者の交代，長期計画のような事項について継続的かつ成果の上がる接触を促進することである。

　企業と機関投資家の間の関係が深まるにつれて，アクティビストに対する評価も向上してきた。2016年に，ブラックロックのラリー・フィンクは「CEOへの手紙」の中で，「長期的な価値の創造に焦点を合わせているアクティビストは経営者よりもより良い戦略を提示することができる。このような場合には，ブラックロックの CG チームはアクティビストの計画を支持するであろう」と述べている[25]。

　また，議決権行使アドバイス（proxy advisory）・サービスを提供するインステチューショナル・シェアホルダー・サービス（Institutional Shareholder Services，ISS）とグラスルイス（Glass Lewis）が評価を固め，機関投資家が議決権行使に係るコストをアウトソースによって節減できるようになったことも大きい。もっとも，機関投資家は常に ISS の助言に従っている訳ではなく，ビッグスリーとアクティブ6（フィデリティ，デメンショナル・ファンド・アドバイザー，T. ロウ・プライス，JP モルガン・チェース，フランクリン・テムプルトン，アメリカン・ファンドのアクティブ運用大手6社）について ISS のサービスの利用実態を分析した研究では[26]，特にリーマンショック以降，

ISS の助言に従わないケースが増えているという。経営陣と ISS が同じ提案をしている時には，97.8％がそれを支持しているが，両者の提案が異なる場合，ビッグスリーは約69％が経営側の提案を支持しているが，アクティブ6は43.2％（リーマンショック以前は36.6％）に止まっている。このようなケースでは，他のファンドもアクティブ6と同じ行動をとっているという。

　このような関係強化を基盤に，アクティビストによる取締役会でのポストの獲得も大きく増加している。2013-19年の期間に，アクティビストは837の取締役ポストを獲得したが，その大部分（年によって異なるが，8割前後）は株主総会での議決ではなく，経営者との交渉によるものであった[27]。

終りに

　公開会社の CG をめぐる株主の動きは歴史的に大きく変化してきた。バーリー・ミーンズの時代の株式保有が分散している状況では，零細な株主を集合するためのコストが高く，経営へのコミットによるリターンはそれに見合う水準ではないため，まれにしか起こらなかった。しかし，1950年代以降，機関投資家の持株が増加するにつれ，公的年金を中心に株主アクティビズムの動きがみられるようになる。特に，80年代にジャンク・ボンドによる買収資金の調達によって LBO，敵対的買収が活発になると，それに対応した株主アクティビズムが活発になる。しかし，この時代のアクティビズムはほとんどコーポレート・レイダー（会社乗っ取り屋）と同一視されることも多かった。

　この過程で，効率的市場仮説によって理論的支持をえた企業目的としての株主価値最大化イデオロギーおよびエージェンシー理論が，会社支配市場，負債による規律による CG の枠組みを確立した。70年代前半には，企業スキャンダルの発生を契機に内部統制システムの構築，独立取締役の導入，監査委員会など各種委員会の設置の義務付けなど，内部ガバナンスの強化も進められるが，どちらかといえば資本市場の規律に基づく CG の枠組みの整備が優位であったといえる。それを典型的に示すのは，90年代に入って広範に採用されるように

なる経営者報酬制度としてのストック・オプション制度であろう。

　この前提には市場での株価形成は効率的であり，それに基づいて株主（プリンシプル）と経営者（エージェント）の利益を一体化することによって，エージェンシー・コストの発生を防ぐことができるという思い込みがあったと考えられる。しかし，2000年代初頭にエンロンの会計情報の不正操作などによる経営破綻によってこの前提は脆くも崩れ去り，CGの枠組みの見直しを迫られることになった。

　資本市場のプレーヤーの側でもリーマンショック，特に2010年代後半から大きな変化がみられた。リーマンショックにより多くのヘッジファンドが市場から撤退を余儀なくされたが，新たな戦略を掲げた業者の参入もみられた。この中の一部は，アクティビスト・ヘッジファンドとして投資先の企業のCGに積極的にコミットし，それによる利益を追求した。一方で，リーマンショックを契機にパッシブ運用が優位に立ち，残高を増加させるにつれ，アクティビスト・ヘッジファンドはこれらの業者をも巻き込んでCGの改善（取締役の選任，買収防衛策の撤廃ないし見直しなど），また資本政策（増配，資本構成の見直し）の見直しなどによる利益を追求した。これをウルフパック・アクティビズムと呼ぶ。

　こうした資本市場のプレーヤーの最近の動きの背景には，企業と機関投資家，また機関投資家どうしの間での交流，連携の動きがある。情報の共有により，集合行動にともなう調整コストが低下し，連携して行動することが容易になっているのである。かつてのアクティビストは株主総会での提案によっていたが，近年は事前の経営者との交渉によって要求を実現することが多くなっている。アクティビストはCGの重要な担い手としての役割を果たしているのである。

＜注＞

1)　1952年に初めてGMは株式投資を大幅に組み込んだ年金制度を導入した。また，1974年には，
　　年金の健全性を確保することを目的として，年金加入者の権利や年金基金の投資基準，資産管理

者の責任について定めた従業員退職所得保障法（ERISA）が定められた。

　これらを契機に，その後，年金基金の持株は継続的に増加した。この傾向にいち早く注目したのはピーター・ドラッカーであり，76年に公刊された著作（Drucker ［1976］，なお，1996年にその後の変化にも言及した新版が公刊されている（上田惇生訳 ［1996］））の中で，公務員，従業員，自営業者の加入する公的および民間の年金は今や全産業の株式資本の3分の1を保有するに至り，85年までには6割，少なくとも5割を保有することになると展望した。ドラッカーはこれこそ労働者が生産手段の真の所有者である「年金基金社会主義」（The Pension Fund Socialism）の実現であると主張した。

　しかし，この主張は重大なポイントを看過している。確かに受益者（年金加入者）は「真の所有者」ではあるが，その議決権を行使するのは年金基金の運用者である。「エージェンシー資本主義」とも呼ばれることがあるこの構造は，もう一つのエージェンシー問題を発生させる（Gilson and Gordon ［2013］，［2019］ を参照されたい）。特に主要な問題は運用者が当面する「利益相反問題」である。一部の公的年金がアクティビストとして行動したのに対して，利益相反状況を抱えた企業年金がウォールストリート・ルールに従っていたのはこのことを象徴的に示している。

2） CalPERS は2009年にそれまで公表していた業績の良くない企業の「フォーカス・リスト」を廃止した。理由は，これらの企業が指摘されるまでもなく CG の改善に努力するようになったからであるとしている。なお，機関投資家評議会（CII）も1991年から「フォーカス・リスト」を公表しているが，リストにあげられた企業はその後，S&P500指数に対して11.6%の株価の上昇を記録した。このことは機関投資家の協調アクティビズムが株主価値を増加させる効果を持つことを示しているといえる（Opler and Sokobin ［1995］）。

3） 特に，ミューチュアル・ファンドについて，この問題が注目されている（Davis and Kim ［2007］，Cvijanović et al. ［2016］）。

4） 大手企業の持株比率についての詳細な分析は，2009年のビジネス・ラウンドテーブルによる調査（Conference Board ［2010］，The 2010 Institutional Investment Report: Trends in Asset Allocation and Portfolio Composition）以来，行われていない。

5） 登録投資会社は2018年に資産総額が22.5兆ドルで，上場企業の発行株式の31%を保有していたが，その約50%，12.2兆ドルは大手4社（ブラックロック，バンガード，ステート・ストリート，フィデリティ）が保有していた。このうち，バンガードの運用資産の伸びは突出しており，2014-16年には，MF 業界の他の4千社を合計したよりも多い金額を獲得し，2019年の合計ではブラックロックの6兆ドルに次ぐ5兆ドルの運用資産を記録した（Morley ［2019］）。

6） FRB の資金循環勘定によると，発行株式総額に占める機関投資家の持株比率は1950年の6.1%から2017年には63%に上昇している。

7） Holmstrom and Kaplan ［2001］

8） Heilbron et al. ［2014］，Fig. 1，を参照されたい。

9） Taylor ［2015］

10） エージェンシー理論およびエージェンシー・コスト論に関する主要文献ついては，佐賀 ［2020a］，注3および4を参照されたい。

11） Fisch et al. ［2019］，note 6

12） Bebchuk and Hirst ［2019］，Table 4

13） 近年では，ドロシー・ルンドがこの代表的な論者である（Lund ［2017］，［2019］，［2020］）。パッシブ運用の損失が小さいとはいっても，エンロンの破綻の際には，同社が S&P500指数から外される前に時価総額の99%を失ってしまったから，アクティブ運用であれば避けることのできたかもしれない大きな損失を被ったのである。滅多に起きない事態ではあるが，このこともパッシブ投資が CG にコミットするようになったきっかけになった可能性がある（Fisch et al. ［2019］）。なお，Appel et al. ［2016b］はパッシブ投資とアクティビストの活動との関係について分析を行っているが，2008-14年の期間について，パッシブ投資の割合が高いほどアクティビストが推薦した取締役の選任，TOB に対する防衛策の撤廃，ターゲットとなった企業の売却の成功確率が高

いものの，資本政策（配当性向，資本構成の変更）についてははっきりとした関係を見い出すことができなかったと結論している。

14）　Bebchuk and Hirst [2018], note 75, Table 2
15）　Fisch *et al.* [2019]
16）　Morley [2019]
17）　Robertson [2019]
18）　Anh *et al.* [2020]。彼らはこのアプローチを「統合ガバナンス」（Synthetic Governance）と呼んでいる。
19）　アクティビズムの歴史については，Gillan and Starks [2007]，を参照されたい。
20）　Black [1997]
21）　Stevenson [2014]
22）　Rock [2015]
23）　Benoit and Grind [2015]。ウルフパック・アクティビストに関連する文献として，Coffee and Palia [2015], Lu [2016], Anand and Mihalik [2017], Goldman [2018] をあげておく。
24）　Davis *et al.* [2006]；鈴木訳 [2008]，124ページ
25）　企業と機関投資家との間，および機関投資家間の協調関係の展開については，Fisch and Sepe [2020] を参照されたい。また，アクティビスト・ヘッジファンドによる協力的介入の事例についても同論文を参照されたい。
26）　Boone *et al.* [2019]
27）　Lazard's Shareholder Advisory Group [2019], *Review of Shareholder Activism*

＜参考・引用文献＞

佐賀卓雄 [2020a]，「アメリカ株式会社におけるデュアル・クラス・シェア（DCS）・ストラクチャとサンセット条項」，『証券レビュー』第60巻第5号，5月

———— [2020b]，「デュアル・クラス・シェア（DCS）・ストラクチャの論理と現実」，『証券経済研究』第111号（日本証券経済研究所），9月

Anand A. and Mihalik A. [2017], "Coordination and Monitoring in Changes of Control: The Controversial Role of 'Wolf Packs' in Capital Markets", *Osgoode Hall Law Journal*, Vol. 54(2).

Anh B.H., Fisch J., Patatoukas P.N., and Solomon S.D. [2020], "Synthetic Governance", *ECGI Working Paper*, No. 693, August. (https//: ssrn.com/abstract-3645312)

Appel I.R., Gormley T.A., and Keim D.B. [2016a], "Passive Investors, Not Passive Owners", *Journal of Financial Economics*, Forthcoming, February 6.

———— [2016b], "Standing on the Shoulders of Giants: The Effect of Passive Investors on Activism", *National Bureau of Economic Research (NBER)*, *Working Paper* 22707, September.

Bebchuk L.A. and Hirst S. [2018], "Index Funds and the Future of Corporate Governance: Theory, Evidence, and Policy", *The Harvard John M.Olin Discussion Paper*, No. 986, December. (http://ssrn.com/abstract=3282794)

———— [2019], "The Specter of the Giant Three", *Boston University Law Review*, Vol. 99.

Benoit D. and Grind K. [2015], "Activist Investors' Secret Ally: Big Mutual Funds", *Wall Street Journal*, Aug. 9.

Black B.S. [1997], "Shareholder Activism and Corporate Governance in the United States", in Newman P. (ed) [1998], *The New Palgrave Dictionary of Economics and the Law*.

Boone A., Gillan S.L. and Towner M. [2019], "The Role of Proxy Advisors and Large Passive Funds in Shareholder Voting: Lions or lambs?", September 20.

Coffee J.C. and Palia D. [2015], "The Wolf at the Door: The Impact of Hedge Fund Activism on

Corporate Governance", *Columbia Law School Working Paper*, No. 521, September 4. (http://web.law.columbia.edu/law-economic-studies/working-papers)

Cvijanović D., Dasgupta A., and Zachariadis K.E. [2016], "Ties that Bind: How Business Connections Affect Mutual Fund Activism", *Journal of Finance*, 71(6).

Davis G.F.F. and Kim E.H. [2007], "Business Ties and Proxy Voting by Mutual Funds", *Journal of Financial Economics*, Vol. 85, Issue 2, August.

Davis S., Lukomnik J. and Pitt-Watson D. [2006], *The New Capitalists*；鈴木康雄訳 [2008]，『新たなる資本主義の正体 ―ニューキャピタリストが社会を変える―』ランダムハウス講談社

Denes M.R., Karpoff J. and McWilliams V.B. [2017], "Thirty years of shareholder Activism: A Survey of Empirical Research", *Journal of Corporate Finance*, Vol. 44(C)

Drucker P.F. [1976], *The Unseen Revolution*；上田惇生訳 [1996]，『見えざる革命―年金が経済を支配する―』ダイヤモンド社

Enriques L. and Romano A. [2018], "Institutional Investor Voting Behavior: A Network Theory Perspective", *European Corporate Governance Institute (ECGI), Working Paper*, No. 393/2018, April. (http://ssrn.com/abstract_id=3157708)

Fatima-Zahra FILALI ADIB [2019], "Passive Aggressive: How Index Funds Vote on Corporate Governance Proposals", November 20.

Fichtner J. R., Heemskerk E.M., and Bernardo J.G. [2016], "Hidden Power of the Big Three? Passive Index Funds, Re-Concentration of Corporate Ownership, and New Financial Risk". (https://www.researchgate.net/publication/315432577)

Fisch J., Hamdani A., and Solomon S.D. [2019], "The New Titans of Wall Street: A Theoretical Framework for Passive Investors", *University of Pennsylvania Law School Research Paper*, No. 18-12. (http://ssrn.com/abstract=3192069)

_____ and Sepe S.M. [2020], "Shareholder Collaboration", *Texas Law review*, Vol. 98: 863. (https://scholarship.law.upenn.edu/faculty_schlarship/1996)

Gillan S.L. and Starks L.T. [2007], "The Evolution of Shareholder Activism in the United States", January 28. (http://ssrn.com/abstract=959670)

Gilson R.J. and Gordon J.N. [2013], "The Agency Costs of Agency Capitalism: Activist Investors and the Revaluation of Governance Rights", *Columbia Law Review*, Vol. 113: 863.

_____ [2019], "The Rise of Agency Capitalism and the Role of Shareholder Activists in Making It Work", *Journal of Applied Corporate Finance*, Vol. 31, No. 1, Winter.

Goldman K. [2018], "Theories and Solutions on Wolf Pack Activism", *Michigan Business & Entrepreneurial Law Review*, Vol. 7, Issue 2.

Heath D., Macciocchi D., Michaely R., and Ringgenberg M.C. [2018], "Passive Investors Are Passive Monitors", December 28.

Heilbron J., Quak S., and Verheul J. [2014], "The Origins and Early Diffusion 'Shareholder Value' in the United States", *Theory and Society*, Jan.

Holmstrom B. and Kaplan S.N. [2001], "Corporate Governance and Merger Activity in the United States: Making Sense of the 1980s and 1990s", *Journal of Economic Perspectives*, Vol. 15, No. 2, Spring.

Jensen M. and Meckling W.H. [1976], "Theory of the Firm: Managerial Behavior, Agency Costs and Ownership Structure", *Journal of Financial Economics 3*, July. (in Jensen [1998], *Foundations of Organizational Strategy*)

Krishnan C.N.V., Partnoy F. and Thomas R.S. [2016], "The Second Wave of Hedge Fund Activism: The Importance of Reputation, Clout, and Expertise", *Journal of Corporate Finance* 40.

Lu C.X.W. [2016], "Unpacking Wolf Packs", *Yale Law Journal* 125.

Lund D.S. [2017], "The Case against passive Shareholder Voting", *Coase-Sandor Working*

Paper Series in Law and Economics, 846.（http://chicagounbound.uchicago.edu/law_and_economics/846）

_____ [2019],"Nonvoting Shares and Efficient Corporate Governance", *Stanford Law review*, Vol. 71, March.

_____ [2020],"Passive Investing and Corporate Governance: A Law and Economics Analysis", July.（https://ssrn.com/abstract=3623381）

McCAHERY J.A., Sautner Z., and Starks L.T. [2016],"Behind the Scenes: The Corporate Governance Preferences of Institutional Investors", *Journal of Finance*, 71(6).

Morley J.D. [2019],"Too Big to Be Activist", *Southern California Law Review*, Vol. 92: 1407.

Opler T.C. and Sokobin J. [1995],"Does Coordinated Institutional Activism Work? An Analysis of the Activities of the Council of Institutional Investors", *Dice Center for Research in Financial Economics, Working Papers Series*, 95-5, October.（http://ssrn.com/abstract=46880）

Robertson A.Z. [2019],"Passive in Name Only: Delegated Management and 'Index' Investing", 36 *Yale Journal on regulation* 795, July.

Rock E.B. [2015],"Institutional Investors in Corporate Governance", *University of Pennsylvania Law School, Faculty Scholarship* Paper 1458.（http://schlarship.law.upenn.edu/faculty_scholarship/1458）

_____ and Kahan M. [2019],"Index Funds and Corporate Governance: Let Shareholders Be Shareholders", Aug.

Stevenson A. [2014],"No Barbarians at the Gate; Instead, a Force for Change", *New York Times*, January 6.

Stout L.A. [2007],"The Mythical Benefits of Shareholder Control", *Regulation* 42, spring.

_____ [2013],"On the Rise Shareholder Primacy, Signs of its Fall, and the Return of Managerialism (in the Closet)", *Seattle University Law Review*, Vol. 36: 1169.

Taylor B.E., [2015],"Reconsidering the Rise of 'Shareholder Value' in the United States, 1960-2000", London School of Economics and Political Science, *Economic History Working Papers*, No. 214, Feb.

Wong Y.T.F. [2016],"Wolves at the Door: A Closer Look at Hedge Fund Activism", *Columbia University, PhD dissertation*.

第10章　グローバル金融危機後の米国社債市場の構造変化

小林　陽介

はじめに

　世界を震撼させたグローバル金融危機（リーマンショック）から10年余りが経過した。この間，危機の再発防止をめぐる取り組みのなかでバーゼルⅢやドット・フランク法等の規制強化が進められ，金融を取り巻く環境は大きく変化した。米国の証券市場に焦点をあてれば，プライベート・エクイティの台頭，ユニコーン企業の増加・巨大化，私募市場の拡大など，様々な面で変化が生じていることが明らかにされつつある[1]。また，フィンテックの台頭にみられるように情報技術に強みを持つベンチャー企業による金融サービスへの進出が進み，クラウドファンディングやロボアドバイザー，スマートフォンに最適化した証券会社の登場など新たな動きが観察される。さらに，インターネット以来の発明とも言われるブロックチェーン技術を金融取引に応用する取り組みや暗号資産（デジタル・アセット）の実用化に向けた各種検討も進んでいる[2]。

　以上のようなグローバル金融危機後の米国証券市場の変貌を念頭に置きつつ，本章ではとくに社債市場に焦点を合わせる。金和緩和の継続と低金利環境の定着を受けて社債市場は金融危機後も堅調な拡大を遂げた。ETF を含む投資信託が社債保有主体としての存在感を高め，電子取引プラットフォームを利用した社債取引が拡大しつつある。他方，伝統的にマーケットメイクを担ってきたブローカー・ディーラーは，社債の保有を大きく減らしているなど，社債市場の内実はこの間大きく変化している。市場の拡大や新技術の導入，多様な

主体の参加拡大などは，危機後の社債市場の進化として肯定的に捉えることができよう。他方，そうした発展がこれまでになかったようなリスクを内包している可能性も考えられ，その観点からの慎重な評価もまた必要であろう。本年（2020年）の新型コロナウイルス感染症の影響は人々の生活のみならず経済や金融証券市場にも波及した。そうしたなかで，グローバル金融危機後の米国社債市場の発展が内包した様々なリスクが現実のものとなっている。本章では，今回のコロナショックによる影響との関連にも目配りしたうえで，金融危機後の米国社債市場の構造的変化を跡付けることとしたい。

　以下では，Ⅰでグローバル金融危機後の米国社債発行市場の動向を概観する。Ⅱでは，危機後の社債保有者構成の変化を検討する。Ⅲでは，ブローカー・ディーラーの社債保有の減少と社債市場の流動性に関する議論を整理する。Ⅳでは，社債取引における電子取引プラットフォームの利用拡大について検討する。Ⅴでは，本年３月に発生した社債ETF市場における混乱を取り上げる。最後に本章のまとめを述べる。

Ⅰ．グローバル金融危機後の米国社債発行市場

1．社債発行額の推移

　はじめにグローバル金融危機後の米国社債発行市場の動きを概観したい。図表10-1は，2005年から2019年までの期間で見た社債発行額の推移である。リーマンショックの発生した2008年に発行額は大きく縮小したが，その後2017年にかけては堅調に拡大してきたといえる。この背景にあるのが金融危機後の金融緩和の継続である。低金利環境の定着を受けて企業の社債発行コストは低下し，低い水準で推移してきた。そうした機会をとらえて米国企業は社債発行を活発化させ，2017年には年間1.6兆ドル超という過去最高（当時）の規模にまで達したのである。FRBの利上げへの転換や景気減速への懸念から2018年および2019年は発行額が相対的に減少したものの，依然として危機前の水準を上

図表10-1　米国における社債発行額の推移（2005年〜2019年）

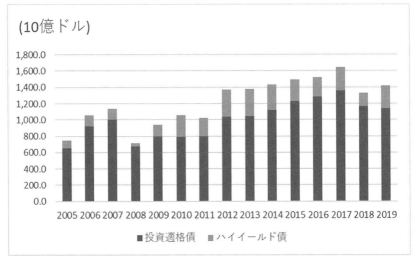

（注）転換社債は含んでいない。
〔出所〕SIFMA のデータより作成。

回っており，今日に至るまで全体として高水準で推移してきたといえよう。

　このなかで注目されるのが，投資適格のなかでも最も格付けの低い BBB 格の社債が拡大していることである[3]。BBB 格社債の社債全体に占める割合は，2018年には34％に達した。この背景には，投資適格社債への投資を義務付けられている運用担当者ができるだけ高い利回りを追求する中で，投資適格でもっとも利回りの高い BBB 格社債に投資を集中させたことが指摘される。豊富な投資資金の存在とこれによる発行環境の改善が多くの米企業に BBB 各社債の発行を可能にした。もっとも BBB 格社債は，景気の悪化などによって投機的格付に格下げされる（堕天使，fallen angel）懸念もあり，そのような事態が発生した場合には，投資適格社債への投資を義務付けられた運用担当者による投げ売りが行われるリスクがある点も指摘された。

　2020年からの新型コロナウイルスの流行は，人々の生活のみならず経済や金融，そして証券市場にも多大な影響を与えた。ダウ平均は，2 月28日に 7 営業日連続の下落を記録し，週間で3,583ドルの下げ幅を記録した。これは2008年

のリーマンショック後を超える過去最大の下落幅であるという⁴⁾。投資家の不[4)]
安心理を示すVIX指数がリーマンショック時以来の水準に急騰し，世界の株
式市場は動揺した。社債市場にも影響はおよび，発行市場では2月の終わりか
ら3月の初めにかけて発行額が大きく縮小した。セントルイス連銀の試算では
2月28日から3月23日にかけて信用スプレッド（社債利回りと政府証券の利回
りの差）が約300ベーシス・ポイントも急騰したという[5)]。2019年1月から
2020年8月における社債発行額の推移を月別に示した図表10-2を見ると，
WHOが新型コロナウイルスのパンデミックを宣言した3月では，特にハイ
イールド債の分野において発行額が急収縮したことを読み取ることができる。
新型コロナウイルスの感染拡大の影響に加えて原油価格の急落も加わり，投資
家の資金はハイイールド債市場から流出し，起債も一時停止に追い込まれるな
ど市場は機能不全に陥った。他方，そうした影響にも関わらず，図表10-2から
は投資適格債が3月から6月までの間にこれまでの水準を上回る堅調な発行が
続いたことを読み取ることができる。これには，市場の混乱を受けて米連邦準

図表10-2　米国における社債発行額の推移（2019年1月～2020年8月）

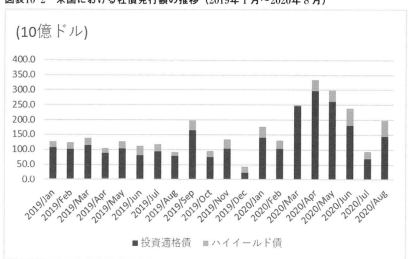

(注) 転換社債は含んでいない。
〔出所〕SIFMA のデータより作成。

備制度理事会（FRB）が実施した緊急対策の効果が大きい[6]。

2.　FRB による社債の買い入れ

　FRB は，3 月23日の米連邦公開市場委員会（FOMC）において企業の資金
繰り支援を目的に発行市場企業信用ファシリティ（PMCCF，Primary Market
Corporate Credit Facility）と流通市場企業信用ファシリティ（SMCCF，Sec-
ondary Market Corporate Credit Facility）という新たな資産購入の枠組みを
発表した[7]。前者は一定の条件を満たした発行体から BBB 格以上かつ期間 4
年以下の投資適格社債を購入することや適格な借入主体に対して貸付を行うも
のであり，後者は流通市場で BBB 格以上かつ残存期間 5 年以下の投資適格社
債および適格社債を対象とした ETF を購入するものである。ニューヨーク連
銀と米財務省とが共同で設立した SPV が発行市場や流通市場からの購入を担
当し，その買い入れ規模は合わせて7,500億ドルに相当する。さらに 4 月 9 日，
FRB はこの枠組みを格付けが投機的格付に下がった社債（堕天使債，fallen
angel bond）にまで拡大することを表明した。3 月22日まで投資適格だった社
債であれば，その後投機的格付に格下げとなっても BB 格までならば買い入れ
対象とされる。また，投機的格付社債を対象とする ETF も新たに買い入れ対
象に加えられた[8]。9 月 8 日に公表されたデータでは，FRB の社債 ETF の保
有額は86億7,124万ドルであり，社債の保有額は39億8,812万ドル（償却原価）
となっている。

　これらの FRB による異例の危機対応を受けて，米国社債市場は急回復し
た。投資適格債の起債は 3 月27日までの 1 週間で1,096億ドルを記録し，週間
では過去最高の水準に達した。30日にはハイイールド債の新規発行も復活し
た[9]。その後，4 月から 6 月にかけては，資金確保を急ぐ企業の社債発行が相
次ぎ，投資適格債・ハイイールド債とも高水準の発行が続いた。FRB が「最
後の買い手」として控えているという安心感が社債市場の回復を後押ししたの
である。景気後退期にあるにもかかわらず米国企業の社債発行は急増してお
り，2020年は過去最高水準を更新することが確実とみられている。新型コロナ

ウイルス感染症による混乱にあっても米国社債市場の拡大が続いている点は注目されるべきであろう。

Ⅱ．グローバル金融危機後の米国社債保有者構成の変化

1．投資信託による社債保有の増加

　前節でみてきたように社債市場は金融危機後も拡大を続けてきたが，それではそうした社債はどのような主体によって保有されたであろうか。次に社債の保有主体の構成についてみていきたい。歴史的にみて，米国における社債保有の中心となったのが家計部門のほか保険会社や年金基金といった機関投資家である。例えば，1971年には総発行残高2,311億ドルのうち，生命保険会社が793億ドル（34.3％），家計が470億ドル（20.3％），州地方政府退職基金が362億ドル（15.7％），民間年金基金が290億ドル（12.6％）であり，この4者で83.2％に達した[10]。こうした社債保有者の構造は時代とともに変化してきた。図表10-3は1980年から2019年までの社債保有者構造の推移である。中心的な保有者であった保険会社は，1990年代からリーマンショック前までで保有割合を低下させてきた。年金は，1980年代後半と2000年代初頭に保有割合を急減させ，リーマンショックまで低下傾向が続いた。これらの伝統的な保有主体に代わって台頭してきたのが外国人と投資信託である。図表10-3の社債にはABSおよび外債が含まれているが，2000年代のリーマンショック前までの外国人による保有割合の増加には，証券化商品に対する海外投資家の投資拡大が寄与しているとみられる。他方，投資信託市場拡大の後押しを受け，1990年代以降は投資信託による社債保有が顕著に拡大した。もっともその後2000年代にはいると横ばいで推移し，この傾向はリーマンショックが生じた2008年まで続いている。

　グローバル金融危機後は，保険会社，年金基金，投資信託，外国人とも増加傾向を見せているが，特に注目されるのが投資信託の急拡大である。図表10-4は，投資信託の種類別にみた社債保有額の推移を示したものである。まず注目

図表10-3　米国における社債の保有者の構成（1980年〜2019年）

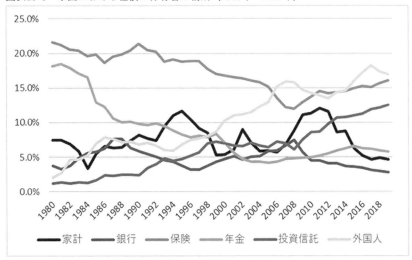

（注）社債には，ABS および外債が含まれる。
〔出所〕FRB, Financial Accounts of the United States のデータより作成。

図表10-4　投資信託による社債保有額の推移（2008年〜2019年）

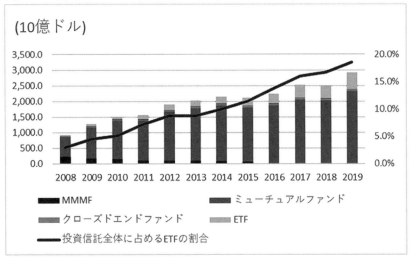

（注）社債には，ABS および外債が含まれる。
〔出所〕FRB, Financial Accounts of the United States のデータより作成。

されるのが，ミューチュアルファンドの堅調な拡大である。2008年から2019年
の間でその保有額は，6,171億ドルから2兆2,876億ドルに増加し，約3.7倍に拡
大した。投資信託による社債保有の増加の大部分は，ミューチュアルファンド
の拡大によって説明できるであろう。他方，全体に占める規模はミューチュア
ルファンドには及ばないものの，危機後に急拡大を見せたのがETFである。そ
の保有額は，273億ドル（2008年）から5,440億ドル（2019年）へと増加し，およ
そ20倍に拡大した。投資信託全体におけるETFの割合を示す図表10-4の折れ
線グラフを見ると，その値は2008年の3％から2019年の18.6％に急拡大した。社
債保有主体として，この間急速に存在感を高めたのはETFであると言える。

2. 社債ETFの構造

ETFとは，その名称の通り，証券取引所で取引されるファンドのことであ
る。その基本的な構造を示したのが図表10-5である[11]。流通市場と発行市場と

図表10-5　社債ETFの仕組み

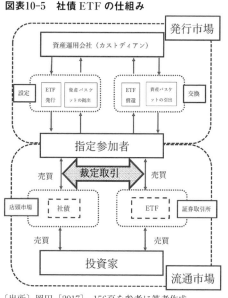

〔出所〕岡田［2017］，156頁を参考に筆者作成。

いう二つの市場を有し，資産運用会社やカストディアンのほか指定参加者，証
券取引所，販売会社といった多様な機関が関わることによって運営される点に
特徴がある。発行市場は，資産運用会社およびカストディアンと指定参加者の
間で設定（Creation）・交換（Redemption）が行われる市場である。前者の設
定とは，資産運用会社およびカストディアンが指定参加者から資産のバスケッ
トの拠出を受け入れ，その代わりに指定参加者にETFを発行することを指
す。後者の交換は，指定参加者からETFの償還を受け入れ，その代わりに資
産バスケットを指定参加者に引き渡すことを指す。ETFの設定・交換は，最
低取引単位が5万単位と高めに設定されているため，これを担うことができる
のは指定参加者のほか一部機関投資家に限定される。なお，発行市場において
は1日1回，当該ETFの1口あたりの純資産総額である基準価額（NAV，
Net Asset Value）が算出される。設定・交換はこの基準価額に基づいて行わ
れる。他方，流通市場においては個人投資家や機関投資家といった多様な主体
がETFを取引し，その価格はリアルタイムで変動する点に特徴がある。

　このようにETFには発行市場における基準価額と流通市場における市場価
格との2つの価格が存在する。したがって，場合によっては両者が乖離する可
能性があるが，ここで重要な役割を果たすのが指定参加者である。指定参加者
は，両市場の価格に乖離が生じた場合，その乖離が縮小するように裁定取引を
行う[12]。例えば，ETFの価格が基準価額よりも高い場合，指定参加者は資産
バスケットを構成する社債を店頭市場で購入し，これを資産運用会社に拠出し
てETFを発行してもらい，そのETFを証券取引所で売却することでETFの
市場価格と基準価額との差額を得ることができる。この裁定取引により，購入
される原資産の価格は上昇し，売却されるETFの価格が下落するため，結果
として原資産の基準価額とETFの市場価格との差が縮小する。反対にETF
の価格が基準価額よりも低い場合，指定参加者は証券取引所でETFを買い入
れて資産運用会社に償還し，受け取った社債を店頭市場で売却することで，や
はりETFの市場価格と基準価額との差額を得ることができる。また，購入さ
れるETFの価格は上昇し，売却される社債の価格が下落するため，原資産の

基準価額と ETF の市場価格との差はやはり縮小する。このように指定参加者は，裁定取引によって発行市場と流通市場との価格の差を収斂させる役割を果たすことが期待されている。

　社債 ETF は平均で25から35の指定参加者を有しているとされる。その多くは大手のブローカー・ディーラーであり，例えばブラックロックの発行する「i シェアーズ iBoxx 米ドル建て投資適格社債 ETF」（LQD）には，バークレイズ，ドイツ銀行，ゴールドマンサックス，JP モルガン，バンクオブアメリカ・メリルリンチ，モルガンスタンレー，野村證券，RBC キャピタルマーケッツなどの大手金融機関が指定参加者に名を連ねている（2013年第１四半期時点）[13]。また，この社債 ETF 市場における裁定取引機会を狙って HFT 業者やヘッジファンドが参入を検討しているといわれる。例えば，キャンター・フィッツジェラルドの ETF 事業を買収した大手 HFT 業者である GTS も社債市場への参入を計画しているとの報道がある[14]。

　ただし，社債 ETF における裁定取引に関して，これが適切に機能しないリスクを指摘する研究がある。例えば，Pan and Zeng［2016］は「流動性のミスマッチ」に注目する。社債 ETF は，ETF 自体は証券取引所で取引されるのに対して，原資産である社債はブローカー・ディーラーによって組織される店頭市場で相対取引によって行われるため，両者の流動性が大きく異なる。また，指定参加者はマーケットメイクすることを法的に義務付けられていないため，場合によって流動性供給を抑制し，マーケットメイクから降りてしまう可能性がある。次節で詳しく取り上げるように，グローバル金融危機後の規制強化を受けて，ブローカー・ディーラーは社債を在庫として保有することを抑制し，社債保有額は危機前の水準を大きく下回るようになった。そうした動きは，社債市場の流動性低下が議論されるまでに市場参加者の懸念を深めている。

Ⅲ．ブローカー・ディーラーによる社債保有の減少と流動性をめぐる議論

1．ブローカー・ディーラーによる社債保有の減少

　グローバル金融危機後の社債市場に関して，特に注目を集めた現象がブローカー・ディーラーによる社債保有の減少傾向である。図表10-6は2000年以降のブローカー・ディーラーによる社債保有額の推移である。2000年以降リーマンショックまでブローカー・ディーラーの社債保有額は顕著に拡大した。その水準は，2007年に4,000億ドルに迫るまで拡大した。しかし，リーマンショックが発生した2008年に激減し，その後は（特に2012年以降）緩やかな低下傾向にある。2019年の保有額は540億ドルであり，ピーク時から比べて7分の1の水準に減少した。このように，ブローカー・ディーラーはグローバル金融危機以

図表10-6　ブローカー・ディーラーによる社債保有額（2000年～2019年）

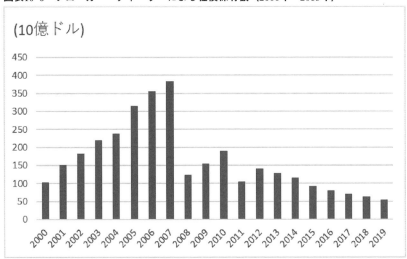

（注）社債には，ABS および外債が含まれる。
〔出所〕FRB, Financial Accounts of the United States のデータより作成。

降，社債保有額を顕著に減少させてきたが，その要因として指摘されるのが金融危機後の規制強化の影響である。金融危機の原因をめぐる議論のなかで，証券化やデリバティブ等の技術革新を駆使した複雑な金融の仕組み，シャドウバンキングと呼ばれる規制の枠外で拡大してきた新たな金融領域の拡大，大手金融機関経営陣の巨額報酬とモラルハザード，借り入れに依存しながら消費を膨らませてきた家計部門の金融行動，「略奪的貸付」とも表現された貧困層に対する過剰融資などの要因が指摘された。そのなかでも，レバレッジを高めつつ大規模化しながら，トレーディングやプリンシパル・インベストメントといったリスクの高い業務を積極的に手掛けてきた大手金融機関の行動が時に批判的な論調でもって議論された。そうした議論を踏まえ金融危機後の規制改革においては規制緩和から規制強化へと路線転換し，バーゼルⅢやドット・フランク法等の規制強化が進められた。特に，アメリカではボルカー・ルールが導入され，一部許容される業務を除いて銀行による自己勘定取引が原則禁止されたのである[15]。

　社債は，商品・種類が多様である一方，各銘柄の取引量は必ずしも多くはないことから，取引所取引の形態には馴染まない。そのため，社債取引は，ディーラー間またはディーラー顧客間での相対取引によって行われるのが通常である。社債の売り手に対しては自らが買い手となることによって，社債の買い手に対しては自らが売り手となることによって取引を成立させることをマーケットメイクと呼ぶが，社債流通市場はこのディーラーによるマーケットメイクによって形成される。伝統的にマーケットメイクを担ってきたブローカー・ディーラーの社債保有額が大きく減少しているという事実は，社債市場の機能に関して市場参加者の懸念を生じさせることになった。

2．社債市場の流動性をめぐる議論

　そうした懸念の1つとして挙げられるのが社債市場の流動性に関する議論である[16]。市場参加者や実務に携わる立場からは，グローバル金融危機後の規制強化による負担の増加から金融機関がマーケットメイクを行う余力を低下させ

た結果，社債市場の流動性が低下しているのではないかとする指摘が行われた。もっとも，そうした指摘を受けて実施されたいくつかの調査研究は，社債市場の流動性が低下したという指摘に対して否定的なスタンスをとっている。例えば，Mizrach［2015］は，取引報告・相場報道システム（TRACE, Trade Reporting and Compliance Engine）のデータを用いて，取引ボリューム，ビット・アスク・スプレッド，プライス・インパクト，売買回転率等の指標から社債市場の流動性を検討した。この研究では，社債市場の流動性が良好であることを示唆するビット・アスク・スプレッドの縮小やプライス・インパクトの低下傾向を確認するものの，売買回転率の低下や新規発行から90日以上経過した銘柄での取引量の減少といった流動性の悪化を示唆する結果も確認された。それらを総合的に踏まえて Mizrach［2015］は，社債市場の流動性低下を示す明確な証拠は見られなかったとしている。CGFS［2016］や IOSCO［2017］においても同様の結論が報告されている。

　学術的な立場に立つ研究者の多くも同様の結果を支持している。例えば，Trebbi and Xiao［2015］は，ドッド・フランク法やバーゼルⅢ等の規制改革の進展が社債流通市場に構造的な変化をもたらしたかという点に関して複数の方法を用いて推計したが，危機後に流動性が顕著に低下したことを示す明確な証拠は得られなかったとしている。Adrian, Fleming, Shachar and Vogt ［2017］もまた，ビット・アスク・スプレッドやプライス・インパクト等の指標が金融危機後に低下し，取引量も歴史的に見て高水準にあることから，全体としてみると流動性低下を強く支持する証拠はなかったとしている。Anderson and Stulz［2017］は，危機前（2004年～06年）と危機後（2010年～14年）に分けて社債市場の流動性の変化を検討し，売買回転率の低下という流動性低下を示す兆候が見られるものの，プライス・インパクトや取引コストといった指標では流動性の改善が見られたことに加えて，一日当たりの取引数も増加したことから，流動性低下という事態は確認されないと結論された。

　このように多くの研究が社債市場の流動性低下という指摘に対して否定的なスタンスをとるのに対して，何らかのストレスが生じた際に社債市場の流動性

低下が生じうることを示唆する研究もある。例えば，Bao, O'Hara and Zhou ［2016］は，投資適格から投機的へと格下げが生じた社債のプライス・インパクトの変化を検討した。その結果，ボルカー・ルールの導入後，格下げが生じた社債のプライス・インパクトが上昇したことを確認し，ストレス時においてはより顕著に流動性が低下することを報告している。Dick-Nielson and Rossi ［2016］は，インデックスから除外された社債に焦点を合わせて，その市場流動性を検討している。インデックスに追随する投資を行う機関投資家は，ある社債がインデックスから除外された際，そうした社債を即時に売却する必要が生じるため，ブローカー・ディーラーによるマーケットメイクを必要としている。しかし，金融危機後，そうしたマーケットメイクのコストが投資適格債では二倍，投機的格付の債券では三倍に増加していると推計している。IOSCO ［2019］も，投資家による社債の投げ売り等が生じるストレス時には，価格の急落やボラティリティの高まりが生じうるとしている。

　以上でみてきたように，社債市場の流動性を検討した研究の多くは，流動性が低下したとする見解に対しては否定的なスタンスをとっている。他方，市場にストレスがかかる時や格下げが生じたとき，インデックスからの除外が行われる時といった特定の場面に注目する研究は，社債市場の流動性低下が現実の問題となりうることを示唆している。今回の新型コロナウイルス感染症の影響による金融証券市場の混乱は，そういったストレスが実際に生じたケースとみられるものであり，本章で後に検討していく。

Ⅳ．電子取引プラットフォームの拡大

　グローバル金融危機後の米国社債市場の変化に関して，最後に指摘しておきたいのが電子取引プラットフォームの拡大である[17]。商品・種類が多様である一方，各銘柄の取引量は必ずしも多くない社債取引では，ながらく電話やボイス・ブローカーを通じて取引が行われてきた。債券市場における電子化の取り組みは，1990年代末頃から流動性の高い国債等の分野で開始された。ディー

ラー間市場においては ECN（Electronic Communications Network）の活用
が進み，近年では，米国債全体の50％から60％，オン・ザ・ラン銘柄では90％
程度のシェアを有するに至ったとされる[18]。もっとも，社債の分野における電
子化は，大手金融機関による取り組みがみられたものの，相対的に遅れていた
と言わざるをえない。これは，銘柄ごとの異質性が高く，取引される頻度も少
ないという社債市場の特徴に起因するとされる。しかし，グローバル金融危機
後，ブローカー・ディーラーの社債保有の減少や ETF をはじめとする新たな
保有主体の拡大の中で，社債市場においても電子化の進展がみられるように
なった。

　社債取引の電子化を牽引してきたのが MarketAxess（以下，MKTX と略
記）である。2000年設立の同社は社債市場における電子化の進展を主導し，
2004年にナスダックに上場し，2019年には S&P500 の構成銘柄に指定された。
図表10-7は，2012年から19年にかけての MKTX における取引量の推移であ

図表10-7　MKTX による取引量の推移（2012年〜2019年）

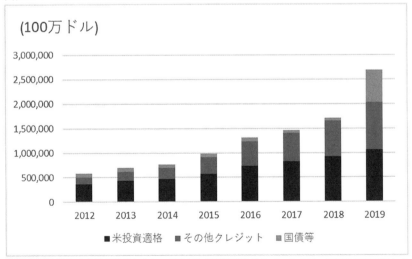

（注）米投資適格は変動利付債を含む。2019年に国債等が急増しているのは，同年11月に買収した
　　　LiquidityEdge の実績が反映されたためである。
〔出所〕MarketAxess Holdings, Annual Report より作成。

る。同期間において取引量は，5,900億ドルから２兆７千億ドルへと約4.5倍に
拡大した。同社は，機関投資家およびブローカー・ディーラー等の広範なアク
ティブユーザーを囲い込み，2012年には「Open Trading」と呼ばれるプラッ
トフォームを立ち上げた。これは投資家同士が社債を直接取引できることを可
能にする All-to-All 型のプラットフォームであり，参加者は匿名で取引相手
を探すことができるほか，リアルタイムで価格情報を参照できる等の利便性の
高さが投資家に提供されている。MKTX は，最先端の情報技術の活用にも積
極的であり，TRACE の公開データや自社のプラットフォームから生じる独自
データを人工知能で分析し，価格決定するエンジン「Composite+」を運営し
ている。近年では，2019年11月に米国債取引のプラットフォームを手掛ける
LiquidityEdge を買収して国債分野に進出し，2020年９月には地方債取引のプ
ラットフォームを手掛ける MuniBrokers の買収に動くなど[19]，業務分野の積
極的な拡大に取り組んでいる。

　同社の強みを示すのが社債分野における市場シェアの高さである。図表10-8
は，社債分野における電子取引プラットフォームの市場シェアを示したもので
ある。首位が MKTX の85％であり，第２位の Tradeweb（9.1％）を圧倒的に
引き離している。米国債分野における電子取引プラットフォームの市場シェア
を示した図表10-9を見ると，ここでは首位の BrokerTec が42.6％，第２位の
Tradeweb が20.7％，第２位の Bloomberg が20.4％となっており，比較的勢力
が分散している。社債市場において MKTX がいかに卓抜した地位を占めてい
るかが伺われよう。

　今回の新型コロナウイルス感染症による影響下においても MKTX は成長を
続いている[20]。現金確保を目的とした企業の社債発行増加やリスクを回避した
い投資家の売買が電子取引プラットフォームにおける売買量の増加につなが
り，MKTX は2020年３月に過去最高の取引量を記録した[21]。今後もデジタル
シフトが進むとみられ，電子取引プラットフォームはさらに拡大を見せると考
えられる。

図表10-8　社債分野における電子取引プラットフォーム各社の市場シェア

米社債	シェア（％）
MarketAxess	85
Tradeweb	9.1
Bloomberg	3.2
Trumid	2.2
Liquidnet	0.5

（元資料）Greenwich Associates。
〔出所〕SIFMA［2019］, p.39-40より作成。

図表10-9　米国債分野における電子取引プラットフォーム各社の市場シェア

米国債	シェア（％）
BrokerTec（CME）	42.6
Tradeweb	20.7
Bloomberg	20.4
eSpeed（Nasdaq）	8.9
LiquidityEdge（MarketAess）	5.4
FENICS（BGC Partners）	2

（元資料）Greenwich Associates。
〔出所〕SIFMA［2019］, p.39-40より作成。

V. 2020年3月の社債ETF市場の混乱

　新型コロナウイルス感染症の影響は，米国社債市場にも大きな影響を与えた。発行市場における新規発行は停止し，ミューチュアルファンドからは資金が流出した。3月半ばにはETF市場にも波及し，多くの社債ETFの価格が暴落し，基準価額を大幅に下回るような事態も生じた。グローバル金融危機後の米国社債市場が抱えるリスクが現実のものとなった格好である。本章の最後に，こうした新型コロナウイルス感染症の影響による社債ETF市場の混乱について見ていこう[22]。

　新型コロナウイルス感染症が人から人へと感染することが確認された1月中旬には，株式市場，商品市場，外国為替市場において混乱が生じていたが，社債市場を含む企業信用市場は比較的安定を保っていた。2月下旬に感染症の急速な広がりが報じられると，「質への逃避」を求める投資家の動きが広がり，特にハイイールド債の分野ではスプレッドの拡大がみられるようになる。主要産油国の減産協議が決裂した3月上旬，リスクオフの動きがさらに広まり，投資適格の分野においてもスプレッドの拡大が波及し，一部には格下げの動きが広がった[23]。そうしたなか，ハイイールド債に投資していたミューチュアルファンドからの資金流出が加速した。3月中旬，投資適格債に投資する社債

ETF において市場価格の基準価額からの乖離が生じ，一部の銘柄では５％以上乖離が拡大するものもあった。ハイイールド債に投資する ETF においても同様の事態が進行し，乖離幅が９％を超えたものもあったとされる。FRB が米国債および公的 MBS に対する大規模な買い取りプログラムを公表した３月15日，こうした価格の乖離は縮小した。しかし，３月19日に価格の乖離は再び急拡大した。これは，FRB が財務省と共同で MMF 向けに緊急資金供給を行うことを発表した結果[24]，投資家が資金を ETF から MMF に移す動きが加速したためとみられる[25]。新型コロナウイルス感染症の影響だけでなく，政策の動向によっても証券市場が大きな影響を受けていたことが伺われる。結局，３月の末に価格の乖離が縮小するまで，市場のセンチメントと政策対応の間で社債 ETF の市場価格と基準価額は不規則に変動を続けたのである。

　このような社債 ETF の基準価額と市場価格の乖離という現象は，グローバル金融危機後の米国社債市場が内包していた各種のリスクが集約的に発現したものであるとみられる。本章では，ディーラーによる消極的なマーケットメイクへの姿勢と社債市場の流動性低下，相次ぐ格下げと投資家の投げ売り，流動性の低い原資産と流動性の高い ETF 市場という「流動性のミスマッチ」といったリスクが指摘されていたことを見てきた。そういったリスクは社債 ETF 市場における基準価額と市場価格との乖離という形で現実の問題となったと考えられる。

むすびにかえて

　本章では，グローバル金融危機後の米国社債市場の構造的変化を跡付けてきた。金融危機後，米国企業の社債発行は顕著に増加し，発行市場は大きく拡大した。社債保有者の構成においては投資信託が保有主体としての存在感を高め，特に ETF の台頭が目立った。伝統的にマーケットメイクを担ってきたブローカー・ディーラーの社債保有は大きく減少したものの，情報技術を活用した社債取引プラットフォームの利用が拡大しつつある。これらは，危機の反省

から規制強化に大きく舵を切った米国の金融環境にあっても，進化を続ける米国証券市場のダイナミズムを示すものであると捉えられよう。

　他方，そうした金融証券市場の変化には，BBB 格社債の増加と格下げによる投げ売りが発生する可能性，社債 ETF における基準価額と市場価格とが乖離する可能性，金融市場にストレスが生じた際に社債市場の流動性が低下する可能性などのリスクが指摘されていた。今回の新型コロナウイルス感染症の影響は，3 月の社債 ETF 市場の混乱にみられるように，現在の社債市場がそうしたリスクを内包していることを現実に示すこととなった。

　新型コロナウイルスの影響拡大に対して FRB は積極的な対応を見せた。迅速な金利引き下げに加えて，投資適格以下の社債を含む異例の社債および社債 ETF の買い入れ措置を実施した。その結果，社債市場は急回復し，発行額は過去最高を超える見込みである。今回のコロナショックの影響が長引き実体経済の回復に時間を要するならば，低金利環境はしばらく続くと予想される。それに伴って社債発行も引き続き旺盛であることが見込まれるが，そこにはリスクが含まれていることにも注意する必要があるであろう。

※本研究は，公益財団法人石井記念証券研究振興財団の研究助成を受けたものである。

＜注＞

1） 例えば，佐賀［2019］および［2020］，若園［2019a］などを参照。
2） 米国におけるデジタル・トークンの議論については若園［2019b］および［2020］を参照。
3） 以下の内容は，Aramonte and Eren［2019］を参照。
4） 『朝日新聞』2020年 2 月29日付。
5） Faria-e-Castro, Kozlowski and Ebsim［2020］。
6） FRB による新型コロナウイルス感染症への対応については，伊豆［2020］や鈴木［2020］などを参照。
7） 井上［2020］では，FRB による企業金融支援策が簡潔にまとめられている。
8） FRB が購入した ETF の具体的な銘柄については，原田［2020］で紹介がある。
9） 『日本経済新聞』電子版，2020年 3 月31日付。
10） 小林［1975］，341頁。
11） 以下の内容は，岡田［2017］を参照。
12） ETF 市場における裁定取引の仕組みについては，岡田［2017］のほか Pan and Zeng［2016］

を参照。

13)　Pan and Zeng［2016］，p.7-9を参照。

14)　DeFrancesco［2019］。

15)　自己勘定取引に関して許容される業務ついては，許容される証券と許容される取引とに分けて整理することができる。前者に関して，①米国債，②エージェンシー債，③州および地方行政機関の債務が許容される証券であるとされる。後者に関して，①顧客や取引相手による合理的な期待における短期的な需要を超えない範囲での引き受けやマーケットメイク，②保有するポジションや契約に関連するリスクヘッジ，③顧客の代理として行う取引が許容される取引であるとされる。ボルカー・ルールについて，詳しくは若園［2015］第５章を参照。

16)　社債市場の流動性に関する議論については，岡田［2016］および小林［2019］を参照。

17)　債券市場における電子化については BIS［2016］を参照。

18)　福田［2015］，26頁。

19)　Funk［2020］。

20)　例えば，FT Reporters［2020］を参照。

21)　Ranasihghe and Chatterjee［2020］。この記事では，コロナショックの最中ディーラーに電話で大口取引の執行をお願いしたが拒否され，結局小口に分割して電子的に取引を執行したトレーダーの話が紹介されている。

22)　以下の内容は，Aramonte and Avalos［2020］，Wigglesworth［2020］などを参照。

23)　Podkul and Banerji［2020］。

24)　MMFL（Money Market Mutual Fund Liquidity Facility）と呼ばれる措置である。その狙い等については，伊豆［2020］を参照。

25)　短期社債に投資する MMF と償還期間が短い投資適格債に連動する ETF とは代替関係にあるとみられる。FRB の措置によって MMF の信頼が高まった結果，投資家が投資適格社債 ETF から MMF に投資を振り向けたため，再び基準価額と市場価格との乖離が発生したものと考えられる（Aramonte and Avalos［2020］，p.4）。

＜参考文献＞

伊豆久［2020］「FRB のコロナ危機対応策～リーマン危機との比較～」『証研レポート』1719号

井上哲也［2020］「FRB による企業金融支援策の総括」コラム：井上哲也の Review of Central Banking，野村総合研究所（https://www.nri.com/jp/knowledge/blog/lst /2020/fis/inoue/0413）

岡田功太［2016］「米国社債市場の構造変化と流動性をめぐる議論」『資本市場クォータリー』，2016夏号（ウェブサイト版）

岡田功太［2017］「米国 ETF の生態系を巡る議論」『野村資本市場クォータリー』2017Spring

小林和子［1975］「Ｖ保有構造」日本証券経済研究所編『アメリカの公社債市場』日本証券経済研究所

小林陽介［2019］「金融危機後の米国社債市場の流動性をめぐる議論について」『証券経済研究』，第108号

佐賀卓雄［2019］「アメリカ株式市場における公募・私募の境界の曖昧化について」『証券経済研究』，第108号

佐賀卓雄［2020］「アメリカ株式市場の変貌とプライベート・エクイティ（PE）」『月刊 資本市場』，No.414

鈴木敏之［2020］「矢継ぎ早の金融緩和に走った Fed」『月刊 資本市場』，No.416

原田喜美枝［2020］「FRB と日銀の ETF 購入」『証券レビュー』，第60巻，第８号

福田徹［2015］「変貌するアメリカ国債流通市場─市場構造の変化が『フラッシュ・クラッシュ』によって認識される─」『証券経済研究』，第92号

若園智明［2015］『米国の金融規制変革』日本経済評論社

若園智明［2019a］「米国における資本形成の変遷：公開市場と私募市場」『証券経済研究』，第107号

若園智明［2019b］「デジタル・アセットと資本市場①：基本概念と ICO の是非」『証券レビュー』，第59巻，第12号

若園智明［2020］「デジタル・アセットと資本市場②：トークン・オファリングのグランドデザイン」『証券レビュー』，第60巻，第7号

Adrian, T., M. Fleming, O. Shachar and E. Vogt［2017］, "Market Liquidity after the Financial Crisis", *Federal Reserve Bank of New York Staff Reports*, No.796, Oct. 2016 (revised Jun. 2017).

Anderson, M. and R. M. Stulz［2017］, "Is Post-Crisis Bond Liquidity Lower?", *NBER Working Paper*, No.23317, Apr. 2017 (revised Apr. 2017).

Aramonte, S. and E. Eren［2019］"Investment Mandates and Fire Sales: the Case of Mutual Funds and BBB Bonds", *BIS Quarterly Review*, Bank for International Settlement, Apr. 2019.

Aramonte, S. and F. Avalos［2020］"The Recent Distress in Corporate Bond Markets: Cues from ETFs", *BIS Bulletin*, No.6, Apr. 2020.

Bao, J., M. O'Hara and A. Zhou［2016］, "The Volcker Rule and Market-Making in Times of Stress", *Finance and Economics Discussion Series*, 2016-102, Sep. 2016.

Bank for International Sttelements (BIS)［2016］, *Electronic Trading in Fixed Income Markets*, Jan. 2016.

Committee on the Global Financial System (CGFS)［2016］, "Fixed Income Market Liquidity", *CGFS Papers*, No.55, Jan. 2016.

Dick-Nielsen, J. and M. Rossi［2016］, *The Cost of Immediacy for Corporate Bonds*, Aug. 2016.

Faria-e-Castro, M., J. Kozlowski and M. Ebsim［2020］, "Corporate Bond Spreads and the Pandemic", On the Economy Blog, Federal Reserve Bank of St. Louis, Apr. 2020. (https://www.stlouisfed.org/on-the-economy/2020/april/effects-covid-19-monetary-policy-response-corporate-bond-market)

FT Reporters［2020］, "Six Businesses Finding an Upside in the Coronavirus Crisis", *Financial Times*, Jun. 1, 2020.

Funk, L.［2020］, "MarketAxess to Acquire MuniBrokers in Q4", The Bond Buyer, Sep. 16, 2020. (https://www.bondbuyer.com/news/marketaxess-to-acquire-munibrokers-in-q4)

International Organization of Securities Commissions (IOSCO)［2017］, *Examination of Liquidity of the Secondary Corporate Bond Markets Final Report*, Feb. 2017.

International Organization of Securities Commissions (IOSCO)［2019］, *Liquidity in Corporate Bond Markets Under Stressed Conditions Final Report*, Jun. 2019.

Mizrach, B.［2015］, "Analysis of Corporate Bond Liquidity", *FINRA Office of the Chief Economist Research Note*, 2015.

Pan, K. and Y. Zeng［2016］"ETF Arbitrage under Liquidity Mismatch", *ESRB Working Paper Series*, No.59.

Podkul, C. and G. Banerji［2020］, "Bond Downgrades Begin Amid Coronavirus Slowdown", *Wall Street Journal*, Mar. 25, 2020.

Ranasihghe, D. and S. Chatterjee［2020］, "Pandemic Propels Old-school Bond Traders towards an Electronic Future!, Reuters, Jun. 22, 2020. (https://www.reuters.com/article/us-health-coronavirus-bond-trading-insig-idUSKBN23T0MP)

Securities Industry and Financial Markets Association (SIFMA)［2019］, "Electronic Trading Market Structure Primer", *SIFMA Insights*, Oct. 2019.

Trebbi, F. and K. Xiao［2015］, "Regulation and Market Liquidity", *NBER Working Paper Series*, No.21739, Nov. 2015.

Wigglesworth, R.［2020］"All That Drama about Fixed-income ETF was Overplayed", *Financial Times*, Apr. 22, 2020.

第11章　メガバンクグループの証券化業務とその収益

掛下　達郎

はじめに

　日本の証券化は先進国の中では遅れているが，先進各国の証券化は大手金融機関にほぼ集中している。本章では，日本の大手金融機関がどのように証券化に取り組んでいるかを考察する。掛下［2019］と掛下［2020］では，マクロの資金循環統計の時系列データを用いて，日本型証券化市場の形成とその特徴に迫ってみた。その結果，日本型証券化の特殊性が浮き彫りになった。ここでは，ミクロの時系列データを用いて，日本の大手金融機関の証券化業務とその収益を考えてみたい。結論を先取りすると，日本と世界で最も進んだアメリカの証券化の進展において共通点が存在することが明らかになった。

　ところで，本章の分析に用いる，日本における大手金融機関の証券化データは，必ずしも相互に比較可能な形で公開されていない。比較可能な大手金融機関の証券化データは，大手情報企業トムソン・ロイター（現在のリフィニティブ）が集めた証券化商品の引受市場シェアの推移である。そこで，まず第1節でこの引受市場シェアの時系列データを用いて，証券化の進展を考察する。証券化の進展を考察することによって，大手金融機関による証券化商品の引受競争に絞って分析する。次に第2節と第3節で個々の大手銀行グループと証券会社の時系列データを用いて，証券化とそれに関連する収益の推移を考察する。この時系列データは相互に比較可能な形ではないので，いくつかの大手金融機関の公開データによるファクト・ファインディングを紹介する。

Ⅰ. 引受シェアの推移

ここでは，大手金融機関による証券化商品の引受シェアの推移を把握する。そのために，株式と社債の引受シェアの推移と比較する。

1. 株式・社債

株式の引受シェアでは，普通株と IPO（新規公開株式発行）のデータがある。まず，図表11-1A で普通株の引受シェアの推移をみると，世界金融危機直後の2009-11年には，大手証券会社の野村ホールディングス（以下野村HD）と大和証券グループ本社（以下大和証券）が上位であることが多かった。そもそも，引受業務は日本の証券業務の基本的類型の１つであり，証券会社がおこなっていた。しかし，2010年からメガバンクグループの三井住友フィナンシャル・グループ（以下 SMBC グループ），みずほフィナンシャル・グループ（以下みずほ FG），三菱 UFJ モルガン・スタンレー（以下 MUMSS）がトップ３に入るようになった。MUMSS は，三菱 UFJ フィナンシャル・グループ（以下 MUFG）の中核総合証券会社である。

２大証券と３メガバンクグループによる普通株の引受シェアをみると，2014年まで２大証券が３メガバンクグループを上回っていた（12年を除く）が，15年から３メガバンクグループが２大証券を追い抜くことになった。もはや，普通株の引受業務をおこなう金融機関は，日本においても証券会社が中心ではなくなっている。また，2009-10年にはゴールドマン・サックスがトップ３に入ったが，その後，外資系金融機関が引受シェアで上位に入ることはなくなっている（図表11-1A）。

次に，図表11-1B で IPO の引受シェアの推移をみると，普通株とは異なり，世界金融危機直後の2009年にはメガバンクグループのみずほ FG がトップで，09-10年には外資系のバンク・オブ・アメリカがトップ３であった。しかし，2010-18年に大手証券会社の野村 HD がトップを維持している（12年を除

図表11-1　株式の引受シェア

A　普通株の引受シェア　2009－18年　（単位：%）

	2009	2010	2011	2012	2013	2014	2015	2016	2017	2018
三井住友フィナンシャル・グループ		1.6	8.2	19.4	12.1	17.5	15.8	17.9	12.9	17.0
野村ホールディングス	33.6	38.5	34.5	24.3	26.4	31.2	18.6	24.1	17.4	16.3
みずほフィナンシャル・グループ	1.8	11.7	8.4	14.5	10.3	10.9	10.7	15.0	13.6	14.8
大和証券グループ本社	8.3	4.9	20.2	14.3	13.9	10.7	12.6	9.7	16.4	13.6
三菱 UFJ モルガン・スタンレー証券	2.2	2.3	7.2	15.3	12.2	13.3	18.7	17.5	14.7	12.6
SBI ホールディングス								1.0		7.7
JP モルガン	5.6	4.6		1.8	5.5	1.3	8.1	6.0	2.2	6.4
ゴールドマン・サックス	6.8	13.8	7.8	1.0	9.1	3.1	8.2	4.0	8.9	4.9
バンク・オブ・アメリカ	3	4.3	7.2	4.4		6.1	1.0	2.7	5.5	2.2
シティ		3.6			1.9		1.3			1.5
UBS	1.6		1.9	1.9	2.7	2.4	3.8	1.1	2.3	
ドイツ銀行			1.2		2.4			0.7		
バークレイズ		3.4	0.8		1.4					
KGI フィナンシャルサービスグループ			0.8							
3 メガバンクグループの市場シェア	4.0	15.6	23.8	49.2	34.6	41.7	45.2	50.4	41.2	44.4
＋大和証券 SMBC	12.3	20.5								
2 大証券の市場シェア	41.9	43.4	54.7	38.6	40.3	41.9	31.2	33.8	33.8	29.9
−大和証券 SMBC	33.6	38.5								

B　IPO の引受シェア　2009－18年　（単位：%）

	2009	2010	2011	2012	2013	2014	2015	2016	2017	2018
野村ホールディングス	19.1	48.1	40.2	12.5	44.7	36.0	16.9	27.2	23.7	17.8
三井住友フィナンシャル・グループ			8.5	16.3	12.7	15.0	14.2	14.7	15.0	17.0
みずほフィナンシャル・グループ	23.1	25.8	2.2	15.1	8.0	10.2	11.2	11.5	14.1	15.9
三菱 UFJ モルガン・スタンレー証券		4.2	14.0	23.1	16.3	19.9	14.4	21.4	20.1	15.3
大和証券グループ本社	4.0	1.1	16.9	21.0	5.7	5.2	12.6	6.6	18.9	15.0
SBI ホールディングス		0.1			0.5		0.6	1.8	1.0	12.2
バンク・オブ・アメリカ	9.7	9.7		6.3		3.7		0.6	1.5	1.1
JP モルガン			0.6	5.1	0.5	11.3	11.2			1.1
クレディ・スイス										0.7
UBS		4.2		1.4		2.7	4.0		3.2	
いちよし証券					0.4			0.6		
シティ			0.7	2.8		2.6		0.6		
ゴールドマン・サックス		7.0	10.2	0.7	3.9	4.0	11.5	4.4		
東海東京フィナンシャル・ホールディングス			1.1					0.3		
ドイツ銀行						1.7				
バークレイズ			7.0							
3 メガバンクグループの市場シェア	23.1	30.0	24.7	54.5	37.0	45.1	39.8	47.6	49.2	48.2
＋大和証券 SMBC	27.1	31.1								
2 大証券の市場シェア	23.1	49.2	57.1	33.5	50.4	41.2	29.5	33.8	42.6	32.8
−大和証券 SMBC	19.1	48.1								

（注）大和証券グループ本社の数字は2010年までは大和証券 SMBC のデータである。
〔出所〕トムソン・ロイター。

く）。大和証券も2011－12年と17年にトップ３に入っている。一方，2011年からメガバンクグループの三菱UFJモルガン・スタンレーが，翌12年からSMBCグループがトップ３に入るようになった（MUMSSの18年とSMBCの17年を除く）。大手証券会社とメガバンクグループが，IPOの引受シェアを巡って激しく競争している。

　２大証券と３メガバンクグループによるIPOの引受シェアをみると，2010－11年と13年は２大証券が３メガバンクグループを上回っていたが，12年と14年から３メガバンクグループが２大証券を追い抜くことになった。これは普通株の推移と同様である。もはや，IPOの引受業務をおこなう金融機関は，日本においても大手銀行グループが中心になっている。また，2009－10年にはバンク・オブ・アメリカがトップ３に入ったが，その後，外資系金融機関が引受シェアで上位に入ることはなくなっている。

　図表11-2で社債の引受シェアの推移をみると，普通株とは異なり，メガバンクグループのみずほFGが2006－08年，10年，12年，14年，17－19年にトップで，三菱UFJモルガン・スタンレーも2011年，15－16年にトップであった。SMBCグループも2018年からトップ３に入るようになった。しかし，大手証券会社の野村HDが2009年と13年はトップであった。大和証券も2006－10年にトップ３に入っている。大手証券会社とメガバンクグループが，社債の引受シェアで競争している。

　２大証券と３メガバンクグループによる社債の引受シェアをみると，2006－19年に３メガバンクグループが２大証券をほぼ一貫して上回っている（09年を除く）。これは普通株やIPOの推移と異なっている。社債の引受では，世界金融危機以前から大手銀行グループが中心になっている。また，外資系金融機関その他が引受シェアで上位に入ることはなかった（図表11-2）。

2.　証券化商品

　ここで本題の証券化商品の引受シェアの推移を図表11-3でみると，普通株とは異なり，2006－08年にはメガバンクグループのMUFGがトップ３に入り，

図表11-2　社債の引受シェア　2006－19年　（単位：%）

	2006	2007	2008	2009	2010	2011	2012	2013	2014	2015	2016	2017	2018	2019
みずほフィナンシャル・グループ	25.8	25.8	24.4	20.8	23.5	22.2	25.9	20.9	23.3	20.2	24.9	22.3	24.9	22.7
三菱UFJモルガン・スタンレー証券					21.1	23.2	23.4	20.5	17.2	21.7	27.9	22.1	16.5	20.4
三菱UFJフィナンシャル・グループ	17.8	16.9	22.5						1.1					
三井住友フィナンシャル・グループ				5.6	16.7	14.9	11.8	13.7	15.5	19.5	14.5	17.1	18.5	17.9
三井住友トラスト・ホールディングス									1.2					
日興シティ	9.9	6.6	11.9											
野村ホールディングス	17.4	18.0	17.2	28.5	18.4	22.7	22.7	28.1	16.7	20.2	15.8	19.6	19.1	17.9
大和証券グループ本社	19.6	23.9	18.3	19.1	18.6	13.5	13.0	14.7	14.7	14.2	12.8	15.4	17.5	17.4
信金中央金庫										0.3	0.9	0.9	1.0	1.0
SBIホールディングス												0.5	0.7	0.9
東海東京フィナンシャル・ホールディングス					0.6	0.4	0.5	0.5	1.3	0.5	0.6	0.5	0.5	0.7
ゴールドマン・サックス	3.1	1.3	1.6	0.6	0.2		0.6	0.6	1.6	1.3	1.1		0.4	0.7
岡三証券グループ														0.2
バンク・オブ・アメリカ	1.3	1.3	0.6	0.4	0.1		0.6	0.2	1.7	0.6	0.6		0.3	
シティ					0.3	1.0	0.7	0.3		0.8	0.2	0.3		
ドイツ銀行					0.2		0.2							
JPモルガン							0.3							
クレディ・スイス		1.4	0.4			0.4								
新光証券	2.1	1.4	1.9											
トヨタ自動車			0.5											
UBS		1.4												
3メガバンクグループの市場シェア	43.6	42.7	46.9	26.4	61.3	60.3	61.1	55.1	57.1	61.4	67.3	61.5	59.9	61.0
＋三井住友トラスト・ホールディングス	43.6	42.7	46.9	26.4	61.3	60.3	61.1	55.1	58.3	61.4	67.3	61.5	59.9	61.0
＋大和証券SMBC	63.2	66.6	65.2	45.5	79.9									
2大証券の市場シェア	37.0	41.9	35.5	47.6	37.0	36.2	35.7	42.8	31.4	34.4	28.6	35.0	36.6	35.3
－大和証券SMBC	17.4	18.0	17.2	28.5	18.4									

（注1）大和証券グループ本社の数字は2010年までは大和証券SMBC のデータである。
（注2）バンク・オブ・アメリカの数字は2008年まではメリルリンチのデータである。
〔出所〕トムソン・ロイター。

大手証券会社の大和証券も2006-10年にトップ３に入っている。2007-09年は
トップになっている。証券化商品では，みずほFGが特に近年強く2006年から
トップ３に入り（08年を除く），11年から一貫してトップである。一方，大手
証券会社の野村HDは2008-12年にトップ３である。2010年にはトップになっ
ている。しかし，2011-17年に三菱UFJモルガン・スタンレーが，13年から
SMBCグループがトップ３に入るようになった（SMBCの15年を除く）。2015
年と18-19年には，三井住友トラスト・ホールディングス（以下SMTH）が
トップ２に入っている。大手証券会社とメガバンクグループは，証券化商品の
引受シェアでも競争している。

　２大証券と３メガバンクグループによる証券化商品の引受シェアをみると，
2007-10年に２大証券が３メガバンクグループを上回っていたが，翌11年から
３メガバンクグループが２大証券を追い抜くことになった。これは普通株や
IPOの推移とほぼ同様である。証券化商品の引受業務をおこなう金融機関も，
大手銀行グループが中心になっている。また，外資系金融機関その他が引受
シェアで上位に入ることはなかった（図表11-3）。

　図表11-1～図表11-3の３メガバンクグループと２大証券会社の各種証券引受
の市場シェアをグラフに表したものが図表11-4である。社債引受の市場シェア
では，３メガバンクグループが2009年を除いてほぼ一貫して２大証券会社を上
回っている。特に2010年からその差が12～38％台に開いている。証券化商品引
受の市場シェアでは，2007-10年には２大証券会社が上回っていたが，11年か
ら３メガバンクグループが逆転している。特に2010年からその差が21～52％台
に開いている。普通株引受の市場シェアでは，2009-11年には２大証券会社が
上回っていたが，抜きつ抜かれつの状態を経て15年から３メガバンクグループ
が逆転している。IPO引受の市場シェアでは，同様に2010-11年には２大証券
会社が上回っていたが，抜きつ抜かれつの状態を経て14年から３メガバンクグ
ループが逆転している。

　銀行ローンと代替性のある社債引受において，３メガバンクグループは最も
早期に，まず３年間，２大証券会社の市場シェアを逆転した。次に，自らオリ

図表11-3　証券化商品の引受シェア　2006-19年　（単位：％）

	2006	2007	2008	2009	2010	2011	2012	2013	2014	2015	2016	2017	2018	2019
みずほフィナンシャル・グループ	15.1	8.2	10.3	19.3	19.0	21.8	36.0	36.4	32.9	32.6	40.6	34.3	26.1	27.4
三井住友トラスト・ホールディングス				5.6	4.0	2.8	2.8	5.0	6.5	12.6	3.8	9.6	15.9	17.7
三井住友フィナンシャル・グループ				3.9	7.5	2.6	18.0	10.7	8.0	11.2	12.9	11.9	11.7	
日興シティ			8.0											
三菱UFJフィナンシャル・グループ	19.3	9.4	11.8				1.8	2.9	6.2	4.8	3.3	4.3	5.6	7.9
三菱UFJモルガン・スタンレー証券					14.0	17.6	17.5	12.2	11.4	9.9	8.8	11.8	8.4	6.9
野村ホールディングス	9.2	6.9	17.7	11.9	26.5	19.6	13.0	11.8	9.4	7.0	7.4	4.4	9.5	7.2
大和証券グループ本社	12.7	15.6	19.0	22.9	17.7	5.9	11.6	5.6	5.9	7.1	7.2	7.4	5.8	6.9
バンク・オブ・アメリカ									3.2	3.8	4.2	4.1	2.7	3.1
バークレイズ										3.2			0.9	2.9
農林中金													5.0	2.8
ゴールドマン・サックス	5.0	5.6			6.0	8.5	7.1	4.5	2.9	2.5	4.2	3.6		
新生銀行		4.0	11.0		2.0	8.9	1.2	0.7	1.3		2.9	2.3		
オリックス			6.1			1.1	1.8	1.0						
スタンダード・チャータード					1.7	1.2								
ドイツ銀行			3.8	2.1	1.6									
クレディ・スイス	2.6	5.5	2.9											
モルガン・スタンレー	8.3	6.8	1.7											
リーマン・ブラザーズ		5.2												
ベアー・スターンズ		4.2												
3メガバンクグループの市場シェア	34.4	17.6	22.1	19.3	36.9	46.9	57.9	69.5	61.2	55.3	63.9	63.3	52.0	53.9
＋三井住友トラスト・ホールディングス	34.4	17.6	22.1	24.9	40.9	49.7	60.7	74.5	67.7	67.9	67.7	72.9	67.9	71.6
＋大和証券SMBC	47.1	33.2	41.1	47.8	58.6									
2大証券の市場シェア	21.9	22.5	36.7	34.8	44.2	25.5	24.6	17.4	15.3	14.1	14.6	11.8	15.3	14.1
－大和証券SMBC	9.2	6.9	17.7	11.9	26.5									

（注1）三井住友トラスト・ホールディングスの数字は2011年までは住友トラスト・ホールディングスのデータである。

（注2）大和証券グループ本社の数字は2010年までは大和証券SMBCのデータである。

〔出所〕トムソン・ロイター。

図表11-4　3メガバンクグループと2大証券会社の各種証券引受の市場シェア
2006－19年　（単位：％）

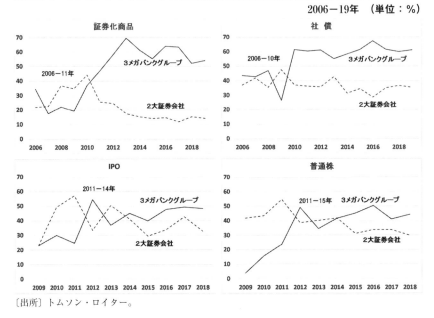

〔出所〕トムソン・ロイター。

　ジネートした証券化商品引受において，3メガバンクは2大証券の市場シェア
を逆転し続けるようになった。最後に，引受業務の中心である株式引受におい
て，3メガは2大証券を逆転した。社債市場，証券化市場，株式市場のうち，
最大のものは社債市場であり，次に証券化市場，株式市場が続いている。銀行
ローンと代替性があり，かつ最大の社債市場において，3メガバンクはまず2
大証券の市場シェアを逆転した[1]。

　日本の3メガバンクグループと2大証券会社の引受市場シェアの逆転を，図
表11-5によってアメリカの3大商業銀行グループと3大投資銀行と比較してみ
よう。世界で最も証券市場が発達したアメリカと比べて，証券化商品で8〜12
年，日本は社債で8〜10年，株式で6〜7年遅れた動きである。日本では2006
〜15年に逆転が生じているが，アメリカではそれは1998〜2008年と6〜12年早
い[2]。また，アメリカの社債市場，証券化市場，株式市場の規模は，日本と同
じ順になっている。

図表11-5　アメリカ3大商業銀行グループと3大投資銀行の各種証券引受の市場シェア
1996－2019年　（単位：%）

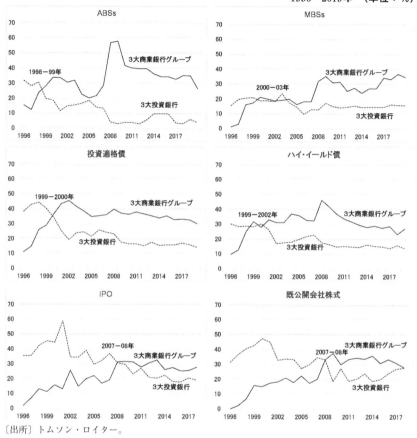

〔出所〕トムソン・ロイター。

　アメリカでは商業銀行がオリジネートした証券化商品，社債，株式の順で逆転が生じたが，日本ではほぼ社債，証券化商品，株式の順であった。しかし，日本における証券化商品の引受市場シェアは，2011－19年に3メガバンクが2大証券を21～52％台も凌駕している。銀行が自らオリジネートした証券化商品の引受業務でも，3メガは優位を保てることを示唆している。社債の引受市場シェアも，2010～19年に3メガが2大証券に12～38％台とかなりの差を付けて

いる。銀行ローンと代替性のある社債引受でも，３メガは優位性がある。一
方，株式では，３メガが継続的に上回るようになった2015－18年に，６〜16％
台しか引受シェアを上回っていない。

Ⅱ．メガバンクグループの収益の推移

　先の図表11-3からわかるように，証券化商品の引受は，ほぼ３メガバンクグ
ループと２大証券会社に限られている。そこで本節でメガバンクグループ，次
節で大手証券会社の証券化とその収益の推移を考察する。証券化が大手金融機
関の収益にどのような影響を与えているかを把握する糸口をつかむためであ
る。

　まず，三菱UFJフィナンシャル・グループは，先の図表11-3における証券
化商品の引受で，2006－08年にトップ３に入っていた。2006年にはトップで
あった。図表11-6AでMUFGの証券化とその収益の推移をみると，世界金融
危機から資産の証券化残高が低水準であったが，2015－19年度に急増して9.4
倍を超えている。資産の証券化のほとんどがローンである。

　証券化による収益はフィー，コミッションに含まれていると考えられる。
MUFGの総収益に占めるフィー，コミッション比率は比較的安定しているが，
資産の証券化残高の急増とともに2016－19年度に増加している。一方，トレー
ディング損益比率はしばしばマイナスに転じ安定していない。為替差損（ネッ
ト）比率も比較的小さいものの，しばしばマイナスに転じ安定していない。ト
レーディング損益と為替差損がマイナスのときに，資産の証券化残高が急増す
ることが多い。収益の減少を証券化で補っているかのようである。また，ロー
ンセール益も大きなものではない（図表11-6A）。

　MUFGの中核総合証券会社である，三菱UFJモルガン・スタンレー証券の
証券化とその収益の推移をみてみよう。MUMSSは，先の図表11-3における
証券化商品の引受で，2011－17年にトップ３に入っていた。ただし，引受以外
の証券化のデータは公表されていないことに注意されたい。

図表11-6　三菱UFJフィナンシャル・グループの証券化と収益

A　三菱UFJフィナンシャル・グループの証券化と収益　2007－19年度　（単位：10億円）

	2007	2008	2009	2010	2011	2012	2013	2014	2015	2016	2017	2018	2019
金利収入（ネット）	2,279.7	2,296.4	1,983.5	1,879.5	1955.8	1,871.1	1,961.3	2,231.5	2,261.4	2,221.1	2,230.3	2,295.4	2,242.8
ローン（フィーを含む）	2,790.5	2,558.4	2,296.4	1,664.8	1595.1	1,577.8	1,663.7	1,981.3	2,054.3	2,023.6	2,271.2	2,576.4	2,597.9
非金利収入総額	1,778.1	1751.0	2,469.4	1,694.8	1440.6	2,067.9	1,821.1	2,845.1	2,407.7	1,196.7	1,935.1	1,595.2	1,875.7
フィー，コミッション	1,317.0	1,188.5	1,139.5	1,128.4	1100.0	1,160.9	1,294.1	1,401.0	1,475.9	1,414.9	1,462.8	1,438.6	1,502.1
為替差損	1,295.9	-206.2	216.7	260.7	34.3	-39.0	-61.8	-113.1	192.1	-134.9	-49.6	-96.0	-281.8
トレーディング損益	398.4	-257.8	761.5	133.9	667.3	570.3	-33.9	1,148.7	276.7	-639.2	-7.3	168.9	765.4
デリバティブ	520.6	555.5	-88.5	-3.1	77.7	-82.7	-84.4	-37.4	434.4	-325.0	-226.8	-24.0	-159.0
金　利			213.4	-27.4	160.4	121.4	29.9	261.6	243.7	-136.9	51.0	5.6	-173.2
株　式			-217.2	20.8	-46.8	-137.6	-104.7	-255.1	149.2	-153.1	-260.4	80.1	29.8
コモディティ			-9.0	2.1	-1.3	3.8	2.9	-6.3	1.8	1.8	6.3	0.3	-
クレジット			-97.3	5.9	1.6	-10.9	-6.4	5.1	12.4	18.1	-1.8	-39.8	14.9
その他			21.6	7.3	-36.2	-59.4	-6.1	-42.7	27.3	-54.9	-21.9	-70.2	-30.5
デリバティブ以外	-122.2	-813.3	850.0	137.0	589.6	653.0	50.5	1,186.1	-157.7	-314.2	153.7	192.9	924.4
証　券			522.7	68.4	149.7	341.2	276.5	496.7	0.1	150.7	301.9	-16.0	86.6
公正価値オプション			327.3	68.6	439.9	311.8	-226.0	689.4	-157.8	-464.9	-148.2	208.9	837.8
証券投資損益（ネット）	-1,373.1	-658.7	223.0	121.8	19.4	156.0	303.5	154.7	232.3	281.2	286.9	252.3	-532.2
持分法による投資損益[注]	-34.5	-60.1	-83.9	-113.0	-499.4	60.2	110.5	172.9	176.9	197.8	228.0	209.7	282.7
ローンセール益	11.8	6.4	21.2	14.6	15.6	14.8	17.7	15.0	12.3	13.3	16.1	22.7	10.0
その他非金利収入	162.5	162.9	196.0	140.8	103.4	144.8	75.7	65.9	41.7	63.6	64.0	103.7	129.6
総収益（ネット）	3,616.2	3,334.2	3,600.1	3,523.0	3,593.5	3,716.7	3,873.1	4,386.9	4,246.2	4,111.9	3,918.1	3,812.4	4,068.0
フィー，コミッション比率	36.42	35.65	31.65	32.03	30.61	31.23	33.41	31.94	34.76	34.41	37.33	37.73	36.92
為替差損（ネット）比率	35.84	-6.18	6.02	7.40	0.95	-1.05	-1.59	-2.58	4.52	-3.28	-1.26	-2.52	-6.93
トレーディング損益比率	11.02	-7.73	21.15	3.80	18.57	15.34	-0.87	26.18	6.52	-15.54	-0.19	4.43	18.81
非金利収入比率	49.17	52.52	68.59	48.11	40.09	55.64	47.02	64.85	56.70	29.10	49.39	41.84	46.11
資産の証券化残高	3,466.4	2,994.7	2,692.8	2,456.0	2,131.5	1,756.9	1,473.9	1,351.8	1,164.4	6,798.6	10,852.5	10,208.5	10,956.3
ローン		2,900.8	2,603.0	2,359.9	2,050.8	1,720.1	1,439.0	1,320.6	1,140.2	6,775.3	10,827.5	10,183.6	10,933.6
その他資産		91.6	85.7	95.9	80.7	36.9	34.9	31.2	24.2	23.2	25.1	24.9	22.7

（注）持分法による投資損益とは，たとえば，投資ファンドに出資して分配金を得るものである。

B　三菱UFJモルガン・スタンレー証券の収益　2010－19年度　（単位：10億円）

	2010	2011	2012	2013	2014	2015	2016	2017	2018	2019
営業収益	75.8	181.2	230.4	321.8	353.2	341.4	303.6	300.0	254.4	246.9
受入手数料	97.4	90.0	110.1	165.5	163.2	167.6	139.1	136.6	127.0	122.5
コミッション	21.3	16.1	19.1	42.6	36.0	35.1	30.0	33.3	24.4	20.9
株　券	20.9	15.8	18.8	42.0	34.7	32.9	28.4	32.1	23.4	19.9
引受・売出・特定投資家向け勧誘等の手数料	8.9	6.5	11.2	20.8	16.0	19.0	16.4	14.9	20.5	16.3
株　券	5.0	1.4	6.7	16.9	9.8	13.5	9.6	9.9	14.7	6.6
債　券	3.9	5.0	4.5	3.8	6.2	5.5	6.8	5.0	5.8	9.8
募集・売出・特定投資家向け勧誘等の手数料	31.4	33.4	42.5	51.2	60.1	49.4	36.5	34.5	18.7	17.3
その他の受入手数料	35.8	34.1	37.5	50.9	51.0	64.1	57.3	53.8	63.4	68.0
トレーディング損益	-48.6	69.7	97.3	137.0	160.9	152.7	142.9	136.6	99.6	101.6
株券等	0.9	5.5	19.6	48.3	36.5	38.3	36.9	38.1	21.9	25.9
債券等	-26.6	92.3	85.5	96.2	156.5	102.9	107.3	104.2	98.4	144.3
その他	-22.8	-28.1	-7.8	7.5	-32.1	11.6	-1.2	-5.7	-20.7	-68.6
純営業収益	61.4	170.1	220.3	313.0	342.2	331.5	295.1	293.3	249.2	241.5
トレーディング損益比率	-79.17	40.95	44.15	43.77	47.01	46.08	48.44	46.58	39.96	42.07
コミッション比率	34.59	9.45	8.66	13.61	10.53	10.58	10.16	11.36	9.81	8.65

〔出所〕各社決済資料。

　図表11-6B によると，2010年度に MUMSS のトレーディング損益が大きなマイナスを計上している。これ以外の年では，純営業収益に占めるコミッション比率は比較的安定している。一方，トレーディング損益比率は MUFG のものより安定している。

　次に，みずほフィナンシャル・グループは，先の図表11-3における証券化商品の引受で，2006－19年にほぼトップ３に入っていた（08年を除く）。2011－19年にはトップであった。図表11-7でみずほ FG の証券化とその収益をみると，世界金融危機に至る過程で資産の証券化残高が増加したこともあったが，その後は低水準で推移している。資産の証券化の過半が ABCP（資産担保コマーシャルペーパー）/ABL（資産担保ローン）である。つまり，証券化の形態が CP やローンをとっている。

図表11-7　みずほフィナンシャル・グループの証券化と収益　2004－19年度

（単位：10億円）

	2004	2005	2006	2007	2008	2009	2010	2011	2012	2013	2014	2015	2016	2017	2018	2019
金利収入（ネット）	1,036.9	1,013.0	1,067.9	1,198.7	1,282.2	1,104.1	1,011.3	1,021.1	1,010.5	1,021.2	1,004.8	907.3	872.0	894.0	879.8
ローン（フィーを含む）	1,110.9	1,127.8	1,377.1	1,634.9	1,482.8	1,093.5	945.8	936.6	948.0	982.4	988.2	1,030.8	1,009.1	1,109.8	1,381.6	1,380.8
非金利収入総額	1,599.7	995.2	1,195.9	1,094.9	452.2	1,330.8	1,036.5	1,090.1	1,439.4	1,082.8	1,801.2	1,883.9	1,368.0	1,604.7	1,222.4	1,307.7
フィー，コミッション	602.1	688.7	683.0	633.1	560.5	586.4	582.1	575.4	612.8	675.8	715.7	743.0	746.5	865.7	853.3	867.9
為替差損	-0.3	-110.7	-51.3	296.7	23.8	-1.3	56.0	98.1	20.5	25.6	-34.5	113.6	69.5	91.8	93.6	44.3
トレーディング損益	190.0	20.3	389.9	136.0	12.2	421.6	206.0	333.3	534.1	59.7	690.0	559.1	-42.5	237.0	328.8	745.7
デリバティブ以外	69.7	376.8	144.7	-269.7	-160.8	226.3	55.3	227.1	468.0	80.6	635.0	156.6	126.3	333.7	158.2	267.5
デリバティブ	120.4	-356.5	245.2	405.7	282.8	105.1	142.7	102.9	59.4	-148.6	53.8	404.1	-168.8	-96.8	170.7	478.2
金　利						115.4	250.2	261.6	219.4	-79.6	265.3	319.2	-209.4	-63.3	127.2	388.3
外　為						111.8	-105.5	-146.3	-91.3	-13.2	-93.6	65.1	37.1	61.0	6.7	-111.9
株　式						-22.8	11.2	-7.1	-59.4	-41.3	-102.0	18.0	1.8	-98.8	37.9	217.7
クレジット						-97.2	-15.2	-5.6	-6.9	-7.8	-15.2	-0.2	0.9	-2.1	0.3	5.2
その他						-2.1	1.9	-0.3	-2.4	-6.9	0.4	2.0	0.7	6.3	-1.5	-21.1
証券投資損益（ネット）	471.9	143.5	-186.0	-191.3	-462.2	66.8	70.5	-33.0	121.2	265.5	271.2	263.8	333.3	297.2	-159.8	526.4
動産不動産売却益	80.6	65.5	64.6	37.3	23.4	27.5	13.5	19.9	12.4	10.5	2.8	10.2	5.6	8.2	5.1	2.6
その他非金利収入	255.4	187.8	295.7	183.2	184.7	229.9	108.4	96.4	138.4	165.1	138.7	165.3	228.8	80.5	72.1	139.6
総収益（ネット）	2,636.5	2,008.2	2,263.9	2,293.7	1,734.4	2,435.0	2,047.9	2,111.3	2,449.9	2,104.1	2,846.9	2,888.7	2,275.4	2,476.6	2,116.3	3,458.9
フィー，コミッション比率	22.84	34.29	30.17	27.60	32.32	24.08	28.42	27.25	25.01	32.12	25.14	25.72	32.81	34.96	40.32	39.67
為替差損（ネット）比率	-0.01	-5.51	-2.27	12.94	1.37	-0.05	2.73	4.64	0.84	1.22	-1.21	3.93	3.05	3.71	4.42	2.03
トレーディング損益比率	7.21	1.01	17.22	5.93	0.70	17.31	10.06	15.79	21.80	2.84	24.24	19.36	-1.87	9.57	15.54	34.09
非金利収入比率	60.67	49.56	52.83	47.74	26.07	54.66	50.62	51.63	58.75	51.46	63.27	65.22	60.12	64.79	57.76	59.78
資産の証券化残高	2,731	3,317	5,378	5,528	4,532	3,632	3,215	3,137	3,060	3,211	3,328	2,876	2,768	2,890	2,890	2,809
ABCP/ABL[注1]	2,552	2,851	3,256	3,097	2,497	2,024	2,024	2,129	2,212	2,403	2,610	2,092	2,031	2,185	2,249	2,160
その他	179	466	2,122	2,431	2,034	1,608	1,191	1,008	848	808	718	784	737	705	641	649

（注）ABCP は資産担保コマーシャルペーパー，ABL は資産担保ローンである。
〔出所〕各社決済資料。

　みずほ FG の総収益に占めるフィー，コミッション比率は比較的安定している。一方，トレーディング損益比率は安定していない。また，為替差損（ネット）比率も比較的小さいものの，しばしばマイナスに転じ安定していない。為替差損がマイナスであった2004－06年度に，資産の証券化残高が急増している（図表11-7）。やはり収益の減少を証券化で補っているようである。

1.　非連結仕組企業の証券化関連金利収入

　メガバンクグループとしては最後になるが，三井住友フィナンシャル・グループのデータは示唆に富んでいる。SMBC グループは，先の図表11-3における証券化商品の引受で，2013－19年にトップ３に入っている（15年を除く）。図表11-8で SMBC グループの証券化とその収益をみると，2013－19年度にデータが公表され，非連結仕組企業の証券化関連金利収入が19年度までに3.4倍に

図表11-8　三井住友フィナンシャル・グループの証券化と収益　2008－19年度

（単位：10億円）

	2008	2009	2010	2011	2012	2013	2014	2015	2016	2017	2018	2019
金利収入	2,164.0	1,766.0	1,720.2	1,710.3	1725.7	1714.0	1,782.6	1,872.6	1,900.3	2,165.8	2,406.4	2,407.0
金利支出	676.2	346.8	311.1	313.6	321.6	320.5	371.1	431.1	502.3	775.6	1,137.4	1,090.7
金利収入（ネット）	1,487.8	1,419.2	1,409.1	1,396.7	1404.2	1393.5	1,411.5	1,441.5	1,397.9	1,422.9	1,268.9	1,316.3
ローン	1,923.9	1,583.7	1,524.1	1,514.8	1543.2	1557.8	1,622.6	1,703.4	1,725.5	2,144.0	2,094.9	2077.2
非連結仕組企業の証券化関連金利収入						783.0	1,357.9	1,620.9	1,926.4	2,028.8	2,253.8	2,647.6
証　券							3.4	6.0	11.4	6.7	64.1	15.1	25.2
ローン							779.6	1,351.9	1,609.4	1,919.7	1,921.7	2,213.5	2,608.1
フィー，コミッション	570.6	650.4	806.7	869.4	948.7	1003.2	1,002.8	1,031.7	1,066.4	1,244.1	1,101.8	1,147.1
為替送金	131.1	124.9	126.9	125.8	128.6	130.9	129.5	133.1	138.0	139.9	139.6	141.6
クレジットカード	142.5	144.0	181.2	210.4	225.1	234.1	245.1	261.3	253.1	290.8	290.0	304.2
トレーディング損益	134.3	330.1	324.5	182.3	105.3	135.2	127.8	462.7	184.0	270.5	320.3	134.1
金　利	178.5	106.6	205.1	131.7	269.0	184.9	248.4	79.7	240.8	128.1	176.4	149.4
外　為	-4.2	104.9	104.0	38.0	-141.0	-81.2	-136.7	204.3	51.1	87.3	92.8	-78.5
株　式	-48.3	37.0	17.2	14.8	-33.0	10.5	0.499	18.0	39.5	48.0	46.6	59.4
クレジット	-44.2	53.2	-2.5	-1.9	10.0	21.0	17.0	-2.6	13.1	5.7	3.7	2.5
その他	52.5	28.5	0.6	-0.3	0.3	0.0	-1.4	2.2	0.6	1.2	0.9	1.3
非金利収入	923.3	1,345.3	1,469.1	1,437.8	1,490.5	1,830.8	1,920.9	2,246.7	1,950.0	2,351.5	1,898.0	1,566.4
営業収益	2,411.1	2,764.6	2,878.2	2,834.5	2,894.7	3,224.4	3,332.4	3,688.2	3,347.9	3,774.4	3,166.9	2,703.9
フィー，コミッション比率	23.96	25.42	28.03	30.67	32.77	31.11	30.09	27.97	31.85	32.96	34.79	42.43
トレーディング損益比率	7.54	6.76	11.27	6.43	3.64	4.19	3.83	12.54	5.49	6.53	10.11	4.96
非金利収入比率	38.30	48.66	51.04	50.73	51.49	56.78	57.64	60.92	58.24	62.30	59.93	57.93

〔出所〕各社決済資料。

増加している。非連結企業の証券化関連金利収入は，2015年度から SMBC グループの金利収入（ネット）より大きくなっている。

　ここで気を付けたいことは，非連結企業の収入は，SMBC グループの連結収益には含まれないことである。連結された SMBC グループの金利収入のほとんどをローンが占めている。また，非連結仕組企業の証券化関連金利収入のほとんどがローンから生じている。非連結の証券化関連金利収入が，連結されたグループ全体の金利収入（ネット）より大きいことは，他のメガバンクグループの公表データの意味を問い直すものである。

2.　証券化残高の内訳

　さらに，図表11-9で SMBC グループの証券化残高の内訳をみると，2017年度からデータが公表され，証券化残高が17 − 19年度に1.1倍とほぼ横ばいである。オリジネーターとしては住宅モーゲイジが大部分である。ただ，シンセティックの企業向けローンも，2017 − 18年度に16〜19％台であったが19年度にほぼゼロになっている。シンセティックとは，債権を SPC（特別目的会社）に譲渡せずに，CDS（クレジット・デフォルト・スワップ）を用いて貸付債権のリスクのみを SPC に移転させたものである。証券化のアレンジをおこなう，スポンサーとしてはリース債権，クレジットカード以外のリテールものの順に大きくなっている。投資家としては企業向けローン，クレジットカード以外のリテールもの，クレジットカードと続いている。オリジネーター，スポンサー，投資家として扱う主要な証券化商品がそれぞれ異なっている。

　先の図表11-8における SMBC グループの営業収益に占めるフィー，コミッション比率は2008 − 12年度に増加し，13年度から比較的安定して推移している。一方，トレーディング損益比率は安定していない。これは他のメガバンクグループと同様である。

　SMBC グループには三井住友トラスト・ホールディングス（以下 SMTH）は入っていないが，先の図表11-3における証券化商品の引受で2015年と18 − 19年にトップ３に入っている。そこで，図表11-10で SMTH の証券化残高の内

図表11-9　三井住友フィナンシャル・グループの証券化残高　2017－19年度

(単位：10億円)

			2017	2018	2019
銀行勘定	オリジネーター	住宅モーゲイジ	412.4	427.3	451.0
		企業向けローン	118.9(101.2)[注1]	145.1(94.7)[注1]	70.6(0.01)[注1]
	スポンサー[注2]	クレジットカード	39.5	12.0	9.6
		その他リテール	494.0	499.3	669.5
		企業向けローン	20.3	22.8	23.2
		リース債権	745.6	657.2	771.1
		その他ホールセール	5.6	5.5	5.5
	投資家	住宅モーゲイジ	31.6	129.9	136.2
		クレジットカード	296.9	302.1	298.8
		その他リテール	327.3	318.6	399.7
		企業向けローン	906.7(221.0)[注1]	884.2	939.7
		商業モーゲイジ	1.1	0.6	1.2
		リース債権	142.6(9.8)[注1]	95.4(21.4)[注1]	73.7(16.2)[注1]
		その他ホールセール	66.6	242.0(148.9)[注1]	78.8(185.5)[注1]
トレーディング勘定	投資家	クレジットカード	6.6	0.7	
		その他リテール	4.0	8.0	10.5
		企業向けローン	0.0		
		商業モーゲイジ		0.3	
		リース債権	3.8		3.6
合　計			3,623.7	3,750.9	4,144.5

(注1) カッコ内はその内のシンセティックの数字である。シンセティックとは，債権をSPC（特別目的会社）に譲渡せずに，CDS（クレジット・デフォルト・スワップ）を用いて貸付債権のリスクのみをSPCに移転させたものである。
(注2) スポンサーとは，証券化のアレンジをおこなう銀行等である。
〔出所〕各社決済資料。日本証券業協会ウェブサイト（http://www.jsda.or.jp/shiryoshitsu/toukei/doukou/youryo2.html）

訳をみると，SMBCグループと同じく2017年度からデータが公表され，証券化残高が17－19年度に1.4倍に増加している。オリジネーターとスポンサーとしては住宅モーゲイジが大部分である。ただし，スポンサーのその他リテールも伸びてきている。投資家としては企業向けローン，住宅モーゲイジ，その他

図表11-10　三井住友トラスト・ホールディングスの証券化残高　2017−19年度

（単位：10億円）

		2017	2018	2019
オリジネーター	住宅モーゲイジ	47.1	62.7	75.1
	リース債権及び売掛債権	10.0	16.9	18.8
スポンサー^{注)}	住宅モーゲイジ	98.8	96.5	86.3
	クレジットカード債権	2.1	1.6	0.5
	その他リテール	10.9	41.4	40.6
	その他ホールセール	1.1		
投資家	住宅モーゲイジ	86.0	68.9	64.8
	クレジットカード債権	28.0	44.0	26.3
	その他リテール	87.5	120.2	48.1
	企業向けローン	395.6	635.3	720.6
	リース債権及び売掛債権	28.4	22.2	22.2
	再証券化	0.3		
合　計		795.7	1,109.5	1,103.3

（注）スポンサーとは，証券化のアレンジをおこなう銀行等である。
〔出所〕各社決済資料。日本証券業協会ウェップサイト（http://www.jsda.or.jp/shiryoshitsu/
　　　toukei/doukou/youryo2.html）

リテールと続いている。オリジネーター，スポンサー，投資家として扱う主要
な証券化商品がそれぞれ異なっている。
　上記のように，個々のメガバンクグループで公表データが異なっており，比
較することは難しい。しかし，証券化の進展がメガバンクグループの収益にプ
ラスの影響を与えているようである。

Ⅲ．大手証券会社の収益の推移

　前節ではメガバンクグループを取り上げたが，ここでは大手証券会社の証券
化とその収益の推移を考察する。証券化が大手証券会社の収益にどのような影
響を与えているかを把握するためである。
　まず，野村ホールディングスは，先の図表11-3における証券化商品の引受

で，2008－12年にトップ３に入っている。2010年にはトップになっている。ただし，引受以外の証券化のデータは公表されていないことに注意されたい。

　野村グループの銀行は野村信託銀行である。図表11-11Aで野村信託銀行の証券化残高をみると，2013年度からデータが公表され，投資家としては17年度までローンが大部分であった。2018－19年度には，その他が最大となった。2013－19年度に，証券化残高は1.5倍に増えている。ローンの内訳は不明だが，2017年度まで図表11-9のメガバンクグループのSMBCグループとよく似た投資行動である。しかし，後でみる大和証券グループの大和ネクスト銀行より１桁少なくなっている。

　図表11-11Bで野村HDの収益の推移をみると，世界金融危機の最中の2007－

図表11-11　野村グループの証券化と収益

A　野村信託銀行の証券化残高　2013－19年度　（単位：10億円）

投資した原資産	2013	2014	2015	2016	2017	2018	2019
ローン	6.4	6.5	8.5	7.7	9.8	9.8	6.1
リース	1.4	1.0	0.6	1.5	3.8	2.8	1.7
売掛債権	4.3						
その他	0.0	0.0	0.0	0.0	0.0	9.9	10.8
合　　計	12.2	7.5	9.1	9.2	13.6	22.5	18.6

B　野村ホールディングスの収益　2006－19年度　（単位：10億円）

	2006	2007	2008	2009	2010	2011	2012	2013	2014	2015	2016	2017	2018	2019
コミッション	337.5	404.7	306.8	395.1	405.5	347.1	359.1	474.6	453.4	432.0	327.1	373.3	293.1	308.8
投資銀行業務フィー	99.3	85.1	55.0	121.3	107.0	59.6	62.4	91.3	95.1	118.3	92.6	101.7	101.5	103.2
アセット・マネジメント，ポートフォリオ・サービス・フィー	146.0	189.7	140.2	132.2	143.9	144.3	141.0	167.2	203.4	229.0	216.5	245.6	245.5	238.2
トレーディング損益	290.0	61.7	-128.3	417.4	336.5	272.6	368.0	476.1	531.3	354.0	475.6	442.9	343.0	356.6
プライベート・エクイティ投資	47.6	76.5	-54.8	11.9	19.3	25.1	8.1	11.4	5.5	13.8	1.4	-0.9	1.0	-0.1
株式投資	-20.1	-48.7	-25.5	6.0	-16.7	4.0	38.7	15.2	29.4	-20.5	7.7	2.7	-7.0	-14.7
その他	67.4	28.2	39.9	37.5	43.9	563.2	708.8	179.5	175.7	156.5	153.6	221.2	81.1	166.0
総収益（ネット）	1,091.1	787.3	312.6	1,150.8	1,130.7	1,535.9	1,813.6	1,557.1	1,604.2	1,395.7	1,403.2	1,497.0	1,116.8	1,287.8
金利収入（ネット）	23.3	-9.9	-20.5	29.4	91.3	120.0	127.7	141.6	110.4	112.6	147.8	110.5	58.6	129.8
金利，配当	981.3	796.6	331.4	235.3	346.1	435.9	394.0	416.4	436.8	440.1	441.0	585.7	777.0	794.5
総収益	2,049.1	1,593.7	664.5	1,356.8	1,385.5	1,851.8	2,079.9	1,831.8	1,930.6	1,723.1	1,715.5	1,972.2	1,835.1	1,952.5
支払利息	958.0	806.5	351.9	205.9	254.8	315.9	266.3	274.8	326.4	327.4	312.3	475.2	718.3	664.7
トレーディング損益比率	26.58	7.84	-41.05	36.27	29.76	17.75	20.29	30.59	33.12	25.37	33.89	29.59	30.71	27.69
アセットマネジメント収益比率	13.38	24.10	44.83	11.49	12.73	9.39	7.78	10.74	12.68	16.41	15.43	16.41	21.98	18.50
コミッション比率	30.93	51.40	98.14	34.33	35.86	22.60	19.80	30.48	28.26	30.95	23.31	24.94	26.24	23.98

〔出所〕各社決済資料。

08年度に，トレーディング損益が大きく減少しマイナスを計上している。しかし，翌2009年度から持ち直し，トレーディング損益比率は12－19年度に20～33％台を推移している。トレーディング損益比率は，同じく2012－19年度にコミッション比率をほぼ一貫して上回っている（15年度を除く）。これはメガバンクにはみられない大手証券会社の特徴である。また，トレーディング損益比率は，2006－19年度にほぼ一貫してアセットマネッジメント収益比率を大きく引き離している（07－08年度を除く）。コミッション比率は，2009－19年度に19～35％台を推移している。

　次に，大和証券グループ本社は，先の図表11-3における証券化商品の引受で，2006－10年にトップ３に入っている。2007－09年にはトップになっている。ただし，引受以外の証券化のデータは公表されていないことに注意されたい。

　大和証券グループの銀行は大和ネクスト銀行である。図表11-12Aで大和ネクスト銀行の証券化残高をみると，2017年度からデータが公表され，投資家としては企業向けローンが大部分である。図表11-9のメガバンクグループのSMBCグループとよく似た投資行動である。しかし，先にみた３メガバンクグループより１桁少なくなっている。

　図表11-12Bで大和証券の収益の推移をみると，純営業収益に占めるトレーディング損益比率は，野村HDのものより安定しており，2006－19年度に20～29％台で推移している。同じく2006－19年度に，大和証券のトレーディング損益比率は，コミッション比率をほぼ一貫して上回っている（08年を除く）。メガバンクにはみられない大手証券会社の特徴が野村HDより強く表れている。コミッション比率は，2006－19年度に11～27％台を推移している。

　上記のように，大手証券会社は引受以外の証券化のデータを公表していない。特にオリジネーター，スポンサー，投資家としてどのように証券化に関わっているかが重要である。メガバンクグループによる証券化の進展が，大手証券会社の収益にどのような影響を与えているかが今後の課題である。

図表11-12　大和証券グループの証券化と収益

A　大和ネクスト銀行の証券化残高　2017－19年度　（単位：10億円）

投資した原資産	2017	2018	2019
消費者ローン	0.6		
オートローン	62.8	66.1	68.2
リース	1.5	0.5	
住宅モーゲイジ	59.7	69.9	108.6
企業向けローン	568.8	573.5	393.2
その他	4.2		
合　　計	697.7	710.0	569.9

B　大和証券グループ本社の収益　2006－19年度　（単位：10億円）

	2006	2007	2008	2009	2010	2011	2012	2013	2014	2015	2016	2017	2018	2019
営業収益	917.3	825.4	413.9	537.9	403.0	422.4	525.4	642.8	659.4	653.7	616.5	712.6	720.6	672.3
受入手数料	306.7	294.4	208.9	252.9	218.6	220.8	229.5	301.9	291.1	288.4	273.3	313.6	283.0	266.6
コミッション	98.1	83.9	55.7	55.8	50.7	40.8	48.9	89.6	70.0	70.3	60.9	73.8	58.3	56.5
引受け・売出し・特定投資家向け売付け勧誘等の手数料	54.1	25.5	21.0	54.3	26.3	19.5	26.7	29.6	37.6	28.6	47.5	35.2	41.8	29.8
募集・売出し・特定投資家向け売付け勧誘等の取扱手数	38.5	42.6	18.7	33.5	31.6	49.1	46.6	56.0	41.1	34.7	34.3	45.8	26.0	23.3
その他の受入手数料	116.1	142.5	113.5	109.2	110.1	111.4	107.4	126.7	142.6	154.8	148.4	158.8	156.8	157.0
トレーディング損益	157.3	103.4	40.9	111.0	92.5	79.4	123.5	156.5	157.2	131.3	128.1	109.0	92.2	93.8
株券等	31.3	11.0	-25.7	24.5	-8.8	-6.5	38.2	47.3	38.2	23.4	21.5	39.0	38.6	41.0
債券・為替等	126.0	92.3	66.7	86.5	101.3	85.9	85.4	109.2	85.4	107.9	106.6	70.0	53.6	86.0
営業投資有価証券関連損益	32.8	19.2	-79.5	75.6	-17.3	2.0	16.5	17.5	7.4	18.5	14.8	26.9	-0.2	0.1
金融収益	373.5	358.4	192.7	54.7	71.9	79.8	93.3	108.0	125.9	149.5	143.2	190.4	291.0	258.1
その他の営業収益	47.0	50.1	50.9	43.8	37.3	40.4	62.5	59.0	77.7	66.0	57.0	72.6	5.5	36.1
純営業収益	526.8	447.5	199.5	458.1	318.6	336.0	417.3	542.0	532.2	514.8	472.8	505.4	441.2	426.3
トレーディング損益比率	29.87	23.10	20.51	24.22	29.03	23.63	29.60	28.88	29.54	25.51	27.10	21.57	20.90	22.01
コミッション比率	18.62	18.74	27.93	12.19	15.90	12.14	11.71	16.54	13.14	13.66	12.89	14.60	13.22	13.26

〔出所〕　各社決済資料。

終りに

　本章の分析からわかるように，日本における大手金融機関の証券化データは，必ずしも相互に比較可能な形で公開されていない。利用可能な時系列データはトムソン・ロイターが集めた証券化商品の引受市場シェアである。3メガ

バンクグループは，まず①銀行ローンと代替性があり，かつ最大の社債引受，次に②自らオリジネートした証券化商品引受，最後に③引受業務の中心である株式引受の順に，2大証券を逆転した[3]。銀行が自らオリジネートした証券化商品の引受業務でも，3メガグループは優位を保てるようなった。これは，日本と世界で最も進んだアメリカの証券化の共通点である。これが本章第1節の分析結果である。

　本章第2節と第3節の大手金融機関の時系列データによる，証券化とそれに関連する収益のファクト・ファインディングの骨子は以下のようなものであった。まず，証券化の進展がメガバンクグループの収益にプラスの影響を与えているようである。次に，三井住友フィナンシャル・グループの7年間のデータしかないが，非連結仕組企業の証券化関連金利収入が，連結されたグループ全体の金利収入より大きかった。これは，他のメガバンクグループの公表データの意味を問い直すものである。

　最後に，同じくSMBCグループとSMTHの3年間のデータしかないが，オリジネーター，スポンサー，投資家として扱う主要な証券化商品がそれぞれ異なっていた。大手銀行グループはオリジネーター，スポンサー，投資家として証券化に関わっている。特に，スポンサーとして，大手銀行グループが証券化にどのように関わっているかが重要と思われる。これは先の非連結仕組企業とも関連していると考えられる。データの公表が待たれる所以である。

＜謝辞＞本章の作成にあたり，証券経済学会第92回全国大会（2020年9月13日）で討論者の神野光指郎先生（大阪市立大学）と高橋正彦先生（横浜国立大学）に詳細でかつ貴重なコメントをいただいた。これらの先生方に記して感謝したい。当然ながら，本報告における誤りはすべて報告者の責任である。本研究は福岡大学領域別研究チーム（重点化）204009の助成を受けたものです。

＜注＞

1）　ただし，日本のデータは2006年からという制約があり，それ以前は不明である。
2）　注1）を参照されたい。
3）　注1）を参照されたい。

＜参考文献＞

江川由紀雄［2017］「日本の証券化市場における参加者の課題：近い将来における再活性化に向けて」特集：証券化市場の復権に向けて，公益社団法人　日本証券アナリスト協会『証券アナリストジャーナル』第55巻第4号，4月，18-28頁

大垣尚司［1997］『ストラクチャード・ファイナンス入門』日本経済新聞社

小野沢康晴［2003］「わが国における住宅ローン証券化市場の現状と展望」農林中金総合研究所『農林金融』第56巻第5号通巻687号，5月号，49-71頁

掛下達郎［2016］『アメリカ大手銀行グループの業務展開：OTDモデルの形成過程を中心に』日本経済評論社

掛下達郎［2019］「アメリカ型と日本型証券化市場の形成とその特徴」公益財団法人　日本証券経済研究所『証券経済研究』第108号，12月，63-79頁

掛下達郎［2020］「日本型証券化市場の形成とその特徴」公益財団法人　日本証券経済研究所『証券レビュー』第60巻第2号，2月，1-14頁

北原一功［2017］「格付会社から見た日本の証券化市場」特集：証券化市場の復権に向けて，公益社団法人　日本証券アナリスト協会『証券アナリストジャーナル』第55巻第4号，4月，29-40頁

楠本博［1987］『セキュリタイゼーション：日本型証券化のゆくえ』有斐閣新書

国土交通省［2018］「平成29年度『不動産証券化の実態調査』の結果」土地・建設産業局不動産市場整備課

高橋正彦［2017］「証券化の意義と日本における証券化の歴史・現状」特集：証券化市場の復権に向けて，公益社団法人　日本証券アナリスト協会『証券アナリストジャーナル』第55巻第4号，4月，5-17頁

田代一聡［2019］「第9章　証券化商品市場」公益財団法人　日本証券経済研究所編『図説　アメリカの証券市場』，194-211頁

田代一聡［2020］「第9章　証券化商品市場」公益財団法人　日本証券経済研究所編『図説　日本の証券市場』，142-61頁

内藤伸浩［2005］「新・不動産証券化入門：How to から What for へ　第2回　資産流動化型証券化と　ノンリコース・ファイナンス」不動産証券化協会『ARES』vol.14，22-9頁

根本忠宣［2017］「リーマンショック後の証券化市場と再生に向けた課題」成城大学『社会イノベーション研究』（村本孜教授退任記念号）12（1），2月，227-72頁

松井和夫［1986］『セキュリタイゼーション：金融の証券化』東洋経済新報社

第12章　資本市場のデジタル化：
Token Offering を巡る規制環境

若園　智明

はじめに

　暗号化技術をともなった分散型台帳技術（Distributed Ledger Technology, DLT）を活用する金融・資本市場インフラ（On-chain Infrastructure）は，伝統的な市場インフラ（Off-chain Infrastructure）が担ってきた機能の部分代替（あるいは完全代替）となり得るのか。金融・資本市場の Digitization と Digitalization がもたらす DX（Digital Transformation）は，市場機能の改善を通じてマクロ経済の生産性向上と成長促進をもたらすのであろうか。

　本稿は Digital Token を用いた資金調達行為（Token Offering）に焦点を当てる。米国内では，2017年から2018年にかけて Initial Coin Offering（ICO）と呼ばれる Token Offering により多額の資金が調達された。この ICO を対象とする先行研究をサーベイしながら，DLT 上で Digital Token を発行する Token Offering に関連する米国の規制問題を議論する[1]。

　本稿は第1節で，Digital Token を含めた DLT 上で取引されるデジタル物の用語法の分類を試みる。第2節では米国内で実施された ICO を例として，Token Offering 時の情報開示を中心に先行研究が指摘する問題をサーベイし，同行為による資金調達時に求められる開示規制を議論する。第3節は，Token Offering に関連して国際的な基準作りを担う公的機関が指摘する問題を整理する。

　資本市場のデジタル化は，DLT に伴う様々な効果が市場における諸行為の

効率化と低コスト化を実現するだけではなく，DLT によるネットワークの拡充と多様な現物資産取引の標準化をもたらし，その結果として市場および市場参加者の急激な拡大も可能とする。しかしながら，DX 資本市場の実現には様々な権利や公正性を担保する法規制の再整備が不可欠となる。DX 資本市場に適用される規制には，従来の証券諸法をベースとしながらも，デジタル化の特性を組み入れた新たな規制体系が求められる。この意味で本稿が扱う Digital Token を巡る規制議論と規制環境の整備は，将来の資本市場のあり方にとって非常に重要なファクターとなろう。

Ⅰ．Digital Asset の分類法

　本稿では Digital Asset を資本市場で取引されるデジタル物の総称として用い，Digital Token を Digital Asset の小分類として扱う。このようなデジタル物を示す用語の多くには公式な定義が無い。同義もしくは類似した用語が複数存在しており，用語の氾濫が議論の妨げとなっている。

　暗号化技術を用いた Digital Asset を Crypto Asset とも呼称するが，この Crypto Asset にも公式な定義はない[2]。暗号化技術を用いたデジタル物として，いわゆる仮想通貨の代表例は2009年より運用が開始された Bitcoin であるが，この仮想通貨と同意の英文表記には Virtual Currency の他に Digital Currency や Crypto Currency（Cryptocurrency）などの用語が入り交じって使用されている。後述するように，これら仮想通貨は Payment Token とも呼ばれているが，この Token の用語は，Bitcoin のような仮想通貨の他にも金融資産的な性格を持つ Digital Asset でも適用されている。

　本節では，第1に欧米の主要な公的機関が公表した報告書等をサーベイし，これら Digital Asset の分類を整理・比較し，第2に2019年5月末の法改正により日本で導入された電子記録移転権利について述べ，第3に Digital Token について考察する。

1. 欧州の分類法

　まず欧州の分類法を挙げると，例えば ESMA（欧州証券市場監督局）や FINMA（スイス連邦金融市場監督機構）は Crypto Asset を大分類としながら，① Payment Token，② Utility Token，③ Asset Token，の3種に分類している。これらの内，Payment Token は主に支払手段（仮想通貨など）を指し，Asset Token は金融資産的な性格を持っている。残りの Utility Token とは，Token 取得者に特定のサービス等を提供するいわば会員権のような存在である。ただし ESMA［2018］によれば，これらのうち Asset Token は，株式や負債等の請求権や商品等を裏付けに発行されるデジタル識別子（Digital Identifier）としての機能を有しているが，Utility Token との混合型もあるため，明確に区別して使用されているわけではない。

　2020年9月24日に EU が提案した Digital Finance Strategy でも，Crypto Asset を DLT 上で移転や保存が可能な価値や権利のデジタル上の表示（Representation）と定義している。同案の Question and Answers では，Crypto Asset を① Utility Token（サービス）へのアクセスキーとして，② Payment Token として，③譲渡可能なセキュリティと類似した金融商品（Financial Instrument）として活用が可能としている。次の英国の例と合わせて，欧州では共通の分類法が定着していると言えよう。

　英国の Crypto Asset Taskforce が公表した報告書をみると[3]，Crypto Asset を DLT 上のアプリケーションの1つとして扱っている。当該報告書によると，総ての Crypto Asset は DLT の何らかの形式を使用し，ほとんどの Crypto Asset は自由参加型（非許可型）台帳（Permissionless Ledgers）上で発行されている（Facebook の Libra のシステムは Permissioned 型を採用予定）。当該報告書が記す Crypto Asset の広義の定義は上述の EU 案と類似しており，「暗号論的に発生させた（Cryptographically Secured）価値もしくは契約上の権利をデジタル上で表記したもの」であり，DLT の何らかの形式を用いて電子的に移転，保管ないし取引される。

　また，次節で扱う ICO によって発行されたものを Digital Token と呼んでいる。この他，Crypto Asset Taskforce に参加する FCA（金融行為規制機構）は，Crypto Asset を大分類として位置づけ，さらに① Exchange Token，② Utility Token，③ Security Token，に分類している。この Exchange Token とは，上記の Payment Token と同意語と思われる（FCA [2019]）。

2.　米国の分類法

　次に米国での Crypto Asset の分類法をみてみよう。連邦議会上院の銀行・住宅・都市問題委員会における Congressional Research Service（CRS）の議会証言（2019年7月）をまとめた Nelson [2019] では[4]，Cryptocurrency を大分類として位置づけ，この Cryptocurrency の中に① Payment Token，② Utility Token，③ Crypto Asset を分類している。さらに Crypt Asset の部分集合として米国証券諸法上のセキュリティに該当する Security Token を位置付けている[5]。

　欧州の例と同様に，Payment Token は主に Bitcoin や Facebook の Libra 等を代表とするいわゆる仮想通貨を意味し，財やサービスに対する支払い手段や交換手段となる。また Utility Token は，例えば特定のプラットフォームの利用権として Payment Token と交換して保有されることが多い。Crypto Asset および Security Token は金融資産や投資商品の類似として保有されるため，これら2つを Digital Asset と呼ぶこともある。

　このように欧米の用語法をみると Crypto Asset はやや広い概念であり，Digital Token は Crypto Asset の小集団として使用されているようにみえる。

　アジアでの公的な対応は，例えばシンガポールなどでも進められている。後述するように，わが国では2019年の資金決済法や金融商品取引法の改正で対象となった。わが国でも大まかに①支払い手段，②会員権的性格，③金融資産的性格の3種類に整理され，欧米と類似した分類法が用いられている。しかしながら後述するように，わが国が定義した「暗号資産」と欧米で用いられる「Crypto Asset」は意味が同一ではない。このような分類や用語法の差異が

議論する際の混乱の種となっている。

　国際的に共有される定義（用語法）の設定が，この分野に関するクロス・ボーダーの議論に必須であることは言うまでもない。

3. 金融商品取引法が定める電子記録移転権利

　わが国では欧米に先んじて，2019年 5 月末の法改正により法的な整備が進められた。資金決済法を改正し，それまで使用されていた「仮想通貨」の呼称を「暗号資産」に変更するとともに[6]，金融商品取引法を改正して電子情報処理組織（情報処理システム）を用いることで移転可能な「電子記録移転権利」を第一項有価証券に加え，暗号資産と電子記録移転権利の法的な扱いを明確に区分している。この電子記録移転権利は，本稿で呼ぶ Digital Token が該当する。

　この電子記録移転権利は集団投資スキームの持分に類似している。これまでも第二条第二項のみなし有価証券において，包括的な定義での集団投資スキームが記載されており，新たに定義された電子記録移転権利は金融商品取引法上で対応することは可能であった。

　今回の法改正により，別途内閣府令で定める適用除外の場合を除いて，流通可能な Digital Token（電子記録移転権利）を第一項有価証券とし，株式等と同様な開示規制の対象とした。また，その売買等や募集を行うためには第一種金融商品取引業としての登録が求められる。ただし流動性等を勘案して，金融庁が別途内閣府令で定めるものについては第二項有価証券として取り扱われる。また，投資型クラウドファンディングによる募集・私募を取り扱う場合は，第一種少額電子募集取扱業務となる。

　この電子記録移転権利は，上記の欧州の Asset Token ならびに米国の Crypto Asset に該当し，また ICO 等で使用される Digital Token に該当すると言える。ここで注意すべきは，Bitcoin 等を指す用語として定めた資金決済法上の暗号資産の直訳は Crypto Asset となろうが，わが国では金融商品取引法上で「電子記録移転権利」を扱っており，資金決済法上の暗号資産とは区別されている。そのため，わが国の暗号資産は欧米の使用法の Crypto Asset ではな

く，Payment Token（あるいは英 FCA の Exchange Token）に該当しよう[7]。ここでも用語法の問題が指摘される。

4.　Digital Token とは

さらに Digital Token について，より進めて考えてみよう。

国際的な基準作りを担う Standard Setting Bodies の取り組みは後の節で改めてまとめるが，OECD や IOSCO 等が公表した報告書を参照すると，これら報告書は Equity（株式）等の現物資産やデリバティブや貸付などの契約ベースの資産を代理データ化（Tokenization あるいは Tokenisation，トークン化）し，外部からの認識や保護・管理を容易にしたデジタル形態を Digital Token と呼んでいる。前掲の ESMA［2018］におけるデジタル識別子としての機能を備えたデジタル金融資産と解釈できよう。

この Digital Token は，暗号化技術をともなう DLT を用いたプラットフォームで発行・移転・分配が行われるため，Crypto Token とも呼ばれる。特に裏付け資産を元に発行された場合は Tokenized Asset や Asset Backed Token と呼称されている。ただし，Digital Asset と同様に Crypto Asset にも公式な定義はない。

本稿が Digital Token に注目する最大の理由は，その柔軟かつ広範な適用可能性である。図表12-1は，R3［2019］の表に若干の修正を加えたものであるが，資本・商品市場等における取引対象のほとんどはトークン化し，DLT 上で取引を標準化することが可能である。また特に Equity や債券は，技術的には最初からトークンとして発行（Native Token）することも可能である。現物資産の裏付けから Digital Token の発行・流通まで，一連の行為（機能）に対して現時点で法規制に基づく権利が確保されているとは言い難いが，特にクロス・ボーダーでデジタル版の権利証としての使用が法的に担保されるのであれば，資本・商品市場の取引を包括的とし，その効率性を飛躍的に高めることが可能となろう。

わが国では前述した金融商品取引法の改正で電子記録移転権利として法的な

図表12-1　デジタル・トークン化が可能な主な資産[注1]

	Native Tokenとして発行可能か？	リスクや報酬の権利保有者	金融的債務の最終的保有者		償還可能性		交換可能性
			Native Tokenとして発行	預託証券の形式で発行	Native Tokenとして発行	預託証券の形式で発行	
通貨							
CBDC[注2]	○	トークン保有者	中央銀行	トークン発行者	○	○	○
仮想通貨	○	トークン保有者	注3	トークン発行者	×	○	○
Eマネー	×	トークン保有者	N/A	トークン発行者	N/A	○	○
商品（貴金属等）	×	トークン保有者	N/A	トークン発行者	N/A	○	○
エクイティ	○	トークン保有者	発行体	発行体	×	○	○
債券	○	トークン保有者	発行体	発行体	○	○	○
その他（不動産等）	×	トークン保有者	N/A	N/A	N/A	○	○

〔出所〕R3［2019］15頁を参照に作成。
（注1）Asset-like things のみを記述。R3［2019］には Contract-like things（デリバティブ等）も表記されている。
（注2）中央銀行発行デジタル通貨（Central Bank Digital Currency）
（注3）Bitcoin などの仮想通貨（暗号資産）は原則として発行体が設定されていない。

　手当てが進められたが，欧米において Digital Token に関する公式な定義は無い。ただし本稿執筆時点でみると，米国連邦議会下院委員会に提出された法案では図表12-2のような定義が試みられている[8]。また現在の米国では，資本市場規制を管轄する SEC がほとんどの ICO に対して投資契約を認め，SEC への登録を要求している。ICO 時に発行される Digital Token は原則としてセキュリティとして扱われ，既存の証券諸法の適用対象となる（若園［2020］）。

　本稿では Digital Token をわが国の電子記録移転権利と同語とし，欧州の Asset Token や米国の Crypto Asset（Security Token）の類語として用いる[9]。

図表12-2　下院法案におけるデジタル・トークンの定義

H.R.2144

(A)以下の条件で作成されるデジタル・ユニット
- ・提案された取引の承認もしくは集積のために作成される
- ・デジタル・ユニットの作成や供給の際に，特定の単独もしくは共通の管理下の者により改竄することが出来ないという規則に従って作成され，
- ・さもなくば，上記2つの条件に従って作成されるデジタル・ユニットの初期割当として分配されるデジタル・ユニットとして作成される

(B)以下の条件の取引履歴がある
- ・分配時にコンセンサスが数学的承認プロセスを通じて形成される分散型デジタル台帳やデジタルデータ構造に記録される，および
- ・コンセンサスの形成後，特定の単独もしくは共通の管理下の者による変更もしくは改竄に耐える

(C)カストディアンの仲介を経ずに個人間で移転させることが可能である

(D)所有者利益や事業利益の分配を含む，会社やパートナーシップの財務上の持分を表さない

デジタル・ユニットとは，コンピュータにより読み取り可能なフォーマットに記録される経済的権利，所有権，もしくはアクセス権の表示を意味する

H.R.2154

(A)その作成，供給，所有，使用および移転を律する規則をもってプログラムされているデジタル・ユニット
その規則は特定の単独もしくは共通の管理下の者による変更もしくは改竄に耐えるようデザインされている

(B)以下の取引履歴があるデジタル・ユニット
- ・コンセンサスが数学的承認プロセスを通じて形成される分散型デジタル台帳やデジタルデータ構造に記録される
- ・コンセンサスの形成後，特定の単独もしくは共通の管理下の者による変更もしくは改竄に耐える

(C)カストディアンの仲介を経ずに分散化された方法により個人間で移転させることが可能である

(D)所有者利益，負債利子や事業利益の分配を含む，会社やパートナーシップの財務上の持分を表さない

デジタル・ユニットとは，
- ・コンピュータにより読み取り可能なフォーマットに記録される経済的権利，所有権，もしくはアクセス権の表示を意味する
- ・価値の貯蔵手段を含まない

(注) これら2本の法案は，33年法等の証券諸法からデジタル・トークンを除外する法案であるため，上記に加えて共にD項として
(D) 所有者利益や事業利益の分配を含む，会社やパートナーシップの財務上の持分を表さない（H.R.2144）
(D) 所有者利益，負債利子や事業利益の分配を含む，会社やパートナーシップの財務上の持分を表さない（H.R.2154）が定義に含まれている。

Ⅱ. Digital Token による資金調達（Token Offerings）

上記図表12-1で示した通り，技術的にはトークン化により多様な資産を Digital Token として扱うことが可能である。ただし OECD［2020］が指摘するように，様々な資産を対象とする Digital Token が On-chain Infrastructure で広く取引されるためには，安定した交換の対価である Stablecoin の存在が必要となる。資本市場における Digital Token の普及にとって，Central Bank Digital Currency（CBDC）の実現は必要条件であると言えよう[10]。

本節では，Digital Token を用いた資本市場での調達行為（Token Offerings）を扱う。2017年半ばから2018年前半にかけて米国で一時的に隆盛となった ICO を例とし，Token Offering に関連して明らかになった規制上の問題を取り上げる[11]。

ここで ICO とは，特定のプロジェクトへの将来的なアクセス権等を担保として独自の Digital Token を発行し，主として仮想通貨を調達する行為を呼ぶ。例えば Ethereum（プラットフォーム）を活用したプロジェクトであれば，発行された Digital Token を取得するために投資家は仮想通貨の Ether を対価として払い込む。この手法は主にテック系のスタートアップ企業の調達に用いられた。ICO が盛んであった当時は，米国の証券諸法による手当ての間隙を縫う脱法的な手法として喧伝され，後述するように詐欺まがいの不適切な行為もみられたこともあり，SEC 等の規制的対応が求められていた。

1. Digital Token の利点

そもそも Digital Token の利点は DLT との共存により発揮される。従来の Off-chain infrastructure と比較して DLT（On-chain Infrastructure）には，①ネットワーク効果（ネットワークの外部性），②シグナリング効果（シグナリング理論），③コーディネーション問題の解消，④集合知（Wisdom of Crowds）などの各種効果が付随する点で優位であると指摘されている。この

ような DLT の効果はそのまま Digital Token の利点となり，また，今後に期待される DLT の技術的な進歩は Digital Token の利点をも強めるであろう。

　第1にネットワーク効果（ネットワークの外部性）に関して。経験則から提案された法則であるが，メトカーフの法則（Metcalfe's Law）（「ネットワークの直接的な価値はネットワークに参加する利用者の二乗に比例する」）は代表例となる。ネットワーク効果を検証した先行研究をみると，資本調達に関連して Initial Public Offerings（IPO），投資型クラウドファンディング並びに Venture Capital（VC）を ICO と比較した Howell et al.［2018］では，On-chain Infrastructure を活用する ICO にネットワーク効果が存在することを認めている。また，Facebook のプラットフォームに関する実証分析を行った Zhang et al.［2015］でも On-chain Infrastructure にネットワーク効果を認め，DLT を用いない Off-chain infrastructure ではネットワーク効果が生じていない。この他，Cong et al.［2019］でもネットワークの外部性が分析対象となっている。

　第2のシグナリング効果とは，高い技術を持つ新興企業が潜在的投資家にシグナルを送ることで，より多くの資金を調達することが可能になるという効果である。元々は Spence［1973］で提唱された効果であるが，DLT を通じることでシグナリング効果の発揮が容易となる。シグナリング効果を検証した Lee et al.［2019］では，IPO のブックビルディングと異なり，ICO における Digital Token の予約購買は Blockchain のネットワークを通じてすべての潜在的な投資家に宣伝されることが示されている。

　第3のコーディネーション問題の解消に関して。アセット・プライシングモデルを用いた分析を行った Cong et al.［2019］では Digital Token の価値の上昇がより多くの投資家の Digital Token の購入とプラットフォームへの参加を促すと結論づけている。また Catalini and Gans［2018］では，透明性（Transparency）の条件下で，ネットワーク効果を伴ったプラットフォームで実行される ICO によりコーディネーション問題を回避できる可能性を提示している[12]。さらに Bakos and Halaburdo［2019］では，転売可能な Digital Token

がプラットフォームの成功にともない高い価値を備える場合にコーディネーション問題を軽減する手段となり得ることを証明している。

　第4の集合知に関して。集合知とはインターネットの普及とともに提唱された概念であり,「集団誤差＝平均個人誤差－分散値」で表される。西垣［2013］が「集合知定理」と呼ぶこの式は[13],「集団における個々人の推測の誤差（第一項）は多様性（第二項）によって相殺され, 結果的に集団としては正解に近い推測ができる」ことを意味している[14]。

　DLT における集合知を検証した先行研究は少ないが, Lee et al.［2019］は2016年1月から2018年12月までに実行された3,392件の ICO を対象に, 集合知（1人の専門家のアドバイスに対する個人の集団の活動）が, どの様に ICO 時の情報の非対称性を軽減するのかを実証的に分析している。この Lee et al.［2019］によれば, 集合知は2段階を経て機能する[15]。専門家集団（On-line Experts）による集合知は, ①資本調達の成功, ②取引所への上場, ③取引所上場1年後の生存率, ④詐欺の回避に有意に正の効果をもたらしていた[16]。

　国際機関の報告書をみると, OECD［2020］では DLT を金融市場に導入することにより, ①効率性の向上, ②相対的な低コスト化, ③安全性・信頼性の向上, ④複雑さの軽減, ⑤ Disintermediation などの効果が期待されている。また, トークン化された資産（Digital Token）を DLT 上で発行・流通させる利点は, 特に私募市場における非上場株式の発行や小規模な債券発行等で有効であると予想されている。また OECD は, 適切な規制の適用を条件として, ICO（Token Offerings）を SMEs（Small and Medium Sized Companies）にとっての包括的な調達方法に位置づけている。このような OECD の指摘は重要であろう。

　OECD［2019］が示す SMEs 向けの ICO のベネフィットと制約（Limitation）を図表12-3でまとめた。同様な利点は Howell et al.［2018］でも挙げられている[17]。上記の DLT の諸効果と合わせて, 効率性の向上や低コスト化などが主たる Token Offerings の利点と考えられるが, Catalini and Gans［2018］によると, ICO は伝統的な Equity による資本調達よりも起業家のリターンを

図表12-3　SMEs の資金調達における ICO のベネフィットと制約

ICO のベネフィット	ICO の制約
① Cost efficiencies	① Regulatory uncertainty
② Unlimited investor pool	② Issued related to the structuring of token offerings
③ Inclusive SME financing	
④ Ownership not necessarily conferred	③ Investor protection
⑤ Flexibility, Speed, Liquidity	④ Corporate governance and regulatory compliance
⑥ Value of network	⑤ Operational and business risks

〔出所〕OECD［2019］.

高めることを可能にする。

　ちなみに Howell et al.［2018］によれば，ICO の成功（①さらに開発を進める，②上場した Digital Token が広く採択される）と統計的に有意に正となる要因は，「内部者のインセンティブ（① Digital Token をインセンティブとして内部保有，②内部者が投資をしている）」，「VC による投資の有無」および「技術者や起業家の経験」であった[18]。

　一方で，上記図表12-3の制約をみると規制に関連する事項が並ぶ。ICO を用いた不適切な Token Offering の例を出すまでもなく，Digital Asset を用いた資本へのアクセス（新技術による資本へのアクセサビリティの向上）は，適切な規制の整備が基盤となろう。その詳細は若園［2019］を参照願いたいが，すでに米国には発達した私募市場が土台として存在しており，SEC 等の規制当局による規制アプローチの明確化とともに Token Offerings による調達が安定化する可能性を指摘することができる。

2. ICO の隆盛と衰勢にみる諸問題

　このように Digital Token には利点がある一方で，過去に実施された ICO には多くの問題も指摘されてきた。

　公式なデータは存在しないため民間業者が公表するデータを引用すると，2018年6月のピーク時には ICO により月間で約58億ドルの資金が調達されたと言われている[19]。しかしながら2018年の中頃から ICO による調達は顕著に

減少傾向となり，19年10月は4,340万ドル，11月は4,660万ドル，12月は1,550万ドル（うち IEO が300万ドル）まで落ち込み，2020年１月は2,050万ドル（うち IEO が520万ドル）に留まっている。2018年は年間で216億ドル分の仮想通貨が調達されたが，2019年は33億ドルまで急減した[20]。

　いわゆる投資ラウンドに照らすと，ICO による資金調達は Seed ステージや Early ステージであり，スタートアップ企業に対する投資ラウンドに該当する。同ステージでの従来の調達と比較してみよう。Pitch Book の Venture Monitor（2019年4Q）によれば，米国内で Seed・Angel ステージの企業が調達した金額は2018年が総額92億ドル（4541件），2019年が総額91億ドル（4556件）であった[21]。単純に比較して，特に2017年末から2018年前半にかけての ICO による調達はバブル的であったと指摘できる。ただし，ICO バブル崩壊後においてもスタートアップ企業が調達する金額としては決して少額とは言えないだろう。

　特に DLT を活用したビジネスを計画するスタートアップ企業が ICO による調達に積極的であった理由としては，① ICO による調達方法が彼らの事業と親和性が高いこと（DLT で流通する仮想通貨による調達と，投資家がこれらスタートアップ企業の顧客になる），②当時は ICO に対する既存の証券諸法等の適用が明確ではなく，脱法的な手法（証券登録等が必要ではないと自己解釈）として扱われており，それゆえ即座にかつ低コストで資金が調達可能であったことを挙げることが出来る。さらに ICO に応じた投資家側の理由として，③ Bitcoin 等の急激な値上がりに連動して，発行される Digital Token の値上がり益が期待された（当該企業のプロジェクトの吟味が蔑ろになっていた）ことが指摘できる。

　対して ICO バブルが崩壊した理由としては，①脱法的であるが故に不適切な調達が増加したことと，②これに対応した SEC の規制態度の明確化（原則としてセキュリティとしての登録を求める）を挙げることができよう。さらには，③ ICO により資本を調達したプロジェクトの成功率の低さも指摘されている（そもそも，スタートアップ企業への投資の成功率自体が高くないことも

考慮すべきであるが)[22]。SEC の規制態度については若園［2020］を参照され
たい[23]。

　不適切な調達の実態を検証してみよう。Wall Street Journal が ICO 時に投
資家に対して開示されるホワイト・ペーパー(使用される技術の説明や事業構
想等を記載，ただしホワイト・ペーパーの開示情報は法的に規定されていな
い) を調査し，不適切な行為に該当する調達があった ICO をまとめてい
る[24]。この WSJ 紙の調査結果を図表12-4で掲載した。この図表の「No Team
（運営チーム無し)」は明らかな詐欺行為であり（17年で全体の11.5%，18年
で全体の4.6%)，他の項目も合わせて，ICO により不適切な調達が多く実施さ
れていたのは事実である。

　この WSJ 紙の記事に関して，Gan et al.［2020］は1,450件の ICO のうち271
件に窃盗（Plagiarism）か詐欺行為（Fraud）の可能性を認めている。この他，
ICO における詐欺行為（Scam）を分析対象とした Catalini and Gans［2018］
においては，これまで実施された5%から25%の ICO において不適切な行為が
あったと指摘している[25]。

　SEC は，2017年7月に公表した「Report of Investigation Pursuant to Sec-

図表12-4　ICO 手段を用いた不適切な資金調達

	Shared Language	No Team	No Website	Guaranteed Returns	Total Red Flags[注]	Total ICOs
2014	0	1	1	0	2	5
2015	0	0	2	0	2	4
2016	0	0	1	0	1	13
2017	70	95	31	13	186	824
2018	41	28	13	12	80	604
	111	124	48	25	271	1,450

〔出所〕"Buyer Beware: Hundreds of Bitcoin Wannabes Show Hallmarks of Fraud," *Wall Street Journal*, May 17, 2018.
（注）1,450件のホワイトペーパーに関する WSJ 紙の調査。2018年は同記事の公表時点まで。Red Flag には複数項目に該当するケースが含まれている。

tion 21（a）of the Securities Exchange Act of 1934：The DAO」を契機とし
て基本的に ICO 時の SEC 登録を求め，現行の証券諸法をもって ICO に対応
する規制態度を明確にした。ちなみにわが国では，ICO 等による調達の例は
ほとんど無いが，金融庁は2019年 9 月 3 日に事務ガイドライン（第三分冊：金
融会社関係）を一部改正し（同日から適用），Ⅱ-2-2-7に「ICO への対応」の
項目を新設している（資金決済法）。

3．Token Offerings を巡る規制の問題

（1）　Token Offering の特性

そもそも Digital Token を従来のカテゴリー（貨幣か，証券か，商品か，派
生商品か）で指定することは容易ではない。そのため既存の規制を Digital
Token へ適用することには困難が伴う。加えて，米国内の規制に指摘される
複雑性も問題となる。米国には複数の連邦規制当局（FED, OCC, SEC,
CFTC 等）が存在し，Digital Token に関して，これら連邦規制当局間での規
制を調整する必要がある。また，州をまたぐ場合には例えば会社法や送金に関
する各州の州法を遵守する必要もある。Digital Token を巡る連邦と州による
権限や責任の分担は不明瞭であり，連邦機関間および連邦と各州との当局間で
の規制の調整は容易ではない。さらに Digital Token の取引がクロス・ボー
ダーで展開する場合には，そもそも Digital Token を提供する企業の居住地を
定めることも困難であり，現状では，どの国のどの規則が適用されるのかも明
確ではない（国際的な規制の調整の困難性）[26]。

Brummer et al.［2019］は Token Offerings（ICO）を Digital Token のサプ
ライサイドとデマンドサイドにわけて，その特性を検討している。この研究に
よれば，サプライサイドでは Digital Token の発行体（Founder）が発行数や
可分性，将来の償却を判断しており，ロックアップ期間などの Digital Token
に備わる条件も決定する。対してデマンドサイドからみると，Digital Token
は，提案された技術的ソリューションの実行可能性と実用性，および Digital
Token が提供するソリューションへのアクセスや利用の権利を反映している。

このような特性は伝統的なセキュリティとは異なるため，ICO において重要となる情報を改めて検討する必要があろう。

（2）　情報開示の問題

米国の証券諸法が定める規制の基盤は情報開示にある。適切な開示規制の整備と適用は，悪質なプロジェクトを排除し良質なプロジェクトの支援となってきた。これまでに実行された多くの Token Offerings が開示した情報は，証券諸法が要求する情報開示を満たしていない。そのため，情報開示に関して深刻な問題が存在することが指摘されてきた。

Zetzsche et al.［2019］によれば，Token Offerings（ICO）時に潜在的な投資家に対して開示されるホワイト・ペーパーには発行者の所在地等を明記されていないケースが多く，そのため ICO 後の追跡が困難となっていた。また，資金を調達した ICO の32％は発行体やプロモーターの素性（Origin）を開示していなかった。

2016年から2018年までに実施された423件の ICO を調査した Fisch［2019］では，新興企業への伝統的な投資の際に用いられる基礎的な情報である社歴，調達者の経歴，財務計画等が閲覧できないことが多く，調達者と投資家の間の情報の非対称性は極めて大きいことが指摘されている。さらに400件の ICO を調査した IIF［2018］によれば，調達した資金を内部に留保するか，もしくは分別して管理しているかを情報開示している ICO はわずか14.46％に過ぎない。これまでの Token Offering には大きな情報の非対称性が生じていたと言えよう。このような情報の非対称性の存在は不適切な調達のインセンティブとなるため，シグナリング理論に従えば，高品質の調達者にとって本来必要がない追加のシグナルを送るコストが生じる。

ただし，このような Token Offering 時の情報格差問題は必ずしも証券諸法を適用することで低減・解消されるわけではない。例えば，Token Offerings において開示されるコンピューターコードは投資家にとって重要な情報となる。2017年に実施された調達金額上位50件の ICO（うち米国に本拠を持つものが19件）をサーベイし，ホワイト・ペーパーやトークンセール・アグリーメ

ントとコンピューターコードを比較した Cohney et al.［2017］によれば，多く
のケースで Insider-Self Dealing から投資家を保護する約束がコードで守られ
ていない。また，ホワイト・ペーパーで記載した公約を実際のコードで実現し
ていない発行体もあり，少なからずの発行体が公開していないコードで発行体
による集中管理を維持していた。

　これらの先行研究から，これまでの Token Offerings は情報開示の点で多く
の問題を抱えていたことは明白である。しかしながら，Token Offerings に応
じる投資家が必要とする情報が，既存の開示規制が定める内容とは必ずしも一
致していない点も指摘される。

　Fisch［2019］は開示される情報と ICO による調達額との相関性を分析して
いるが，調達額に影響を与えているのは，Technical White Paper と High
Quality Source Code であり，財務情報や将来の利益予想は調達金額との間で
相関性が認められなかった。つまり，テック系のスタートアップ企業が実施す
る Token Offerings に応じる投資家が求めているのは技術的ソリューションへの
評価であり，募集時には開発チームやマネージャー等の情報が最重要となる。
このような情報は伝統的なセキュリティの募集時に公開される情報項目とは異
なる。

　Token Offerings は主にスタートアップ企業が用いる。既存の情報開示と比
較するのであれば，小規模企業の IPO 時でも提出が求められる Form S-1（Se-
curities Act of 1933）が対象となろう。Form S-1の開示項目については下記
で改めて検討するが，米国の証券諸法が開示を求める情報は財務情報が中心で
あるため Digital Token への投資家が求める情報と必ずしも一致しない。その
ため，伝統的なセキュリティと比較して Token Offerings 時には情報の価値が
低い可能性がある[27]。そもそも IPO とは異なり，Token Offerings の場合には
Digital Token の発行体が経済的な所有権とコントロールを有している（Own-
ership and Control）。さらに Digital Token は，伝統的なセキュリティのよう
に将来のキャッシュフローに関する権利も表してはいない（Catalini and Gans
　［2019］，Brummer et al.［2019］）[28]。

　前述したように，現在の SEC は Token Offerings（ICO）に対して原則とし
てセキュリティとしての登録を求めることで既存の規制の適用対象としてい
る。登録されることで情報開示に関連する規制の適用が可能となるが，Token
Offerings に適した情報開示の内容を改めて検討する必要があろう。さらに
OECD［2019］や Catalini and Gans［2019］が指摘するように，Digital Token
の分類（Security Token なのか Utility Token）や Token Offerings の実施ス
テージによって，Digital Token の価値評価のために投資家が必要となる情報
は異なる。Digital Token に適した情報開示規制が求められる。

（３）　Token Offering に求められる開示情報

　では，Token Offering にとって適切な開示情報とはどのようなものであろ
うか。

　Brummer et al.［2019］によれば，伝統的なセキュリティとは異なり，過去の
財務情報の開示は Token Offerings の場合は必ずしも重要ではない。ここで，
小規模企業の募集時でも SEC に登録が求められる情報フォームである Form
S-1の開示項目と照らし合わせてみよう。財務関連の情報項目をみると，Regula-
tion S-K の定めに応じて Item 11で開示される情報の中でも，(h)項「manage-
ment's discussion and analysis of financial condition and results of operation」
は Token Offerings 時に潜在的な投資家にとって有用となろう。しかしながら，
(a)項「description of business」，(e)項「financial statements」や(f)項「selected
financial data」など，伝統的なセキュリティの場合に重要となる情報開示の有
用性は Token Offerings に応じる投資家にとっては限定的となる。

　Brummer et al.［2019］は FormS-1の各 Item で開示される情報を検討し，
Token Offerings 時にホワイト・ペーパー上で開示されるべき情報項目とし
て，①Digital Token の説明，②ブロックチェーンのガバナンス（インフラの
運営支援とトークンのガバナンスに与える影響），③マネジメントおよび技術
チーム（技術チームの資質），④Digital Token の流通市場，⑤リスク要因を
挙げている（図表12-5）。特に「Digital Token の説明」に関しては，Digital
Token の性質や経済的な特徴は様々であることを踏まえて，①募集時に発行

図表12-5　ICO 時のホワイトペーパーで開示されるべき情報

1．トークンの説明
   ・発行されるトークンの数量および用途，売却の制限
   ・トークンの上場に関する情報
   ・保有者が行使可能な法的権利
2．ブロックチェーンのガバナンス
   ・ブロックチェーンに関するガバナンスの決定過程
   ・インフラの仕組み
3．マネジメントおよび技術チーム
   ・マネジメント担当者の所在地やビジネス経験
   ・主となる技術者のスキルに関する情報
4．トークンの流通市場
   ・国法証券取引所として登録されていない市場に上場し流通させる場合，当該市場
    の情報
    （市場のインフラ，価格決定方式，方針や上場の基準等）
5．リスク要因
   ・保有者に重大な影響を与えるリスク
    （別の技術により価値を喪失，DLT のハッキングや機能停止等）

〔出所〕Brummer et al.［2019］等より作成。

されたコインの使用目的や量，②創設者またはアドバイザーがリザーブ・コインを保有するか否か（その保有方法や転売制限），③ Digital Token が準拠する技術形式，④取引所や ATS（代替取引システム）への上場方法や売買の制約，等の情報が含まれる必要がある。

　このように情報開示だけを取り上げても，伝統的なセキュリティの規制を単純に Token Offering に課すのみでは十分な効果を期待することは出来ないと言えよう。その多様性に加えて Digital Token および DLT の技術的な進歩も考慮すれば，最適な規制の議論自体も容易ではない。詳細は若園［2020］で扱うが，これまで SEC は選択的エンフォースメントやノーアクションレター，ガイダンス，スタッフレポート等で段階的に規制態度を示してきた。このような SEC の規制態度は Innovation Chilling Effect を回避するためにも重要であろう（Sykes［2018］）。

　上記の財務情報以外で，そもそもスタートアップ企業への投資の際に投資家

がどの様な情報を重要視しているのかは必ずしも明らかではない。例えば Bernstein et al.［2017］は，AngelList が投資家に向けて配信するスタートアップ企業の情報を実証的に分析している。その分析結果によれば，アーリーステージに投資する投資家が投資判断の際に最も強く反応するのがスタートアップ企業の人的資本，Founding Team の情報であった[29]。

　ここまで本稿では Token Offering に絞った議論を進めてきたが，この他にも，例えば Token Offering 時のトレーディング・プラットフォームと流通市場（Secondary Trading of Tokens）は異なった法規制をまたぐため，更なる規制の困難性も予想される（Blandin et al.［2019］）。

Ⅲ．国際機関で議論される Digital Token

　これまでの米国内でのドメスティックな規制を扱ってきた。Digital Token がクロス・ボーダーで取引される場合，現時点ではどの国の規制が適用されるのかは明確ではなく，国際的な規制の調整と整合が重要な問題となる。そもそも，Digital Token の発行体の居住地を定めることも容易ではない。

　本節では，国際的な基準作りを担う Standard Setting Bodies が公表した報告書等をサーベイし，これら国際機関の取り組みをみる。ただし現時点で，これら公的な国際機関は Digital Token やその取引が金融市場の安定性にとって脅威であるとは認識しておらず，その活動の目的は，投資家保護，市場の公正性，マネーロンダリングやテロ資金，脱税等のミクロ的な問題への対処に留まっている。

1．International Organization of Securities Commissions（IOSCO）

　証券監督者国際機構（IOSCO）は，特に Crypto Asset に関して規制の必要性を調査している[30]。ICO に関しては，2017年10月の IOSCO Board（代表理事会）で議題とした後[31]，同年11月および翌年 1 月に ICO のリスクに関するステートメントを公表した[32]。

IOSCO は，2019年の重点分野として① Crypto Asset の取引プラットフォーム（Crypto-Asset Trading Platforms, CTPs）の規制と，② Crypto Asset に対するエクスポージャーを保有する投資ファンドの規制を挙げている[33]。CTPs に関しては，2019年5月のコンサルテーション・レポートを経て，2020年2月12日に最終報告書を公表している[34]。

（更に，暗号資産へのエクスポージャーを持つ投資ファンドに関する研究，および暗号資産に投資するリテール投資家向けの投資教育マテリアルが公表される予定。2020年7月末時点では未公表。）

IOSCO によれば，CTPs への規制に関して，プラットフォームで取引される Crypto Asset がセキュリティや金融商品に分類される場合は，伝統的な証券取引所等の取引手段に対する既存の規制アプローチが原則として適用可能である。その上で，CTPs に対する（現行法の）規制アプローチで改めて考慮すべき8つの項目を提示している[35]。

これらの内，特にカストディ機能の提供は注視する必要があり，規制当局が考慮すべき CTPs の問題の1つに挙げられる[36]。CTPs のカストディに関連して，①サイバーアタック等により資産や Private Key の喪失やアクセスできなくなるリスク，② CTPs と参加者の資産が混在するリスク（システムのデフォルト時の投資家保護），③記録保持の問題，④参加者の請求権（Claim）に見合った資産を CTPs が保有していないリスクが存在していることを指摘している。この他，CTPs のオペレーションに関して，プラットフォームが稼働する DLT の特性（成立した取引のキャンセルや修正が困難）や Crypto Asset の特性（Hard Forks や Airdrops）に基づく問題やリスクを規制当局が考慮する必要を指摘している。

2. Organization for Economic Co–operation and Development (OECD)

経済協力開発機構（OECD）は，主に Blockchain に代表される DLT の経済取引や環境等への活用について議論を進めている[37]。Digital Token を用いた資金調達に関して，OECD の Committee on Financial Markets は「Initial Coin

Offerings（ICOs）for SME financing（2019年 1 月15日）（OECD［2019］）」を公表している。

　OECD［2019］は ICO（Token Offerings）を中小規模企業の調達方法と位置づけ，総合的に評価している点で重要である。中規模企業にとって DLT 上で実施する ICO は，調達コストの低さや多様な投資家からの調達が可能である他，投資家が提供するサービスの利用者となる等の利点があると認める[38]。その一方で，適切な規制の不備を起因とする諸問題（①規制の不確実性，②投資家保護の問題，③コーポレートガバナンスおよびコンプライアンスの問題）や，発行された Digital Token の適正な評価（価格付け）が容易ではない，ICO に特有のリスク（ビジネスリスク，オペレーショナルリスク）などを ICO の制約として挙げている。

　直近に公表された「The Tokenisation of assets and potential implications for financial markets」（2020年 1 月17日）（OECD［2020］）では，資産のトークン化について幅広く検討するとともに，伝統的な金融市場に与える影響について論じている[39]。特にトークン化された資産の取引市場において，DLT 上のカストディを中核的な機能に位置づけている点は注目される。

3.　Financial Stability Board（FSB）

　FSB はグローバルな金融システムに影響を及ぼす脆弱性の評価や対応等を議論する。DLT や Digital Token に関連する主な報告書を図表12-6でまとめた。

　FSB が Crypto Asset に関して公式に触れたのは，2018年 3 月13日に Mark Carney 議長が G20に送った書簡である。この中で，Crypto Asset の市場は成長しているものの相対的に小規模（世界総 GDP の 1 ％未満）であり，その利用も限定的であることから金融システムの安定性を損ねる存在ではないと述べているが，マネーロンダリングやテロリストの資金源となる可能性を指摘している[40]。

　FSB の報告書は，G20における規制等を検討する際の資料を目的するものが多

図表12-6 FSB が公表した報告書

タイトル	公表日
Crypto-Assets: Report to the G20 on work by the FSB and standard-setting bodies	2018年7月16日
Crypto asset markets: Potential channels for future financial stability implications ✓暗号資産に対するモニタリング・フレームワーク	2018年10月10日
FinTech and market structure in financial services: Market developments and potential financial stability implications	2019年2月14日
Crypt-assets regulators directory G20財務大臣・中央銀行総裁会議に提出（@ D.C.）	2019年4月5日
Crypto Assets: Work underway, regulatory approaches and potential gaps ✓暗号資産（Crypt Assets）に対する規制・監督アプローチ。各国際機関の試み	2019年5月31日
Decentralised financial technologies: Report on financial stability, regulatory and governance implications	2019年6月6日
Evaluation of the effects of financial regulatory reforms on small and medium sized enterprise（SME） ✓コンサルテーション・ドキュメント	2019年6月7日
Evaluation of the effects of financial regulatory reforms on small and medium sized enterprise（SME） ✓上記の最終版	2019年11月29日

いが，「Decentralised financial technologies: Report on financial stability, regulatory and governance implications（2019年6月6日）」には，DLT が金融取引に導入された場合の，既存の金融サービスや金融安定化に対する影響の検討が含まれている。特に既存の金融サービスに関しては，① Payments and Settlements，② Trade Finance，③ Capital Markets（資産のトークン化，決済やカストディ等），④ Lending の中核的な業務を挙げている。

4. Basel Committee on Banking Supervision（BCBS）

バーゼル銀行監督委員会（BCBS）は，商業銀行の健全性を対処が主たる活

動の目的であるが，現状のバーゼル・フレームワーク（資本や流動性の要求）には Crypto Asset に対する商業銀行のエクスポージャーは含まれていない。BCBS が公表した「Statement on crypto-assets（2019年 3 月13日）」は，Crypto Asset や関連金融サービスに対する商業銀行のエクスポージャーを注視していることを強調している。ただし，Crypto Asset に関する High Level Supervisory Expectations をみても[41]，商業銀行が同資産を保有する場合に最小限注意すべき点を指摘するに留まっている[42]。

　BCBS は「Designing a prudential treatment for crypto-assets（2019年12月12日）」において，銀行システムに与える影響や規制上の扱い等の15の質問項目を設定し，Crypto Asset に関する意見の徴収を行っている。ただし，BCBS が用いる Crypto Asset にはセキュリティや投資手段が含まれているものの，主に対象とされるのは CBDC を除く仮想通貨（Stablecoin）である。

5.　CPMI（Committee on Payments and Market Infrastructures）

　BCBS と同様に，国際決済銀行（BIS）の決済・市場インフラ委員会（CPMI）が対象とするのは主に中央銀行が関連する仮想通貨であり，その支払い手段や決済・清算等を検討している[43]。Digital Token に関して，CPMI が2018年 3 月12日に公表した「Central bank digital currencies」では Token の形態を用いた CBDC が分析対象となっている。

　Digital Token に関しては，CPMI は「Wholesale digital tokens（2019年12月12日）」において決済資産としての Digital Token を対象としている。この Digital Token にはセキュリティを担保とするトークンも含まれており，決済にあたり改めて法的な手当て（安定性）が求められる一方で，この Digital Token 自体は既存の金融市場インフラのための原則（PFMI）の遵守も期待されている。

6.　Financial Action Task Force on Money Laundering（FATF）

　金融活動作業部会（FATF）は，国際的なマネーロンダリングやテロ資金供

与への対策を主たる活動目的とする。「Guidance for a risk-based approach for the securities sector（2018年10月26日）」や「Guidance for a risk-based approach to virtual assets and virtual asset service providers（2019年6月21日）」に Crypto Asset や ICO に関する記述がみられるものの，FATF の対象は主として Virtual Asset（デジタル上で取引や移転され，投資目的の支払い手段となるデジタル上の価値と定義）（Recommendation 15）である。

　2020年7月7日に G20へ提出した Stablecoin におけるマネーロンダリングやテロ資金活用の防止に関する報告書をみても[44]，FATF は Virtual Asset（デジタル上で取引や移転，支払や投資目的で使用されるデジタル上の価値の表象）と，セキュリティや金融資産のデジタル上の表象（Digital Representation）とを明確に区別して取り扱っている。

まとめ

　大量の取引を迅速に処理する点で，現在の金融・資本市場のシステム（Off-chain Infrastructure）には利点がある。その一方で閉じられたシステムであるが故に，Digital Token の利点であるネットワーク効果などを取り込むことが困難であり，また，新規のアイデアに基づく多様性を取り込むことも容易ではない。金融・資本市場のさらなる発展を考えると，DLT を導入することにより生まれる新たな効果は魅力的である。

　On-chain に関連する技術の進歩を鑑みるに，近い将来に Off-chain の部分代替もしくは補完システムとして定着しよう。On-chain Infrastructure の本格的な導入は，単に金融・資本市場を拡大させるだけではなく，これまでの閉じられたシステムから開かれたシステムへの転換を通じて市場の多様性を増すであろう。すべての業種が金融に通じることで産まれる付加価値には，生産性の向上を通じてマクロ経済の成長を高めることが期待される。

　金融・資本市場のデザインの基盤は法規制である。本稿で論じたように，国内規制に留まらずボーダーレスの国際規制においても On-chain の特性を取り

込んだ適切な法規制の整備はこれからの市場デザインの機能にとって最重要の
要因となろう。

＜注＞

1 ）　日本証券経済研究所［2020］では，デラウェア州が2017年7月21日に改正した会社法（General Corporation Law）を分析し，法改正により可能となった DLT 上での株主名簿や株主移転記録の取り扱い等について議論している。このデラウェア州の会社法の改正は「Delaware State Senate 149th General Assembly, An Act to Amend Title 8 of the Delaware Code Relating to the General Corporation Law（Senate Bill No.69）」。OECD［2020］は，このデラウェア州の会社法改正が，株式（Equity）を Digital Token で発行することを認め，所有権の証拠（Evidence）としてのトークン化された株式（Stock, Share）の発行を可能としたと述べているが，この解釈は誤りであろう。

2 ）　ECB［2019］でも Crypto Asset に合意された定義はないと記している。FSB［2019］は Crypto Asset の定義を記載しているが，「a type of private asset that depends primarily on cryptography and distributed ledger or similar technology as part of their perceived or inherent value」との表記に留まっている。

3 ）　Crypto Asset Taskforce は英国政府により2018年に組織された。HM Treasury, Financial Conduct Authority および Bank of England をメンバーとする。2018年10月に「Crypto Assets Taskforce: Final Report」を公開している。

4 ）　このタイトルは「Examining Regulatory Frameworks for Digital Currencies and Blockchain」（2019年7月30日）。

5 ）　2018年4月26日の House Appropriations Committee（下院歳出委員会）で，SEC の Jay Clayton 委員長は暗号資産（Crypto Asset）を① Medium of Exchange と②（Finance Project に使用する）Token にわけ，後者に関して自分がこれまでみてきたものはセキュリティに該当すると証言した。また，2020年9月25日に SEC の Division of Trading and Markets が Financial Industry Regulatory Authority（FINRA）に送付したノーアクションレターでは，Digital Asset をブロックチェーン技術等の DLT を用いて発行・移転される資産であり Virtual Currency, Coin, Token などを含む。連邦証券諸法上のセキュリティの定義に該当する場合も該当しない場合もある，と説明されている。

6 ）　わが国が Bitcoin 等を指していた仮想通貨の呼称を暗号資産へと変更した背景の1つに，Financial Action Task Force（金融活動作業部会，FATF）が2018年10月に公表した報告書で Virtual Currency を Virtual Asset へと変更したことがある。この FATF が定義する Virtual Asset には原則としてセキュリティや金融資産が含まれていないため（他の項目で取扱い），わが国の暗号資産と同意語と捉えられる。この FATF の Virtual Asset の定義に対しても，実務上の観点から他の用語法との混乱を招いているとの指摘もある。

7 ）　暗号資産に基づくデリバティブ取引は金融商品取引業規制に加えられ，不公正取引規制と同様に金融商品取引法等の管轄となる。また，リテール販売時の現物資産取引やデリバティブ取引に係る説明義務（不法行為責任）は金融商品販売法に基づく。

8 ）　Bill No は第116回連邦議会の H.R.2144および H.R.2154。ただし，これら2本の法案は証券諸法から Digital Token を除外することが目的であるため，それぞれに共通のD項として「所有者利益や事業利益の分配を含む，会社やパートナーシップの財務上の持分を表さない」が含まれている。

9 ）　例えば，2019年5月に DBS（Development Bank of Singapore）がオンライン・バンキング・サービスとして更新した DBS Digital Token などは，主に法人向けの銀行取引用のデジタル通貨

であり，本稿の用語法とは異なっている。

10)　FED の Lael Brainard 理事が Stanford Graduate Scholl of Business における講演で CBDC の米国内での導入に関して調査・検証を行っていると述べている（2020年2月5日）。さらに Jerome Powell 議長は，連邦議会下院金融サービス委員会における議会証言（2020年6月17日，オンラインで開催）における共和党の Tom Emmer 議員の質問に返答する形で，FED は独自に CBDC（Digital Dollar）の研究を進める考えを示した。一方で日本は，日本銀行が CBDC に関する共同研究を BIS，ECB，カナダ銀行，イングランド銀行，スウェーデン国立銀行，スイス国民銀行と行っている（2020年1月21日公表）。また，日本政府の「経済財政運営と改革の基本方針」（2020年7月公表）にも CBDC の検討が含められている。

11)　最初の ICO は2013年夏に5,000 Bitcoin（50万ドル相当）を調達した MasterCoin Project だと言われている。投資契約に基づきセキュリティとして発行する場合は Security Token Offering（STO）と呼称され，仮想通貨交換業者（取引所）が代行する場合は Initial Exchange Offering（IEO）とも呼ばれる。

12)　コーディネーション問題に関連して，Catalini and Gans［2018］に類似した手法を用いた先行研究としては Li and Mann［2018］がある。

13)　ペイジ［2009］では「多様性予測定理」。

14)　集合知を発現させる条件として，西垣［2013］は多様性と独立性を挙げているが，その他に分散性，集約性，大規模性を条件とする研究もある。これらは Off-chain Infrastructure よりも On-chain Infrastructure で容易に達成される。

15)　①Certifying the Quality of the Underlying Venture before a Token Sale Starts（Digital Token 売却の開始前にベンチャーの品質を証明），②Harnessing the Wisdom of Investor Crowds during the Fundraising Period（調達期間中に投資家達の知恵を活用する）の2段階。

16)　この他，当局に Fraud として摘発されたケースとの関連や，集合知が資本調達の成功の尤度に与えた影響の分析，上場後の Digital Token の長期パフォーマンスに影響があるのかも分析している。

17)　Howell et al.［2018］が挙げる ICO の利点は，①Financing Development of Decentralized Networks，②Securing Commitment from Future Customers，③Establishing Immutable Governance Terms，④Providing Rapid Liquidity，⑤Hastening Network Effects，⑥Reducing Transaction and Regulatory Costs の6つ。

18)　Howell et al.［2018］が使用するデータに関して。1,519件の ICO において Digital Token の発行体の約9％が VC から調達している。また分析対象とした主要な Digital Token の取引所は Binance，Poloniex（Circle），ShapeShift，EtherDelta であるが，これらに上場する Digital Token の成功率には偏りがみられる。Binance の成功率は他よりも良好であった。また，上場を認可する審査基準は取引所により様々であるため，Token Offerings を考える上で取引所の機能や取引所に係る規制のあり方は重要であろう（特に IEO にとって）。ちなみに，Bloomberg「Crypto Exchanges Charge Millions to List Tokens, Report Says」（2018年4月3日）では，Digital Token の上場に関して，仮想通貨交換業者（取引所）が請求する Listing Fee は100万ドルから300万ドルであり，伝統的な国法証券取引所と比較して10倍近いと報じられている（Equity の場合，NASDAQ への上場フィーは125,000ドルから300,000ドルに毎年の上場維持手数料）。

19)　CoinSchedule のデータ（現在では閉鎖）。2018年3月にも月間で約45億ドルが Token Sales により調達されている。この数字には米国外での調達も含まれていると予想される。

20)　ICO や STO は発行体が Digital Token を売却するのに対して，IEO（Initial Exchange Offerings）は，仮想通貨交換業者（取引所）が Digital Token の売却を代行する（投資家は取引所に口座を開設）。この Digital Token は売却後に当該取引所に上場される。2017年12月に実施された IEO（Binance）が最初だと言われているが，2019年2月の Binance Launchpad（IEO プラットフォーム，Binance 取引所）が実施した BitTorrent から実施例が増えている。この IEO は，金融庁の事務ガイドラインにおいても，仮想通貨交換業者による「発行者に代わってトークンを

販売する場合」で手当てが行われている。

21)　ステージ別の平均的な調達額は，Seed ステージが平均で110万ドル（2018年・2019年ともに），Early ステージが平均で600万ドル（2018年）と650万ドル（2019年）であった。

22)　SSRN 等で公開されている「ICO Market Report 2018/2019」によれば，ICO の30日後に発行された Digital Token のパフォーマンスがプラスを維持しているのはサンプルの23.6%，180日後では7.6%に過ぎなかった（https://ssrn.com/abstract=3512125）。

23)　仮想通貨（Virtual Currency）に関連する詐欺行為に対する SEC の対応は，2013年7月に仮想通貨を用いた Ponzi Scheme に関する Investor Alert まで遡ることができる。単なるエンフォースメントに留まらず，近年では個人投資家への啓発活動として ICO のフェイク・サイト「https://www.howeycoins.com/index.html」も開設している。

24)　Wall Street Journal「"Buyer Beware: Hundreds of Bitcoin Wannabes Show Hallmarks of Fraud,"」（2018年5月17日）。

25)　極端な例では，インターネット上で公開された Satis Group LLC の調査「ICO Quality: Development & Trading」では，ICO の81%で詐欺的な行為があったと報告されているが同調査の調査方法には疑問点が多い。

26)　SEC の Commissioner である Hester Peirce のスピーチ「Renegade Pandas: Opportunities for Cross Border Cooperation in Regulation of Digital Assets」（2019年7月30日）。

27)　そもそもスタートアップ企業であるため，例えば Form S-1の S-K，Item11が開示を要求するような過去の財務情報自体が無い。

28)　ただし，長期的には Equity と類似して会社の将来の価値を表していると考えられる。

29)　AngelList は，スタートアップ企業と投資家とのマッチングを行う著名なプラットフォームである。米国の AngelList に参加可能な投資家は自衛力認定投資家に限定されている。Bernstein et al.［2017］は，Founding Team の他に，すでに投資している投資家の情報や Traction 等を分析対象に加えている。

30)　IOSCO は Crypto Asset を，通貨，商品，セキュリティ，商品デリバティブ等の資産もしくは資産の所有権を指す用語として使用している。

31)　2017年2月に公表した報告書（「IOSCO research report on financial technologies」）で，資産のトークン化について触れている。この10月の代表理事会の後に，メンバー間での意見交換の場として ICO Consultation Network が設置された。

32)　2018年1月18日に公表された「IOSCO board communication on concerns related to initial coin offerings（ICOs）」には，ICO への投資が非常に投機的であること，オンラインを通じて個人投資家を対象とする ICO には投資家の居住国以外から投資プロジェクトが提供されている場合がある，また法令違反（規制の対象外）であり投資家保護上の問題となる ICO がある，さらには詐欺行為もみられる，などの投資家向けの注意喚起が記されている。

33)　2019年3月25日公表の「Board priorities-IOSCO work program for 2019」。

34)　2020年2月12日に公表された最終報告書「Issues, Risks and Regulatory Considerations Relating to Crypt-Asset Trading Platforms」。コンサルテーション・レポートは同名で2019年5月28日に公表。

35)　① Access to CTPs，② Safeguarding Participant Assets，③ Conflicts of Interest，④ Description of CTPs Operations，⑤ Market Integrity，⑥ Price Discovery，⑦ Technology，⑧ Clearing and Settlement の8項目。

36)　Safeguarding Participant Assets で論じている。CTPs のカストディには，① CTPs が提供する Hot・Cold Wallet（storage）による Crypto Asset の保管，②第三者によるカストディ・サービスの提供，③プラットフォームの参加者が独自の Wallet および Private Key により Crypto Asset を保管，の3つのタイプがある。

37)　例えば，2019年9月12・13日にパリで開催した OECD Global Blockchain Policy Forum では，CBDC やステーブルコインと並んで，資産のトークン化（Tokenisation: From Securities to Physical Assets-a New Frontier in Financial Assets?）や DLT を活用したデジタル金融市場（Digital Financial Marketplaces: New Developments and Regulatory Responses in Primary and Secondary Markets）などのセッションが議論の場となった。

38）　ICO のベネフィットとして，①Cost Efficiencies，②Inclusive SME Financing，③Flexibility, Speed, Liquidity，④Value of Network，⑤Ownership Not Necessarily Conferred，⑥Unlimited Investor Pool を挙げている。

39）　OECD［2020］は伝統的な金融市場（Off-chain Infrastructure）と DLT 上の市場（On-chain Infrastructure）を対比させ，①ディスインターミディエーションとマーケットメイキング機能，②レポ取引，③流動性，④透明性の向上と価格，⑤決済と清算，⑥カストディ等について，DLT による取引がもたらす変化を論じている。

40）　FSB が用いる Crypto Asset には Digital Token も含まれているが，この書簡は主に仮想通貨市場について言及していると思われる。

41）　2019年 2 月27日から28日にかけて開催された会合で，Crypto Asset に関する High Level Supervisory Expectations の公表を合意。

42）　①取得時の Due diligence，②Governance and Risk Management，③保有している資産に関する Disclosure，④Supervisory Dialogue（監督当局への報告）。

43）　例えば「Digital currencies（2015年11月23日）」など。

44）　FATF Report to the G20 Finance Ministers and Central Bank Governors on So-called Stablecoins（報告書の公開は 6 月）。

＜引用文献＞

西垣通［2013］『集合知とは何か　ネット時代の「知」のゆくえ』中公新書

日本証券経済研究所［2018］「仮想通貨・ICO に関する法規制・自主規制」『金融商品取引法研究会』日本証券経済研究所，研究記録第67号

日本証券経済研究所［2020］「会社法・証券法における分散台帳の利用－デラウェア州会社法改正などを参考にして」『金融商品取引法研究会』日本証券経済研究所，研究記録第71号

ペイジ，スコット［2009］『「多様な意見」はなぜ正しいのか　衆愚が集合知に変わるとき』水谷淳訳，日経 BP

若園智明［2019］「米国における資本形成の変遷：公開市場と私募市場」『証券経済研究』日本証券経済研究所，第107号，9 月，1-19頁

若園智明［2020］「Token Offering を巡る SEC の規制的対応」『証券経済研究』日本証券経済研究所，第112号，12月

Arslanian, Henri and Febrice. Fishcer［2019］, *The Future of Finance: The Impact of Fintech, AI, and Crypto on Financial Services*, Palgrave Macmillan.

Auer, Rapael. and Stiin. Claessens［2018］, "Regulating cryptocurrencies: assessing market reactions," *BIS Quarterly Review*, September.

Bakos, Yannis and Hanna Halaburda［2019］, "The Role of Cryptographic Tokens and ICOs in Fostering Platform Adoption," *CESifo Working Papers*, No.7752.

BCBS［2019］, Designing a prudential treatment for crypto assets, *Discussion Paper*, December.

Bernstein, Shai et al.［2017］, "Attracting Early-State Investors: Evidence from a Randomized Field Experiment," *Journal of Finance*, Vol.72, Issue 2, pp.509-528.

Blandin, Apolline et al.［2019］, *Global Cryptoasset Regulatory Landscape Study*, Cambridge Center for Alternative Finance.

Brummer, Chris et al.［2019］, "What Should Be Disclosed in an Initial Coin Offering?," *Cryptoassets*

Legal, Regulatory, and Monetary Perspectives, Chap 7, Oxford University Press.

Carter, Nic [2019], Cryptoasset Valuation: Theory and Practice," *Cryptoassets Legal, Regulatory, and Monetary Perspectives*, Chap 4, Oxford University Press.

Catalini, Christian and Joshua Gans [2019], "Initial Coin Offerings and the Value of Crypto Tokens (Revised Version)," *NBER Working Paper*, No.24418.

Cong, William et al. [2019], "Tokenomics: Dynamic Adoption and Valuation," *Fisher College of Business Working Paper Series*, WP 2018-03-015.

Cohney, Shaanan et al. [2019], "Coin-Operated Capitalism," *Columbia Law Review*, Vol.119, No.3, PP.591-676.

ECB [2019], "Crypto-Assets: Implications for financial stability, monetary policy, and payments and market infrastructures," *Occasional Paper Series*, No.233, May.

ESMA [2018], *Own Initiative Report on Initial Coin Offerings and Crypt-Assets*, Securities and Markets Stakeholder Group, ESMA22-106-1338.

FCA [2019], *Prohibiting the sale to retail clients of investment products that reference cryptoassets*, Consultation Paper CP19/22, July.

Fisch, Christian [2019], "Initial coin offerings (ICOs) to finance new ventures," *Journal of Business Venturing*, Vol.34, Issue 1, pp.1-22.

FSB [2019], Crypto-assets: Work underway, regulatory approaches and potential gaps, May.

Gan, Jingxing et al. [2020], "Initial Coin Offerings, Speculators and Asset Tokenization," *The Wharton School, University of Pennsylvania Research Paper Series*.

Heminway M. Joan [2013], "How Congress Killed Investment Crowdfunding: A Tale of Political Pressure, Hasty Decisions, and Inexpert Judgements that Begs for a Happy Ending," *Kentucky Law Journal*, Vol.102, Issue4, pp.865-889.

Henderson, M. Todd and Max Raskin [2019], A Regulatory Classification of Digital Assets: Toward an Operational Howey Test for Cryptocurrencies, ICOs, and other Digital Assets," *Columbia Business Law Review*, Vol.2019, No.2, pp.443-493.

Howell, Sabrina et al. [2018], "Initial Coin Offerings: Financing Growth with Cryptocurrency Token Sales," *NBER Working Paper*, No. w24774.

Hurt, Christine [2015], "Pricing Disintermediation: Crowdfunding and Online Auction IPOs," *University of Illinois Law Review*, Vo.2015, No.1, pp.217-263.

Institute of International Finance (IIF) [2018], *Initial Coin Offerings: the frontier of financing*.

Lee, Jongsub et al. [2019], "The Wisdom of Crowds in FinTech: Evidence from Initial Coin Offerings," Western Finance Association 報告論文（2019年6月18日）.

Li, Jiasun and William Mann [2018], "Digital Tokens and Platform Building," *Western Finance Association Conference 2018*.

Martinez, G. Aurelio and Nydia R. Leon [2019], "The Law and Finance of Initial Coin Offerings," *Cryptoassets Legal, Regulatory, and Monetary Perspectives*, Chap 6, Oxford University Press.

Maume, Philipp and Mathias Fromberger [2019], "Regulation of Initial Coin Offerings: Reconciling US and EU Securities Laws," *Chicago Journal of International Law*, Vol.19, No.2, pp.548-585.

Mehar, Muhammad et al. [2019], "Understanding a Revolutionary and Flawed Grand Experiment in Blockchain: The DAO," *Journal of Cases on Information Technology*, Vol.21, Issue 1, pp.19-32.

Mendelson, Michael [2019], "From Initial Coin Offerings to Security Tokens: A U.S. Federal Securities Law Analysis," *Stanford Technology Law Review*, Vol.22, Issue 1, pp.52-94.

Nelson, Rebecca [2019], "Examining Regulatory Frameworks for Digital Currencies and Blockchain," *Hearing before Committee on Banking, Housing, and Urban Affairs U.S. Senate*, July 30 2019.

OECD [2019], *Initial Coin Offerings (ICOs) for SME Financing*.

OECD [2020], *The Tokenisation of Assets and Potential Implications for Financial Markets*, OECD Blockchain Policy Series.

Park, James and Howard Park [2019], "Regulation by Selective Enforcement: The SEC and Initial Coin Offerings," *Law & Economics Research Paper Series*, UCLA School of Law, No.19-09. (Washington University Journal of Law and Policy に掲載予定)

Rohr, Jonathan. and Aaron. Wright [2019], "Blockchain-Based Token Sales, Initial Coin Offerings, and the Democratization of Public Capital Markets," *Hasting Law Journal*, Vol. 70, Issue 2, pp.463-524.

R3 [2019], *Digital Asset Working Group Report*, June.

Spence, Michael [1973], "Job market signaling," *Quarterly Journal of Economics*, Vol.87, Issue 3, pp.355-374.

Strausz, Roland [2017], "A Theory of Crowdfunding: A Mechanism Design Approach with Demand Uncertainty and Moral Hazard," *American Economic Review*, Vol.107, No.6, pp.1430-1476.

Sykes, Jay [2018], "Securities Regulation and Initial Coin Offerings: A Legal Primer," *CRS Report*, R45301.

Zetzsche, Dirk et a. [2019], "The ICO Gold Rush: it's a scam, it's a bubble, it's a super challenge for regulators," *Harvard International Law Journal*, Vol.63, No.2, pp.267-315.

Zhang, Xingzhou et al. [2015], "Tencent and Facebook data validate Metcalfe's Law," *Journal of Computer Science and Technology*, Vol.30, No.2, pp.246-251.

第13章　米国証券業が模索する顧客本位な業務運営とは

沼田　優子

はじめに

　米国では2020年6月30日，証券取引委員会規則（以降，SEC規則）「最善の利益規則」[1]が施行され，証券外務員は顧客の「最善」の利益のために行動することが義務付けられた。また同日，証券業者や投資顧問業者が個人顧客との関係を説明するフォームCRSの導入も始まった[2]。

　これまで顧客に「適した」商品を勧めれば良いとする「適合性原則」を行動規範の主軸としてきた証券外務員に，最善の利益に資する行動をとるよう，求める議論は，1990年代半ばから始まった。最善の利益規則の導入により，20年以上の時を経た議論はようやく一つの節目を迎えたことになる。

　ただしこの議論の発端の一つは，多様化するチャネル間の投資家保護水準の違いを埋めることであった。人数で最大勢力となった独立系アドバイザーの中には投資顧問業者登録を行って個人にアドバイスを提供する者がいる。彼らは従来から受託者責任を規範として，「最善」の利益に資する行動をとってきたのに対し，大手に所属する者も含め，証券外務員は顧客に「適した」アドバイスを提供すれば良いとされ，許容範囲が極めて広かったからである。加えて労働省も同様の規則案を発表しており，最善の利益規則が証券外務員の投資家保護水準を引き上げたことは間違いないが，3通りの「最善の利益」の併存状態が，個人の混乱を収束するかについては，今後の行方が見守られている。

　いずれにせよ，これらの規則が従来と大きく異なるのは，証券外務員の販売

行為規制がプリンシパル・ベースに舵を切ったことである。従来型規制のような禁止事項を列挙するルール・ベースの規制では，禁止事項以外は許容されると見なした際どい営業を目指す結果，証券業者の行動が画一的になりがちであるという指摘があった。しかし今回の規則は，「最善の利益」という原則を掲げつつも，何が「最善」かは定義せずに，証券業者の創意工夫に委ねる形をとっている。

　これは，投資家の裾野が広がり，何が「最善」かがそれぞれ異なるという現状に相応しい規制体系であるとの見方もある。とりわけ，従来は自助努力で投資を行うと考えられていた資産形成層も，選択肢が少なかったが故に自己判断を求められていただけで，本来はアドバイスを欲していることが明らかになってきた。実際，対面チャネルの預かり資産は非対面チャネルとともに拡大している（図表13-1）。こうしたニーズの変化に合わせて販売チャネルが多様化してきたと考えれば，規制面からの整合性を目指す動きがあっても不思議ではない。

　もっともこうした規則が有効に機能するためには，「最善」が何かを見極

図表13-1　米国の個人向け証券市場の預かり資産（兆ドル）

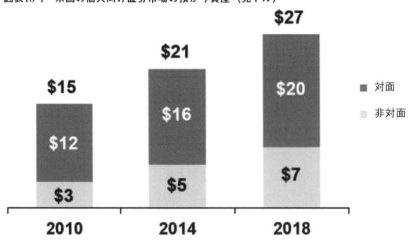

〔出所〕LPL Financial Holdings Inc. "*Annual Report*," 2019.

め，それに合ったサービスを提供する，営業の前線における現場力が不可欠である。従来型規制に対応した，全社一律のコンプライアンス体制では，顧客ごとに異なる「最善」に対応仕切れないからである。つまり，営業担当者が各顧客の特性やニーズを従来以上に知り，それに基づく「最善」が何かを探り，それぞれの顧客に合ったサービスを柔軟に提供する。ただしそのためには，営業担当者はより広い裁量を持つ必要があるし，顧客の最善に資するサービスの精査を行った証跡を残し，最善に資すると信じるに足る根拠を説明したりできなければならない。言うまでもなく，そもそも営業担当者と顧客の間に良好な関係が築かれていなければ，顧客も証券業者もそのような裁量を認めないであろう。

　幸い，米国では規制論争が極めて長期にわたったが故に，営業担当者が顧客との関係を醸成する時間が十分にあった。そして投資家のニーズをより理解していくにつれ，彼らが求めているのは投資パフォーマンスに限らない，ということも周知されるようになり，アドバイスの中身も変容させていった。

　他方，米国証券業者は規制強化を見越し，コンプライアンス競争とも言うべき動きを活発化させていった。つまり，証券業者が当局から定められた最低限の規則を遵守するのではなく，他社を抜きんでる攻めのコンプライアンスが武器となることに気づき，顧客本位な行動の創意工夫でも競い合うようになっていたのである。一般の個人が安心して老後の資産形成に励める証券市場は，こうした三者の協働作業により，作り上げられていったと言えよう。

　そこで本稿は，規則導入の経緯と，その間の営業担当者や証券業者の行動の変化，近年のコンプライアンス競争の状況について概観することで，米国証券業が模索してきた顧客本位な業務運営について報告したい。

Ⅰ．証券外務員の販売行動規制の見直し

1．最善の利益規則の施行

最善の利益規則は，個人顧客に証券に関わる推奨を行う際には，彼らの最善

の利益に資する行動をとらなければならないと定めるものである。そしてこの義務は，情報開示義務，注意義務，利益相反義務，コンプライアンス義務を果たすことによって満たされる。

　情報開示義務とは，手数料とコスト，サービスの限界等，顧客との関係に関する重要な事実を開示することを指す。また証券業者と投資顧問業者の兼業が多い[3] ことから，顧客と対峙する際にどの立場を取るのかも，開示しなければならない。つまり自社商品を提供していることや，投資顧問業者等の第三者から支払いを受けていること，報酬体系が利益相反を生むかもしれないこと等は，開示されなければならなくなる。

　注意義務とは，顧客の最善の利益に資すると信じるに足る合理的な根拠を基に，合理的な勤勉さ・注意・能力をもって推奨を行わねばならないとするものである。この場合の最善の利益は，複数の顧客に一般的に当てはまるかのみならず，特定の顧客のプロフィール等を鑑みても当てはまるのか，個々の取引だけでなく，一連の取引として見ても過剰とならずに当てはまるのか，という観点からも精査されなければならない。

　利益相反義務とは，推奨に伴う利益相反は少なくとも開示もしくは排除し，証券業者や外務員の利益を優先し兼ねないインセンティブは削減すること，推奨される証券・投資戦略に，利益相反を生みかねない重要な制限が伴う場合（例えば自社商品のみを提供する場合）はこれを開示し，証券業者や外務員の利益を優先するような制限や利益相反は防止すること，一定期間内に特定及び特定のタイプの証券の販売を促す営業コンテスト・ノルマ・ボーナス等は排除すること，等を指し，そのための方針や手続きを構築しなければならないとする。

　そしてコンプライアンス義務とは，この規則を遵守できると合理的に考えられるような方針・手続きを構築しなければならないとする。

　フォーム CRS は，証券業者や投資顧問業者が，顧客との関係性や提供サービス，手数料や費用，利益相反，行動規範処分歴等について，個人顧客に通知するための文書である。顧客は証券業者等の顧客になった際，及び当該フォー

ムの内容に重要な変更があった際に，そのアップデートを受け取ることになっている。

　以上をまとめると，最善の利益規則は投資家保護水準の統一を見送った形となった。証券業者のコンプライアンス負担とコストを増やすことにより，彼らが顧客を選別するようになっては，アドバイス難民が生じてしまうからである。むしろ多様なレベルの投資家保護を残したほうが，コスト水準も多様なままとなるため，顧客は身の丈にあったサービスを選びやすいとの判断もあった。また系列商品販売や運営管理手数料の販社取り分等も一律禁止とすることは見送られ，明示的に禁止されたのは，期間限定で特定商品の販売を促す営業コンテストや報酬等に留まった。そのため，次に紹介する労働省規則に比べると，投資家保護水準の後退を訴える声も少なからずあった。

2. 就業者・退職者の投資アドバイスを改善する規則案

　労働省規則とは，2016年に公布されたものの，2018年に無効にされた「『受託者』の定義；利益相反規則—退職に向けた投資アドバイス」である[4]。

　2016年規則は，確定拠出年金加入者向けにアドバイスを提供する者の適用範囲を広げ，彼らを受託者と定めた。その結果，証券外務員の大半が対象となったのである。個人型確定拠出年金に相当する個人退職勘定（IRA）の残高は，いまや企業型のそれを上回る程となり，そのアドバイスを証券外務員等が提供してきたからである。しかし従業員退職所得保障法（ERISA）及び内国歳入法（IRC）は，利益相反の可能性のある行為，とりわけ自己勘定取引を禁止している。そのため両法の適用除外が認められない限り，証券業者の多くは業務に支障をきたすことになりかねなかったが，その要件は極めて厳しい内容であった。

　しかしこれが無効となったため，労働省はSEC規則施行直前の2020年6月29日，改めて「就業者・退職者の投資アドバイスを改善する規則案」を発表した[5]。

　2020年の規則案は，投資アドバイスを提供する受託者の定義を，確定拠出年

金等の運用や運営に裁量や責任等を持つ者，投資アドバイスを提供して対価を得る者と明示し，これをただちに発効させた。そして彼らが ERISA 及び IRC の禁止規定の適用除外となるための要件に関しては，SEC 規則と平仄を合わせた柔軟な案を提示した。適用除外となるためには，公平な行為基準（Impartial Conduct Standards）に従うことが求められるが，これは，加入者の最善の利益（Best Interest）のために行動し，その報酬を合理的な水準にし，取引等に関して重要な誤解を招かない記述とすることを指すとしたのである。つまり，その範囲内であれば，コミッション等の取引連動型手数料や系列商品の販売等も可能であるとしたのである。なお，企業型から個人型へと確定拠出年金を移管する際のアドバイスが，継続的なアドバイスの一貫として提供される場合，営業担当者は受託者としての責任を負う可能性も示している。

　この規則案には106件のコメントが寄せられ，公聴会も開かれたことから，最終規則の行方が見守られている。

3.　規則改正に伴う営業行動の変化

　こうして両規則（案）は，当初の議論に比べると，緩やかなものになったが，それでも営業行動の見直しを促す大きな契機となっている。従来型の慣行が明示的に禁止されなくても，利益相反等を開示，排除する業務手続等を構築したり，利益相反ではないという証跡を残す必要が生じたことから，コストとの見合いもあって業務全般に踏み込んだ見直しを余儀なくされたからである。

　例えば米国証券業金融市場協会（SIFMA）とデロイトトウシュ社は，SEC 規則施行に先立つ2020年3月，その準備状況に関する調査報告書を発表した[6]。これによると，調査対象業者の69％が，ビジネスモデルの変更を検討し，特に手数料・費用体系の見直し（49％），特定の商品等の排除（44％），営業担当者報酬の見直し（44％），運用業者等からの支払いの見直し・排除（31％）を挙げた。とりわけ大手業者は報酬制度の見直し，中堅業者は SMA やファンドラップ等の投資顧問型サービスや非対面サービスの導入・拡大，小規模業者は最低投資金額や手数料の変更を挙げる業者の比率が目立った。

図表13-2　最善の利益遵守手続きの導入のハードルが高く，テクノロジー装備の強化が必須となる三大義務

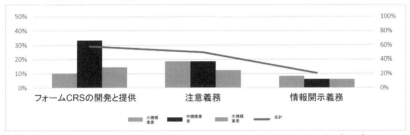

〔出所〕Securities Industry and Financial Markets Association & Deloitte Touche.〔2020〕*"Reg BI – How Wealth Management Firms are Implementing the Rule Package,"* Securities Industry and Financial Markets Association.

　SEC 規則遵守に関しては，何よりも「最善の利益」が定義されていないため，自社基準を定めなければならないことが大きな課題とされた。より具体的に見ていくと，フォーム CRS の開発・提供，注意義務（顧客の最善の利益），情報開示義務が，テクノロジー装備が必要な三大課題として挙げられた（図表13-2）。中でも注意義務に関しては，商品の選定手続きや，企業の規則遵守基準の策定が，最も大きな業務モデルの変更となると考えられている。

　顧客にとって何が最善かは，投資家の多様化が進んでいる現状においては，営業の最前線で見極めることが，現実的と考えられている。そのため，営業担当者が各社の基準を把握した上で，顧客に合った投資商品推奨を行えるよう，テクノロジーによる彼らへの支援が計画された。中でも提案したい商品が顧客にとっての最善であることを確認できるよう，営業担当者の裁量で代替商品がないかを検索し，手数料等を比較できるツールを提供する業者が最も多いようである（図表13-3）。

　なお，開示情報については，預かり資産トップのチャールズ・シュワブでは，最善の利益情報，証券業者及び投資顧問業者としてのそれぞれのフォームCRS の３つを開示している（図表13-4は証券業者としての CRS）[7]。この中で，同社はサービスの範囲や手数料・コスト，利益相反の可能性，営業担当者の報酬等について開示しており，この部分には専門的内容も含まれている。し

図表13-3　最善の利益規則を遵守した商品推奨を営業担当者が行うための支援

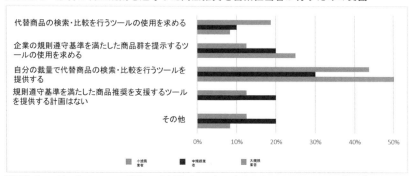

〔出所〕Securities Industry and Financial Markets Association & Deloitte Touche.〔2020〕*"Reg BI – How Wealth Management Firms are Implementing the Rule Package,"* Securities Industry and Financial Markets Association.

図表13-4　チャールズ・シュワブのリレーションシップ・サマリー証券版（抄訳）

> **シュワブと証券取引を行うことを選択するにあたって考慮していただきたいこと**
> チャールズ・シュワブは証券業者兼投資顧問業者です。両者のサービスや手数料は異なっており，その違いの理解は重要なため，これを読み，我々に質問をすることを期待します。
> **どのような投資サービスとアドバイスを提供するのですか？**
> 多様な投資商品を，最低投資金額をほぼ設けずに提供しています。系列・第三者の商品があります。
> ✓アドバイスが必要であれば投資推奨を行います。
> ✓我々はあなた及びあなたの状況に合ったアドバイスを一対一で提供します。その推奨は提供時にしか適用されません。
> ✓投資判断は常にあなたが行います。あなたの指示なしに，我々が発注することはありません。我々はあなたの証券口座の運用やモニタリングを行いません。
> ✓我々はリサーチや市場情報も提供しますが，これらはあなただけに向けた推奨ではありません。
> **尋ねるべき質問**
> ・私の金融状況を考えると，投資顧問サービスを選ぶべきですか？
> ・証券サービスを選択する必要がありますか？
> ・両サービスを選択する必要がありますか？なぜでしょうか？
> ・私に薦める投資商品をどのように選択するのですか？
> ・あなたの職務歴や研修歴，資格などを（その資格の意味も含めて）教えてください。
> **私はどのような手数料を払うのでしょうか？**
> 取引時にコミッションや取引手数料を支払うことがあります。取引価格や投資そのも

のに費用が含まれることもあります。

✓ 手数料は推奨の有無では変わりません。我々は特定の商品について第三者や系列業者からの支払いを受けており，これらを薦めるインセンティブがあります。

✓ 口座や取引関連手数料を支払うこともあります。

✓ 投資で儲けても損をしても，手数料や費用を支払います。これらは投資収益を減らすので，どのような手数料や費用を支払うのかを理解してください。

尋ねるべき質問

・これらの手数料や費用が私の投資に与える影響について教えてください。

・私が1万ドルを投資すると，いくらが手数料と費用になり，いくらが投資されますか？

投資推奨を行う際，どのような義務がありますか？他にどのように儲けていて，どのような利益相反があるのでしょうか？

証券口座への推奨は，原則証券業者として提供します。推奨時，我々はあなたの最善の利益を優先しなければならない一方で，我々の儲け方は利益相反をもたらすことがあります。例えば我々や系列業者は，以下でも儲けています。

✓ 投資信託業者が販売業者に支払う事務代行手数料，系列運用業者に支払われる運用手数料，証券口座のキャッシュのスプレッド（我々の運用収益と支払い金利の差），販売手数料や自己勘定取引のマークアップ，保険業者からの手数料

尋ねるべき質問

・あなたの利益相反は私にどのような影響を与える可能性がありますか？またどのように対処しますか？

営業担当者はどうやってお金を稼ぎますか？

あなたの口座資産，サービス提供に費やす時間とその複雑さ，専門知識に応じた報酬を得ます。特に，彼らはあなたに投資顧問サービスを薦めること及び当該口座開設後の対応を行うことにより，報酬を得ます。特定のサービスを薦めることで得る収入が他のサービスのそれを上回ることがありますが，当社の収入に連動した報酬は受け取りません。

シュワブやその営業担当者等に訴訟歴や処分歴はありますか？あります

尋ねるべき質問

・営業担当者として，あなたに処分歴はありますか？

・それはどのような行為によるものですか？

〔出所〕Charles Schwab & Co., Inc. [2020] *"Form CRS-BD, Form CRS-IA, Best Interest-BD,"* June 30.

かしその一方で，どのように営業担当者に説明を求めればいいか，質問集も付随し，尋ねることを促している。

4. 営業担当者が「最善」を見極めるためのツール

　では実際に，営業担当者が「最善」を見極めるためにどのようなツールを使いこなしているのか，2つの例を紹介したい。

（1）　最善の利益規則対応ツール

　リクストリーム社のレグ BI オプティマイザーというシステムには，70万社の企業型確定拠出年金のデータが入っており，社名を入力すればそれを取り出すことができる。例えば企業型確定拠出年金から個人型確定拠出年金への移管を薦めたい場合，企業型のデータベースから採用銘柄や手数料率等の情報を取り出し，これを個人型に移管した際に推奨したいポートフォリオのアロケーションや手数料と比較する。その際，推奨ポートフォリオには，営業担当者が自身のアドバイス料を加えることができるようになっているが，この手数料もライバルの当局報告資料のデータの平均と比較される。商品・アドバイス手数料ともに推奨ポートフォリオの方が低ければ，この推奨は「最善の利益に資する」と言える。しかし例え手数料が最低でなくても，その推奨が最善であると信じるに足る根拠を示せれば問題はない。これらのデータを流し込み，当局提出資料や顧客への提案書を作ることも可能である。このシステムには，営業担当者向けのみならず，管理者向けポータルもある。よって管理者は，営業担当者ごとのポートフォリオや手数料水準を俯瞰し，疑問が生じた場合は介入することも可能である。

　このようなシステムが開発された背景には，オバマ政権時代の調査報告書がある。企業型から個人型に資産を移管しようとする個人は，退職という大きなライフ・イベントを迎えるとは言え，金融の状況が大きく変わらなければ，アロケーションを大きく変える必要はない筈である。しかし，報告書によれば，個人型確定拠出年金のポートフォリオは，利益相反のあるアドバイスを受けるため，企業型に比べて手数料が高く，リターンが低くなる。こうした利益相反は1.7兆ドル程度の個人型確定拠出年金で発生しているため，金額にして170億ドル（投資リターンの1％）が毎年失われていると結論付けられた[8]。そこ

で，最善の利益規則に対応した手続きをとっている証左を残すためにも，こうしたシステムが開発されたのである。

（2）　顧客のリスク許容度を正確に測定するツール

　同様に，コンプライアンスを遵守しつつ，競争力を上げるツールとして注目をあびているのが，リスク管理システムである。従来から，顧客に適したアドバイスを提供するためには，顧客のリスク許容度を考慮に入れなければならなかったが，これは年齢層に応じて「保守的」，「積極的」といったレッテルを貼るに過ぎない，大まかなものも少なくなかった。そこでリスク・プロファイリングと管理を，より精緻化かつ個別化した手法に変えていこうというのが，最近の動きである。

　例えばプラン・プラス・グローバル社はリスク・プロファイリングのフィナメトリカ社と合併し，リスク管理機能を盛り込んだファイナンシャル・プラニング・システムのスータビリティ・プロを提供している。また2020年には，投資信託評価会社のモーニング・スターに買収されたことから，同社の豊富なデータベースと連携して，より精緻な分析が可能になった。

　このリスク・プロファイリング機能とは，独自の質問項目をもとに，顧客各人のリスク許容度等を総合評価し，数値化して，スータビリティ・スコアとして示すものである。このスコアは，顧客の心理的なリスク許容度（リスク・トレレンス）をもとに，顧客の客観的なデータから算出されるリスク許容量（リスク・キャパシティ），リスクの高い事象が生じた時にどの位，平静でいられるかを示すリスク・コンポージャー，ゴールやゴールに達成するまでに費やすことのできる時間，投資知識と経験等を考慮しながら，制約条件とどうやって折り合いをつけるかを営業担当者と相談し，ゴールを達成するために取るべきリスク（リスク・ニード）と見比べながら算出する。

　またこのスータビリティ・プロには，プロ・トラッカーというモニタリング機能もある。これは，投資ポリシーを作成し，それに基づいたポートフォリオの構築からモニタリングまで行うものである。この中では，例えばポートフォリオのリスク・スコアが顧客のリスク・スコアから大きく乖離するといったリ

スク・ドリフトが見られる場合にも，通知が届く仕組みとなっている。

　このようなツールを使い，①通常よりも精緻なプロファイリングを行って顧客の状況を知り，②膨大なデータ分析に基づき，商品についての理解を深めた上で，③複数の代替案を示しながら推奨を行い，④スコアに基づいたリスクの説明も行い，⑤このツールで作成される同意書に，その旨承知したという顧客のサインをもらえば，規則遵守の証跡を自然と5つ残せることになる。

Ⅱ．顧客との良好な関係の模索

　こうした制度改正に関わる長期的な議論の一方で，2000年代以降の証券営業の在り方も大きく変わった。1990年代の株式ブーム期に確定拠出年金や投資信託の直販，ネット証券等の自助努力型のチャネルを試した個人投資家も，2001年のITバブルの崩壊や2008年の金融危機を経て，専門家によるアドバイスの重要性を実感したからである。自助努力による投資の洗礼を受けてきたベビーブーマー層も，退職期を迎えてまとまった金額を運用しなければならなくなると，自己判断に自信を持てなくなるという事情もある。

　また彼らに必要なのは，人生のゴールを達成するためのファイナンシャル・プランに沿った運用で，儲かりそうな銘柄の早耳情報ではないことも周知されてきた。とりわけ，金融危機の直後は世界的に市況が軟調で，時価上昇を期待した投資アドバイスが提供しにくくなった。そのため営業担当者は，投資行動のコーチングや税の最適化，コスト削減策等，投資パフォーマンス以外にも目を向けた投資アドバイスに工夫を凝らすようになり，これらが花開いた。「アドバイザーの α」と呼ばれる，彼らのアドバイスによるパフォーマンスの押上げ効果が3％程度あることが実証され[9]，顧客もその対価を支払うことを厭わなくなったのである。そのため，彼らのアドバイス料は，運用や株式委託手数料ほど引き下げ圧力を受けずに済んでいる。

　しかし，こうしたアドバイスが奏功するためには，営業担当者は重要な情報をわかりやすい言葉で顧客に説明すること，手数料や利益相反の可能性につい

図表13-5　顧客の権利章典（抜粋）

あなたには，以下のような権利があります。
1．レイモンド・ジェームズのアドバイザーや従業員から丁寧なサービスを受けられます。
2．明確で理解しやすい言葉で提示された情報とオープンなコミュニケーションを期待できます。
3．あなたに適したアドバイザーを選んでください。アドバイザーの職歴や経歴はInvestor.gov/CRSやFINRAのBrokerCheckで調べられます。
4．アドバイザーと協力して，金融上の目的を達成するための長期計画を策定してください。
5．全ての投資および金融の推奨は，お客様の投資ニーズとゴールに基づくものと考えてください。
6．あなたが選んだ口座，商品，サービス等の費用と手数料を知ってください。
7．あなたの口座と投資の情報を確認してください。
8．取引は適時執行され，速やかに報告されます。
9．口座に問題が発生した場合は，公正な検討と迅速な対応を受けられます。
10．あなたの個人情報は機密として扱います。

〔出所〕Raymond James & Associates, Inc. *"A Client's Bill of Rights,"* 2020.

ても包み隠さず開示することが必要である。一方で，顧客は営業担当者を信頼して金融情報を包括的に開示すること，ただし彼らに任せきりにするのではなく，営業担当者の説明を理解し，最終的な決断は自分で下す等，主体的に関わっていくことが不可欠である。ましてやこうした関係が構築できなければ，営業担当者は顧客の最善の利益を模索することができない。そこで，本章では，両者のコミュニケーションを向上させてきた取り組みについて紹介したい。

（1）顧客の権利章典

このような取り組みの先駆者となったのが，マルチ・チャネル体制を構築したレイモンド・ジェームズである。同社はフロリダに本社を置く地方証券業者であるが，伝統的な正社員チャネルとともに独立系アドバイザー・チャネルを拡大し，大手に迫る規模に成長した。

その過程で同社は1994年，「顧客の権利章典」を発表した（図表13-5）[10]。当時は系列・高額手数料商品の販売や回転売買が問題となった1987年のブラッ

ク・マンデーを経て，資産管理型営業への転換が進められていた。そこで同社
はまず，顧客の権利が守られるべきだと考えたのである。権利章典には，わか
りやすい言葉による説明，費用や手数料等の情報を得る権利があることの他，
営業担当者とは協力し合いながら，長期的なファイナンシャル・プランを策定
すべきであること，そのためには自分に合った営業担当者を見つけるべきこと
等が記されている。

（2）　ブローカーチェック

　もっとも当時はまだ，情報開示体制が整っておらず，顧客は証券業者や営業
担当者の質を見極める手段が限られていた。1981年より証券外務員の登録情報
をデータベース化していた金融取引業規制機構（FINRA）は，投資家が営業
担当者の「情報による選択」ができるよう，1988年よりその開示を始め，1999
年にオンライン化した[11]。これが現在のブローカーチェックである。2015年に
は，人々が「営業担当者選びよりもレストラン選びに力を入れる状況」を変え
るべく，メディアへの露出を高め，ブローカーチェックの認知度を高める350
億ドルのキャンペーンを行った[12]。そして翌2016年には公衆とのコミュニケー
ション規則（FINRA2210）を改め，個人が最初に見る証券業者のホームペー
ジと，営業担当者のプロフィール掲載ページには，ブローカーチェックのハイ
パーリンクを貼ることを義務付けた[13]。

　つまり現在，大手証券の営業担当者も含め，大半の営業担当者は自分の個性
を打ち出すため，投資スタイルや経歴，資格などを紹介するページを作ってい
る。個人がこれらの情報をもとに，自分と相性が良さそうな営業担当者を探す
ためである。と同時に個人は，営業担当者のプロフィールとFINRA登録デー
タに離齬がないか，ワンクリックで確認できる。そこには営業担当者の資格や
職歴，処分歴等が掲載されているため，顧客は自分の資産を預けるに値する人
物か，品定めをすることができるのである。

（3）　顧客の責任

　米国証券当局は，こうした最低限の情報精査は，投資家の責務と考えてい
る。しかし，そのような自覚に欠ける個人も少なくないため，レイモンド・

図表13-6　顧客の責任（抜粋）

あなたには以下の責任があります
１．アドバイザーには最新の投資プロフィールを逐次報告してください。
２．全ての投資にはある程度のリスクがあることを理解してください。
３．全ての明細書と取引確認書は余すところなく確認してください。
４．全ての開示書類は細大漏らさず読んでください。
５．コミッション型の証券サービス，残高手数料型の投資顧問サービス，もしくはその両方を希望するか決めてください。
６．有価証券の購入資金は速やかに支払ってください。
７．あなたの資金を守ってください。営業担当者とやり取りをする場合，資金のやり取りは「レイモンド・ジェームズ」とのみ行ってください。
８．必要に応じて，税理士，会計士，弁護士からアドバイスを得てください。
９．あなたの非公開の個人情報を守ってください。
10．購入根拠も含めた投資履歴等の正確な金融取引の記録を維持してください。

〔出所〕Raymond James & Associates, Inc. *"A Client's Responsibilities,"* 2020.

　ジェームズは，顧客の権利のみならず，責任についても説いている（図表13-6）[14]。投資は営業担当者と顧客との協働作業である以上，営業担当者を信頼できなくても，逆に彼らに任せきりでも上手くはいかないからである。そこで顧客に対しては，自分のプロフィールの変更は逐次営業担当者に伝えること，投資のリスクについて理解すること，書類は全て確認すること，不正や個人情報に対する自己防衛も行うこと，等を求めている。

　こうした準備をもとに個人は営業担当者と面談の約束を取り付け，専門性や相性等を確認しなければならない。そこで同社は個人のため，「初回ミーティングのチェックリスト」を作成し，営業担当者に尋ねるべき想定質問集を提示している[15]。これには，営業担当者の経歴や資格，専門性に関する質問の他，顧客層や営業手法，連絡頻度や手法等を問う質問が盛り込まれている。一方で，資産の全体像が把握できないと，営業担当者は包括的かつ適切なアドバイスが提供できない。そのため顧客にはこのチェックリストで，年金や他の金融機関の取引明細書，保険やローンの契約書，確定申告書，顧問税理士や弁護士等の連絡先等の情報も持参するよう，薦めている。

図表13-7　トム・ジェームズのより良い投資のための20の心得（一部抜粋）

1. アドバイザーとは頻繁かつ率直に連絡を取り，特に金融の目的や懸念について話し合うこと。
2. アドバイザーと協力して，投資判断を導くファイナンシャル・プランとアセット・アロケーションを作成すること。
3. 全ての金融機関からの取引確認書と明細書について，その内容が正確かを確認し，質問がある場合や情報が不正確な場合は，直ちにアドバイザーに連絡すること。
4. 積極的過ぎるよりも，保守的過ぎる過ちを犯す方が良い。
5. 「保証する」という言葉には懐疑的であれ。
6. 「市場のタイミングを見計らった投資」はすべきではない。
7. 一般的な市場の下落により投資の時価総額が低下した場合，パニック売りをしないこと。
8. 新しいアイデアは受け入れる一方で，懐疑的であれ。
9. 投資のリスクが限定されるように見える場合でも，投資対象，スタイル，ポートフォリオ・マネージャーの分散の努力を怠らないこと。
10. インカム投資はその名の通り，インカム収入と長期的な資本保全のために行うべきである。
11. インフレ時には，生活水準を維持するために，元本を増やすことが必要である。
12. 株式の全てもしくは大半は，専門家によるポートフォリオ運用に委ねるか，質の高い銘柄に分散投資すべきである。
13. 株式の一部は，専門家が運用する外国株の投資信託かポートフォリオにすることを検討すべきである。
14. 富裕層は，アセット・アロケーション・モデルに不動産を組み込むことを考慮する必要がある。
15. 十分な流動性を持つ富裕層は，流動性の低いプライベート・エクイティやベンチャー・キャピタルなどにも，資産のごく一部を配分することを考慮すべきである。
16. 個人退職勘定（IRA）等の税制優遇口座は，極めて重要なお金として扱い，時間をかけて複利の恩恵を得られるようにせよ。
17. レバレッジはリスクを増大させるため，信用取引は控えめに行うべし。ただし，非投資目的でお金を借りる場合は，最も低コストの借入手段となり得る証券担保ローンを検討すべきである。
18. 目論見書等の書類は手ごわいが，苦労して稼いだお金を投資することは深刻な作業であり，注意深く，関わっていくことが必要である。
19. 一般に，評判の良い証券・運用業者の営業担当者やファンド・マネージャー等以外の人に，投資の裁量を与えるべきではない。
20. 誰もが投資の選択で間違う。元手の回復を待つのではなく，間違いを認識し，早期に損切りをすることの方が重要である。

〔出所〕Raymond James & Associates, Inc. *"Tom James' 20 Keys to Better Investing,"* 2020.

（4）　投資の心得

　レイモンド・ジェームズの名誉会長ジェームズ氏は，さらに投資の心得もしたためている（図表13-7）[16]。この心得は，営業担当者と協力してファイナンシャル・プランやアセット・アロケーションを作成すべきであると説く一方で，明細書の確認等の自己防衛策についても触れている。その上で望ましいと考える投資手法として，流動性の低い資産も含めた分散投資や，ポートフォリオ・マネージャー等の専門家に運用を任せる投資顧問型サービスも薦めている。

（5）　卓越した営業担当者とは

　ではどのような営業担当者が顧客との信頼関係を築けるのであろうか。専門性やそれを表象する資格の重要性を指摘する声は多い。実際，投資顧問型サービスを中核とした資産管理型営業を目指す営業担当者の協会，Investment & Wealth Institute は，取得資格によって顧客基盤やサービスの内容が変わることを指摘している[17]。例えば同協会では，イェール大学等の社会人向けプログラムで投資理論や行動経済学等を学んで試験に合格すると得られる資産運用アナリスト資格（Certified Investment Management Analyst®，CIMA®），類似の資格であるがより富裕層を対象とする営業担当者向けのプライベート・ウェルス・アドバイザー資格（Certified Private Wealth Advisor®，CPWA®）等を提供している。協会の調査によれば，CIMA 資格保有者の顧客の平均預かり資産は217万ドル，CPWA は367万ドルで，投資顧問型サービスの利用率はいずれも70%と，全営業担当者の平均の136万ドルと45%よりも高い。

　しかし同協会の調査によれば，「卓越した営業担当者」の要件は，それだけではない。同協会は富裕層からの聞き取り調査で，顧客満足度の高い普通の営業担当者と，顧客が金融や営業担当者と積極的にかかわっている（engaged）卓越した営業担当者の違いを浮き彫りにした[18]。これによれば，卓越した営業担当者の顧客の91%は，営業担当者に満足しており，顧客ロイヤリティ指標であるネット・プロモーター・スコアは42%である[19]。

　卓越した営業担当者の基盤となるのは専門性と倫理観である。しかしそれに

加えて彼らには，顧客のエンゲージメントを高める下記の４つの要素があり，後者程，相関が高いと考えられている。

　第一に卓越した営業担当者は，個別対応アプローチを採る。そのため，彼ら及び顧客自身が人生上及び金融上のゴールを深く理解しており，その過程をコントロールできていると考えている。

　第二に卓越した営業担当者はより高度な能力を有し，他では得られないような投資戦略や機会を提供する。顧客が最も重要と考える機能も，第一が資産運用（38％）で，ファイナンシャル・プラニング（29％），ウェルス・マネジメント（21％），老後に向けた資産形成（12％）と続く。ただし対価を支払うに値するサービスとして，投資パフォーマンスを挙げた富裕層は３分の２に過ぎず，彼らはむしろゴールに到達するための継続的なアドバイスやガイダンス（90％），代償を伴う金融や投資の間違いの回避（84％），ゴールの継続なモニタリング（81％），を挙げている。

　第三に卓越した営業担当者は，顧客との関係づくりに積極的で，運用状況を振り返るレビュー過程の質が高い等，卓越したサービスを提供する。またそうした営業担当者の顧客は，自分のみならず，配偶者自身もレビュー過程に深く関わっている（engaged）と言う。

　最後に卓越した営業担当者は，顧客に有意義なガイダンスを提供している。これは市況下落時に冷静でいることや長期投資を説くこと，顧客が貯蓄や消費に関する規律を保てるよう支援すること等を指す。やはりここでも，顧客は営業担当者を協働作業のパートナーと捉えていることが伺われる。

Ⅲ．顧客本位な証券業者のケース・スタディ

　では，証券業者としてはどのような取り組みが必要であろうか。米国の証券業者は，基本的にターゲット顧客に特化したサービスを提供しようとするため，棲み分けを図り，画一的な全方位型営業は行ってこなかった。つまり伝統的証券，ネット証券等，それぞれの業態のトップに君臨する専業業者がその

ターゲット顧客層にとっての顧客本位な姿を見せてきたのである。2000年代に入った頃からは，銀証融合が進んだこともあってグループとしてのマルチ・チャネル体制も増えたが，専業業者との競争力を維持するため，各チャネルの個性は極力維持している。そこで本章は，営業方針の異なる2社と，彼らの考える最善の利益に資する行動を紹介する。

1. 洗練された富裕顧客に特化するモルガン・スタンレー

個人は自分と相性の良い営業担当者を選ぶべきであると考える米国では，ビジネス誌が証券営業担当者のランキングを毎年発表し，彼らのプロフィールや顧客層，投資方針等を紹介する。営業担当者にとっては，自らの営業行動の質を測る通知表ともいえる。

例えばバロンズ誌は，営業担当者へのアンケートに加え，証券業者への照会やブローカーチェックのデータ精査を行い，預かり資産，収益，営業の質を踏まえた総合評価を行う。預かり資産の質や伸び率の他，顧客維持率，営業担当者の学歴や資格・経験等も評価対象となっている。

こうして全米から選ばれた営業担当者トップ100人の顔ぶれを見ると，近年の上位はモルガン・スタンレー勢で占められている[20]。実際，2020年の上位5人は全て同社の所属である（図表13-8）。彼らは同社の15,469人の営業担当者の上位に君臨する250人の超富裕層向け精鋭部隊（PWM），及び機関投資家向け運用部隊を母体とするグレイストーンの所属である。

上位の営業担当者は支店の所属ながら，実際には預かり資産100万ドル未満の個人を対象とはせずに，富裕層や機関投資家の運用を手掛けていることも少なくない。例えば2020年トップのポルク氏は，預かり資産5,000万ドル程度の228家族を顧客として抱え，多様な専門性を有する27人のチームで273億ドルを運用している。チーム内投資委員会メンバーは11人で，アセット・アロケーションや，運用業者・商品の精査を行える専門家もチーム内に揃えている。加えて税や相続対策，信託，資産・負債の総合管理等，多様なアドバイスも手掛けている。

図表13-8　トップ営業担当者の素顔

	所属	支店所在地	対象顧客						チーム預かり資産（億ドル）	典型的顧客（万ドル）	
			100万ドルまで	100万～1,000万ドル	1,000万ドル超	基金	財団	機関投資家		預かり資産	純資産
1	ポルク氏	モルガン・スタンレー PWM	ニューヨーク			•	•			273	5,000	15,000
2	ボーガン氏	モルガン・スタンレー PWM	カリフォルニア		•	•		•		248	7,500	15,000
3	チェース氏	モルガン・スタンレー PWM	カリフォルニア	•	•				•	460	1,000	3,000
4	カーティス氏	モルガン・スタンレー・グレイストーン	カリフォルニア		•	•	•	•		1,170	1,500	3,000
5	ファイフラー氏	モルガン・スタンレー PWM	ニューヨーク		•	•				137	5,000	10,000

〔出所〕Barron's.［2020］*"2020 Top 100 Financial Advisors."*

　ただし，このようなサービスは極めて労働集約的である。そこで同社は，営業担当者のアドバイスをテクノロジーによって「増幅」すべく，2018年にウェルス・デスク・プラットフォームを導入した。これに伴い，営業担当者は，客観的情報に基づくアドバイスを，迅速に届けられるようになったという。同システムは2019年，投資顧問型サービスの提供業者の協会であるマネー・マネジメント・インスティテュートのスポンサー・プラットフォーム・オブ・ザ・イヤーを受賞した[21]。

　このシステムの機能は主に4つに分かれる。ポートフォリオを構築したり銘柄のスクリーニングを行ったりするポートフォリオ・アドバイス，ポートフォリオのリスク評価を行うポートフォリオ・リスク，営業担当者が各顧客との関係に基づいた手数料を導入することを可能にするリレーションシップ・フィー・インプリメンテーション，顧客向けの四半期報告書を作成するクライアント・プレイバックである[22]。このシステムには他社の口座情報を一元管理する機能もある他，リスク・マネジメント機能にはブラック・ロック社のアラディンを採用している。

これが従来の営業担当者向けワークステーションと大きく異なるのは，人工知能を使ったネクスト・ベスト・アクションというツールを組み込んでいるためである[23]。これまでの類似のツールは，ルール・ベースに基づくものが多かったが，これは自然言語処理機能と予測分析機能を組み合わせ，ニュースレターや顧客との会話記録，電子メールのやり取り等を解析する。そして，営業担当者が次にとるべき行動を優先順位の高い順に提案するが，その提案通りに行動するかは，各営業担当者の裁量に委ねられている。

ネクスト・ベスト・アクションの提案は，3種類に分かれる。第一が，投資に関わる情報や提案である。この機能はロボ・アドバイザーに類似しているが，同社の場合は投資信託やETFのみならず，同社のリサーチに基づき，株式や債券も対象になっている。第二が，事務手続きに関する提案である。追加証拠金が必要となった場合，キャッシュ比率が極端に低くなった場合，アセット・アロケーションが当初の予定から大きく乖離した場合等に，営業担当者に注意を促すのである。彼らはこれらの情報に自分の言葉を加え，顧客に電子メールを送れるような仕組みになっている。第三が，ライフ・イベント関連の情報であるが，これは他に類を見ないという。例えば顧客の子供が病気だと聞きつけた場合，近隣病院情報や「医療費に関する金融戦略」といった情報を顧客に送ることができる。

もっともこうした先端技術は揃っていても，営業の前線で使いこなせるようになるのは容易ではない。実務に耐えうる解析に必要な質の高いデータの収集と，営業の現場の適応力が追いつかないからである。そこで同社では，各部門に人工知能に関するコンサルティングを提供するデータ・サイエンティストとITエンジニア約30人の部隊，データ・センター・フォー・エクセレンスを設けた。また，こうしたツールの活用に関し，営業担当者を直接支援するデジタル・アドバイザリー・アソシエート職も新たに設けた。

金融危機時に投資銀行業務で大きな痛手を受けた同社は，富裕層向け業務の強化を掲げ，競合大手証券を買収していた。その後両社の統合とさらなる成長に注力した同社は，全社合計に占める個人向け部門の税引前利益の比率を2010

年の26％から2019年の58％に拡大させることに成功した。しかし，より洗練された富裕層に注力すればするほど，潜在顧客層を狭めてしまうこともあり，預かり資産では後述のチャールズ・シュワブに抜かれてしまった。そこで同社は2019年にネット証券第3位のイー・トレード，2020年に老舗運用業者のイートン・バンスの買収を発表し，さらなる成長を目指している。

2. 顧客目線を追求するチャールズ・シュワブ

　伝統的大手証券に代わり，預かり資産トップの座を奪ったのは，ディスカウント・ブローカーとして創業されたチャールズ・シュワブである。その出自から，「現状を打ち壊す」商品・サービスを導入することで資産形成層を惹きつけ，拡大してきたという自負がある。同社は非対面チャネルと独立系アドバイザー・チャネルの両輪で拡大を続け，今や預かり資産5兆ドルを誇る。

　同社は75年の株式委託手数料の自由化とほぼ同時に創業され，大手に手数料競争を挑んできたが，昨年，株式委託手数料を無料にすることを宣言し，自ら幕を引いた。通常，価格競争は大手のシェアを奪うために下位の業者が仕掛けるものであるが，最大手に仕掛けられては，他社は追随するしかなくなるからである。実際，ネット証券第二位は同社の軍門に下り，第三位のイー・トレードは先述のモルガン・スタンレーに買収された。

　「顧客目線」を掲げ，投資の民主化を目指してきた同社であるが，顧客のニーズを探るうちに，それが「市場に勝つ」からファイナンシャル・プランニング等に代わり，受託者としてのアドバイス，手数料の透明性，低コスト等が期待されるようになったことに気づいた。そこで，「顧客目線」のサービスを謳う同社は，下記のようなユニークな商品・サービスも開発した。

　第一が，同社が2013年に導入した説明責任保証である。これは，ファンドラップやSMA等の投資顧問型サービスにおいて，説明が足りなかった場合は手数料を返金するサービスである。同社は当初の約1年間で400顧客に50万ドルの返金を行ったが，解約を留まった彼らはその後，同社に300万ドルの資金流入をもたらしたという[24]。このサービスは，2017年に満足保証サービスと名

称を変え，他の証券サービスにも適用されるようになった[25]。

　第二が，ロボ・アドバイザーとファイナンシャル・プランナーを融合させた，サブスクリプション・サービスである。同社は2015年，個人顧客向けに，ETFの一任運用を行うロボ・アドバイザー・サービス，シュワブ・インテリジェント・ポートフォリオを導入した。また同社は同年，これを対面チャネルにも開放した。つまり，ロボ・アドバイザーの示すポートフォリオのモデルの説明を対面で行ったり，顧客の要望に合わせたカスタマイズができるようにしたのである。そして2019年，同社はこれをサブスクリプション・サービスに発展させた（図表13-9）[26]

図表13-9　チャールズ・シュワブのサブスクリプション・サービス

	インテリジェント・ポートフォリオ（ロボ・アドバイザー）	インテリジェント・ポートフォリオ・プレミアム（サブスクリプション型）
最低投資額	5,000ドル	25,000ドル
手数料	アドバイス料なし	300ドル＋月間30ドル
投資対象	ETF	ETF
コミッション	なし	なし
日々のモニタリングとリバランス	あり	あり
税の最適化	あり	あり
24時間サポート	あり	あり
CFPによる1対1のガイダンス	なし	あり
CFPによる個別のポートフォリオ評価とアクション・プラン	なし	あり
デジタル・ファイナンシャル・プラン	なし	あり
双方向プランニング・ツール	なし	あり
11,000金融機関とのアカウント・アグリゲーション	なし	あり
自分のプランのストレス・テスト	なし	あり
引出し戦略策定機能	あり	あり

〔出所〕Charles Schwab & Co., Inc. [2020] *"Discover Which Robo-Advice Solution is Right for You."*

　基本的なロボ・アドバイザー・サービスは，顧客のプロフィールに合わせて
アセット・アロケーションや銘柄選択，リバランス等を一任で行う。その意味
で，同サービスには既にアドバイス機能が盛り込まれているが，対面サービス
も受けられるプレミアム・サービスの場合，それに加えてCFP資格を持った
ファイナンシャル・プランナーと何度でも面談ができ，ポートフォリオの見直
しを行ったり，次にやるべきことを示したアクション・プラン等も作成でき
る。それだけでなく双方向ツールによるシミュレーション，アカウント・アグ
リゲーション[27]，ストレス・テスト[28]等，銘柄選択と運用以外にも，投資に
関わる付加価値の高いサービスが組み込まれている。これらに対し，顧客は初
期設定料の300ドルの他，月間手数料の30ドルを支払うのである。

　同社がサブスクリプション・サービスを選択したのは，金融外サービスの利
用で，若手が特にこれに慣れていることもある。一方で，こうした手数料体系
の方が，従来の残高手数料型サービスよりも単純で，透明性が高いとの判断も
あった。残高手数料の場合，アセット・クラスや資産規模によって料率を変え
る慣行があるが，これが利益相反や富裕層優遇の懸念を招きかねないとの見方
もあったからである。また残高手数料の場合，ある程度の預かり資産がないと
証券業者にとっては採算倒れになる可能性があるため，最低投資金額が高めに
設定されがちであった。月間手数料が定額の場合，そのような懸念がないた
め，最低投資金額を下げられる。その結果，アドバイス機能は求めるものの，
十分な資産が積みあがっていない若年層にも，手が届きやすいサービスとなっ
た。実際，このサービスは導入から約3ヶ月で，10億ドルの資産を集めた[29]。

　また同社は2020年1月に，両サービスに引き出し戦略策定機能を追加した。
これは，税制優遇措置のある口座とない口座を俯瞰し，税の最適化を考慮し
て，どの口座のどの資産から取り崩せば，定期的な引き出しが行えるかを計
画・実施する機能である。

　対面と非対面，低価格と高品質，といった「ノー・トレードオフ（二兎を追
う）」方針を掲げる同社のイノベーションは，留まるところを知らない。

結びにかえて

　以上見たように，米国では，株式委託手数料や運用手数料の価格競争が進み，販売行動の規制方針も大きく変わった。しかし，それ以前から，顧客との関係を強化し，より新たなニーズをくみ取ろうとする中，コンプライアンスが武器になると気づいた証券業者は，顧客本位な業務運営を模索してきた。こうした努力が実り，コロナ危機で証券市場の先行きが不透明になっても，むしろ個人は相談相手を求めたことから，7割の営業担当者が顧客を増やしたとの調査もある[30]。先述のモルガン・スタンレーの2020年第3四半期も前年同期で増収増益となった。

　もっとも，ポスト・コロナが従来型の対面サービスに戻るとも考えにくい。ITバブル崩壊や金融危機を乗り越えた過去の軌跡をなぞるのであれば，危機時は誰もが苦境に陥るが，もともと制度疲労を起こしている従来型の営業スタイルの淘汰が一層進むからである。そのため，危機が過ぎ去って見れば，顧客本位な業務運営を行ってきた営業担当者の顧客離脱率が比較的低く，結果として彼らの勢力が徐々に増すということが繰り返された。営業担当者の平均年齢が55才と，数々の危機を乗り越えてきたベテラン揃いな点も，こうした傾向を裏付けていよう[31]。2020年はコロナ危機，規制改革の後押しと，コンプライアンス負担の増加も相まっているため，その傾向が一層，顕著となる可能性が高い。

　ただし今回は，営業担当者によるアドバイスの付加価値が十分周知されてきたからこそ，彼らの能力を「増幅」するデジタル化が一層進む可能性も秘めている。何が最善かの見極めは，営業の前線で行うことが現実的である以上，労働集約的なアドバイザーがその役割も担うためには，従来以上に情報装備をした上で，顧客に対峙せざるを得なくなるからである。証券業者にとっても，こうしたツールを通して，営業担当者の行動をモニタリングし易くなれば，逆に卓越した営業担当者から裁量の幅を広げていくことも容易になるであろう。顧客もロックダウンや自宅勤務により，オンライン・ツールに消極的な層までも

がこれらの活用を余儀なくされたことは，むしろ追い風かもしれない。

　いずれにせよ，今回の危機や規則改正は，これまでの顧客本位な業務運営を問う試金石となるのかもしれない。しかし，その帰結として，より大きな裁量を持つ，よりエンパワメントされた営業担当者像を思い描く者は，少なくないであろう。

＜注＞

1 ）　Securities and Exchange Commission. [2019] *"Regulation Best Interest: The Broker-Dealer Standard of Conduct,"* Release No. 34-86031; File No. S7-07-18, June 5.

2 ）　Securities and Exchange Commission. [2019] *"Form CRS Relationship Summary; Amendments to Form ADV,"* Release Nos. 34-86032; IA-5247; File No. S7-08-18, June 5.

3 ）　証券業者がファンドラップや SMA 等の投資顧問型サービスを提供する場合に兼業という形態をとったり，系列投資顧問業者にも証券外務員を所属させるという形態をとることが多い

4 ）　Department of Labor. [2016] *"Definition of the Term "Fiduciary"; Conflict of Interest Rule-Retirement Investment Advice,"* Federal Register, Vol. 81, No. 68, April 8.

5 ）　Department of Labor. [2020] *"Improving Investment Advice for Workers & Retirees,"* Federal Register, Vol.85, No.130, July 7.

6 ）　Securities Industry and Financial Markets Association & Deloitte Touche. [2020] *"Reg BI – How Wealth Management Firms are Implementing the Rule Package,"* Securities Industry and Financial Markets Association.

7 ）　Charles Schwab & Co., Inc. [2020] *"Form CRS-BD, Form CRS-IA, Best Interest-BD,"* June 30.

8 ）　Executive Office of the President of the United States. [2015] *"The Effects of Conflicted Advice on Retirement Savings,"* February.

9 ）　Kinniry, F., Jaconetti, C., DiJoseph, M., Zilbering, Y., Bennyhoff, D. [2019] *"Putting Value on your Value: Quantifying Vanguard Advisor's Alpha,"* Vanguard Research, February.

10）　Raymond James & Associates, Inc. [2020] *"A Client's Bill of Rights."*

11）　Financial Industry Regulatory Authority. [2009] *"Proposed Rule Change to Amend FINRA Rule 8312（BrokerCheck Disclosure）."*

12）　Knutson, T. [2015] *"Finra Kicking Off $3.5 Million BrokerCheck Ad Campaign,"* Financial Advisor, June 1.

13）　Financial Industry Regulatory Authority. [2016] *"SEC Approves Rule Requiring Members' Websites to Include a Readily Apparent Reference and Hyperlink to BrokerCheck,"* Regulatory Notice 15-50, June 6.

14）　Raymond James & Associates, Inc. [2020] *"A Client's Responsibilities,"* Raymond James & Associates, Inc.

15）　Raymond James & Associates, Inc. [2014] *"Your First Meeting Check List."*

16）　Raymond James & Associates, Inc. [2020] *"Tom James' 20 Keys to Better Investing."*

17）　Cerulli Associates & Investments & Wealth Institute. [2019] *"Value Of CIMA® and CPWA® Certifications."*

18）　調査対象は投資可能資産50万ドル以上の米国在住者578人とカナダ在住者425人。Investments & Wealth Institute. [2019] *"High-Net-Worth Investor Research 2019."*

19）　ネット・プロモーター・スコア（NPS）とは，顧客ロイヤルティを測るための指標。「当該企業を友人や同僚に薦める可能性」を10〜0点の間で顧客に答えてもらい，9点以上を推奨者（Promoter），8〜7点を中立者（Passive），6点以下を批判者（Detractor）とする。そして推奨者の比率から批判者の比率を引いたものが，NPSとなる。

20）　Barron's. ［2020］ *"2020 Top 100 Financial Advisors."*

21）　Morgan Stanley. ［2019］ *"Morgan Stanley Wins Three Industry Awards from Money Management Institute and Barron's for Innovation in Investment Advisory Solutions,"* October 23.

22）　Konish, L. ［2018］ *"Morgan Stanley Launches New Advisory Technology Platform."* CNBC. com, November.

23）　Davenport, T.H. and Bean, Randy. ［2017］ *"How Machine Learning Is Helping Morgan Stanley Better Understand Client Needs,"* Harvard Business Review, August 3.

24）　Horowitz, J. ［2014］ *"Few Clients Seek Schwab 'Accountability' Rebate."* Thomson Reuters. June 24.

25）　Charles Schwab & Co., Inc. ［2020］ *"Satisfaction Guarantee."* （https://www.schwab.com/satisfaction-guarantee）2020年9月30日アクセス

26）　Charles Schwab & Co., Inc. ［2020］ *"Discover Which Robo-Advice Solution is Right for You."* （https://www.schwab.com/automated-investing/compare）2020年9月30日アクセス

27）　チャールズ・シュワブ以外に保有する金融機関口座の情報を一元管理する機能

28）　金融の不測の事態に備えて，ポートフォリオの損失の程度や回避策を予めシミュレーションしておくリスク管理手法

29）　Neal, R. ［2019.］ *"Backend Benchmarking's Latest Robo Report Also Had Positive News for Robos Offering SRI Portfolios,"* InvestmentNews, August 19.

30）　The College for Financial Planning. ［2020］ *"Survey from The College for Financial Planning-a Kaplan Company Finds More Investors Turning to Financial Advisors as a Result of the Pandemic,"* Business Wire Inc. October 15.

31）　J.D. Power. ［2019］ *"Technology, Social Media Critical to Bridging Financial Advisor Age Gap, J.D. Power Finds."* July 9.

＜参考文献＞

Barron's. ［2020］ *"2020 Top 100 Financial Advisors."*

Charles Schwab & Co., Inc. ［2020］ *"Discover Which Robo-Advice Solution is Right for You."* （https://www.schwab.com/automated-investing/compare）2020年9月30日アクセス

Charles Schwab & Co., Inc. ［2020］ *"Form CRS-BD, Form CRS-IA, Best Interest-BD,"* June 30.

Charles Schwab & Co., Inc. ［2020］ *"Satisfaction Guarantee."* （https://www.schwab.com/satisfaction-guarantee）2020年9月30日アクセス

Cerulli Associates & Investments & Wealth Institute. ［2019］ *"Value Of CIMA® and CPWA® Certifications."*

Davenport, T.H. and Bean, Randy. ［2017］ "How Machine Learning Is Helping Morgan Stanley Better Understand Client Needs," *Harvard Business Review,* August 3.

Department of Labor. ［2020］ *"Improving Investment Advice for Workers & Retirees,"* Federal Register, Vol. 85, No. 130, July 7.

Department of Labor. ［2016］ *"Definition of the Term "Fiduciary"; Conflict of Interest Rule—Retirement Investment Advice,"* Federal Register, Vol. 81, No. 68, April 8.

Executive Office of the President of the United States. [2015] *"The Effects of Conflicted Advice on Retirement Savings,"* February.

Financial Industry Regulatory Authority. [2016] *"SEC Approves Rule Requiring Members' Websites to Include a Readily Apparent Reference and Hyperlink to BrokerCheck,"* Regulatory Notice 15-50, June 6.

Financial Industry Regulatory Authority. [2009] *"Proposed Rule Change to Amend FINRA Rule 8312 (BrokerCheck Disclosure)."*

Horowitz, J. [2014] *"Few Clients Seek Schwab 'Accountability' Rebate."* Thomson Reuters, June 24.

Investments & Wealth Institute. [2019] *"High-Net-Worth Investor Research 2019."*

J.D. Power. [2019] *"Technology, Social Media Critical to Bridging Financial Advisor Age Gap, J.D. Power Finds."* July 9.

Kinniry, F., Jaconetti, C., DiJoseph, M., Zilbering, Y., Bennyhoff, D. [2019] *"Putting Value on Your Value: Quantifying Vanguard Advisor's Alpha,"* Vanguard Research, February.

Konish, L. [2018] *"Morgan Stanley Launches New Advisory Technology Platform."* CNBC.com, November.

Knutson, T. [2015] *"Finra Kicking Off $3.5 Million BrokerCheck Ad Campaign,"* Financial Advisor, June 1.

Morgan Stanley. [2019] *"Morgan Stanley Wins Three Industry Awards from Money Management Institute and Barron's for Innovation in Investment Advisory Solutions,"* October 23.

Neal, R. [2019.] *"Backend Benchmarking's Latest Robo Report Also Had Positive News for Robos Offering SRI Portfolios,"* InvestmentNews, August 19.

Raymond James & Associates, Inc. [2020] *"A Client's Bill of Rights."*

Raymond James & Associates, Inc. [2020] *"A Client's Responsibilities,"* Raymond James & Associates, Inc.

Raymond James & Associates, Inc. [2020] *"Tom James' 20 Keys to Better Investing."*

Raymond James & Associates, Inc. [2014] *"Your First Meeting Check List."*

Securities Industry and Financial Markets Association & Deloitte Touche. [2020] *"Reg BI – How Wealth Management Firms are Implementing the Rule Package,"* Securities Industry and Financial Markets Association.

Securities and Exchange Commission. [2019] *"Form CRS Relationship Summary; Amendments to Form ADV,"* Release Nos. 34-86032; IA-5247; File No. S7-08-18, June 5.

Securities and Exchange Commission. [2019] *"Regulation Best Interest: The Broker-Dealer Standard of Conduct,"* Release No. 34-86031; File No. S7-07-18, June 5.

The College for Financial Planning. [2020] *"Survey from The College for Financial Planning-a Kaplan Company Finds More Investors Turning to Financial Advisors as a Result of the Pandemic,"* Business Wire Inc. October 15.

現代金融資本市場の総括的分析

令和 3 年 2 月17日　発行 ©

定価（本体3,000円＋税）

編　者　　　　証 券 経 営 研 究 会

発行者　公益財団法人　日本証券経済研究所

東京都中央区日本橋 2 -11- 2
（太陽生命日本橋ビル12階）　〒103-0027

電話　03（6225）2326代表

URL：https://www.jsri.or.jp/

印刷所　奥 村 印 刷 株 式 会 社

東京都北区栄町 1 - 1 　〒114-0005

ISBN 978-4-89032-059-2